아동·청소년
그룹홈의 이해

| 김광수 저 |

The Knowledge of grouphome for children and youth

학지사

추천사

한동안 소식이 뜸했는데, 김광수 목사님으로부터 전화가 왔습니다. "부탁이 있습니다."라는 말씀에 "무슨 일입니까? 목사님의 부탁이라면 도와드려야지요."라고 하였더니, 원고를 읽고 검토를 해 달라고 하셨습니다.

김광수 목사님은 20년 이상 그룹홈을 운영하였고, 한국아동청소년그룹홈협의회를 통해 운동하면서 최고 전문가가 되셨기에 『아동 · 청소년 그룹홈의 이해』를 출판하는 데 제가 도울 일은 없겠다는 생각이었습니다.

그럼에도 목사님은 단행본으로 내기 전에 원고를 읽고 조언과 추천사를 달라고 하셨습니다. 원고에 대한 조언을 드리기는 어렵지만, 추천사를 쓰는 일은 할 수 있겠다 싶었습니다.

이 책은 아동 · 청소년 그룹홈에 관한 이론적 이해와 실천적 이해로 구성되어 있습니다. 우리나라에서 아동 · 청소년 그룹홈에 대한 실천은 있었지만, 이론적 논의는 별로 없었습니다. 이러한 상황에서 아동 · 청소년 그룹홈에 대한 개념적 이해부터 시작하여 인류학적 패러다임을 시도하고, 그룹홈의 역할과 기능, 역사 등을 살펴보며, 아동 · 청소년의 발달까지 살펴본 것은 참으로 지난한 작업이었을 것입니다. 선행연구가 풍부하다면 여러 책을 참고할 수도 있는데 국내 문헌이 별로 없는 상황에서 고생한 흔적이 역력합니다.

이 책이 갖는 의미는 '창조성'입니다. 요보호아동의 발생 원인에서 전쟁고아가 사라진 후에도 아동 · 청소년 양육시설을 표준으로 생각할 때 가정형 아동 · 청소년 복지시설인 '그룹홈(공동생활가정)'을 시작한 창조성이 이 책에 고스란히 담겨 있습니다. 남이 간 길이 아닌 새 길을 걸었기에 새로운 글쓰기를 할 수밖에 없었던 저자의 창조적 사고의 결정체입니다.

또한 이 책은 '이론'과 '실천'의 통합을 추구하고 있습니다. 은행골우리집이라는 복지현장을 통해 복지를 실천하고, 한국아동청소년그룹홈협의회를 조직하여 복지운동을 펼치면서, 이를 이론화시킨 통합적 과정입니다. 간혹 문장이 거칠고 논리의 비약이 있을 수도 있지만, 이것은 이 분야를 제대로 연구하지 못한 학자들의 탓이 큽니다.

1990년대 초에 시작된 그룹홈이 최근 폭발적으로 늘어났음에도, 이 분야에 대한 연구가 빈약한 것은 이 땅의 연구 풍토와도 연결되어 있습니다. 학술지에 게재된 논문은 변수 간의 인과관계나 상관관계를 찾는 미시적 접근이 주를 이루고, 보건복지부를 비롯한 정부기관과 연구기관들은 그룹홈에 대한 심층연구를 하는 데 연구비를 쓰지 않기 때문입니다. 설사 연구를 한다고 하더라도 일회적 연구나 단편적 연구에 그치고 있을 뿐 종합적인 연구를 수행하기가 어렵습니다.

따라서 『아동 · 청소년 그룹홈의 이해』 집필은 김광수 목사님만이 할 수 있는 일이었고, 진작 했어야 할 일이었습니다. 아동 · 청소년의 일상생활을 지원하면서 글을 쓴다는 것은 힘든 작업이었을 것입니다. 2000년에 『그룹홈의 이해와 실천』을 집필하였기에 이후 새 글을 쓸 수 있었던 것은 다행스러운 일입니다. 혹시 이 책에 부족한 점이 있다면 이제는 신속하게 개정판을 내게 되길 기대하여 봅니다.

또한 김광수 목사님이 동역자와 후학과 협력하여 그룹홈의 역사, 일상생활, 학습활동, 의사소통, 문제행동과 지도, 자립과 퇴소, 직원의 역량강화, 공간 배치와 활용, 생활시간, 그룹홈의 운영, 자원 개발과 나눔활동 등에 대한 연구를 천착시켜서 총서를 출간하길 기원합니다.

이러한 작업은 누군가는 시작해야 합니다. 왜냐하면 태초에 말씀이 있었고, 말이 곧 씨가 되기 때문입니다. 말씀을 섬기는 김광수 목사님이 그 적임자임에 틀림없습니다.

이 책을 그룹홈을 운영하는 사회복지사, 사회복지학과 대학생과 대학원생 및 관계 공무원과 자원활동가 등의 관계자들이 읽고 아동 · 청소년이 행복한 세상을 함께 열어 가길 기원합니다.

2013년 8월

광주대학교 교수 이용교

(글로벌청소년학회 회장, 광주광역시사회복지사협회 회장)

머리말

우리나라에서 아동 · 청소년 그룹홈이 시작된 지 20여 년이 흘렀지만 그룹홈에 대한 사회적 관심은 아직도 매우 미흡하고, 그룹홈에 관한 연구도 별로 활발하게 이루어지지 않아 왔다. 이러한 학계의 무관심은 그룹홈에 대한 낮은 사회적 인식과 무관하지 않다.

필자가 아동 · 청소년 그룹홈에서 상처받은 아이들과 함께 살았던 20년 이상의 시간은 '그룹홈에 대한 수많은 편견과 무시에 도전하면서 살았던 시간'이라고 말할 수 있다. 애들 몇 명 데리고 사는 그룹홈에 굳이 정부 지원이 필요하냐는 그룹홈에 대한 외부의 부정적 시선, 그리고 그룹홈은 말 그대로 가정인데 정부의 규제와 간섭이 지나치게 많다는 내부의 나름대로 이유 있는 반발 사이에서 어려움을 겪어 왔다. 사실 그룹홈 내부에서는 아직도 그룹홈의 보장시설화에 반대하는 의견이 많다.

그러나 필자는 이 모든 것은 그룹홈에 대한 올바른 인식이 부족한 데서 비롯되었다고 판단하고 그룹홈에 대한 이론 및 실천 기술의 향상을 통해 그룹홈 서비스의 정상화와 그룹홈 서비스의 전문성 향상을 위한 책을 집필하기로 하였다.

책을 집필하면서 필자가 부딪힌 가장 큰 어려움은 국내의 그룹홈에 대한 연구가 턱없이 부족하다는 것이었다. 그래서 외국의 서적들을 참고하고 활용할 수밖에 없었다. 그리고 한국아동청소년그룹홈협의회에서 2000년에 '아이들과 미래'의 지원으로 출간한 『그룹홈의 이해와 실천』과 필자가 그동안 틈틈이 쓴 글들을 참고하였다. 그래서 내용의 일관성과 체계성이 다소 미흡한 감이 없지 않다. 일부 글은 외국 서적을 참조하면서 필자가 경험한 사례 등으로 내용의 현장성을 살리고자 노력하였다.

제1부 '아동 · 청소년 그룹홈에 관한 이론적 이해'에서는 그룹홈에 대한 개념과 이론적 배경을 다루고 있고, 제2부 '아동 · 청소년 그룹홈에 관한 실천적 이해'에서는 그룹홈에서 실제로 발생하는 많은 사례를 실천기술과 관련하여 기술하였다. 지금까지 사회복지학계는 문화인류학적인 연구방법을 소개하는 차원에 그치고 있

어 문화인류학적인 연구방법론이 본격적으로 확립되어 있지 않으며 그 성과들이 충분히 축적되어 있지 않다. 그러나 이에 비해 상대적으로 인지행동치료적인 실천기술과 접근방법에 관한 자료는 상당히 많은 편이기 때문에 이를 많이 활용하였다. 문화인류학적인 접근방법이 인지행동치료적인 부분들과 상충되는 부분도 있지만, 사실 문화인류학적인 접근은 인지행동치료적인 부분들까지 포괄할 수 있는 접근방법이기 때문에 이 둘의 관계가 반드시 배타적인 것만은 아니다.

그러나 우리나라 그룹홈의 현실상 문화인류학적인 접근방법을 현장에서 적용하는 것은 인력, 시간, 예산 등의 제약 때문에 거의 불가능하다. 그룹홈에서 매일 발생하는 과제의 해결도 벅찬 현실에서 아동·청소년과 그룹홈 실무자들의 행동을 관찰·기록하여 상호작용하는 메커니즘을 발견하고 과제해결을 위한 접근방안 등을 도출해 내는 것은 거의 불가능에 가깝기 때문이다. 따라서 필자는 사례를 통해 실천기술을 기술하고자 하였으나 현장에서 일어나는 다양한 사례를 모두 언급하기에는 매우 미흡하다. 실천기술 성과를 본격적인 그룹홈에 관한 문화인류학적 접근을 하고자 하였으나 여러 가지 제약으로 다 다루지 못한 아쉬움이 남아 이는 다음 과제로 미루고자 한다.

모든 에너지를 아동·청소년을 돌보는 일에 쏟고 있는 그룹홈을 포함한 아동복지 실무자들은 자신들의 활동 속에서 인간적으로나 전문적으로 성취감을 느낀다. 이들은 아동·청소년과 자신의 미래를 함께 탐색하는 과정에서 주고받는 상호작용을 통해 환희와 비애를 체험하게 된다.

아동·청소년을 돌보는 일은 실제로 자질구레한 일들의 연속이다. 식사시간에 먹을 것을 놓고 다투는 것을 조정하기도 하고, 일상적인 일들을 수행하며, 아이들과 같이 놀면서 갈등을 통제하기도 한다. 아동·청소년 복지현장의 실무자들이 이 자질구레하고 일상적인 일들에 둘러쌓여 있다 보면 때로는 소진을 겪기도 하고, 아이들과의 상호관계 속에서 깨달음을 얻기도 한다. 그렇게 이러한 일상적인 활동 속에서 아동·청소년 그리고 우리 자신이 어떤 존재인지 발견할 수 있다. 아동·청소년 그룹홈 종사자들은 아동·청소년을 통해 자신을 비추어 보고 다듬어 가는 노력을 함으로써 한층 성장할 수 있어야 한다.

이 책은 아동·청소년 그룹홈을 중심으로 썼지만, 넓게 보면 아동·청소년 복지현장 전반에서 활용할 수 있는 실천기술들을 포괄하고 있다. 이 책이 아동보호라는 가시밭길의 최전선에서 수고하고 있는 분들, 그리고 사회복지현장으로 뛰어들게 될 대학생과 대학원생에게 도움이 되기를 바란다.

끝으로, 보잘것없는 원고를 기꺼이 출간해 주신 학지사의 김진환 사장님과 원고를 읽고 가르침과 조언을 주신 광주대학교 이용교 교수님께 감사드린다. 이 책이 그룹홈 서비스 향상을 위한 작은 밑거름이 되기를 바라며, 오늘도 현장에서 아동 · 청소년과 씨름하고 있는 이들에게 이 책을 바친다.

2013년 9월

김광수

차 례

제 1 부

아동 · 청소년 그룹홈에 관한 이론적 이해

제1장 아동 · 청소년 그룹홈에 대한 개념적 이해

1. 아동 · 청소년 그룹홈의 개념

아동 · 청소년 그룹홈에 대한 정의가 학문적으로 명확한 것은 아니지만, 미국아동복지학회에서는 그룹홈에 대해 "소규모이고 지역사회 내에 위치해 있으며 가정적 보호가 가능한 12인 이하의 소규모 거주시설"이라 정의하고 있다. 즉, 아동의 발달에 필요한 일반 가정과 유사한 정상적인 환경임을 뜻한다.

첫째, '소규모'에 대해 살펴보면, 그룹홈은 시설화의 문제점에 대한 탈시설화론에서 비롯되었고, 이러한 탈시설적인 접근이 가능하기 위해서는 소규모이어야 한다. 그래야 개별적인 처우와 클라이언트 중심적인 접근이 가능하기 때문이다.[1)]

둘째, '지역사회 내에 위치'에 대해 살펴보면, 그룹홈은 지역사회 내에 위치해 있어야 낙인화를 예방하고 지역사회의 자원을 활용하며 지역사회와의 관계를 통해 사회적인 지지망을 확충할 수 있으며 사회적응력을 높일 수 있기 때문이다.

셋째, '가정적 보호'에 대해 살펴보면, 그룹홈은 단순히 지역사회에 위치해 있는 소규모 시설이 아니라 가정적인 보호가 가능하여야 한다. 충분한 애착과 친밀한 인간관계, 엄격한 규칙보다는 자율성에 기초한 약속 및 정서적 안정을 위한 가정과 같은 환경이 조성되어야 한다.[2)]

---

1) 이태수, 함철호, 이용교(1990). 소규모 아동복지시설 연구, p. 145 재인용.
2) 김광수, 김재환, 나형규(2003). 그룹홈의 이해와 실천, p. 2.

미국아동복지연맹(Child Welfare League of America: CWLA)이 1945년 발표한 그룹홈에 대한 정의를 보면 "16세 이하의 사춘기 아동을 6명 이하의 집단으로 구성한 지역사회 안의 개인적 가정"[3]으로 규정하고 있다. 그룹홈에 조치된 아동은 심각한 문제를 지닌 아동으로서 시설에 적응이 어려운 아동이며, 6명 이하로 규정하고 있다. 그 이상이면 통제나 억압이 이루어질 수 있기 때문이다.

그러나 1981년 미국아동복지연맹에서는 그룹홈의 최대 인원을 12명으로 확대시켰다. 그동안 개인운영 가정형 아동시설에서 유급직원이 운영을 맡고 있는 형태 등으로 그룹홈의 유형이 확대되었기 때문이다. 미국에서 그룹홈의 수용인원은 미네소타 주에서는 최대 18명으로, 콜로라도 주 등에서는 최대 12명으로 규정하고 있는 등 각 주마다 다르다.

시설의 규모나 수용능력에 따라 수용인원은 최대 15인까지 많아지기도 한다. 호주와 일본의 그룹홈은 대체로 6명 이내인 곳이 많으며, 영국에서는 최대 14~15명까지 거주하는 등 거주지역과 주거환경에 따라 약간씩 차이를 보이고 있다. 그러나 대체로 그룹홈의 수용인원을 최대 12명으로 하는 것이 일반적으로 받아들여지고 있다. 한편, 영국에서는 1960년대 초까지만 하더라도 15~18명에 이르렀으나 1960년대 후반에는 12명으로 감소하였고 최근에는 8~10명 이하로 수용인원이 감소하는 추세다. 그러나 4~6명 정도가 가장 치료효과가 뛰어나다는 보고도 있다. 이는 수용인원이 감소할수록 친밀한 인간관계와 개별적 처우가 가능하기 때문이다. 그룹홈에서 수용인원을 중시하는 것은 소규모이어야 가정적 보호가 가능하기 때문이다.

미국의 경우 그룹홈에서 보호받고 있는 아동 · 청소년의 그룹홈 거주 이유는 대개 정서적인 문제, 부모와의 갈등, 가정 내 학대, 방치, 양육기피, 기아 순이다.[4] 이와 같이 그룹홈에 입소한 아동 · 청소년은 정서적인 문제 등 복잡한 문제를 안고 있어 이들을 치료하고 사회적응력을 높이기 위해서는 가정적 보호가 가능하며 지속적이며 집중적인 보살핌이 가능한 소규모이어야 함을 말해 주고 있다.

1981년 미국아동복지연맹이 발표한 그룹홈의 개념을 정리하면, 그룹홈 서비스란 연령이나 문제유형 및 치료단계 때문에 부모가 적절히 돌볼 수 없는 아동 · 청

---

3) 이태수, 함철호, 이용교, 앞의 책, p. 145 재인용.
4) 같은 책, pp. 155-156 재인용.

소년을 대상으로 시설에서 계획된 집단생활과 프로그램과 특별한 서비스가 결합하여 지역사회 경험의 기회, 지속적인 보호를 위해 보호와 치료를 제공하는 것이다.[5)]

그룹홈은 지역사회 안에 존재하고, 단독주택이나 아파트 같은 주택에서 일반 가정집과 유사한 규모로, 혈연과 무관한 아동 · 청소년 집단과 어른이 함께 거주하며 보호와 생활이 이루어지는 곳이다.

이러한 그룹홈은 시설보호와 다음과 같은 점에서 구분된다. ① 6~12명 정도가 생활하는 소규모라는 점, ② 그룹홈 구성원의 활동에 거의 제한이 없다는 점, 그리고 ③ 학교나 레크리에이션 센터, 각종 문화행사 등 지역사회의 자원을 활용한다는 점이다.[6)]

미국에서는 그룹홈이라는 말과 함께 'cottage(오두막집)'라는 단어가 일반적으로 사용되며, 영국에서는 '그룹홈' 대신에 집단보호(group care) 혹은 주거보호(residential care)라는 용어를 사용하고 있다. 이는 기존의 치료적인 접근에서 탈피하여 공동생활 및 친밀하고 지속적인 관계를 통해 상처가 많은 아동 · 청소년의 상처를 치유하고 발달과정상의 문제를 극복하고자 하는 맥락에서 비롯된 것이다. 치료적 모형에서 주거보호 모형으로 전환된 것은 기존의 치료적 접근은 클라이언트를 대상화하며 낙인화하는 등 치료적 접근의 비인간화에 대한 문제점, 시설보호자의 낮은 자존감과 낮은 사회 적응력 등 시설보호의 문제점에 대한 인식에서 비롯되었다. 한편, 영국에서는 그룹홈을 주거보호의 한 유형으로 보아 주거보호와 그룹홈을 혼용하고 있지만, 미국에서는 그룹홈은 소규모이고 탈시설적인 접근을 하고 있다는 점에서 시설보호(institutional care)와는 대비하여 사용하는 경우가 많다.[7)]

그룹홈이 서구 각국에 도입된 배경에는 산업화와 핵가족화 등 사회의 변화로 전쟁고아와 같은 아동 · 청소년의 수가 줄고, 부모의 이혼이나 가정해체 등이 증가한 사회적인 현상과 아동의 권리에 대한 인식의 변화, 그리고 시설의 비인간화 문제가 곳곳에서 제기되고 아동 · 청소년에게도 인간다운 생활을 할 권리를 인식하게 되었다는 점 등이 있다. 이와 아울러 사회사업 분야에 있어서 정상화, 탈시설화, 통합

---

5) Kadushin. A, & Martin, J. A.(1988). *Child Welfare Service*, p. 671.
6) Shostack, A. L. (1987). *Group Homes for Teenagers*, p. 11.
7) Keith-Lucas, A., & Sanford, C. W. (1977). *Group Child Care as a Family Service*, p. 9.

화 등의 개념이 도입되어 그 이론적 토대가 마련되었다.

이용교는 그룹홈의 기능에 대하여 다음과 같이 말하고 있다.[8] 그룹홈은 어떤 형태를 갖더라도 다음과 같은 세 가지 기능을 기본적으로 수행하게 된다.

첫째, 그룹홈은 대안의 가정이다. 아동 · 청소년 그룹홈은 친부모나 그에 상응하는 부모나 보호자로부터 적절한 양육을 받지 못하는 아동 · 청소년이 살 수 있는 대안의 가정이다. 부모의 사망, 가출, 가정해체, 이혼, 별거 혹은 수형 등 다양한 이유로 부모의 양육을 받지 못하는 아동 · 청소년에게 가정을 제공한다는 점에서 그룹홈의 가장 큰 의의가 있다.

둘째, 아동 · 청소년 그룹홈은 대안의 복지시설이다. 그룹홈은 가정형 보호를 지향하는 작은 시설이기도 하다. 그룹홈은 가정집과 유사한 환경을 갖추고, 경우에 따라서 부부인 아동지도사가 아동을 양육시키기도 하지만, 대체로 대규모 시설을 축소시키면서 새롭게 부각된 작은 시설이다. 따라서 부부의 형태를 갖춘 그룹홈도 그 아동 · 청소년과 아동지도사는 법적 친자관계를 맺는 입양과는 다르며 가정 같은 시설을 지향한다고 볼 수 있다.

셋째, 그룹홈은 치료공간이다. 그룹홈으로 오게 된 많은 아동 · 청소년은 친부모의 유고 과정에서 상처를 받았거나, 보호자의 학대나 방임 등으로 전문적인 치료가 필요한 사람이 적지 않다. 따라서 그룹홈은 신체적 질병을 치료하는 병원은 아니지만 아픈 마음을 치료할 수 있는 공간이 되어야 한다. 그러므로 그룹홈의 아동지도사는 아동과 청소년의 문제행동을 이해하고 적절히 치료할 수 있는 능력을 갖추어야 한다.

아직 그룹홈과 쉼터의 개념이 명확히 구분되지 않아 일부에서는 그룹홈과 쉼터가 비슷한 개념으로 혼용되고 있다. 또 일부 쉼터는 쉼터로 출발했지만 아동 · 청소년 그룹홈과 연계가 제대로 이루어지지 않거나 내부적인 사정으로 그 성격이 그룹홈으로 전환되고 있는 경우도 있다. 그래서 쉼터라는 이름을 붙이고 있지만 보호내용은 그룹홈에 가까운 곳도 있다. 쉼터와 그룹홈을 엄밀히 구분한다는 것이 실제로는 쉽지 않다.

그러나 쉼터와 그룹홈에 대해 개념적으로 검토해 볼 필요가 있다. 첫째, 쉼터는

---

8) 이용교(2000). 아동 · 청소년 그룹홈의 의의와 역할. 아동 · 청소년 그룹홈 활성화를 위한 공청회자료집, pp. 4–5.

주로 단기 보호가 중심이지만, 그룹홈은 이에 비해 6개월 이상으로 중장기적이다. 둘째, 쉼터는 긴급피난과 구호의 일시적 보호 성격이 강한 반면, 그룹홈은 가정적 보호가 위주다. 셋째, 쉼터가 위기개입을 중심으로 한다면, 그룹홈은 성장과정상의 발달상의 요구를 지속적으로 추구한다. 이러한 차이에도 불구하고, 사회 일각에서는 쉼터와 그룹홈을 편의상 보호기간이 단기인가 6개월 이상인가로 구분하고 있다.

2. 아동 · 청소년 그룹홈에 대한 이론적 근거

사회복지라는 학문은 사회학, 인류학, 정치학, 경제학, 윤리학, 철학, 심리학 등 사회과학 분야와 인문과학 등 여러 학문 분야를 포괄하고 있으며, 가치와 밀접한 관련이 있는 복합 학문 분야로서 편의상 임상과 정책으로 구분하기도 한다. 또한 학문 연구 시 양적연구와 질적연구, 횡단연구와 종단연구 등 많은 연구방법이 활용되고 있지만, 사회복지에 대한 주된 연구방법은 신실증주의적 접근방법을 따르고 있다고 해도 과언이 아니다.

사회복지학은 다학문적 특성을 가지고 있기 때문에 아동 · 청소년 그룹홈에 대한 이론적 근거를 규명하는 것은 쉽지 않다. 1940~1950년대 이후 제기된 사회사업이론의 발달과 그 맥락을 같이하기 때문이다. 그중에서 그룹홈에 대한 이론적인 배경으로는 체계이론(system theory), 발달이론(developmental theory), 생태체계이론(ecosystem theory) 등을 들 수 있으며 그룹홈에 관한 접근방법이나 실천적인 이론과 관련해서는 정상화론, 탈시설화론 및 통합적인 접근방법(generalist approach)과 유능모델(competency model) 등을 들 수 있다. 그리고 신실증주의적인 접근방법이 갖는 지나치게 기계적이며 가치 중립적인 접근방법에 대한 반성으로 인류학적 접근이 최근 주목을 받고 있다. 인류학적인 접근은 다른 장에서 살펴보기로 하고, 여기서는 발달이론과 생태체계이론을 그룹홈에 대한 이론적 배경 및 거시체계적인 이론으로 설정하고, 정상화론, 탈시설화론 등을 그룹홈에 대한 실천적 이론으로 편의상 구분하여 살펴본다.

1) 그룹홈에 대한 이론적 배경

(1) 발달이론

발달이론(developmental theory)은 저메인(C. B. Germain), 헨리 마이어(Henry W. Maier) 등이 제창한 이론으로 아동 · 청소년의 발달의 시기와 단계는 사회문화적 배경과 경험에 따라서 개인마다 다르다는 것이다. 이런 관점에서 부적절하거나 비정상적인 아동 · 청소년의 행동은 탈선이 아니라 자기의 발달론적인 과정을 수행하기 위한 것으로 보아야 한다는 것이다. 이런 관점에서 보면, 사회복지사는 그들의 바람직하지 않은 행동을 수정하거나 못하게 하는 것이 아니라 개인의 발달과정상의 과제들을 해결할 수 있도록 도와야 한다. 이러한 발달이론적인 관점은 사회복지사가 인간의 발달과정과 클라이언트가 하고 있는 행동에 대한 충분한 이해를 해야 하며 동시에 클라이언트가 유능함을 발휘할 수 있는 방법을 모색해야 할 과제를 안겨 주고 있다. 사회복지사는 아동 · 청소년의 행동은 자신의 존재를 드러내는 것임을 이해해야 한다. 그런 점에서 사회복지사는 아동이나 청소년의 행동에서 '왜'라는 질문보다는 '어떻게' 다음 단계의 행동으로 이행할 수 있도록 할 수 있을 것인가에 대해 관심을 가져야 한다.[9)]

이러한 발달이론적인 관점에서는 치료 목표나 결과보다는 개입 계획상의 의도나 과정을 보다 중시하고 있다. 이러한 발달이론은 심리사회적인 접근이나 행동수정이론과는 달리 발달과정상의 과제를 수행할 수 있도록 돕는 것이 매우 중요한 과제라고 여긴다. 그리고 이를 위해서는 안정적이며 지지적인 환경과 친밀하고 지속적인 인간관계가 매우 중요하게 적용되고 이러한 접근이 가능하기 위해서는 그룹홈과 같은 접근방식이 매우 효과적이라고 본다.

(2) 생태체계이론

생태체계적 관점은 클라이언트와 클라이언트의 환경을 변화시킴으로써 클라이언트를 강화시키는 방식이며, 클라이언트의 변화와 아울러 이들의 환경체계의 변화를 동시에 추구하고 있다. 생태체계적인 관점은 다양한 욕구를 가진 가출, 가정

---

9) Beker, J., & Eisikovitz, Z. (Eds.). (1991). *Knowledge Utilization*, pp. 29–31.

해체 아동 · 청소년 문제에 대해 치료적인 관점이나 전문가주의, 시설 위주의 관점에서 탈피하여 클라이언트에게 긍정적인 영향을 미치는 사회적 지지망 등의 지지적인 환경의 중요성을 강조하고 있다.

그룹홈은 소규모이기 때문에 다른 어떠한 시설들보다 지지적인 인간관계를 구축할 수 있다는 장점이 있다. 그룹홈이 소규모이며 친밀한 인간관계가 가능하기 때문에 개개인의 욕구를 존중할 수 있는 다양한 해결방안을 강구할 수 있으며, 지속적인 사례관리가 가능하기 때문에 그룹홈은 생태체계적인 관점과 부합된다.

이러한 그룹홈의 장점은 일종의 탈시설로서 모성적 보호를 박탈당한 아동 · 청소년에게 가정적 보호 서비스를 제공할 수 있으며, 주거지역 안에 위치하기 때문에 아동 · 청소년의 정서적 안정뿐만 아니라 또래관계 등 지역사회의 지지망을 활용할 수 있다.

또한 그룹홈에서의 생활을 통해 인성과 사회성을 기를 수 있으며, 지역사회 안에서 아동 · 청소년의 생활 경험을 풍부하게 할 수 있으며, 일반 청소년과 유사한 경험을 할 수 있다. 그리고 그룹홈이 소집단이기 때문에 아동 · 청소년과 성인의 거리가 가깝고, 개개인에 대한 개별적 처우가 가능하며, 그들의 복합적인 욕구에 유연하며, 아동 · 청소년에 대한 총체적이며 지속적인 대응이 가능하다. 또한 상처가 많은 아동 · 청소년의 정서적 불안에서 비롯된 어려움들에 대해 동료집단의 상호작용이 이루어질 수 있기 때문에 위탁가정보다 유리하다는 장점이 있다.[10)]

(3) 정상화

정상화(normalization)라는 용어는 1950년 초반에 창립된 덴마크의 지적장애인 부모회에서 처음으로 사용하게 된 것으로 시설수용보호 중심의 서비스가 아니라 일반인과 같은 정상적인 생활환경을 보장하는 것이 필요하다는 생각에서 비롯된 개념이다.

뱅크-미켈슨(Bank-Mikkelsen)은 정상화를 "지적장애인이 될 수 있는 한 보통에 가까운 생활을 하는 것"이라고 하였다. 그는 지적장애인을 격리되어야 할 특별한 사람이 아니라 모든 시민과 함께 살아갈 권리를 가진 사회 구성원으로 보고, 이들

---

10) NASW. (1999). 사회복지대백과사전(이문국 역), p. 671.

의 생활조건, 즉 주거 · 직장 · 교육 · 여가 생활에서 정상화가 구체화되어야 한다고 주장하였다.[11] 그리고 니르제(Nirje)는 정상화를 "모든 지적장애인의 일상생활 방식이나 조건을 사회의 보편적인 환경이나 생활방식에 되도록 가깝게 하는 것"이라고 하였다.[12]

정상화의 원리는 클라이언트의 삶의 질을 향상시키기 위해서는 먼저 클라이언트의 환경을 정상화시켜야 한다는 것이다. 이러한 개념에 입각하여 지역사회로부터 격리된 시설보호에서 지역사회와의 통합된 시설보호로의 변화를 가져왔다. 이러한 지역사회의 통합은 물리적 통합뿐만 아니라 사회적 통합까지 포함된다. 정상화는 지역사회 안에 있는 시설에서 거주할 뿐만 아니라 지역사회에 통합되며 지역사회 구성원으로의 역할을 할 수 있도록 해야 한다는 개념이다.

이러한 정상화의 개념을 가출 및 가정해체 아동 · 청소년 문제에 적용한다면, 그들은 병리적이거나 격리되어야 할 사람이 아니라 모든 시민과 함께 살아갈 권리를 가진 사회 구성원이다. 따라서 주거 · 교육 · 여가 생활 등의 생활조건과 환경을 정상화시키는 것이 가출 및 가정해체 아동 · 청소년의 문제해결에 필수적이다.

가출 및 가정해체 아동 · 청소년의 삶을 일반 아동 · 청소년의 환경이나 생활방식에 되도록 가깝게 하는 것이 정상화라고 할 수 있다. 그룹홈은 주거지역에 위치해 있는 주택이나 아파트이므로 주거 · 교육 · 생활 환경이 일반 아동 · 청소년의 가정과 유사하다. 정서적으로 불안하고 복잡한 과제를 안고 있는 가출 및 가정해체 아동 · 청소년에게 이러한 정상화 개념에 토대를 둔 그룹홈은 정서적 지지와 낙인화를 피할 수 있게 하는 접근방안이다. 또한 가출 및 가정해체 아동 · 청소년이 그룹홈에서 생활함으로써 일반 아동 · 청소년처럼 가정에서 배우는 감정교육, 생활기술교육, 가치관교육, 노동교육 등을 학습[13]할 수 있어 적응력과 대처역량을 향상시키는 데 효과적이다.

(4) 탈시설화

우리나라 학계에서 탈시설화(脫施設化, deinstitutionalization) 논쟁이 전개된 적이

11) Bank-Mikkelsen, N. E. (1995). 사회복지시설과 지역사회(박태영 역), p. 29 재인용.
12) 이태수, 함철호, 이용교, 앞의 책, p. 31 재인용.
13) 한겨레신문, 1998년 6월 5일자.

있는데, 세계적으로도 탈시설화의 경향은 지배적이다. 형제복지원 사건[14] 등 시설에서의 감금, 학대 등 비인간적 처우 문제가 끊임없이 제기되는 것도 탈시설화(脫施設化)의 필요성을 일깨워 주고 있다.

보울비(John Bowlby)는 1951년 국제연합보건기구에 시설보호 효과에 대한 실증적 자료인 「보울비 보고서(Bowlby Report)」를 제출하여 큰 파문을 일으켰는데, 그는 시설병[15]을 모성박탈이라는 관점에서 파악하여 모성적 · 가정적 양육의 필요성을 강조하였다.[16]

보울비는 시설이 시설병을 만들어 내기 때문에 불가피한 경우 시설은 소규모이어야 한다고 주장하였으며, 버마이스터(Burmeister)도 "집단생활이 상처 입은 아동에게 치료적으로 유용하게 작용하기 위해서는 집단의 규모가 가능한 한 작을 필요가 있다"고 말하였다.[17]

우리나라에서는 아동 · 청소년 보호와 관련해서 보호시설의 수용률이 감소하고 있으며, 가정과 유사한 형태가 가장 바람직하며, 시설이 불가피한 경우 소규모일수록 바람직하다는 사례 연구[18] 등을 제시한 탈시설화의 입장이 주류를 이루고 있다.

특히 복합적인 요구(needs)를 가지고 있고 감수성이 예민한 성장기에 있는 가출 및 가정해체 아동 · 청소년은 탈시설화를 통해 주거지역 내에 거주함으로써 정서적으로 안정된 생활을 할 수 있다.

미국의 탈시설론의 대표자인 시렌버거(Sirenberger)는 탈시설화를 다음과 같이 설명하고 있다.[19]

---

14) 부산 형제복지원은 수용인원이 3,146명인 부랑인 수용시설로 1987년 3월, 직원의 구타로 원생 1명이 숨지고, 35명이 탈출한 사건을 계기로 그 원장이 구속되고 실상이 드러나 시설이 폐쇄되었다. 형제복지원 사건은 시설에서의 불법감금, 강제노역, 구타, 암매장 등 사회복지시설의 낙후된 수준과 비인간적 참상을 보여 준 사건이다.

15) 시설병(hospitalism)이란 시설에서 오래 생활함으로 발생하는 부작용(adverse effect)을 말한다. 시설병이라는 말의 유래는 병원에서 오래 생활함으로 인해 언어나 지각능력 발달이 저해된다는 주장에서 나온 말이다.

16) 이태수, 함철호, 이용교, 앞의 책, p. 40 재인용.

17) 같은 책, p. 52 재인용.

18) 같은 책, p. 79.

19) 같은 책, pp. 153-154 재인용.

- 규제가 많은 생활로부터 규제가 없는 생활로
- 커다란 시설에서 작은 시설로
- 커다란 생활 단위에서 작은 생활 단위로
- 집단생활에서 개인생활로
- 지역사회로부터 떨어진 생활로부터 지역사회 안에서의 통합된 생활로
- 의존적인 생활로부터 자립적인 생활로

그룹홈은 규제가 거의 없는 소규모의 지역사회 안에서 통합된 방식으로 탈시설적인 접근방식이라 말할 수 있다.

미국의 각 주나 연방정부의 보건사회국은 그룹홈이 일반 아동복지시설보다 경제적 · 가정적이며, 정상화의 개념에도 부합되며, 치료적 · 원조적 장점을 가진다고 하였다.[20] 미국은 대규모 시설투자비의 축소를 통한 복지비용 절감의 한 일환으로 그룹홈을 선호하고 있다.

그러나 기본적인 시설조차 부족한 우리 사회의 실정에서 탈시설화 논의는 사회복지에 대한 정부의 기본적인 투자를 소홀히 하는 것을 용인하는 것과는 분명 다르다. 따라서 기본적인 사회복지시설이 갖추어진 이후에 탈시설화 논의가 제기되었던 외국의 사례를 참조할 필요가 있다. 우리나라에서는 기본적인 사회복지시설의 확보와 탈시설적인 접근방안이 동시에 마련되어야 할 것이다.

2) 그룹홈에 대한 사회사업적 원리

사회사업적 원리로 그룹홈에 대해 명확히 정리된 것은 없다. 라이터와 브라이언(Reiter & Bryen)은 그들의 저서[21]에서 그룹홈과 같은 거주시설에서 적용되는 사회사업적 원리로 정상화, 발달론적인 접근, 클라이언트 중심적인 접근 등을 들었다. 말루치오(Maluccio)는 생태체계이론에 근거한 유능감 촉진 모형(competency-centered

20) 같은 책, p. 146.

21) Reiter, S., & Bryen, D. N. (1991). Promoting Social Competency: Implications of Work with Mentally Retarded Children and Adults in Residential Settings. *Knowledge Utilization*, pp. 105-107.

Model)[22]에서 그룹홈과 같은 거주시설에서의 유능감 촉진을 위한 사회사업적 원리로 개인 간 · 그룹 간 유능감 육성, 친밀한 인간관계 개발, 아동 · 청소년의 개별화, 삶의 경험 활용, 동기유발, 사회사업가의 유능감 향상을 들었다.

김광수(1999)[23]는 그룹홈이 복합적인 요구를 갖는 청소년이나 상처받은 아동의 치료에 효과적인 접근방안이 되기 위해서는 억압적인 가정환경을 우호적 · 지지적 환경으로 변화시키는 것과 함께 역량강화(empowerment)에 대한 노력이 이루어져야 한다고 주장하며, 높은 수준의 신변보호와 심리적 안정을 위한 환경, 친밀한 인간관계 및 협력관계, 개별적 처우와 통합적 접근 그리고 치료적인 집단관계를 그룹홈의 사회사업적인 지침으로 들었다.[24]

마이어(Maier)[25]는 아동 · 청소년의 발달을 위한 보호의 핵심적 요소로 일곱 가지, 즉 신체적 안정성, 개별화, 원활한 상호관계, 예측 가능성, 의존성, 학습모델 및 클라이언트 중심적 보호를 들고 있다.

이러한 주장들을 요약하여 제시하면, 그룹홈의 사회사업적 원리로 개별화, 친밀한 인간관계와 파트너십, 클라이언트 중심적인 접근 등을 들 수 있다.

(1) 개별화

사회사업의 일반적 원칙들 가운데 자기결정권 존중, 개별화, 신뢰성 등의 원칙은 그룹홈에서 특히 중요하다. 실무자는 권위주의적인 태도를 삼가하고 클라이언트의 개성과 의견을 존중해야 한다.

그룹홈은 비교적 소수이기 때문에 규제가 거의 없으며, 각 개인에 대한 관심과 보살핌이 가능하다. 예를 들면, 입맛, 생활습관, 사고방식, 흥미, 선택 기준에 대한 각자의 차이를 인정하는 것이다. 더 구체적으로 예를 들면, 자신이 입을 옷을 스스로 선택하고, 그룹홈에서 단체로 음악회에 가는 경우에도 친구를 만나러 가거나 집

---

22) Maluccio, A. N.(1991). Interpersonal Group Life in Residential Care: A Competence-Centered, Ecologicl Perspective. *Knowledge Utilization*, p. 51.
23) 김광수(1999). 가출청소년을 위한 집단가정에 관한 연구. 한신대학교 대학원 석사학위논문, pp. 25-33.
24) Shostack, 앞의 책, pp. 118-129.
25) Maier, H. W.(1987). *Developmental Group Care of Children and Youth: Concepts and Practice*, pp. 109-119.

에 남아서 자기 방을 정돈하겠다는 것을 허락한다. 그룹홈에서는 대체로 귀가 시간, 취침 및 기상 시간 등에 관한 규칙이 있지만, 이 역시 일반 가정과 거의 유사하다. 대규모 시설의 경우 운영과 유지를 위한 규칙이 불가피하여 개별적인 요구에 대해 유연하게 대응하기가 곤란하지만, 그룹홈에서는 규칙보다는 개별적인 요구에 유연하게 대응하는 것이 가능하다.

또한 개인의 고민이나 분노, 불안 등에 대해서도 말이나 편지 등의 언어적 · 비언어적 표현을 할 수 있게 하고, 이에 대한 격려와 지지의 메시지 역시 자유롭게 표현할 수 있으며, 개인의 비밀도 보호해 준다. 물론 이러한 사생활에 대한 보호가 일반 가정처럼 완벽한 것은 아니지만, 일반 시설과는 비교할 수 없을 정도로 자율성과 사생활이 보호되고 있다. 이러한 개별화는 클라이언트의 유능감, 대처능력의 향상, 자존감 향상에 매우 유익하다.

(2) 친밀한 인간관계와 파트너십

그룹홈에서 실무자–거주자의 관계는 일반적인 상담사–내담자의 관계를 훨씬 뛰어넘는다. 그룹홈에서 실무자와 거주 아동 · 청소년의 관계는 다음과 같은 두 가지 측면을 가진다.

첫째, 가족과 같은 친밀한 관계다. 일상생활을 함께하고 서로 이해하며 신뢰하는 가족과 같은 친밀한 인간관계는 거주 아동 · 청소년이 지지적인 인간관계를 형성하는 기초가 된다. 특히 모성 박탈로 심각한 정서적 곤란을 겪는 아동 · 청소년은 모성적 보호를 충족할 수 있으며, 건강한 가족의 모습을 학습할 수 있는 환경에서 자라게 된다. 긍정적 · 무조건적 · 지지적 인간관계가 형성됨으로써 이들은 성취동기를 강화할 수 있으며, 실무자를 따르고 본받으려 하게 된다. 그룹홈에서의 가족과 같은 무조건적인 관심과 지지 및 친밀한 인간관계는 거주 아동 · 청소년의 동기화와 자기 강화를 가능하게 한다. 이는 그룹홈이 비교적 소규모로 7인 이하로 소수이고 가정과 같은 분위기이며 지역사회에 통합되어 있기 때문에 가능한 것이다.

둘째, 실무자와 거주자의 파트너십(partnership)이다. 그룹홈에서의 관계는 가족과 같은 친밀한 인간관계와 실무자와 클라이언트 간의 파트너십이라는 이중적 관계로 형성되어 있다. 그룹홈에서 실무자와 거주자의 관계는 수용자(受用者)와 피수용자(被受用者)의 관계가 아니라 한 가족으로서의 대등한 관계다. 그리고 그룹홈에서 실무자와 거주자와의 관계는 친부모와 자녀의 관계가 아니기 때문에 클라이언트의 개성과 자기 결정권 존중이 오히려 용이한 측면이 있다. 그룹홈에서 실무자는 클라이언트 변화의 과제와 목표를 객관적으로 인식할 수 있으며 클라이언트의 다차원적인 시스템의 변화와 클라이언트의 대처역량 강화를 위한 체계적인 개입이 가능하다.

(3) 클라이언트 중심적인 접근

그룹홈에서는 클라이언트에게 일방적 강요나 지시가 아닌 스스로 판단을 내릴 수 있도록 환경을 조성하며 이를 존중해야 한다. 입소나 퇴소의 결정 혹은 진학이나 취업문제 등처럼 매우 중요한 문제에 대해 실무자는 조언과 상담을 하지만 최종 결정은 스스로 내리도록 해야 한다. 자기결정권, 자발성과 개성을 존중하는 것은 클라이언트의 대처역량 강화를 위해 필수적이기 때문이다.

그룹홈의 실무자는 기관의 입장이나 기관의 업무 효율성보다는 클라이언트의 요구에 초점을 맞추어야 한다. 기관 업무의 효율성을 중시하게 되면 클라이언트의 정서적 · 발달론적 요구들을 무시하게 될 위험성이 있다. 일상적인 생활규칙 등도 클라이언트의 발달과제를 수행하는 데 도움이 되고 클라이언트의 자발성과 자기 강화에 유익하도록 클라이언트의 참여하에 함께 결정하여야 한다.

이러한 클라이언트 중심적인 접근방법은 의사결정 구조의 분산화와 의사결정에 대한 클라이언트의 참여 확대 등을 통하여 자신의 문제도 스스로 결정하고 행동할 수 있도록 돕는 방식이다. 이를 통해 클라이언트는 유능감과 역량을 기를 수 있다.

제2장 아동 · 청소년 복지와 인류학적 패러다임

1. 인류학적인 패러다임의 필요성

사회복지 및 아동 · 청소년 복지 전문가들은 관련 분야에 대한 이론과 실천의 토대를 구축하는 것은 다양한 학문과 전문적인 분야와 관련되어 있음을 잘 알고 있다. 사회복지는 이론과 실천이 결합된 학문 분야이며, 사회학을 비롯하여 사회 전반과 인간의 내면, 가치관 등을 포함한 종합 학문이기 때문이다. 이와 관련하여 인류학자들은, 인류학이 사회복지 분야에 매우 유익함에도 불구하고, 사회복지 분야에서의 인류학적 관점과 사고를 적용하거나 활용하는 데에는 뒤떨어져 있다고 생각하고 있다.

리브카 아이시코비츠(Rivka A. Eisikovits)는 인류학을 아동 · 청소년 복지 분야에 적용한 대표적인 학자 가운데 한 명으로 다년간의 현장경험과 연구를 토대로 아동 · 청소년 복지 영역에서 인류학적 사고를 심화 · 발전시켰다.

'인류학을 우리나라의 아동복지의 현장에서 적용하는 것이 유익할까? 혹은 가능할까?' 하는 생각을 몇 번이나 해 보았다. 필자는 그룹홈 현장에서 20여 년 동안 활동해 오면서 신실증주의적 접근방법이 갖는 한계들을 많이 느껴 왔다. 특히, 공동모금회 등을 비롯한 거의 모든 지원사업이 이러한 테두리를 벗어나지 못하고 있다. 지원사업의 경우 사업복지기관이나 시설 지원사업을 위한 제안서(proposal) 작성 시에 분명하게 드러난다. 사업목표, 기대효과 등을 작성할 때 사람이 한두 번의 프로그램으로 변화되는 것은 아님에도 불구하고 마치 이러한 것이 가능한 것처럼 작성하도록 되어 있고, 기관들은 이를 위한 서류 작업을 해야 한다. 예를 들면, 필자는 모 기관에서 실시한 설날 떡국 지원사업 신청서의 기대효과를 작성하는 난을 보고 웃은 적이 있었다. 설날 떡국 한 번 먹었다고 정서적 안정이 되거나 사회적응력, 자존감이 높아지거나 신체적으로 건강해지거나 키가 크는 것은 아니라는 것을 모두가 알고 있지만, 사회복지계는 이러한 우스꽝스러운 일들을 되풀이하고 있으며, 그렇지 않으면 오히려 잘못하는 것처럼 인식하고 있다. 이는 사회복지계에 폭넓게 퍼져 있는 신실증주의적 사고를 보여 주는 단적인 예다. 물 한 번 주었다고 꽃이 피고, 밥 한 끼 먹었다고 키가 크는 것이 아니라는 것을 모르는 사람이 없지만, 어떤 사람은 이런 바보 같은 짓을 요구하고 있고, 또 우리는 거기에 장단을 맞추고 있다.

그런 측면에서 인류학적 사고는 우리에게 신실증주의적 사고에서 탈피하도록 도움을 줄 것으로 기대된다. 그러나 많은 것들을 기록 · 분석 · 연구할 수 있는 인력이 갖추어진 극소수의 몇몇 현장을 제외하고는 대다수 사회복지기관이나 시설에서 인류학적 모형을 적용하는 것은 현실적으로 거의 불가능에 가깝다는 생각이 들었다. 특히 장시간 노동과 종사자 소진 등의 문제로 어려움을 겪고 있는 그룹홈 같은 열악한 생활시설에서는 사회복지현장에서 일어나는 일들을 기록할 수도 없고, 기록할 수 있는 별도의 인력도 없다. 게다가 이 기록들을 분석하고 토론할 인력도 제대로 없는 현실 속에서 인류학적 접근이란 말 자체가 그룹홈 종사자에게 엄청난 스트레스를 안겨 주는 결과가 초래될 것이다. 그럼에도 불구하고 인류학적 관점이 주는 유용함을 무시할 수는 없다. 필자가 생각하기에 인류학적인 관점은 사람보다는 문화에 주목하게 하고, 아동 · 청소년의 적응과 학습과정에 대한 이해를 높이고, 구성원들의 문화적 동질성에 대한 이해를 높일 수 있다. 아동 · 청소년이 글쓰기를 잘하는 그룹홈, 열심히 공부하는 그룹홈 혹은 만족도가 매우 높은 그룹홈 등은 프로그램을 통해서가 아니라 그 그룹홈의 문화에서 비롯되는 것이다. 따라서 인류학적 사고는 사람이나 환경 자체보다는 문화를 만들고 그것을 변화시킴으로써 사람을 변화시킬 수 있다는 것이 핵심이다. 이를 위해서는 그룹홈의 문화를 창조하고 변화시켜 나가는 데에서 핵심적 역할을 하고 있는 아동 · 청소년 복지 종사자에 대한 투자의 중요성을 읽을 수도 있다. 이러한 인류학적 관점은 아동 · 청소년 복지 서비스 수준뿐만 아니라 사회복지 서비스 수준을 한 단계 향상시키는 데 기여할 것이며, 특히 사회복지현장에서의 신실증주의적 폐혜를 극복하는 데 도움이 될 것이다.

인류학적 관점에서 보면, "모든 해답은 현장에서 나온다."라고 할 수 있다. 현장에서의 일들을 기록하고 분석함으로써 다양한 가치관과 사고방식들을 접하고 이를 존중할 수 있는 토대가 마련된다. 그런 점에서 인류학적 관점은 현장 중심의 귀납적인 연구방식으로 사회복지현장과 이론의 괴리를 극복해 낼 수 있는 방식이며, 우리나라 사회복지현장에 부합되는 사회복지 이론들을 개발해 내는 데에도 도움이 될 것이다.

인류학적 사고는 패러다임의 변화이지만 우리나라에서는 이러한 패러다임의 변화가 아직 구체적으로 나타나지 않고 있다. 사회복지현장에서의 인류학적 연구성과들이 축적될수록 우리나라의 사회복지 연구는 그 내용을 풍부히 해 나갈 수 있을 것이다.

2. 아동 · 청소년 복지와 인류학적인 관점

아동 · 청소년 복지 영역에서 인류학적인 접근을 시도한 것은 미국의 주거보호시설에서 생활하고 있는 비행청소년에 대한 연구에서 비롯되었다. 매우 복잡한 문화적 배경을 가진 비행소녀들을 위한 거주시설에서 교육인류학적인 연구로부터 시작된 것이다. 아동 · 청소년 복지 관계자들은 인류학적인 접근방식이 그들의 분야에서도 유익함을 점차 발견해 가고 있다. 인류학적인 지식들을 체계적으로 활용하기 위하여 아동 · 청소년 복지 종사자들이 현장에서의 경험을 기록하고 분석하는 것은 인류학자들이 타 민족의 문화와 그들을 이해하기 위해 하는 작업과 매우 유사하다.

인류학적인 모델은 문화적 학습, 문화적 차이 등과 같은 수집된 자료들을 분석하고 해석하는 데 도움이 될 것이다. 인류학에서 사람들의 행동에 변화를 가져오는 상호작용을 설명할 때 '거울'이라는 표현이 많이 사용되었으나 최근에는 '모델'이라는 개념이 일반적으로 많이 사용되고 있다. 어떤 개인의 사고나 행동은 그 개인이 속한 집단이나 사회에 투영되어 다른 사람들의 사고나 행동방식에 영향을 미친다는 것을 함축하고 있다. 그러나 '모델'이라는 표현은 타인의 행동을 단순히 모방하는 것이 아니라 자신이 바라거나 추구하는 이상형의 사고나 행동방식을 모방하게 된다는 것으로 모방의 성격을 보다 잘 드러내기 때문이다.

인류학에서는 연구결과나 성과보다는 연구과정을 더 중시하고 있다. 그래서 인류학자들은 타민족의 문화를 이해하기 위해 수년을 그들과 함께 생활하기도 한다. 제인 구달(Jane Goodall)[1]은 침팬지의 사고방식과 행동을 연구하기 위해 먼저 침팬지의 세계로 들어가야 했다. 구달이 침팬지로부터 그들 세계의 일원으로 인정받기 위해 수개월 혹은 수년을 침팬지 근처에 앉아 침팬지와 친해지기 위해 노력하는 모습 속에서 우리는 인류학적인 연구방법의 전형을 잘 볼 수 있다.

리브카 아이스코비츠(Rivka A. Eisikovits)는 인류학적인 연구방법들을 아동청소년복지에 적용하여 비행경험이 있거나 정서적으로 상처받은 소녀들을 위한 주거형 치료센터에서 그들과의 특별한 관계를 발전시키려고 노력했었다. 그룹홈과 같은 생활시설에서 생활하고 있는 청소년들을 이해하기 위해서는 그 기관과 시설에 대한 이해가 필수적이다. 그녀는 1년 이상을 그들과 같은 생활방식으로 생활하며 그들과 친밀감을 쌓고 그들의 행동을 이해하기 위해 노력하였다. 그리고 그동안 자신이 기록한 것이나 연구결과를 읽어 주며 피드백을 받아 오류를 정정하거나 내용을 풍부하게 하였다.

인류학적인 연구방법을 아동 · 청소년 복지에 적용하기 위해서는 일방적으로 평가하거나 편견을 가지고 판단하지 않고 아동 · 청소년 복지시설에서 생활하는 아동 · 청소년 혹은 실무자들과 대화함으로써 기록하는 방식으로 이를 '그들 스스로 말하게 하는 방식'이라 할 수 있다.

필자 역시 외부의 연구자나 평가자들이 그 기관이나 시설의 문화에 대한 이해없이 일방적으로 그런 경우를 많이 보아 왔다.

허병섭 목사는 저서 『스스로 말하게 하라』(1987)에서 도시빈민들의 현장감 있는 살아 있는 언어의 중요성을 강조하며, 누가 대신 말해 주는 것이 아니라 스스로 말하고 행동하는 것을 통해 도시빈민들이 객체가 아닌 주체로 설 수 있다고 강조하였다.

---

1) Jane Goodall은 1934년 영국에서 태어나 침팬지 연구를 위해 케냐와 탄자니아에 제인구달연구소를 설립한 침팬지 연구의 세계적인 권위자다.

이러한 인류학적인 접근을 아동 · 청소년 복지 영역에 적용하면 아동복지 기관이나 시설에서 생활하고 있는 아동 · 청소년이나 실무자의 언어나 행동에는 그 기관의 문화와 사고방식이 함축되어 있기 때문에 이를 기록하고 분석함으로써, 그들 스스로 자신들의 과제를 발굴하고 해결하도록 도울 수 있다.

인류학적인 접근방법은 신실증주의적인 접근방법과는 몇 가지 큰 차이점이 있다. 실증주의적인 접근방법은 클라이언트나 종사자를 대상화하는 데 비해, 인류학적인 접근은 그들이 주체적으로 참여할 수 있게 한다. 인류학적인 접근방식은 객관적이라고 믿고 있는 자신의 기준이나 축적된 자신만의 이론으로 그들을 평가하고 대상화하기보다는 상대방의 관점에서 그의 행동을 평가하는 것이다. 이를 위해 상대방과 친밀감을 형성하고 그의 눈으로 세상과 사물을 보는 과정이 필수적이다.

그리고 사람을 움직이고 변화시키는 것은 기계적 · 논리적 과정이 아닌 상대방의 문화에 깊은 관련이 있다는 것이다. 따라서 개개인의 행동보다는 클라이언트의 문화에 주목하고 개개인의 행동 변화보다는 문화에 변화를 주는 요인들을 탐색해 나가는 과정이 무엇보다 중요하다.

아동 · 청소년 그룹홈마다 그룹홈의 고유한 문화와 분위기를 탐색해 내기 위해서는 인류학적인 관점이 필요하다. 이러한 인식은 아동 · 청소년 복지 관계자들의 인식을 새롭게 할 수 있고, 그 실천적 의미를 이해하고 그룹홈 등 아동 · 청소년 복지 관계자의 역량을 강화하는 데 기여할 것으로 기대된다.

인류학과 아동 · 청소년 복지라는 유사성에 근거하여 아동 · 청소년 복지 관계자의 교육과 실천에 대한 인류학적인 모델을 세울 수 있을 것이다.

앞서 언급한 특별한 관계는 연구자에게 부정적이거나 심지어는 적대적인 상황하에서도 적용될 수 있어야 한다. 이러한 인식은 아동복지계에서도 널리 인정되고 있다(Becker & Baizerman, 1982; Garduque & Peters, 1982; Vander Ven, 1993).

아동복지 관계자들과 비공식적인 대화를 하다보면 아동을 대하는 태도나 자세가 각 그룹홈마다 약간 다르지만 무엇인가 쉽게 설명할 수 없는 것들이 있다. 필자는 이러한 태도들은 아동복지 관계자의 세대에서 아동복지 관계자 동료들의 사회화 과정을 통해서 전이된다는 것을 발견하게 되었다. 이러한 전이는 직장 책임자가 전직하여도 지속되는 것으로 나타났다. 이를 분위기, 전통 혹은 문화라고 부를 수 있다. 그룹홈에 관한 일반적인 이해를 넘어서, 각 그룹홈이 가지고 있는 독특한 분위기와 문화를 제대로 알아야 그룹홈과 그룹홈에서 생활하는 아동 · 청소년을 제대로 이해했다고 말할 수 있다.

아동 · 청소년 복지 관계자들이 평가 분야의 전문가들과 만나서 긍정적인 경험을 한 경우는 극히 드물다. 비록 주제가 적합하더라도 연구자들이 있으면 변화와 통제의 문제가 발생된다. 기관의 책임자들은 원하지 않는 문제들에 봉착하는 경우가 종종 있다. 외부 평가자들과의 협력은 익명성에 대한 확신 없이 질문에 대한 대답을 해야 하는 곤혹스러운 처지에 놓이게 되기도 한다. 그리고 아동 · 청소년 복지 관계자들은 '연구결과에 대한 시행'은 자신들에게 익숙한 방식에서 별로 내키지 않는 방식으로의 변화를 의미한다는 것을 잘 알고 있다. 특히 외부에서 상담한다고 아이들을 들쑤셔 놓거나 자신들의 잣대로 시설과 종사자들을 일방적으로 평가하는 불쾌한 일들을 종종 경험한다.

아동 · 청소년 복지 관계자들은 시설 생활을 하는 사람들과 오랜 시간 함께하였고 그 결과 아동과 새로운 관계 및 문화를 형성하여 왔다. 이는 신뢰관계를 구축하고 업무를 지속적으로 수행할 수 있는 관계를 형성할 수 있도록 해 주는 자산이다. 기관의 문화에 대해 무지한 사람들에 의한 평가는 수박 겉 핥기에 불과할 수밖에 없다. 행정, 회계서류 등에 대한 평가는 가능하지만 아동 · 청소년 보호의 질에 대한 평가는 어려울 수밖에 없다.

그리고 동시에 평가받는 위치에 처한 아동복지 관계자들은 외부평가자들의 일반화에 대한 거부감을 일으키기도 하며, 다른 상담기관들의 사회복지사 역시 그룹홈 종사자들에게는 '외부인'으로 간주되기도 한다. 외부 평가자들은 일반적으로 현장의 활동가들을 자신의 기준으로 평가하고 가르치려 하고, 현장에서 새로운 것을 듣고 배우는 데에는 별로 관심이 없다.

3. 인류학자와 아동 · 청소년 복지

소규모 종족 집단을 전통적인 방식에 따라 연구하는 인류학자의 연구 방식과 아동 · 청소년 복지 관계자들의 연구방식의 차이점을 비교하면 다음과 같다.

1) 종단적 · 인류학적 연구방식

인류학자들은 전통적으로 어떤 이질적인 사회를 연구하는 경우 체계구조적인 지식을 사용하여 왔다. 한 문화를 이해하기 위하여 인류학자들은 정보를 세심하게 수집하는 과정을 통해 그 문화의 구성원들의 삶의 양식에 대한 모자이크 조각들을 맞추는 일을 하여 왔다. 어떤 사회의 문화 전체를 연구하는 이러한 연구방식 혹은 어떤 특정 영역에 대한 선행연구들을 활용한 연구방식을 인류학적인 용어로 연관 연구방식이라 한다. 이러한 연구방식은 자기가 속한 사회의 다양한 측면들을 연구하는 신실증주의적 연구를 하는 사회과학자들이 취하는 일반적인 연구방식과는 매우 다르다. 신실증주의자들은 어떤 사회에 대한 연구된 자료들을 토대로 하여 표준화된 도구 혹은 방법론을 활용하여 관심영역에 대한 어떤 규정이나 가설을 세울 수 있다.

신실증주의적 연구자들과 인류학자들은 과학적 진리의 성격에 대해서도 서로 다른 기준을 사용하고 있다. 신실증주의자들은 절대적이며 객관적인 진리는 검증할 수 있고, 반복될 수 있을 때 과학적 방법에 적합하다고 한다. 그러나 인류학자들의 관심은 개인의 성격과 문화, 그리고 역사 속에 뿌리 박고 있는 주관적 사실들에 대한 다양한 정보와 그 함의를 밝혀 내는 데 있다.

이러한 두 학문의 서로 다른 가치관은 연구자들에게도 서로 다른 이론적 틀을 추구하게 만든다. 신실증주의자들은 정서적으로 중립적인 태도를 견지하며 자신들을 연구 영역과는 별개인 제3자인 객관적 관찰자로서 간주한다. 그러나 인류학자들은 자신의 연구과제에 몰입하여 그 결과에 미친 영향 등을 파악하고자 한다. 그들에게 정보 전달자로서의 역할은 학문적으로 타당한 것으로 인정되며, 인류학자의 역할은 그 사실들을 기록하며 그들의 고유한 문화적 맥락에서 그 사실들을 이해하고 해석하는 것이라 할 수 있다.

인류학자들은 외래 문화에 대한 연구를 하면 할수록 이러한 문화적 다양성을 존중하게 된다. 종단적인 문화사 연구를 통해 인류학자들은 다른 문화권에서 절대적 · 보편적 기준이라고 생각했던 것과는 전혀 다른 방식으로 동일하거나 유사한 목적을 달성할 수 있다는 것을 깨닫게 되었다. 문화라는 것은 사람들의 필요에 따라 고안된 적응전략이라 볼 수 있다. 다른 말로 하면, "인류학은 문화적 상대주의의 입장을 견지하는 것이다."라고 할 수 있다.

적절한 질문을 할 수 있는 능력은 그 지역의 언어나 기본생활규칙을 이해하고, 소집단으로 함께하거나 문화적 동질성을 갖는 등 장기간의 친밀한 관계를 통해 개발된다. 이를 위해서는 현장 종사자들이 특정한 방식으로 행동하고 사물을 대할 수 있도록 사회화가 이루어져야 한다. 다른 말로 표현하면, 인류학자들은 그 분야의 선구자들에 의해 수행된 역사적 상황들은 어떻게 영향을 미쳤고 그 영향을 미친 사람들은 누구였는가를 연구한다. 그 과정에서 형성된 태도는 현장 종사자들에게 철학적 기준이나 전문가적인 윤리로 각인되어 있다.

인류학자들은 연구과정 내내 토착문화 구성원들로부터 배우는 문화학습자로서의 지위를 지닌다고 할 수 있다. 지식은 관찰, 심층면접, 생애사 자료수집 등과 같은 연구방법들을 활용함으로써 얻어지는 것이다.

인류학자들은 문화적 현상들을 폭넓게 이해하기 위하여 자신의 통찰력을 활용하고 다양한 계층 구성원들과 접촉할 필요가 있다. 이러한 접근방식을 통해 다층적인 문화적 실체들을 규명해 낼 수 있다.

현장에서의 삶은 인류학자들에게 그들 자신이 가지고 있는 편견 등을 깨우쳐 주고, 자신의 느낌을 기록하고 자신의 연구 영역에 대한 다른 기록, 분석, 해석들을 분별할 수 있도록 해 준다(Wolcott, 1944). 현장에서 생활함으로써 인류학자들은 인간 탐구방법들에 대해 더욱 명확하고 민감해질 수 있다.

2) 아동 · 청소년 그룹홈과 문화
-문화에 대한 생태론적인 이해와 인식론적인 이해-

문화에 대한 학문적 개념은 매우 다양하게 정의될 수 있다. 여기서는 아동 · 청소년 복지 관계자들이 인류학적인 접근에 유용한 두 가지 개념을 소개하고자 한다. 문화에 대한 첫 번째 생태학적인 접근방식으로, 문화란 사람들이 자신들의 물리적 · 물질적 · 사회적 환경에 적응하기 위하여 장기간에 걸쳐 발전시켜 온 적응 메커니즘이라 할 수 있다.

문화에 대한 두 번째 개념은 인식론적인 접근방식으로, 문화란 어떤 일련의 규율, 규범과 가치관 혹은 정신적 기준 및 목표라고 말할 수 있다.

문화에 대한 생태학적인 접근은 사람들의 머릿속에 각인되어 있는 특정 영역,

즉 장소나 환경 영역과 관련되어 있고, 인식론적인 접근은 사람의 마음과 관련이 있다. 지식은 문화의 산물이며, 따라서 이러한 지식을 공유한 집단이 바로 문화적 동질성을 갖는 것이다.

따라서 그 지역에서 태어나지 않는 사람들은 그 지역 사람들의 삶의 방식과 관련된 자료들을 수집하고 학습함으로써 그들의 사고체계를 이해할 수 있다.

이러한 정의는 다른 문화권의 사람들이 단지 학습을 함으로써 그 문화에 적응할 수 있는 이유를 명확하게 보여 주고 있다.

(1) 인지적인 문화

병원이나 병동, 학교나 반, 주간보호센터, 그룹홈이나 가족과 같이 동일한 문화권에 속한 집단이나 그 하위 집단에 있는 의사, 교사 및 아동복지 종사자 등과 같은 전문가들에게 지식은 매우 중요하다. 그들은 각자 자기 분야의 지식을 가지고 있고 명시적이거나 묵시적인 상징체계를 사용하고 있으며, 그들만의 특이한 구조와 새로운 구성원을 합류시키기 위한 규칙 등을 가지고 있다. 소집단에 대한 문화적 접근방안은 인류학적인 이론과 방법론을 사용하여 이루어질 수 있다. 인지적인 문화 구성원은 동시에 몇 가지 동질성을 전제하고 있다. 예를 들면, 어른들은 동일한 전문성을 가지고 있거나 동일한 정치적 입장을 가지고 있거나 한 가족으로서의 정체성을 가지고 있다. 청소년의 경우에는 같은 반에 있는 아이들이고 같은 또래집단에 속하고 비슷한 가정환경을 가지고 있어야 한다. 아동 · 청소년 보호시설에 있는 청소년들은 문화적으로 훨씬 동질성을 가지고 있다.

이러한 구성원들을 관리할 수 있는 능력은 복잡한 현대사회에 대해 자신의 적응능력에서 비롯된다. 예를 들면, 신혼 초의 젊은 내과의사는 전문가로서의 장래를 위해서 집에서 오랫동안 머물기보다는 병원에서 집중적으로 시간을 투자해야 한다는 것을 가족이 이해해 주기를 기대할 것이다.

사람들은 서로 상충되는 요구에 직면하는 경우가 종종 있다. 아동복지시설에서 종사자들의 경우에도 프로그램 진행과 동료들과의 긴장관계, 가족의 기대와의 갈등 등의 다양한 어려움을 종종 경험한다. 아동 · 청소년 복지 종사자들 역시 클라이언트의 요구를 완벽하게 수용하도록 노력해야 하는 직장에서의 정서적 부담, 자신의 노력과 수고에 대한 불충분한 보상, 가정경제의 어려움 등의 갈등을 겪고 있다. 아동 · 청소년 복지 영역을 연구하는 연구자들에게서도 그들의 일과 관련하여 종종 이러한 문제가 훨씬 복잡하게 나타나기도 한다.

(2) 아동 · 청소년 복지와 문화

아동 · 청소년을 위한 다른 보호 서비스와 마찬가지로 주거보호시설은 생태적인 관점과 인지론적인 관점에서 하나의 동일한 문화로 간주될 수 있다. 그들 각자의 업무는 제한되어 있으며, 그들이 위임받은 사항은 전체적인 시스템의 요구에 따라 정해진 것이다. 적어도 부분적으로는 그 조직 내에 목표 달성을 위한 시스템대로 그들에게 맡겨진 사회적 과제를 수행하면 업무는 달성되는 것이다.

동시에 이러한 조직은 그들 자신의 독특한 규범, 가치관, 사회적 구조, 상징체계와 언어를 갖는 인지론적 문화로 구성된다. 그리고 그들의 문화는 조직의 구성원에 따라 보다 작은 하위 문화 체계나 혹은 전문가 집단 등으로 세분화될 수 있다.

인류학적인 관점에 따르면, 아무리 주제 설정을 잘하였다고 하더라도 클라이언트, 아동 · 청소년 복지 종사자, 의료진, 상담사, 책임자금 혹은 주요 활동가집단이든 조직의 구성원이 정보를 제공해 주지 않으면 연구는 불가능할 것이다. 조직 구성원 간 자발적인 협력이 이루어져야 연구자들 역시 관심 분야에 대해 보다 심층적인 정보를 수집할 수 있다.

이러한 협력은 사회적 상호작용 시 매우 중요한 의미를 갖는다. 이는 참여자들의 다양한 노력들에 기초한 역동적인 시스템인 아동복지 조직 내에서 서로 어떻게 기여하고 있느냐 하는 과정을 밝혀 주는 것으로 중요한 의미가 있다. 이러한 복잡한 과정을 명확하게 항상 기억한다는 것은 방대하고 만만찮은 과제다.

그럼에도 불구하고, 다른 소집단과 마찬가지로 조직들에서는 일탈행위가 그들 자신의 고유한 체계를 위협하는 것으로 간주되기 때문에 일반적으로 용납되지 않는 경향이 있다. 조직 구성원들은 규범적인 직장의 정신을 공통적으로 지지하는 경향이 있기 때문이다. 명확하게 설정된 클라이언트의 변화 혹은 행동으로 구체화된 방법들을 활용하는 것은 아동 · 청소년 기관과 같은 수많은 기관에서는 너무나도 당연한 것이다. 이러한 관점에서 다문화적인 수많은 클라이언트의 현실을 고려할 때 이러한 문화적 다양성을 강조하는 것은 결코 지나친 일이 아니다.

문화에 대한 포괄적 정의를 하든 협의적 정의를 하든, 그것은 그러한 정의를 공유하는 공동체의 구성원들은 문화를 전통적인 것으로 인식하고 있다. 구체적으로 말하면, 거주시설이든 비거주시설이든 아동 · 청소년 복지기관 내적인 동력, 상호작용 유형이나 방식 등을 분석할 경우에는 아동 · 청소년 기관 내부 혹은 자체가 분석 단위가 된다. 아동 · 청소년 기관에 보다 포괄적으로 연구를 위해서는 아동 · 청소년 복지 서비스의 전달체계, 정책 입안자, 자금 원천, 다른 아동 · 청소년 복지기관과 연구 집단 및 이데올로기 등이 포함될 수 있다.

3) 문화적 학습이론

(1) 인지론적인 대인관계 접근방법

일반적으로 문화에 관한 연구는 사람들과 그들의 문화에 대한 특징을 분석하는 것이 대부분이었다. 그리고 이러한 연구들은 연구가 가정하고 있는 문화이론들을 학습자들이 수동적으로 그 지식들을 받아들이도록 하고 있다. 스핀들러(Spindler, 1975)는 문화 이전의 메커니즘에 대해 모형을 제시하며 그 사례를 설명하였다. 스핀들러는 문화 이전에 관한 설득력 있는 그의 공식을 통하여 사람들 사이의 과정을 통하여 그들의 문화 속에 초보자들이 어떻게 수용되어 가는지를 묘사하였다(Spindler, 1987 참조).

스핀들러의 개념에 따르면, 문화적인 억압과 감압의 메커니즘은 새로운 구성원들의 사회화 과정에서 번갈아가면서 일어난다. 억압은 초보자가 행동규율을 완전히 마스터하기 전까지 초보자가 사회적으로 인정된 행동을 선택할 때 느끼는 엄격한 제한 등을 통해 표현된다. 이는 감압의 과정 혹은 사회적 권리와 책임이 수반되는 행동의 영역들을 확장하는 과정에서도 일어난다. 이는 아동 · 청소년 복지 종사자가 아동 · 청소년 복지기관에 처음 들어왔을 때에도 적용이 되고, 아동 · 청소년이 그룹홈에 처음 입소하였을 때에도 거치게 되는 과정이다. 이러한 사실은 처음 들어오는 사람이 어른이든 아이이든 이들을 위한 적절한 배려가 필요함을 말해 주고 있다.

(2) 통합적 · 역동적 접근방식

30여 년 전에 교육인류학자들은 문화적 교차이론을 연구하기 위하여 문화에 대한 광의적 · 역동적 정의에 토대를 둔 문화적 학습이론의 뼈대를 세우고 이를 검증하였다. 이러한 개념화는 인지론적인 차원과 생태론적인 차원을 포함하고 있다. 또한 동시에 어떤 소집단의 생활방식과 환경 사이의 상호작용에 대한 연속적인 평가가 가능하게 한다.

사람들의 연령과 사회적 지위와 상관없이 어떤 특정 문화집단의 구성원들은 의식적 혹은 무의식적으로 ① 지속적인 변화과정에 어떠한 형태로 참여하고 있으며, ② 새로운 과제를 어떻게 수행해야 할지, 그리고 ③ 어떻게 자기 역할을 수행해야 할지에 대해 지속적으로 학습한다. 사람은 자신의 경험과 새로 접촉하는 사람들의 행동을 통하여 일반화하는 경향이 있다. 한 사회의 구성원들은 현재의 규범과 행동들을 토대로 자신의 행동과 규범을 재해석하며 그러한 문화적인 특징들을 유지시키려는 경향을 보인다.

새로운 학습자가 그들의 환경에 접촉할 때 학습이 이루어진다. 예를 들면, 교회에서의 적합한 행동을 학습하거나 슈퍼마켓에 가서 물건을 구입할 때 영수증을 받아 챙기거나 신용카드를 이용하는 등 그 사회에서의 다양한 사회적 기관들에 직접 접하여 물건을 조작하거나 참여함으로써 학습이 이루어진다.

4. 교차이론적 관점에서 본 인류학적 사고

인류학자들은 전통적으로 기존의 사회체계이론들이 거의 적용되지 않는 다소 이질적인 사회를 연구하여 왔다. 그들의 문화를 이해하기 위하여 그들의 생활방식을 매우 세심하게 관찰 · 기록하고 수집한 정보를 모아 모자이크 조각을 맞추는 방법들을 많이 사용하여 왔다. 이러한 연구방식은 어느 하나의 문화를 지도를 작성하듯 전체를 포괄적으로 그리는 방식으로, 특정 영역에 대한 심층 연구를 하기 전에 이미 연구된 선행연구 주제들에 관해 통합적인 접근을 하는 방식이다. 이러한 연구방법은 신실증주의적인 사회과학자들의 연구방식과는 매우 큰 차이가 있다. 신실증주의자들은 자기 문화에 기초하여 형성된 지식들의 토대 위에서 표준화된 연구방법과 분석틀을 활용하거나, 관심 분야에 대한 가설을 세우거나, 그 가설을 실험하기도 한다.

신실증주의자와 인류학자는 과학적 사실을 평가하는 데 매우 다른 잣대를 사용한다. 신실증주의자는 적절한 과학적 방법들을 통해 입증 가능하며 반복 가능한 것을 절대적이며 객관적 사실이라고 판단한다. 반면, 인류학자는 개인의 인격과 문화적인 맥락에 근거하고 있다고 믿는 주관적 사실들의 다양한 측면들을 밝혀내는 데 초점을 둔다.

신실증주의자의 연구방식은 바깥에서 보면 정서적 중립성과 객관성을 견지하고 있는 것으로 보인다. 이에 비해 인류학자는 자신의 연구에 완전히 몰두한 나머지 그 결과에 영향을 미치는 것으로 보인다. 정보를 수집하는 사람들의 이러한 태도는 인류학에서 일반적으로 타당한 것으로 간주되고 있으며, 인류학자의 역할은 자신의 문화적 맥락으로 제반 사실들을 기록하고 이해하려는 것이라 할 수 있다.

인류학자는 다른 문화에 대한 다양한 체험을 통하여 문화적 다양성을 존중하며, 교차문화이론을 통해 어느 사회에서나 모두 유사한 목표를 이루기 위한 절대적이거나 보편 타당한 방법이 있는 것이 아니라 서로 다른 방법들이 존재한다는 것이다. 사람은 자신의 욕구에 맞추어 거기에 적합한 전략들[2]을 선택하는 경향이 있다. 다른 말로 표현하면, 인류학자는 문화적 상대주의적 입장에 서 있는 것이다.

1) 현장체험

누구나 그 지역의 방언과 기본적인 생활방식, 공동체의 사회구조와 의미 있는 문화적인 행사들을 학습하고 늘 적절한 질문을 함으로써 그 사회의 문화에 대해 친숙해질 수 있다. 예를 들면, 제주도에 가서 제주도 방언을 배워서 그들과 의사소통한다면 훨씬 쉽게 친밀감을 형성할 수 있는 것과 마찬가지다. 현장 활동가가 그 지역에서 일어나는 일들을 직접 보고 참여는 것이 그 지역사회에 사회화 되는 과정이라 할 수 있다. 다른 말로 하면, 인류학자는 현장 활동에 참여해서 축적한 초창기 연구 경험에 의해서 어떻게 생각하고 무엇을 질문해야 할지가 거의 결정된다고 할 수 있다. 이러한 태도는 초창기 훈련과정을 통해 형성되는 전문직 종사자에게 요구되는 철학적 규율이며 전문적 윤리로 각인된다.

---

2) 문화적 상대주의를 그룹홈에 적용하면 애착 형성과정 면에서 따뜻하게 안아 주는 방법만이 절대적으로 올바르다고 할 수 없다. 때로는 정확하게 꾸짖거나 혹은 상황에 따라서는 "야! 임마!" 라고 부르는 것이 친밀감을 더 촉진할 수도 있다.

민족지학자(民族誌學者)[3]는 탐색을 통해 원주민에게 배우는 문화 학습자라는 입장을 견지하여야 한다. 지식은 참여관찰, 심층면접, 기록물에 대한 수집 등 다양한 연구방법들을 활용하여 얻을 수 있다. 특정 문화적 현상에 관한 내부자의 관점과 현장 활동가의 통찰력을 통합하면 서로 다른 이질적인 문화적인 현상들에 관해 많은 정보와 다층적인 심도 깊은 연구가 가능하다.

현장에서 생활함으로써 문화 기술자는 자신의 편견을 진단하고 자신의 기록, 분석과 해석을 점검할 수 있다. 현장생활을 통하여 문화 기술자는 더욱 민감하며 주의력을 가다듬을 수 있다.

2) 아동 · 청소년 보호기관의 문화

아동 · 청소년 보호시설과 마찬가지로 아동 · 청소년 치료시설에서도 문화에 대한 생태학적인 관점과 인지적인 관점 둘 다 적용할 수 있다. 아동 · 청소년 시설이 지역적으로 경계가 정해져 있으며, 상위 조직으로부터 그들에게 권한이 위임되어 있는 경우에 그들의 역할은 상위 기관에서 미리 설정해 둔 목적에 따라 수행하는 것이 될 것이다.

동시에 이와 같은 조직은 자체의 규범, 가치관, 사회적 구조와 상징체계, 그들만의 독자적인 언어 등 그들 고유의 문화체계를 갖추고 있다. 이와 같은 조직들은 조직도나 전문성에 따라 보다 소집단으로 세분화할 수도 있다. 인류학적인 패러다임에 따르면, 클라이언트, 아동복지 관계자, 치료 스태프, 상담가, 조직 관리자, 설비 담당자와 같은 구성원 모두가 정보와 문화의 생산자로서 역할하고 있다. 그러나 이러한 과정과 메커니즘 등을 연구주제로 삼거나 연구하기는 거의 불가능에 가깝다. 단지 각자 자발적인 협력을 통해 서로가 추구하는 더 깊이 있는 정보를 얻으며 문화를 만들어 갈 수 있을 뿐이다.

구성원 간의 의미의 교환은 모든 사회적 상호작용의 핵심이라 할 수 있다. 이것은 조직 구성원의 다양한 투입요소들에 기초하여, 투입요소들을 조정해야 하는 역동적인 조직체계인 아동복지시설에서 그 의미의 본질이 실제 일하는 사람에게 어

3) 'ethnographer'는 현지 조사에 바탕을 둔 여러 민족의 사회조직이나 생활양식 전반에 관한 내용을 체계적으로 기술하는 사람으로 민족지학자, 민속지학자라고 한다. 여기서는 인류학자라는 말로도 썼다.

떻게 구체화될 수 있는가 하는 점이 가장 중요하다는 점이다. 항상 이러한 복잡한 것들을 염두에 두고 일한다는 것은 매우 만만치 않은 과제가 될 것이다.

그럼에도 불구하고 다른 소규모 조직과 마찬 가지로 아동 · 청소년 복지시설의 문화 역시 사회구조의 통일성을 위협하는 사회적 일탈행위에는 용인하지 않는 경향이 있다. 그들 역시 일반적으로 규범적인 사회정서를 가지고 있기 때문이다. 클라이언트의 변화를 추구하기 위해 때로는 행동방식을 명시하는 것이 이러한 조직의 수많은 존재 이유 중 하나라고 간주된다. 이러한 점에 비추어 보면, 클라이언트의 성장과정과 클라이언트의 문화를 강조하는 것은 결코 지나친 일이 아니다.

문화에 대하여 포괄적으로 정의하는가 혹은 협소하게 정의하는가 하는 문제는 그 공동체 구성원의 관습에 따라 달려 있다. 다른 말로 표현하면, 생활시설, 이용시설, 아동 · 청소년 복지시설 등은 지역사회 내에 있는 문화의 한 단위로서 동시에 관심을 가지고 그 자체의 내적 역동성과 상호작용 방식과 독자적인 문화적 환경을 분석할 필요가 있다. 그리고 아동 · 청소년 복지시설의 문화를 더 포괄적으로 정의한다면 아동 · 청소년 전반에 관한 것들과 정책 입안자, 재정 분야의 관계자, 사회적 기관, 전문가 집단 및 이념가를 포함한 아동복지 서비스 전달체계가 포함될 수 있을 것이다.

5. 아동 · 청소년 복지적 관점에서의 문화적 학습이론

1) 인지론적 · 대인관계적 접근방안

문화학습에 대한 대부분의 연구는 사람과 문화 사이의 특징을 분석하는 분야에 집중되었다. 문화학습자들은 이러한 연구에 기반한 문화적응이론들은 문화적 지식들을 주로 수동적으로 학습한다고 전제하고 있다. 민속학적 기록에 대한 분석을 토대로 스핀들러(Spindler, 1975)는 그가 예로 든 사회 속에서 문화 전달자의 메커니즘 모형에 관하여 서술하였다. 스핀들러는 비록 초기 연구이지만 매우 중요한 지적을 하고 있다. 스핀들러는 사람들이 대인관계라는 과정을 통하여 그들의 문화 속으로 초보자를 유입시킨다는 것을 주장하였다.

이러한 개념에 따르면, 문화적 압력 증대와 압력 감소의 메커니즘은 구성원의 사회화 과정에 따라 달라질 수 있다. 문화적 압력 증대는 그 문화의 초보자가 그 사회에서 요구되는 행동에 대한 규율을 완전히 숙달할 때까지 사회적으로 용인되는 행동들에 대한 엄격한 제한을 말한다. 이러한 문화적 압력 증대를 경과한 후에 문화적 압력 감소가 이어지거나 혹은 사회적 권리와 책임을 부여받으면서 사회적으로 수행할 수 있는 행동 반경이 확대되기도 한다. 이러한 변증법적인 모형은 문화적 학습자의 역할에서 문화적 압력 증대와 감소 사이클의 역할자로 한 개인이 어떻게 발전해 나가는가를 잘 보여 주고 있다.

기어링(Gearing, 1974)은 흘러넘치는 정보에 대한 역동적인 과정으로서 문화 전달과 획득은 학습자와 사회화하는 기관 사이에 교환되는 의미의 균형이라는 일련의 과정을 통하여 이원적 상호작용을 통하여 이루어진다고 생각하였다. 학습자의 편에서 보면 그가 접한 사람들의 기대나 기관의 행동지침의 결과가 적응의 형태로 나타난다. 그리고 학습자에게 중요한 요소임에도 불구하고, 이 모형은 학습의 근거가 되는 환경을 무시하고 학습과정에 초점을 맞추고 있다. 이런 이유로 인지론적인 접근방법은 통합적인 이론으로 간주되지 않는다.

2) 통합적 · 역동적 접근방안

30여 년 전에 교육인류학자들은 교차문화 연구팀을 결성하여 문화에 대한 보다 확대되고 동적인 문화학습이론을 세우고 이를 시험하는 활동을 하여 왔다. 문화에 대한 이러한 개념은 기존의 인지론적인 차원과 생태유물론적인 차원을 모두 포괄하고 있다. 이는 집단의 생활방식과 환경 사의의 관련성에 대한 지속적인 평가를 가능하게 해 주고 있다.

연령과 사회적 지위와 상관없이 모든 인간 집단은 의식적이든 무의식적이든 끊임없이 학습하고 있다. 즉, ① 항시적으로 변하는 상호작용 속에서 적절한 참여 방식을 찾고, ② 새로운 과제를 수행하는 방법을 모색하며, ③ 새로운 역할을 성공적으로 수행하는 방법을 탐색하고 있다.

사람은 자신의 경험을 통해 사회화되며 자신의 역할을 수행함으로써 자신의 미래 행동과 만나는 사람들을 결정하게 된다. 이러한 사회적 해석에 기초하여 현존하는 사회규범과 행동양식을 자기화하는 과정을 통하여 그 집단의 구성원들은 다른 사람을 변화시킴으로써 그 집단의 문화적 특징들을 보존시키고 있다.

교회에 갈 때나 슈퍼마켓에서 물건을 살 때의 적절한 행동, 현금지급기나 음료자판기를 이용할 때처럼 다양한 사회적 기관의 활동에 대한 참여하는 것과 같은 사회적 환경에 학습자가 접하게 되었을 때 가장 중요한 학습이 이루어진다.

사람과 문화양식을 분리하는 것은 매우 부자연스러운 일이다. 오히려 문화 학습자는 서로 다른 경로를 통해 얻어지는 다양한 사회적 · 물리적 정보들로부터 자신이 스스로 선택하는 활동적 주체이자 사회 문화와 통합된 존재로 보아야 한다. 이러한 문화습득은 일직선으로 이루어지지 않는다. 어느 순간에는 많은 양의 정보가 거의 동시적으로 처리되기도 하는 등 학습이 가지고 있는 다양한 속성이 있기 때문이다.

문화습득이 이러한 과정을 통해 이루어지기 때문에 과정에 영향을 미치는 것은 쉬운 일이 아니다. 아동 · 청소년에게 매우 중요한 의미를 갖는 가정, 학교, 아동 · 청소년 보호기관과 같은 곳에서 부모나 교사, 아동 · 청소년 담당자들 역시 아동 · 청소년들에게 '본받을 만한 어른'이라는 인식이 형성된 이후에야 비로소 아동과 청소년에 대한 지도 및 가르침이 이루어질 수 있다. 문화학습에 관한 광의의 개념을 활용하면, 그 과정의 참여자들은 그 사회 구성원들의 행동과 상호작용에 의해 끊임없이 변형되는 문화의 학습자이며 동시에 설계자인 것이다.

아동 · 청소년 보호기관에서 문화에 대한 생태학적 · 인지론적인 인식이 있다면 문화에 대한 기록이나 문화에 대한 분석이 보다 쉽게 이루어질 수 있을 것이다. 아동 · 청소년 보호기관에서의 생활을 보다 잘 이해하기 위하여 이러한 모형을 어떻게 활용할 수 있는지 살펴보아야 할 것이다.

3) 아동 · 청소년 보호적 관점에서의 문화적 학습

아동 · 청소년 보호기관은 문화적 학습이 활발하게 이루어질 수 있는 환경들을 갖추고 있으며 문화 전달의 연속선상에서 보면 수용적 측면이 강하다. 아동 · 청소년복지 담당자는 이러한 문화학습 과정에서 촉진자의 역할을 수행할 수 있다. 좁은 의미로는 문화습득 혹은 문화학습을 학교에서 이루어지는 교육 같은 것을 말하지만, 보다 넓은 의미로는 일상생활 속에서 다양하게 마주치는 일들에 대한 사려깊은 지도와 같은 훈련과 교육의 형태까지 포함한다. 아동 · 청소년 보호기관 중에서 특히 생활시설은 다른 어느 교육기관보다 이러한 문화적 학습이 자연스럽게 이루어질 수 있는 환경을 갖출 필요가 있다.

그런 점에서 아동 · 청소년 담당 실무자는 그 조직 문화의 공동 창조자라고 할 수 있다. 아동 · 청소년 담당 실무자가 자신의 역할에 대해 적극적인 인식을 하게 되면 많은 긍정적인 영향을 미칠 수 있다. 아동 · 청소년 기관의 조직체계가 유연성을 가진다면 공식적인 훈련은 효과가 제한적이기 때문에 이와 같이 유연한 조직체계는 아동과 기관의 훈련 프로그램을 담당하고 있는 담당 교육자나 직원들에게 훨씬 효과적인 방안이 될 것이다. 그룹홈에서 문화적 학습이론을 적용하는 구체적 예를 들면 다음과 같다.

아이들에게 소방안전 교육을 시키거나 교통안전 교육을 시킨다고 교재를 준비하여 설명하고 운영일지를 작성하는 것만으로는 부족하다. 아이들은 교육시간에 들은 내용을 학습하는 것이 아니라 그룹홈 종사자가 도로를 어떻게 건너는가를 보는 것을 통해서 학습한다. 즉, 공식적인 교육이 아니라 비공식적인 기회를 통해 얻은 정보를 내면화한다.

학습이 갖는 복잡한 속성 때문에 아동 · 청소년 복지 담당자는 여러 영향을 미치는 요소에도 주의를 기울여야 한다. 아동 · 청소년 또래 집단과의 비공식적 접촉, 클라이언트와의 상호작용, 아동 · 청소년 복지시설이라는 낯선 환경에서의 친밀감 증대 등을 통하여 아동 · 청소년 복지 담당자는 아동 · 청소년 복지 시스템 내에서 명시적인 차원뿐만 아니라 묵시적인 차원에서도 자신의 모습과 조직 내에서 자신의 역할을 찾아낼 수 있을 것이다. 전반적으로 아동 · 청소년 복지시설과 같은 조직의 문화는 클라이언트에 의하여 형성된다. 문화적 학습에 대한 인지론적인 이론에 따라 프로그램, 규율 및 규정들을 학습하는 것이 가능한 것처럼 보일지라도 실제로 조직의 문화를 학습하는 것은 비현실적이다. 실제로 한 교실에서 사람들에게 내면화되는 데에는 비공식적 접촉 혹은 상호작용에 의하여 전달된 정보와 지식 사이에는 큰 차이가 있다는 것을 많은 연구결과들이 보고하고 있다. 이러한 연구결과는 인간과 물질, 사회구조 및 절차 등과 같은 광범위한 문화 자원들을 접하게 되는 전인적인 아동 · 청소년 복지시설 같은 곳에서는 더욱더 중요한 의미를 가지고 있다.

생활시설에서 아동 · 청소년은 부엌에서 요리하는 것을 도우면서 배우고, 집 안팎에서 소소한 일을 하는 사람과의 대화를 통해서도 배운다. 아동 · 청소년은 명문화된 규범과 실제와의 차이점을 깨닫고 조직체계를 교묘히 이용하는 방법을 배운다. 이에 대응하는 가장 좋은 방법은 그러한 것들을 공식적인 틀안에 포함시키는 것이다.

아동 · 청소년 복지시설에서 인류학적인 모형을 채택하게 되면 담당자가 보다 변화에 민감하게 되며, 과정을 중시하는 관찰자이자 분석가이자 보다 의식적인 조직체계의 설계자가 될 수 있다. 또한 내적으로는 아동복지시설이 자체적으로 보다 잘 기능하며, 외적으로는 가족이나 지역사회나 유관기관과의 상호작용 역시 활발하게 이루어질 수 있을 것이다.

6. 행동에 있어서의 인류학적인 모형

존스(Jones, 1985)는 주거형 아동 · 청소년 보호방식은 아동 · 청소년 보호의 기본적인 원리에 따라 서비스가 이루어지는 핵심적인 접근방식이라고 주장하였고, 사비치(Savicki, 1995)는 이러한 원리가 다른 실천적인 분야에까지 확산되어야 한다고 주장하였다. 필자는 주거형 보호방식에 관하여 그 사례를 보여 주기 위해 노력하였으며, 그 모형은 역시 다른 서비스 분야에도 적용이 가능할 것이다.

이런 모형이 아동 · 청소년 보호 담당자의 전문적 기능을 강화하는 데 어떻게 기여할 수 있을까? 업무에서 인류학적인 기록을 하는 것이 아동 · 청소년 담당자에게 무엇을 가져다줄 수 있을까? 이러한 점들을 다음의 세 차원, 즉 소규모 보호시설의 차원과 개별 조직 차원 그리고 조직 대 조직 간의 차원에서 살펴보자.

1) 소규모 보호시설에서의 인류학적 접근

그룹홈과 같은 소규모 보호시설 내 상호작용의 의미에 대한 미묘한 차이를 파악하기 위해서, 아동 · 청소년 보호 담당자는 반드시 그 구성원들과 동질감을 형성하기 위해 배워야 하며, 그들 안에서 공동체가 갖는 다양한 의미, 그들의 특징, 그들의 연관성을 파악해야 한다. 신입직원이 적극적인 참여를 통하여 충분한 문화적 지식을 완전히 습득하거나 혹은 관찰자가 아닌 직원으로 받아들여질 때까지는 시간이 걸리며, 그 전까지 신입직원은 비참여적인 관찰자로서 업무를 시작할 수밖에 없다. 이 때 신입직원과 같은 팀으로 경험이 많은 동료의 도움은 큰 힘이 될 수 있다. 동료의 도움으로 서로 다른 관점들을 비교하는 것은 상호 이해를 증진시킬 것이다. 외부인으로서 초보자의 질문과 관찰은 기존 구성원에게는 신선한 통찰력을 갖게 해 주기도 한다.

소규모 보호시설에서 아동 · 청소년 담당자가 직접 작성한 의사소통을 위한 수단으로 작성된 일지는 신뢰할 수 있는 기초 자료가 될 수 있다. 예를 들면, 문화기술자들은 종종 기록의 정확성을 최대한 기하기 위해 현장의 안내자를 고용하여 표준화된 관찰양식을 사용한다. 이러한 안내자는 아직 밝혀지지 않는 행동 영역을 탐구할 때에는 다른 것들을 상기시키는 암시자로서 역할하며, 어떤 일의 배경에 대한 자세한 정보를 제공해 주기도 하며, 특히 집단적인 연구에서는 단어와 문장을 그대로 정확하게 기록하는 속기사와 같은 역할을 하기도 한다.

소규모 보호시설의 빡빡한 일정에 쫓기더라도 이와 같은 기록을 할 수 있는 시간적인 여유를 가져야 한다. 예를 들면, 조용한 시간, 즉 밤에 시설 내의 새로운 뉴스를 정리 · 분석 · 기록하며, 일지와 거주자의 행동양식을 비교할 수 있다. 그리고 종종 이루어지는 팀 미팅은 대화를 통하여 의미를 밝히고, 집단적인 계획을 수립하는 데에도 도움이 된다.

굳트만(Guttmann, 1991)은 사전에 개입전략을 세울 수 없는 위기상황, 즉 긴급상황에서 현장에서 즉각적으로 개입하여 대안을 마련해야 하는 아동 · 청소년 담당자에게는 많은 것들이 요구된다고 하였다. 그럼에도 불구하고 전문가는 그러한 사건이 발생하는 위기의 순간에 현장에 있지 않기 때문에 (설령 그들이 현장에 있어 그러한 위기를 미연에 방지할 수 있다 하더라도) 만일 그들이 응급상황에 직접 접하지 않는 상황이라면 무슨 행동을 취하기 전에 그러한 사건과 선례들을 명확하게 설명할 수 있다. 전문가에게 이러한 일은 사건과 관련된 많은 당사자들로부터 관련 정보를 충분히 수집하면 이루어질 수 있다. 심지어는 아동 · 청소년 담당자의 대응이 나중에 본인 스스로 혹은 팀이나 슈퍼바이저에 의해 부적절한 것이었다고 판단되더라도 차후에 수집된 정보를 통해 그러한 잘못은 바로 잡을 수 있다. 이러한 인류학적인 방식은 청소년 주거보호시설에서 근무하는 종사자의 의사결정 시 자기성찰 모형을 활용하는 데 도움이 된다.

2) 조직 대 조직 및 조직 간 차원의 적용 문제

소규모 보호시설의 종사자들은 클라이언트들과 함께 많은 시간을 보내기 때문에 강한 일체감을 가지게 되는 경우가 많다. 즉, 큰 기관보다 조직에 대한 일체감이 훨씬 높은 경우가 많다. 이러한 현상은 소규모 보호시설과 그 구성원들에게는 일반적인 것으로 보이지만 외부인에게는 패쇄적인 것으로 보일 수 있다. 이러한 패쇄적인 경향은 다른 외부 조직과의 정보교환의 감소에 의해 서비스가 제한되며 종종 타성화하는 경향이 있다. 전체를 통합적으로 보는 인류학적인 관점은 이러한 패쇄성을 극복하고 균형을 잡는 데 도움이 되기도 한다. 효과적인 실천을 위한 적절한 기준으로서 교육적 기준과 철학을 갖춘 대규모 기관에서도 이를 적용할 수 있다.

전체적이며 통합적인 관점을 갖게 되면, 학교, 청소년수련관, 지역아동센터, 보건소나 행정기관과 같은 다양한 외부 기관들과 소규모 보호시설 거주자들과의 조정과 협력을 증대시켜 조직의 기능을 한층 강화시킬 수 있을 것이다. 이러한 외부 기관들과의 접촉을 통하여 굳이 직접적인 면담이 없어도 아동 · 청소년 복지 담당자는 클라이언트와의 소통과 개입을 촉진할 수 있는 적절한 정보를 제공함으로써 문화 전달자로서 이 역할을 수행할 수 있다.

인류학의 상대주의적 관점은 자기 일에만 매몰되어 있는 이들에게 보다 넓은 시야를 가질 수 있게 한다. 이러한 일은 소규모 시설과 지역사회와의 교류 프로그램을 통해서도 가능하다. 이러한 방식은 조직에도 큰 이득을 가져다줄 것이다. 이러한 점들이 문서화되어 있고 체계적으로 기록되어 있다면, 함께 일하는 동료 직원들은 다른 사람들의 경험을 귀중한 자원으로 삼을 수 있으며, 조직 내에서 개방적이며 공유하는 분위기를 만들어 낼 것이다. 이러한 조직 문화는 클라이언트를 직접 담당하는 담당자의 고립감을 완화시키며, 잠재적으로 담당자의 소진을 감소시키는 데에도 도움이 될 것이다.

상대주의적 관점은 아동 · 청소년 복지 담당자가 보다 넓은 영역에서 자신의 일상적인 경험들을 개념화하는 준거틀을 제공하며, 결국은 담당자가 더욱 사려 깊고 혁신적으로 변화할 수 있도록 도울 것이다. 이는 전문가의 암묵적 지식들을 밝혀내는 매우 좋은 방법이 될 것이다.

요약하면, 지금까지 여기에서 제시한 아동 · 청소년 보호 모형은 유연하며 사명감이 충만한 아동 · 청소년 보호조직을 전제로 한 것이다. 이는 지금 있는 현실부터 변화를 시도하고, 현재의 제반 욕구에 대한 평가를 개선하여 결국은 서비스를 향상시키기를 원하는 직원들을 격려하는 조직을 말한다. 관리자는 직원을 동기화시키고 이를 유지하기 위하여, 직원들에게 승진의 기회와 그들의 노력에 대해 적절한 보상을 제공해야 한다.

더킨(Durkin, 1990)의 연구결과에 따르면, 아동 · 청소년 보호 담당자의 전문성 강화를 위한 투자는 그 비용에 비해 훨씬 효과적이며, 대인관계 서비스 분야의 전문가가 다른 분야로 떠나지 않고 그 분야에서 일할 수 있도록 하는 것이 훨씬 득이 된다. 특히, 그룹홈 종사자는 낮은 처우와 장시간 근로 등의 이유로 이직이 심하기 때문에 그룹홈 종사자에 대한 처우는 그룹홈 서비스 향상에 필수적인 요소다. 일부 그룹홈을 후원하는 후원자나 후원기관에서 아이들에 대한 선물이나 후원에는 큰 관심을 가지면서도 그룹홈 종사자에 대한 지원은 별로 관심을 두지 않는 것은 이러한 인식이 부족하기 때문이다.

앞서 밝힌 것처럼, 인류학적인 접근은 다양한 조직 차원에 적용될 수 있고, 개인이나 집단 참가자들에게 초점을 맞춘 연구에도 적용되며, 전형적인 상호작용이나 되풀이하여 발생하는 사건들에도 적용될 수 있다. 예를 들면, 잘 조사되고 평가된 기록들이 있다면, 직원은 다양한 환경에서 클라이언트가 어떤 행동패턴을 보일지 예상할 수 있다. 슈퍼바이저는 교육적 목적으로 담당자의 업무수행을 관찰하고 분석할 수 있으며 피드백을 통하여 담당직원들에게 도움을 줄 수 있다. 팀 미팅이나 주간 집단 미팅과 같은 서로 다른 직원들과의 전문적인 모임에 대한 비교연구를 통하여, 다양한 평가에 활용될 수 있는 체계적인 자료를 만드는 데에도 도움이 된다.

3) 모형 설정하기

아동 · 청소년 복지현장에서의 실천방법뿐만 아니라 문화학습에 대한 이론적 모형을 설정한다는 것은 아동 · 청소년 복지라는 독특한 세계에 종사하고 있는 전문가에게 다양한 정보와 접근방법을 제공해 준다. 아동 · 청소년 분야의 교육자는 아동 · 청소년 복지체계를 전체적으로 인식하여야 한다. 아동 · 청소년 보호기관은 교육과 훈련이 이루어지고 있는 기관이기 때문에 문화학습이론의 의미를 완벽하게 이해해야 한다. 학습은 끊임없이 이루어지기 때문에, 학습은 '사전준비–학습진행–사후 평가'와 같이 시간 순서대로 간단히 정리될 수 있는 것이 아니다. 문화의 총체적인 부분이지만, 공식적인 교육 프로그램은 전체적인 지식의 단지 어떤 특정한 측면을 전달하는 책임을 수행하고 있다.

교육자는 이러한 접근방법에 내재된 가능성에 민감하게 대응할 수 있는 고도의 능력을 갖추어야 한다. 문화인류학과 교육인류학의 이론을 공부함과 동시에 문화인류학적 모형을 적용하기 위해 아동 · 청소년 보호 담당자를 훈련시키는 것은 프로그램에 따라 체계적인 학습체험을 할 수 있도록 구성되는 것이 바람직할 것이다. 슈퍼바이저의 지도 아래 인류학적인 현장체험은 실습을 포함한 공식교육과 아동 · 청소년 복지현장과의 가교 역할을 해 줄 수 있을 것이다. 현장체험과 결합된 이러한 집중적인 훈련 프로그램은 매우 효과적인 방법이다.

현장에서의 실천방법뿐만 아니라 이론적 개념을 적용하는 것은 아동 · 청소년 복지 담당자에게 경험을 전달하고 습득하는 데에도 도움이 된다. 예를 들면, 이러한 실험은 아동 · 청소년 복지기관에게 많은 기회를 제공해 줄 수 있다. 인류학적인 발전에 필요한 간격을 극복할 수 있으며, 또한 다른 현장에서도 이와 같은 활동을 실행하는 데에도 도움이 될 것이다. 학교, 병원, 교회, 교도소, 은행, 공장, 가게 등과 같은 다양한 여러 사회기관을 문화적인 지도로 작성하는 것은 여러 모로 도움이 될 것이다. 그들의 언어와 상징체계, 가치체계와 사회적 기관들을 비교연구하면 문화적인 행동양식이 드러난다. 부족사회, 종교적 공동체, 고립된 지역에서 생활하는 소수인종 집단, 갱단과 같이 지역적으로 제한된 영역에서 생활하는 공동체에 대한 고전적인 인류학적인 연구들은 문화이론에 대한 이해를 확장하는 데에도 도움이 된다. 인류학적인 필름은 매우 귀중한 연구자료이자 도구다. 이러한 필름을 보고 토론함으로써 현장연구뿐만 아니라 현장에서 발생하는 윤리적 난제들을 밝히는 데에도 매우 유익하다. 인류학적인 모형은 아동 · 청소년 복지 담당자의 교육적 배경과 조직 내 역할이 다르기 때문에 필요에 맞추어 달라질 수 있다. 인류학적인 모형을 적절히 활용할 수 있는 능력은 단순히 그 지역의 언어를 이해하는 것과는 다르며, 인류학적인 다양한 측면들을 제대로 이해해야 다양하게 적용할 수 있다.

인류학적인 접근이 널리 확산될 필요가 있다. 자체 평가계획을 수립하거나 조직체계의 변화를 기획하거나 자료분석 양식을 만드는 등과 같은 복잡한 활동에도 인류학적인 활발한 연구가 이루어질 필요가 있다. 그러나 인류학적인 용어들을 소극적으로나마 활용하는 것도 매우 의미 있다.

아동 · 청소년 분야의 전문가는 사전 개입을 계획하기가 매우 어려운 역동적 상황에서 활동하고 있다. 다음에서는 이러한 문제들을 해결하기 위한 다양한 방법과 아동 · 청소년 복지현장에서 이러한 접근방식의 적용에 따른 효과를 제시하고자 한다.

4) 교육방법으로서의 인류학적인 기술

아동 · 청소년 복지 관계자의 역량을 향상시키는 데 인류학적인 기술방법들이 인류학적인 모형을 활용하는 것은 어떤 도움이 될 수 있을까? 다음의 내용은 인류학적인 전문용어들을 사용하지 않고서도 인류학적인 기록이 가능하다는 것을 보여 주고 있다.

한 집단의 새로운 구성원이 겪어야 할 두 유형의 사회화 과정이 인류학적인 관심이다. 기존의 구성원과 새로운 신입자 사이에서 매일같이 문화적 특성에 따라 다양하게 발생하는 일들에 대한 메커니즘에 대하여 정확하게 밝혀진 것은 거의 없다.

조직의 문화가 두 집단이 어떻게 적응하는가 하는 점과 그 차이점을 잘 보여 주고 있다. 클라이언트가 빠르게 적응하는 것처럼 사회복지사 역시 빠르게 새로운 환경과 역할에 적응한다는 점에 공통점이 있다. 그런 점에서 조직의 효과는 명확하게 드러난다.

이러한 환경 속에서 조직의 구성원으로서 적응하고 역할을 수행해야 하는 아동 · 청소년 복지시설장을 조직체계의 대표자로서만 간주하는 것은 지나치게 단순한 인식이다. 필자는 사실 연구자로서 기관의 관리자들에게서 보다 오히려 생활하고 있는 클라이언트들에게서 더욱 많은 지식과 정보를 발견할 때가 많다.

의사소통은 매우 중요하기 때문에 그 지역의 언어 등을 익히는 것은 매우 중요하다. 필자가 바로 사람들의 사회화 과정을 선호하는 이유이기도 하다. 그런 점에서 청소년과 친숙해지기 위해서는 청소년이 쓰는 언어에도 관심을 가질 필요가 있다. 다양한 유형 중 제한된 내용을 제시해 주는 가이드북보다는 그룹홈에 새로 들어온 사회복지사의 사회화 과정을 실제로 관찰하는 것이 훨씬 많은 것들을 함축하여 보여 주고 있기 때문이다. 사회화 과정이라는 측면에서 접근한다는 것은 가정에서의 생활기술과 같은 일상적이며 지속적인 습관의 형성과 일상화를 중시한다는 것이다.

클라이언트의 행동상의 문제들은 대부분 가정환경에서 환경적 요인들에 기인한다. 소위 '기관의 가치들'은 일반적으로 문장이나 선언 형식으로 기술되어 있거나 혹은 프로그램 속에 구체화되어 있을 수도 있다. 여기서는 직원의 사회화를 통한 가치관의 조화와 기관의 구조에 초점을 맞추고, 명확한 가치관과 실제 행동 사이의 불일치에 대해 살펴보고자 한다. 여기서는 사건들에 대한 규범적인 과정들만을 제시할 것이다. 일반적이지 않는 방법들에 대해서는 간단히 언급하는 정도에 그칠 것이다.

그룹홈에 새로 들어온 여자아이, 그리고 그룹홈을 새롭게 담당하게 된 사회복지사의 사례를 인류학적 관점에서 다루어 보자. 이 2명은 모두 그룹홈에 잘 적응하기를 원하고 있다. 새로 들어온 사회복지사와 새로 들어온 여자 청소년은 둘 다 기관의 문화에 대해 적응해야 할 과제를 똑같이 가지고 있지만, 청소년 상담사가 직원들과 보다 친밀하다는 전제하에서 여기에서는 보다 간략히 다루고자 한다. 이러한 전제가 인류학적인 관점은 '거울'이라는 개념보다는 '모델'이라는 개념을 중시한다는 주장은 옳지 않다. 오히려 '거울'처럼 정확하고 자세한 묘사가 더 유용할 때가 많다. 여러 가지 행동유형들을 자세히 기술하는 것은 인류학적인 관점에서 매우 유용한 자료가 될 수 있다. 면접 시 참가자와 기록에 대한 관찰과 탐구, 분석과 참가자의 서로 다른 행동유형들을 비교하는 추적조사 등은 인류학적 접근방법에 매우 유용한 수단이다.

참가자의 다양한 행동유형들은 늘 살아 움직이고 변화하는 역동적인 문화에 기초해있기 때문에 인류학적인 다양한 접근방식을 적용하는 것이 매우 중요하다. 이러한 인류학적 접근방식들은 클라이언트와 사회복지사 간의 상호작용을 촉진시키는 데에도 유용하게 활용될 수 있다.

이들의 적응과 대응방식에 대해 자세하게 기록한다면 그들에게 비춰지는 기관의 모습을 살펴볼 수 있으며, 또한 그들의 대처방식에 따른 그들의 공통점과 차이점을 발견하는 데에도 유익할 것이다. 이러한 기록이 있다면 새로운 아이가 그 그룹홈에 들어오게 될 때 다른 아이의 기록과 비교함으로써 새로 들어온 아이를 이해하고 그 아이를 대하는 데 많은 시사점을 얻을 수 있을 것이다. 여기서는 인류학의 구체적 활용방법들을 기술하는 것에 대해서는 다음 기회로 미루고자 한다. 그러나 실제로 두 사람이 휴일도 없이 근무하는 상황 속에서 이러한 기록들을 할 수 있는 그룹홈이나 실무자는 거의 없다고 해도 과언이 아니다. 이런 기록 작업이 그룹홈의 현실과 맞는 않는 일이라거나 이상적인 것이라고 치부하지 말고 운영일지 등에 새로운 아이가 했던 말이나 반응을 간략하게라도 메모하는 방식 등으로 문화인류학적인 접근방식을 활용할 수 있을 것이다.

5) 인류학적인 관점의 함의

문화인류학적인 접근방식이 그룹홈에 시사해 주는 점은 다음과 같다. 첫째, 아동에 대한 관찰과 기록이 아동보호의 출발점이라는 것이다. 이 관찰과 기록에 의하여 그룹홈의 구성원에 대한 모든 계획과 활동이 이루어지는 근거가 되기 때문이다. 우리나라의 사회복지시설에서 전반적으로 기록이 부족한데, 특히 그룹홈은 기록에 더욱 취약하다. 필자는 이러한 기록이 없기 때문에 행정적으로 많은 어려움을 겪는 그룹홈들을 많이 보아 왔다. 하루에 30분에서 1시간 정도는 기록에 투자할 수 있도록 노력할 필요가 있다.

둘째, 인간행동의 변화는 공식적인 교육이나 프로그램이 아닌 현장에서 아이들이 직접 보고 듣는 비공식적인 과정, 즉 분위기 혹은 그룹홈의 문화에 의해 이루어지는 경우가 많다는 것이다. 그러므로 프로그램보다는 사람에 의하여 변화가 시작된다는 것을 유의해야 한다. 특히, 일부 청소년쉼터나 지역아동센터 등에서는 아동 · 청소년의 필요에 의해서가 아니라 기관의 필요에 의해 프로그램이 이루어지기도 하고, 일부 기관에서는 너무 잦은 야외활동이나 프로그램을 진행함으로써 오히려 아이들이 산만해지기도 한다. 많은 프로그램을 진행하는 기관이 마치 우수하고 전문성이 갖추어진 기관처럼 인식되는 것 역시 신실증주의적인 접근방법이 낳은 폐해다. 문화인류학적인 접근은 기관이나 시설에서 진행하는 공식적인 프로그램보다는 그 기관의 문화가 중요하다는 것을 일깨워 주고 있다.

셋째, 문화인류학적인 접근은 클라이언트뿐만 아니라 사회복지시설이나 기관 종사자 역할의 중요성을 다시 한 번 환기시켜 준다. 기관이나 시설의 문화를 창출하는 핵심적인 역할을 수행하는 종사자에 대한 처우와 근무환경을 개선하여 우수한 종사자가 그룹홈에서 오랫동안 일할 수 있으며 자신을 계발하고 재충전할 수 있는 시스템을 마련해야 한다.

넷째, 공동모금회 등에서 실시하는 자원배분 방식 역시 신실증주의적 관점에서 벗어날 필요가 있다. 2000년대 들어 미국에서 들여온 자원배분 방식이 신실증주의적 관점의 대표적인 예라 할 수 있으며, 이러한 자원배분 방식이 다른 지원기관으로까지 확대되었다. 즉, 프로그램의 대상을 설정하고, 목표와 하위 목표를 세우고, 프로그램을 실시하여 그 프로그램의 기대효과를 기술하는 방식으로 사업계획서를 작성하는 방식에서 벗어나, 인류학적인 관점에서의 접근에 토대를 둔 자원배분 방식을 개발할 필요가 있다. 이러한 접근방식에는 기관과 실무자의 역사와 문화와 가치관을 중시하며, 단기간의 성과가 아닌 태도나 가치관에 미치는 영향을 기술하는 방식 등이 될 수 있을 것이다.

제3장 아동 · 청소년 그룹홈의 역할과 기능

1. 그룹홈의 역할

카레이 덴홀름(Carey J. Denholm)은 우산모형[1)]을 통하여 아동 · 청소년 복지의 영역을 우산 모양으로 표현하고 있다. 이 모형은 아동 · 청소년 복지의 영역을 잘 나타내 주고 있다. 이를 그룹홈의 역할과 기능을 설명해 주는 모형으로도 활용할 수 있을 것이다.

그룹홈을 중심축으로 하여 보호, 양육 및 치료 활동이 이루어지며, 그룹홈을 중심으로 학교적응 지원, 지역사회활동, 문화 · 레크리에이션 활동과 지역의 위기 아동 · 청소년 보호활동과 가족관계 지원활동을 통해 그룹홈 내의 아동 · 청소년이 건강한 사회 구성원으로서 성장하도록 돕고 있다. 이러한 그룹홈의 역할을 우산모델로 나타내면 [그림 3-1]과 같다.

---

1) Denholm, C. J. (1988). *2000 and Beyond: Future Career Directions for Child and Youth Care Professionals*.

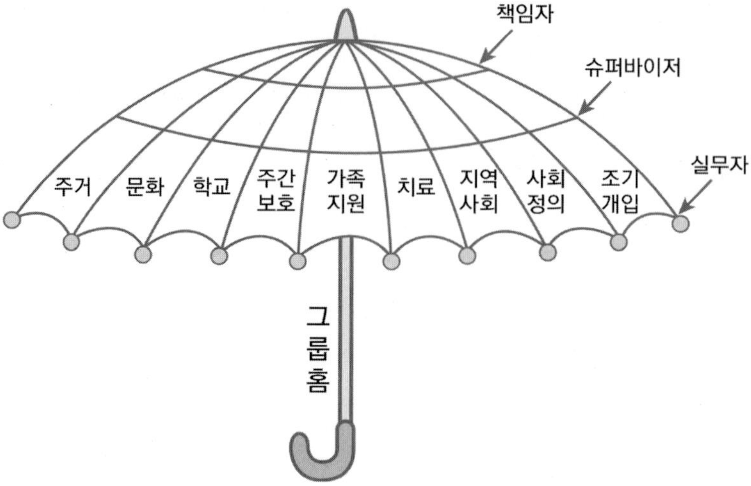

[그림 3-1] 덴홀름(1988)의 우산모델

1) 주거보호

그룹홈은 일반 가정과 유사한 환경으로 조성함으로써 일반 아동 · 청소년과 같이 지역사회 안에서 정상적인 생활이 가능하도록 하기 위한 것이다. 그룹홈은 상처가 많은 아동 · 청소년이 상처치료는 물론 성장과정상의 과제를 해결할 수 있도록 정서적 안정과 지지적인 환경을 구축하여야 한다. 그룹홈에서 주거보호는 주거상의 보호뿐만 아니라 양육, 치료 면에서 핵심적 위치를 점하고 있으며, 탈시설적인 시각에서 공간 배치 등이 이루어져야 하며, 동시에 개별화와 집단화의 특성을 살릴 수 있는 프로그램을 갖추어야 한다.

2) 지역사회 내에서의 통합적 접근

그룹홈은 지역사회 내에 위치해 있으므로 보호를 필요로 하는 아동 · 청소년이 학교, 문화 시설 등 지역사회의 자원을 이용할 수 있으며, 이 안에서 친구 및 인간관계를 유지할 수 있다. 또한 지역사회 내에 통합되어 있으므로 낙인화를 피할 수 있으며 사회 적응력을 높일 수 있다는 장점이 있다.

그룹홈이 지역사회 내에 통합되어 있음으로써 보다 정상적인 삶이 가능한 환경을 제공할 수 있으며, 지역사회 내에서 발생하는 위기 아동 · 청소년의 문제에 훨씬 신속하고 유연하게 대응할 수 있으며, 많은 정보를 제공할 수 있다는 장점을 가지고 있다.

3) 정서적 안정을 위한 문화 · 체육 활동

그룹홈은 소규모이기 때문에 입소 아동 · 청소년의 각각의 요구에 따른 대응이 가능하다. 연극, 영화, 공연 등을 각자의 요구에 따라 관람할 수 있으며, 여가나 문화활동 역시 개성과 취향을 존중할 수 있다. 그리고 여행이나 기행 등과 같은 프로그램에도 참여할 수 있다. 그리고 자신이 원하는 지역사회의 체육 · 문화 시설을 이용하여 농구, 축구 등의 스포츠를 즐기거나 퀵보드나 롤러스케이트 등을 타면서 여가를 즐길 수도 있다.

4) 학교 적응력 향상 지원활동

그룹홈에 있는 대부분의 아동 · 청소년은 지역사회 내에 있는 학교에 다니고 있다. 이들에게 학교는 미래를 준비하는 학습의 장일뿐만 아니라 대인관계 능력과 사회 적응력을 향상시키는 중요한 곳이다. 그룹홈의 아동 · 청소년은 지역사회 내에 위치해 있는 학교에 재학함으로써 또래와 동일한 경험을 가질 수 있다는 장점을 가진다.

그룹홈 아동 · 청소년의 학습에 대한 생각을 알아보면, '열심히 하고 있다' 26.4%, '해야 한다는 생각이지만 실천하지 못한다' 68.9%, '포기했다' 4.8%로 대다수가 공부를 해야 한다고 생각하고 있으나 기초학습 등이 부족하여 실제로는 제대로 하고 있지 못한 것으로 나타나고 있다. 이러한 사실에 비추어 보면, 그룹홈 등에 입소한 아동 · 청소년을 위하여 개별지도, 기초학습지도 등의 자원봉사활동이 절실하게 필요함을 알 수 있다.

그룹홈에서는 학교 전입학, 재입학 및 복학 절차를 지원할 뿐만 아니라 학교 방문과 상담을 통해 입소 아동 · 청소년의 학교생활 능력의 향상을 지원하며, 필요할 경우에는 자원봉사자를 통해 학습지도를 하기도 한다.

5) 조기 위기개입 활동

그룹홈은 지역사회 내에 위치해 있기 때문에 그룹홈에 입소한 아동 · 청소년의 보호와 양육뿐만 아니라 위기 아동 · 청소년에 대한 상담과 위기개입 활동을 전개할 필요가 있다.

지역사회에 위치해 있고 지역사회와의 교류를 통해 위기 아동 · 청소년을 조기에 발견 · 관찰하여 부모나 가족, 담임교사 등을 상담하여 사전에 예방하거나 가족지지활동 및 기타 지원을 할 수 있으며, 필요시 적절한 조치를 취할 수 있다.

2. 그룹홈의 유형

그룹홈은 입소하는 아동 · 청소년의 성별 유형에 따라 남녀 분리형/남녀 혼합형으로, 연령에 따라 영유아형 아동형/청소년형으로, 학교 진학 여부에 따라 진학 학생형/비진학 청소년형으로, 그리고 운영 형태에 따라 개별형(단독형)/분원형/센터형으로 분류가 가능하다. 그리고 가출 및 가정해체 청소년쉼터의 경우 주로 3개월 미만의 가출청소년을 단기 보호하지만 최장 6개월까지 보호하고 있다. 쉼터와 그룹홈에 대한 명확한 개념적 차이가 정립된 것은 없으나, 쉼터는 보호 기간이 주로 단기간이나 그룹홈은 이에 비해 6개월 이상으로 중장기적이며, 쉼터는 긴급피난의 위기개입적 접근을 중심으로 한다면 그룹홈은 성장과정상의 발달의 요구를 지속적으로 추구한다는 점에서 차이가 있다. 그러나 아동 · 청소년 보호기관에서 운영하는 단기보호인 그룹홈도 있기 때문에 보호 기간을 기준으로 쉼터와 그룹홈을 나누는 것은 별로 유용하지 않다.

또한 그룹홈에서는 대체로 6개월 이상부터 자립 시까지의 보호가 일반적이기 때문에 보호 기간별로 구분하는 것은 별 의미가 없어 여기에서는 이러한 구분은 하지 않는다.

1) 입소 유형에 따른 분류

(1) 성별에 따른 구분

입소 아동 · 청소년이 남자, 여자가 함께 생활하는가 혹은 분리되어 생활하는가에 따라 남녀 분리형과 남녀 혼합형으로 구분할 수 있다. 「아동복지법」에는 이러한 구분이 없지만, 초등학생 이상인 경우는 남녀를 분리하도록 행정지도를 하고 있다. 여자아이를 보호하는 그룹홈에 남자 종사자가 있는 경우는 위험성을 안고 있기 때문에 유의하는 것이 바람직하다.

① 남녀 분리형

초창기 그룹홈의 경우 남녀 혼합형이 많았으나 행정지도 등의 이유로 오늘날 대부분의 그룹홈들은 남녀 분리형이다. 영유아를 보호하는 그룹홈도 일부 있지만, 대다수가 그룹홈 운영자의 성별에 따라 남녀 유형이 결정되며, 주로 여자형이 많다. 따라서 남자형 그룹홈이 부족한 편이다.

운영자의 성별에 따라 남녀 유형이 결정되기 때문에 성추행 등과 같은 문제가 발생할 위험성이 적으며 내부의 이성문제 등이 발생할 가능성이 거의 없다는 장점이 있다. 그러나 가족모델 구현에 어려움이 있고 남매 입소 시 분리 수용해야 하는 문제가 있다.

남자형인 경우는 입소자의 또래 간, 선후배 간 내부 구타나 폭력문제에 유의할 필요가 있으며, 약물 중독 아동 · 청소년이 바로 입소할 경우에는 많은 문제가 발생할 수 있으므로 치료를 먼저 받거나 선입소 시 치료계획을 세워야 한다. 여자형인 경우는 유흥업소 취업과 건강검진에 특히 유의할 필요가 있다.

② 남녀 혼합형

법적으로 남녀 혼합형을 금지하고 있지는 않으나, 행정지도 및 운영상의 필요에 따라 남녀 혼합형은 점차 사라지는 추세다. 남녀 아동 · 청소년이 함께 거주하는 경우 남녀 종사자가 배치되어 있어야 하며, 이는 가족모델 구현에 효과적이다. 남녀가 함께 생활함으로써 치료효과와 사회 적응력을 높일 수 있다는 장점이 있다. 또한 가정해체 등으로 보호가 필요한 남매가 함께 거주할 수 있어 효과적이다.

특히, 사회복지 등을 전공한 부부가 그룹홈을 운영하는 경우 가정적인 분위기에서 가족관계에 의한 사회학습 효과를 기대할 수 있어 매우 뛰어난 치료효과를 거두고 있는 것으로 미국에서 보고되고 있다.

그러나 남녀 혼합형인 경우 이성 문제가 발생하지 않도록 남녀가 둘이 있는 시간이나 취침 시에 특별히 유의할 필요가 있으며, 지도 교사로 남녀교사가 함께 있는 것이 바람직하다. 이러한 남녀 혼합형은 관리 등의 여러 문제 때문에 몇 개 그룹홈을 제외하고는 거의 없는 상황이다.

(2) 학교 진학 여부에 따른 구분

입소 아동 · 청소년이 학교에 진학 중인가의 여부를 중심으로 진학 학생형과 비진학 청소년형으로 구분할 수 있다. 이에 따라 그룹홈의 프로그램과 활동은 크게 달라진다.

① 진학 학생형

가정해체 등으로 비행 가능성이 낮은 아동 · 청소년이 주를 이루며, 이러한 경우 그룹홈에 입소한 지 오래 되어 비교적 정서적으로 안정되어 있다. 학교 적응력이 높은 아동 · 청소년이 중심이 된 그룹홈으로서 대부분의 그룹홈이 이에 속한다.

진학 학생형 그룹홈에서는 학교 담임교사 면담, 교우관계, 학습능력 향상을 위한 학습지도 등 학교 적응력 향상을 위한 활동이 중심이 된다.

② 비진학 청소년형

가출, 가정해체, 가정 내 폭력이나 갈등 등으로 정서적 상처가 심하고 비행 가능성이 비교적 높은 아동 · 청소년이 중심이 된 그룹홈으로서 분위기는 상대적으로 불안정한 편이다. 이러한 그룹홈에서는 언제 어디서 어떤 어려움이 발생할지 모르기 때문에 발생하는 위기에 능동적으로 대처할 수 있도록 준비가 갖추어져야 한다.

비진학 청소년이 중심이 된 그룹홈은 학교에서 중퇴나 자퇴한 아동 · 청소년이 많으므로 정서적 안정을 위한 치료 프로그램이나 성교육 · 성상담, 체육 · 문화 활동, 집단상담 및 심리치료, 취미나 적성에 따른 예체능 교육, 사회봉사활동, 사회적응력 향상을 위한 직업 · 기술 훈련, 학교 재입학과 진학을 위한 준비 및 검정고시 준비 등 아동과 청소년의 상황에 따른 다양한 프로그램이 필요하다.

이러한 경우에도 아동 · 청소년의 요구와 상황에 맞추어 개별적인 접근이 필요하며, 전문적인 상담이나 치료가 요하는 경우에는 외부기관에 의뢰하는 것이 바람직할 것이다.

(3) 연령에 따른 구분

연령에 따라 영유아 그룹홈, 아동형 그룹홈 및 청소년형 그룹홈으로 구분할 수 있다. 아동이냐 청소년이냐에 따라 보호의 성격과 내용이 달라진다.

① 영유아 그룹홈

2012년 개정된 「아동복지법」과 이에 따른 아동복지사업안내에 따라 초등학교 진학 이전의 0세부터 7세까지의 아동 · 청소년 그룹홈을 말한다.

영유아 그룹홈에서는 애착적인 관계 형성을 위해 모성적 보호가 가능한 환경을 조성하여야 한다. 〈표 3-1〉은 2013년 아동복지사업안내에 따른 연령별 보육사 배치기준이다.

〈표 3-1〉 연령별 보육사 배치기준

연령별	보육사 배치기준		배치기준 경과 조치
	개정 전	개정 후	
0~2세	아동 3명당 1인	아동 2명당 1인	개정 전 규정(2012.8.4 이전)에 의하여 설치된 그룹홈은 2015.8.6까지 연령별 배치기준에 적합하게 종사자 배치
3~6세	아동 7명당 1인	아동 5명당 1인	
7세 이상	아동 10명당 1인	아동 7명당 1인	

② 아동형

「아동복지법」에 따르면 아동은 만 18세 미만이지만, 여기서는 주로 초등학생인 아동을 보호하고 있는 그룹홈을 아동형 그룹홈이라고 한다. 아동형 그룹홈에서는 아동발달 특성상 또래관계 등 대인관계 능력과 학습능력, 생활능력 등을 기를 수 있도록 해야 하며, 아동의 학교 적응력 향상을 위한 제반 노력이 요구된다.

③ 청소년형

성장기인 사춘기 청소년은 정서적 변화가 심하기 때문에 청소년형 그룹홈에서는 특히 이들의 욕구와 특성에 맞추어 대응해야 한다. 자존감 향상과 정서적 안정을 위한 환경 조성과 정서적 안정을 위한 프로그램, 특히 체육 · 문화 활동이 가능하도록 배려할 필요가 있다. 또한 이 시기의 청소년은 진로지도를 통하여 건강한 사회 구성원으로서의 자립을 준비해야 하는 시기이기도 하다.

2) 운영 형태에 따른 구분

운영 주체가 그룹홈만을 개별적으로 운영하는지의 여부를 중심으로 개별형과 센터형 혹은 분원형으로 구분할 수 있다.

(1) 개별형(단독형)

그룹홈이 단독으로 운영되고 있는 경우로서 가정적 분위기 형성에 유리하다. 그러나 운영과 의사결정 과정의 민주성 확보의 어려움이 있으며, 운영자에 따라 서비스가 크게 달라질 수 있다. 개별형인 경우 운영상의 문제와 신뢰성 확보, 체계적인 서비스 제공 등에서 어려움이 있을 수 있다. 주로 그룹홈에 대한 사회적 신뢰를 실추시키는 사건이 가끔 발생하기도 하지만, 자질이 있는 헌신적인 부부에 의해 운영될 경우에는 매우 높은 치료효과를 거둘 수 있는 장점을 안고 있다. 따라서 무조건적으로 종사자와 가족을 분리하는 것은 반드시 바람직한 것만은 아니다.

(2) 센터형

몇 개의 그룹홈이 센터를 중심으로 연결되어 있어 센터형으로 운영되고 있는 경우를 말한다. 센터형인 경우 입소하는 아동 · 청소년의 요구와 상황에 따른 배치와 운영의 투명성을 확보하고 체계적이며 균질한 서비스 제공과 자원개발 등에서 유리하지만, 종사자의 잦은 교체와 시설화의 위험성을 안고 있다. 그러나 이러한 단점에도 불구하고 센터형이 갖는 장점인 체계적인 서비스와 아동의 요구 존중에 유리하며 보다 전문화된 서비스가 가능하기 때문에 앞으로 그룹홈을 설치할 경우에는 이러한 센터형을 집중 육성하는 것이 바람직할 것이다.

(3) 분원형

분원형은 아동 · 청소년 양육시설 등에서 분원의 형태로 아동 · 청소년 그룹홈을 운영하는 형태로서 낙인화의 우려는 있지만 본원의 재정지원과 프로그램을 활용할 수 있다는 점이 강점이다. 분원형은 양육시설이 그룹홈으로 전환될 수 있도록 보건복지부의 그룹홈에 대한 지원이 양육시설 수준으로 강화되어야 한다. 만일 그룹홈에 대한 지원이 현재보다 확대된다면 보다 더 많은 양육시설이 그룹홈으로 전환할 것으로 기대된다.

3. 그룹홈의 위치와 공간

1) 그룹홈의 위치

그룹홈은 좋은 교육 여건, 쾌적한 주거환경을 갖추고 있는 것이 바람직하다. 그리고 레크리에이션 시설이나 문화 시설이 근처에 위치해 있다면 지역사회의 자원으로 활용하기 유리한 곳이라 말할 수 있다.

그룹홈이 어디에 있는가에 따라 지역사회의 태도(그룹홈에 대해 지지적 · 중립적 · 적대적인 태도)도 그룹홈에 상당한 영향을 미친다(Shostack, 1987). 그룹홈이 고소득 지역에 위치해 있을 경우, 그룹홈에 대한 적대적인 여론이 형성될 가능성이 높고, 그룹홈 아동 · 청소년이 생활과 소득 및 소비 수준의 차이로 소외감을 느낄 수 있다.

반면, 저소득 지역은 지역에서 발생하는 가정해체 청소년의 접근성이 유리한 측면이 있고 문화적 동질감을 느끼는 데는 유리하지만, 병리적 관계가 심한 아동 · 청소년과의 친구관계로 어려움이 야기될 수도 있다.

그리고 시장이나 유흥가 주변은 피하는 것이 좋으며, 공공기관이 주변에 있으며 친구를 발견하고 사귈 수 있는 공간이 주변에 위치해 있는 것이 좋다. 그리고 가능하다면 걸어서 통학할 수 있는 거리의 일반 주거지역에 위치해 있는 것이 좋다. 그러나 이러한 기준을 획일적으로 적용할 수 있는 것은 아니며, 각 그룹홈의 특성에 따라 달라질 수도 있다.

그룹홈이 위치해 있는 지역에 따라 도시형과 농촌형으로 나눌 수 있다. 농촌형 그룹홈은 지역사회와의 교류가 가능해야 하기 때문에 일반 주거지역과 멀리 떨어져 있는 경우는 바람직하지 않다.

실태조사에 따르면, 전체 그룹홈의 73.8%가 일반 주거지역에 위치해 있으며, 도시빈민지역과 공단지역에 각각 7.7%, 농촌지역에 9.2%가 위치해 있는 것으로 나타나고 있다. 실태조사에 따르면, 그룹홈의 위치는 필요한 곳에 적절하게 위치하고 있으나 그룹홈의 건평에는 문제가 있는 것으로 나타나고 있다. 그룹홈의 적정인원을 5~7인으로 할 때 적절한 건평 규모는 30~40평인데, 20평 미만이 7.7%이며 100평 이상도 33.8%인 것으로 조사되어 그룹홈이 지나치게 협소하거나 넓은 것으로 나타나고 있다. 이는 재정상의 어려움으로 건평이 협소한 것과 함께 있는 건물에 많은 인원이 수용되어 있음을 보여 주는 것으로, 그룹홈이 시설적 공간 배치에서 완전히 탈피하고 있지 못함을 보여 주고 있으므로 이에 대한 개선이 요구된다.

그리고 그룹홈 주택의 용도별 분포를 보면 단독주택이 바람직하지만, 그룹홈 중 단독건물이 23.4%, 일반주택이 43.8%라는 것은 그룹홈이 청소년의 비행이나 소음 등의 이유로 이웃이나 지역사회로부터 늘 압력을 받을 수 있음을 보여 주고 있다. 아파트나 다세대 주택에 있는 그룹홈은 타인에게 피해를 주지 않도록 공동생활에 대한 대책을 마련하여 교육해 두면 좋을 것이다.

따라서 그룹홈은 지역사회의 반대를 극복하기 위해 지역사회와의 교류와 봉사활동을 통해 그룹홈에 대한 부정적인 인식을 불식시키고 그룹홈에 유리한 환경을 조성하도록 노력할 필요가 있다.

그러나 현실적으로 그룹홈의 위치를 선택하는 경우 이러한 조건을 충족시킬 수 있는 곳을 찾기가 쉽지 않다. 그룹홈의 경제적 상황, 입소하는 아동 · 청소년 유형, 운영자의 가치관 등에 의하여 그룹홈의 위치는 달라질 수 있다.

2) 그룹홈의 공간

(1) 수용인원

그룹홈의 공간 문제는 수용인원, 그룹홈의 목적, 시설 규모, 수용능력에 따라 달라질 수 있다. 그룹홈에서 수용인원의 규모는 서비스의 질, 향상, 개별적 처우를 가능하게 하는 주요 변수다.

수용인원이 너무 많으면 개별화하는 데 어려우며 시설화의 위험성이 대두되고, 너무 적을 때는 집단 형성이 곤란하여 또래관계의 형성에 어려움이 야기되며 그룹홈의 존폐 문제에 봉착하게 된다. 또한 그룹홈의 적정인원은 생활형인 경우와 치료형인 경우에 따라 약간 달라진다.

지역사회 내에 있는 학교에 재학 중이거나 직업훈련 등을 받고 있는 생활형 그룹홈인 경우에는 5~6인이 적합하며, 상처가 심한 아동·청소년이 생활하는 치료형인 경우에는 4~5명이 적합하다. '아동복지사업안내'에서는 4인 이상을 지원기준으로 하고 있으며, 3인 경우에는 4개월째부터 1/2을 지원하고 1인인 경우에는 3개월째까지 1/2을 지원하도록 하고 있다. 이는 물론 자원의 효율적인 배분 차원에서 마련한 것이지만, 3인 경우까지 지원금액을 삭감하는 것은 문제가 있다.

그리고 치료형 그룹홈인 경우 자격을 갖춘 부부 지도사와 함께 생활하는 것이 개별적 처우와 모형에 따른 사회학습 효과로 효과적이다.

(2) 공간 규모 및 배치

그룹홈의 공간 규모는 2012년 개정된 「아동복지법」에 의거하여 전용면적 82.5m² 이상과 아동 5명당 1개 이상의 변기를 설치할 것을 규정하고 있다. 그러나 공간의 규모가 50평 이상일 경우는 유지 비용이 많이 소요되며, 가정적인 분위기를 창출하는 데 어려움이 있을 수 있다. 그래서 공간의 규모가 너무 작거나 너무 클 때는 정서적 안정에 부정적인 영향을 미칠 수 있다.

실태조사[2]에 따르면, 거실 수가 3개인 경우가 36.7%로 가장 많고, 3~5개인 경우가 65%로 나타나고 있으며, 거실이 10개 이상인 경우도 13.3%로 시설적인 분위기인 곳도 있는 것으로 나타나고 있다.

방이 지나치게 커서 5명 이상이 함께 생활하는 것이나 1~2인용 작은 방이 많이 있는 것은 시설적 분위기를 만들어 내기 때문에 일반 가정과 유사한 구조로 가정적인 분위기를 만드는 것이 아동·청소년의 정서적 안정에 도움이 된다. 일반적으로 한 방이 3~4인이 생활할 수 있는 규모이면 바람직할 것이다.

실태조사에 따르면, 방 1개당 생활하는 인원이 1~2명인 경우가 24.4%이며,

---

2) 이태수, 노혜련, 함철호, 이용교, 김광수(2001). 우리나라 아동보호의 실태 및 보호양식의 개발에 관한 연구, p. 40.

3~5명인 경우가 57%, 6명 이상인 경우도 18.8%로 나타나고 있다. 그룹홈에서 생활하고 있는 아동 · 청소년은 2~4명인 경우가 바람직하다는 의견이 73%로 나타났는데, 이는 방 1개당 생활하는 인원이 지금보다 줄어들어 개인의 사생활이 어느 정도 보장되기를 원한다는 것을 보여 준다. 방을 늘리는 문제는 운영상의 문제와도 관련이 있지만, 방 1개에 6명 이상 생활하는 경우는 가정과 같은 안정적인 분위기를 조성하는 데 어려움이 있을 것이다.

공간 배치는 일반 가정과 유사한 것이 좋다. 방은 3개 이상이 바람직하며, 지나치게 많은 것은 수용시설을 연상시키며 실제 생활에서의 지도가 제대로 이루어지기 어렵다. 그리고 방의 규모는 한 방에서 3인이 생활할 수 있는 크기를 확보할 필요가 있다. 책상이나 책꽂이, 옷 서랍이나 개인 수납장을 방 안에 배치하여, 주요 생활이 방안에서 이루어질 수 있도록 배려할 필요가 있다.

그리고 공부하는 아동 · 청소년을 위한 공부방이 있으면 좋다. 이러한 공부방은 상담실로도 사용할 수 있다. 그리고 컴퓨터나 온라인 게임이 가능한 것들은 가급적 거실에 배치함으로써 유해 프로그램에 접속하거나 밤늦게 게임에 몰입하는 것을 예방하도록 한다.

4. 그룹홈과 프로그램

1) 그룹홈 프로그램의 의의

우리나라 그룹홈에서의 프로그램은 체계적 · 전문적으로 시도되거나 보고된 것이 거의 없다. 이는 그룹홈의 재정, 인력에 여유가 없으며, 거주 아동 · 청소년이 대부분 학교에 다니고 있어 평일에는 시간적 여유가 없어 프로그램을 수행하기에 적합하지 않은 환경적 요인이 크다. 그룹홈 아동 · 청소년이 지역아동센터나 청소년 수련관을 이용하고 있다면 더욱더 바쁠 수밖에 없다.

따라서 그룹홈에서의 프로그램은 주로 주말이나 방학 기간 동안 이루어지고 있다. 그룹홈에서 수행하는 프로그램은 특히 개별화에 입각하여 매우 조심성 있게 접근되어야 하는 특성도 있다.

그룹홈에서 주로 이루어지는 활동은 가정적 보호와 가정적 분위기에서의 양육 활동이 주된 프로그램이기 때문에 아동·청소년의 발달이라는 장기적 과제라는 관점에서 접근해야 하며, 낙인화를 예방하기 위해 아동·청소년의 개별적 과제와 요구에 따라 접근해야 하며, 일상생활과 프로그램의 구분이 모호한 것도 한 요인이다.

영국과 미국의 경우 그룹홈을 보는 시각이 치료적 관점에서 거주적 관점으로 변화하였으며, 이는 그룹홈에서 수행되는 프로그램에도 많은 것을 시사한다. 즉, 발달론적인 관점에서 아동기·청소년기의 미달성 과제를 수행하기 위해서는 애착과 애착적인 관계 그리고 비교적 장시간의 노력을 요구한다. 그런 점에서 사회문화적인 접근에서 보면 그룹홈 자체가 치료 프로그램이라고 할 수 있다. 즉, 그룹홈에서 가장 중요한 프로그램은 가정적인 분위기, 즉 애착적인 환경을 조성하는 것이라 말할 수 있다. 프로그램은 그룹홈에서의 애착관계의 형성과 치료적인 집단관계의 형성, 발달상의 과제 수행, 사회 적응력 강화와 역량강화(empowerment)에 도움이 되는 방향에서 이루어져야 한다. 즉, 공식적인 프로그램이 아니라 비공식적인 태도, 대화, 그룹홈의 분위기가 프로그램보다 더 중요하다. 그룹홈에서의 프로그램은 아동·청소년에게 새로운 경험과 그룹홈 종사자와의 친밀한 관계를 보완하고 강화시킬 수 있는 차원에서 접근되어야 할 것이다.

그룹홈은 심리사회적인 접근방식이 아니라 사회문화적인 접근방식이기 때문에 그룹홈에서의 심리사회적인 관점에 입각한 프로그램은 신중하게 재고할 필요가 있다. 또한 그룹홈에서의 프로그램은 탈시설화와 개별화에 반하며 낙인화의 위험성을 안고 있다. 그런 점에서 그룹홈에서의 프로그램은 개인의 요구와 과제, 즉 개별화에 기초하여 신중하게 설계되고 수행되어야 한다.

그리고 문화인류학적인 관점에서 볼 때 프로그램보다는 그룹홈의 문화와 그룹홈의 문화를 만들어 가는 구성원을 강화시키는 방식의 노력이 더욱 중요하다. 많은 프로그램을 진행하는 것이 전문화된 서비스를 제공하는 것처럼 간주하는 프로그램의 홍수나 프로그램 만능주의에서 벗어날 필요가 있다.

그렇다고 그룹홈에서 모든 프로그램이 불필요하다는 것은 아니다. 예를 들면, 문화 프로그램의 경우 그룹홈에서는 체육대회나 등산, 생태탐사, 역사기행, 수련회 등과 같이 낙인화의 위험성 없이 전체가 함께할 수 있는 프로그램을 진행할 수 있다. 또한 개인의 취미와 성향을 고려하여 각자가 원하는 영화나 연극, 음악회 공연 등을 관람할 수 있도록 하는 등 개인의 문화적 욕구에 따른 자기 선택권을 존중해 줄 수 있다.

따라서 그룹홈에서는 개별적인 요구나 과제가 있는 아동 · 청소년의 경우는 개별상담, 전문 상담기관에의 의뢰, 개별적 요구와 과제 수행을 돕는 방향에서 개인의 역량강화를 돕는 방향에서 집단적으로가 아니라 개별적으로 탐색되어야 한다. 따라서 자체 프로그램을 실시하는 것보다는 지역사회의 자원을 활용하거나 지역사회 내에서 이루어지는 활동이나 캠프 등에 참여하는 것이 훨씬 효과적인 경우가 많다. 그리고 자체 프로그램을 실시하는 경우에는 특별한 경우를 제외하고는 일상생활 속에서 자연스럽게 참여와 지도가 이루어지는 것이 중요하다. 발달론적 관점에서 볼 때 일시적인 프로그램이나 행동수정 요법에 따른 인한 효과보다는 성장기의 과제를 스스로 해결하는 능력을 길러 주는 것이 중요하기 때문이다.

따라서 그룹홈에서의 프로그램은 탈시설화(개별적 처우와 낙인화)에 반하지 않는 방향에서 조심스럽게 모색되어야 한다. 그룹홈에서의 공동생활을 통한 정서적 안정, 친밀한 인간관계를 통한 애착과 상호 의존적인 관계 형성은 일시적이 아닌 지속적인 노력을 통해서 가능하기 때문이다. 이러한 장기적인 목적에 맞추어 단기 프로그램이 계획되고 배치되어야 한다.

2) 그룹홈 프로그램의 유형

그룹홈에서의 프로그램은 목적에 따라 치료 프로그램, 적응력 향상을 위한 프로그램으로 구분하거나, 개입의 급박성과 기간에 따라 위기개입 프로그램과 적응력 향상을 위한 프로그램으로 구분할 수도 있다. 그러나 이 역시 엄격하게 구분할 수 있는 것은 아니다.

미국에서는 그룹홈이 치료형과 생활형으로 구분되어 있지만, 우리나라의 그룹홈은 이처럼 전문화되어 있지 못하므로 개별 그룹홈에서 치료적 접근과 생활적응력 향상을 위한 노력을 할 필요가 있다. 그룹홈에서의 프로그램은 편의상 위기개입 프로그램, 자아 강화를 위한 프로그램 그리고 적응력 향상을 위한 프로그램으로 구분하여 살펴볼 수 있다.

• 위기개입 프로그램
  –신체적 · 정서적 치료 프로그램
  –약물남용, 비행, 학대, 가출, 가정해체 치료 프로그램
  –가족상담 및 가족치료 프로그램
  –학교 복귀 및 적응력 향상을 위한 프로그램

• 자아 강화를 위한 프로그램
  –정서적 안정을 위한 프로그램: 상담 및 문화, 기행 프로그램
  –자아존중감, 자신감 향상을 위한 프로그램
  –자기 통제력 향상을 위한 프로그램
  –자율성 향상을 위한 프로그램

• 적응력 향상을 위한 프로그램
  –대인관계 능력 향상을 위한 프로그램
  –공동체성 향상을 위한 프로그램: 체육대회, 수련회, 여행 및 탐방
  –학교(사회) 적응력 향상을 위한 프로그램: 상담, 학교방문 프로그램, 기초학습지도, 특별활동, 특기 · 적성 교육, 동아리 활동
  –생활능력 향상을 위한 프로그램: 식사예절, 청소 및 가사참여 활동, 집단지도
  –가정 복귀를 위한 프로그램: 가족기능 강화를 위한 프로그램
  –사회 복귀를 위한 프로그램: 직업 및 기술 훈련
  –기타 놀이치료, 미술치료, 원예치료 등

5. 그룹홈의 입소와 운영

1) 은행골우리집(사회복지법인)의 사례를 중심으로

그룹홈 내에서의 생활은 입소 아동 · 청소년의 요구와 유형에 따라 달라지기 때문에 단적으로 말할 수는 없지만, 대다수의 그룹홈이 중장기적이며 아동 · 청소년의 자립을 목표로 하고 있기 때문에 일반 가정에서 생활하는 아동 · 청소년의 경우

와 크게 다르지 않다.

그룹홈에서의 생활은 공동생활을 통하여 정서적 안정과 상호관계를 통해 애착과 자율 등 성장과정상의 과제를 해결해 나가는 과정이며, 또한 생활상의 기술을 습득 · 배양해 나가는 과정이라는 점에서 매우 중요하다. 2005년에 전국아동청소년그룹홈협의회에서 실시한 실태조사 결과에 따르면, 그룹홈과 쉼터에서 생활하고 있는 아동과 청소년의 생활에 대한 만족도는 59.4%가 '만족'하는 것으로 나타났고, '보통'이 33.9%, '불만족'이 6.8%로 나타나서 생활에 대해서는 비교적 만족하는 것으로 보고되었다. 한편, 거주기간이 오래될수록 생활에 대한 만족도가 증가하며, 연령이 16세 이상인 경우는 장래에 대한 불확실성으로 인해 만족도가 50%로 감소한 것으로 나타났다. 이는 이들의 자립 및 취업 대책에 대한 사회적 차원의 지지가 필요함을 말해 주는 수치라 할 수 있다.

음식에 대한 만족도가 72.2%로 높게 나타난 것은 신체적 안정성에 대한 욕구가 충족되고 있음을 보여 준다. 그리고 자신의 생활과 관련한 조사에서는 '희망을 가지고 자신 있게 생활하고 있다' 53.4%, '그럭저럭 산다' 41.8% 그리고 '아무 희망없이 산다' 4.8%로 보고되어 그룹홈의 아동 · 청소년이 긍정적인 사고와 생활을 하고 있는 것으로 나타나고 있다. 그리고 입소 아동 · 청소년에 대해 보모의 아동 · 청소년에 대한 이해 정도를 묻는 '질문에 이해하는 편'이라고 응답한 경우가 62.8%, '우리의 의견을 존중한다' 68%, 그룹홈 실무자를 '가족처럼 생각한다' 64%로 나타났다. 친밀한 인간관계와 함께 입소 아동과 그룹홈 실무자와의 상호작용이 비교적 잘 이루어지고 있는 것이 아동과 청소년의 생활에 대한 만족도가 높은 것으로 나타나고 있다. 이러한 생활에의 만족도는 자신감과 대처능력의 향상을 가져와 장차 가정을 꾸리게 될 때 가정에서 역할을 잘 해낼 것이라는 응답이 58.7%, 일반 가정에서 자란 아이들만큼 해낼 것이라는 응답이 33.8%, 잘할 것 같지 않다고 대답한 경우가 7.5%로 대부분의 입소 아동 · 청소년이 미래에 대해 긍정적인 사고를 하고 있는 것으로 나타나고 있다.

여기서는 은행골우리집의 경우를 참고로 하여 그룹홈 입소과정과 입소 아동 · 청소년의 생활을 살펴본다.

(1) 입소 경과

은행골우리집은 1993년 1월에 설립되어 현재는 3개의 그룹홈(31평 아파트)을 운영 중이며, 1개소는 남자 아동 · 청소년 7명, 1개소는 남자 아동 7명, 1개소는 여자 아동 · 청소년 7명 등 총 21이 함께 생활하고 있다. 대학생 2명을 제외하고는 모두 초 · 중 · 고등학생으로 진학 학생형이며 센터형이라고 할 수 있다.

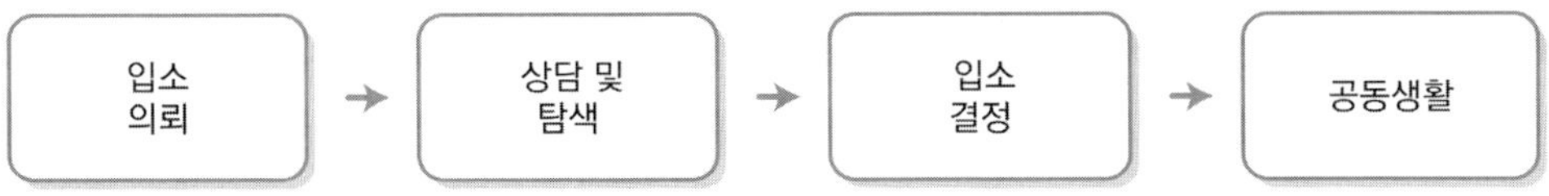

[그림 3-2] 은행골우리집 입소과정

① 의뢰

초기에는 가출 및 가정해체 청소년이 자발적으로 입소를 요청하거나 이웃과 지역사회로부터 입소 의뢰된 것이 대부분이었다. 이후 은행골우리집이 지역사회에 알려지면서 사회복지기관, 동사무소, 구청, 시청, 홍보물 등을 통해 입소를 의뢰하는 경우가 많아졌고, 최근에는 아동 입소에 대한 시 · 군 · 구의 지도감독이 강화되면서부터 시 · 군 · 구청과 아동보호기관, 아동일시보호소 등을 통해 입소 의뢰되고 있다. 이 때문에 자체 상담과정이 원활하게 이루어지지 못함에 따라 친부모나 친척과의 관계 설정에 어려움이 야기되고 있다.

- 부모 및 가족 상담: 입소 의뢰인으로부터 가족관계, 가정환경, 아동 · 청소년의 의사를 파악하고 다양한 대처방안 모색
- 아동 · 청소년 상담: 아동 · 청소년의 요구, 대처방안 탐색
- 주변 탐색 및 관계자 상담: 이웃과 친지, 친구 등을 통해 사실관계 확인 및 대처방안 모색
- 교사회의: 대처방안 모색
  - 입소시 입소 청소년 지도 계획
  - 입소 불가 시-대안 마련, 타 입소시설 의뢰, 치료, 가족해체 예방, 진로 · 취업지도
- 가족회의

  입소 아동 · 청소년의 상황을 가족회의에 보고, 토론 및 결정

② 입소 결정

보호자와의 법적인 양육자는 친부모 혹은 가족이며, 은행골우리집 시설장은 대리 양육자로서, 이동과 청소년의 신상에 관한 주요 결정은 상호 협의하기로 약속

- 입소 시 보호자 위탁동의서 작성
- 입소 아동 · 청소년 생활수칙동의서 작성
- 입소
- 건강검진, 생활안내

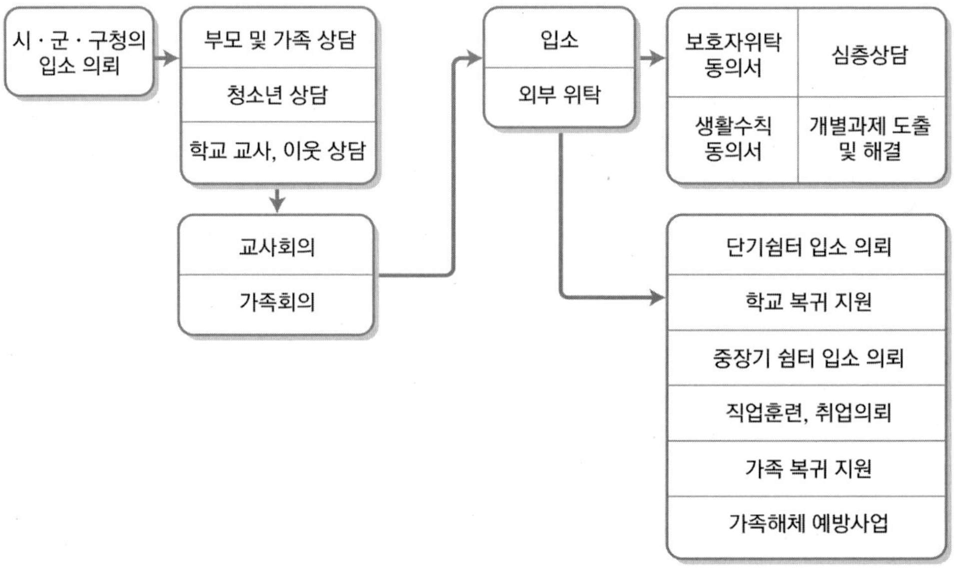

[그림 3-3] 은행골우리집의 입소 관련 절차 및 서비스

(2) 입소 아동 · 청소년의 생활

은행골우리집에서 아동 · 청소년의 대부분의 활동은 자율적이다. 학습지도나 컴퓨터 교육, 영화나 공연, 음악 감상 같은 프로그램은 원하는 사람에 한하여 이루어지며, 체육대회나 회보 제작 등의 활동은 준비 팀을 구성하여 이루어지고, 가사노동의 참여는 가족회의와 자체 회의를 통하여 결정한다.

2) 입소 요건

그룹홈마다 지역적 여건과 특성이 다르기 때문에 단일한 입소 기준을 제시하기에는 어려움이 있다. 그렇지만 대부분의 그룹홈에서 적용하는 입소 요건을 정리하면 다음과 같다. 관공서, 사회복지기관, 지역사회 등으로부터 입소가 의뢰되면 입소 가능 상황인 경우 입소 상담을 개시하며, 자체 정원 등의 문제로 입소가 불가능할 경우 시 · 군 · 구청이나 타 그룹홈 등으로 연계 서비스를 제공한다.

그룹홈의 입소 요건은 가정해체 등으로 보호자나 친척의 보호 및 양육이 불가능한 경우다.

- 학대 등으로 가족과의 격리 보호가 필요한 경우
- 부모의 재혼 등으로 부 또는 모와 함께 살기 어려운 경우
- 부모의 알코올 중독, 심신질환, 빈곤 등으로 보호 · 양육이 어려운 경우
- 부모의 수감, 장기 입원 등으로 대리 보호 · 양육이 필요한 경우
- 부모의 장기 가출, 가정해체 등으로 사회적 보호가 필요한 경우
- 부모가 아동의 보호 · 양육을 기피하거나 유기하는 경우

3) 입소과정

입소가 의뢰되면 그룹홈에서는 가족, 친척, 의뢰 아동 · 청소년, 학교 교사, 입소의뢰기관 등으로부터 아동 · 청소년의 상황과 관련된 기초 정보를 수집하여 아동 · 청소년 최상의 이익의 원칙에 따라 대처한다. [그림 3-4]는 그룹홈의 입소과정을 보여 주고 있다.

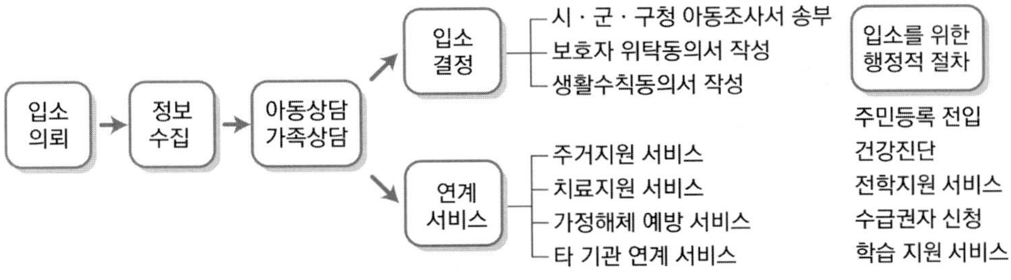

[그림 3-4] 그룹홈 입소과정

입소과정에서 단순한 입소 상담이 아니라 아동 · 청소년 최상의 이익 원칙에 따라 취업 · 주거 지원을 통해 가족과 함께 생활할 수 있는 환경을 만들어 줌으로써 가정해체를 예방하는 활동이 매우 중요하다. 그리고 입소 요건을 충족했다 하더라도 아동 · 청소년 본인의 의사를 실질적인 입소 기준으로 삼고 있다. 그리고 아동 · 청소년이나 가족이 원할 경우 상의하여 언제든지 퇴소할 수 있으며, 명절, 방학뿐만 아니라 원가족과의 방문과 만남 등 원가족의 책임을 아동위탁동의서에 명기하여 상기시켜 준다.

이러한 입소과정에서 주민등록 전입, 수급권자 신청과 관련하여 아동 · 청소년 그룹홈이 보장시설에 속하지 않아 부양 의무자 기준 등을 적용하기 때문에 어려움을 많이 겪고 있어 개선방안 마련이 시급하다.

4) 그룹홈의 운영 문제

(1) 운영구조

센터형 그룹홈은 운영위원회 등의 운영구조가 갖추어져 있어 운영의 투명성이 확보되어 있지만, 개별형 그룹홈 운영구조가 마련되어 있지 않은 경우가 대부분이다.

따라서 개별형인 경우에도 운영의 투명성과 민주적 의사결정을 위하여 운영 전반에 관해 의사결정을 할 수 있는 운영위원회 등의 구조가 필요하다.

(2) 수입

그룹홈의 수입은 크게 후원금, 정부나 지방자치단체의 지원금, 「국민기초생활보장법」상에 의한 아동생계비 지원 등으로 구분할 수 있다.

그룹홈은 국가포괄보조사업에 의해 중앙정부, 시 · 도, 시 · 군 · 구가 4:3:3의 비율로 지원하고 있다. 국가포괄보조사업으로 지방자치단체의 부담이 경감되는 측면이 있으나 중앙정부의 예산지원이 확대되지 않는다면 그룹홈의 예산이 증대되기 어려운 측면도 있다.

또한 「국민기초생활보장법」상 그룹홈 아동 · 청소년에 대해서는 보장시설인 아동양육시설과 달리 부양 의무자 기준을 적용하고 있는 불합리한 점이 있으며, 아동 · 청소년에게 지급되는 생계비에 관해서는 아동 · 청소년과 그 보호자로부터 사전에 동의를 받아야 하며, 생계비가 그룹홈 종사자의 인건비 등으로 지급될 경우 문제가 된다.

그리고 2005년 사회복지예산의 지방 이양에 따라 서울, 경기 등의 지방자치단체는 그룹홈에 대한 조례 등을 제정하거나 그룹홈에 대한 별도의 예산지원을 하고 있는 지방자치단체들이 많다.

아동 · 청소년 그룹홈에 대한 정부의 지원은 사회복지 생활시설 중 최하위 수준으로 그룹홈 서비스의 질 향상을 위한 걸림돌로 작용하고 있어 하루 속히 개선될 필요가 있다. 일부 아동 · 청소년 그룹홈에서는 아동 · 청소년 그룹홈의 보장시설화에 대해 우려를 제기하고 있지만 필자는 아동에 대한 차별적 대우의 시점, 아동 · 청소년 그룹홈 종사자에 대한 아동양육시설에 준한 처우, 운영비에 대한 정상적 지원이 이루어지기 위해서는 아동 · 청소년 그룹홈이 보장시설이 되어야 한다고 생각한다.

〈표 3-2〉 아동 · 청소년 그룹홈의 예산 현황

구분 \ 연도	2003	2004	2005	2006	2007	2011	2013
그룹홈 국고 지원	205백만 원	215백만 원	424백만 원	890백만 원	1,760백만 원	5,539백만 원	7,259백만 원
그룹홈 지원 개소	20개소	32개소	60개소	120개소	150개소	348개소	416개소
인건비			15,373천 원	16,142천 원	15,092천 원 *2인	18,516천 원 *2인	19,073천 원 *2인
운영비 개소/월			192천 원	202천 원	261천 원	230천 원	240천 원
연간 1개소 지원단가			17,677천 원	18,566천 원	32,849천 원	39,792천 원	43,930천 원
비고		그룹홈 신고시설	연간1인 인건비		연간2인 인건비	초과근무 수당신설	그룹홈 평가비

5) 그룹홈과 종사자

그룹홈의 종사자는 아동 · 청소년을 보호 · 양육하는 그룹홈 서비스를 제공하는 가장 중심적인 역할을 담당하고 있다. 상처받은 아동 · 청소년을 보호 · 양육하며 아동 · 청소년의 성장 · 발달을 위하여 상담하고 지원하는 역할을 하고 있다. 그룹홈 종사자는 보호 · 양육 외에도 아동 · 청소년의 사회화를 도우며, 특별한 경우에는 치료적인 역할을 담당하는 등 일반 가정에서의 부모 이상의 역할을 담당하고 있다. 즉, 그룹홈 종사자는 부모의 역할과는 다르지만 부모와 같은 역할을 수행하고 있다. 그룹홈의 종사자의 활동은 직접적인 보호활동과 간접적인 보호활동으로 구분할 수 있다.[3)]

직접적인 보호활동에는 아동 · 청소년을 상담하거나 위기개입 활동을 하거나 지도하거나 가족상담을 하는 등 아동 · 청소년의 변화와 성장을 위한 다양한 활동이 포함된다.

간접적인 보호활동에는 공간과 시설의 관리와 운영, 식사시간, 휴식, 규칙 등과 같은 일상적 활동 계획 수립이 포함된다. 간접적인 보호활동은 학교 교사와의 상담이나 지역사회와의 관계수립 활동, 아동 · 청소년에 대한 기록 및 보고서 작성 등 매우 광범위한 활동을 요구하고 있다.

아동 · 청소년을 돌보면서 이러한 방대하고 다양한 업무를 해결해 내야 하기 때문에 그룹홈 종사자는 늘 긴장할 수밖에 없다.

마이어(Maier)는 그의 저서[4)]에서 그룹홈 종사자의 역할에 관하여 다음과 같이 말하고 있다. 그룹홈의 종사자는 보호와 애착형성 시 가장 중심적인 인물이며 공동생활의 가장 중요한 모델이며 동시에 어른과 사회의 표본의 역할을 담당하고 있다. 즉, 그룹홈 종사자는 인간관계를 형성하고, 규범을 세우고, 외부 세계와의 연결고리 역할을 담당하고 있다.

실태조사에 따르면, 우리나라에서는 그룹홈의 종사자가 2명 이하인 경우가 63.5%이며, 3명 이하인 경우는 79%로 대다수 그룹홈의 종사자가 3명 이하인 것으로 나타나 그룹홈 종사자와 운영자가 거의 일치하고 있다. 그룹홈 종사자의 업무

---

3) Maier, 앞의 책, pp. 187-189.
4) 같은 책, p. 13 재인용.

의 과중함과 함께 장시간 업무에 따른 소진의 위험성을 보여 주고 있다.

그룹홈 운영자의 종교적 특성을 보면 가톨릭 60%, 기독교 27.7%, 불교 3% 그리고 기타 종교 3%로 그룹홈의 95.4%가 종교적 배경을 가지고 있는 것으로 나타나고 있다. 대부분의 그룹홈 운영자들이 종교적 배경을 가지고 있는 것은 종교적 헌신성과 특성에도 기인하지만, 그룹홈이라는 열악한 근무환경과 과중한 업무를 일반 사회복지사들이 기피하는 등 그룹홈에 대한 사회적 인식이 낮은 것에도 기인한다. 이러한 것은 그룹홈 운영자 중에서 사회복지사 자격을 갖춘 곳은 29%로 나머지 71%는 자격증이 없는 것으로 나타나고 있다. 우리나라 그룹홈 종사자의 이직률이 미국처럼 높지는 않겠지만 타 직종에 비해 이직률이 높을 것으로 추정된다.

이러한 현실은 우리나라 그룹홈 종사자와 관련하여 두 가지 문제점을 시사해 주고 있다.

첫째, 그룹홈 종사자의 확보와 교육 문제다. 지금까지 그룹홈 종사자를 확보하는 것은 매우 어려운 과제 중 하나였다. 장시간의 노동, 낮은 보수, 열악한 근무환경, 늘 긴장해야만 하는 그룹홈 종사자의 일의 특수성 때문에 종사자를 확보하기가 쉽지 않았다. 또한 어렵게 그룹홈 종사자를 확보했다고 해도 종사자에 대한 적절한 교육과정이 없어 교육과 훈련에 어려움을 겪었다. 다행히 최근에 그룹홈 실무자를 위한 교육훈련사업이 한국아동청소년그룹홈협의회를 통해 이루어지고 있어 이에 대한 전망은 밝은 편이다. 그러나 자질 있는 그룹홈 종사자를 확보하기 위해서는 그룹홈 종사자에 대한 처우와 사회적 인식이 향상되어야 한다. 이를 위해서는 그룹홈의 양성화와 제도적인 뒷받침이 마련되어야 한다.

둘째, 그룹홈 종사자의 소진 문제다. 그룹홈 종사자는 상처받은 아동·청소년들과 공동생활을 하며, 대부분 시설장과 종사자 2인이 365일 24시간 근무를 하고 있다. 또한 일의 특성상 늘 긴장하며 생활한다. 최근에는 보건복지부가 초과근무를 인정하여 수당을 지급하고 있지만 이 역시 생색내기에 불과하며 최소한의 「근로기준법」조차 지켜지지 않는 상황에서 종사자 소진, 이직 그리고 역량과 헌신성을 갖춘 종사자를 확보하는 것이 갈수록 어려워지고 있다. 그룹홈 종사자의 이러한 열악한 근무환경은 신체적으로 무리를 따르게 하여 그룹홈 종사자 중 상당수가 건강상의 문제로 고통을 겪고 있다. 그룹홈 종사자의 휴식과 재충전을 위하여 종사자에 대한 처우 개선과 함께 근무시간의 단축이 필요하다. 최소한 일주일에 1~2일의 휴식이 필요하며 1년에 1달 정도의 휴가와 안식년 제도 등 그룹홈 종사자의 소진을 예방하기 위한 방안이 마련되어야 한다. 그러나 이 문제 역시 그룹홈에 대한 양성화 및 재정적인 문제와 맞물려 있어 시급히 해결해야 할 과제 중 하나다.

6. 요 약

그룹홈은 탈시설화된 인간적인 서비스가 가능하며 사회 적응력을 향상시킬 수 있는 지역사회 중심의 접근방법이며 클라이언트 중심적인 서비스다. 미국에서는 그룹홈이 1980년대에 본격화되었으며, 일본에서는 1990년대에 그룹홈 사업이 본격화되었다. 그룹홈이 서구에서 활성화될 수 있었던 것은 생태체계이론, 발달이론 등과 같은 이론적 발전과도 매우 긴밀한 관계가 있다.

우리나라에서는 산업화와 빈부격차의 심화에 따라 가정해체, 이혼율이 급증하고 있으며, 전쟁고아를 보살피던 종전의 시설보호아동 수는 감소하고 있어 시설보호의 한계가 드러나고 있다.

이처럼 아동수용시설의 수용인원 감소 추세와 가정해체 등으로 인해 요보호아동의 수가 증가하는 것에 대한 괴리를 극복할 수 있는 방안으로 가정위탁제도와 그룹홈을 들 수 있다. 우리나라에서는 혈연적인 가족관 등이 아직 팽배해 있어 서구와의 문화적인 차이가 있다. 따라서 서구와 같은 가정위탁제도의 활성화에는 많은 시간과 노력이 요구될 것이다. 그러나 실제 보호가 필요하나 대규모시설에서 수용하기 어려운 아동 · 청소년을 보살피고 있으며 현실적으로도 매우 효과적인 그룹홈에 대한 정부의 대책은 매우 미온적이다.

또한 탈시설화의 측면에서 아동 · 청소년 그룹홈은 대규모 시설보다는 소규모 시설에서의 치료효과가 탁월하다는 것이 외국 선진국의 사례나 학계에서도 일반적으로 인정되고 있다는 점에서 아동 · 청소년 그룹홈을 활성화하기 위한 보다 현실적이며 적극적인 노력이 요구된다.

그런 점에서 그룹홈을 활성화하기 위해서는 제도적으로는 대규모 시설 위주로 되어 있는 현재의 「아동복지법」을 개정하여 그룹홈 활성화의 걸림돌을 제거할 필요가 있으며, 지역사회와 그룹홈 간의 협력체계 강화, 그룹홈의 전문화 및 다양화를 통한 서비스 수준의 향상 등 많은 과제를 안고 있다.

이러한 과제를 안고 있음에도 불구하고 가정해체의 증가에 따라 그룹홈 서비스를 필요로 하는 아동 · 청소년이 증가하고 있다는 사회적 요인과 그룹홈 서비스가 보다 인간적인 서비스이며 보다 효과적이라는 그동안의 연구결과와 실증적 사례를 보면 그룹홈이 보다 확대될 것이라고 전망하는 것은 어렵지 않다.

정부에서는 그룹홈의 확대와 관련하여 현재와 같은 방임적인 태도에서 벗어나 보호가 필요한 아동 · 청소년 보호 · 육성 정책을 분명히 세워야 한다. 대규모에서 소규모로, 시설에서 탈시설로, 수용에서 생활로, 공급자 중심에서 수요자 중심으로 기존의 정책을 전환해야 할 것이다.

또한 그룹홈을 개별형으로 양산하는 것보다는 센터형으로 발전할 수 있도록 센터형 중심적인 육성정책이 요구된다. 그리고 현재의 대규모 수용 위주의 시설을 미국의 배치 센터와 같은 통합지원센터의 역할을 할 수 있도록 하여 분원 형태의 그룹홈을 지원하도록 할 필요가 있다.

그리고 그룹홈과 그룹홈 서비스를 발전시키기 위해서는 그룹홈을 아동 · 청소년의 특성에 맞추어 보다 전문화 · 다양화해야 하고, 이를 위해서는 종사자의 자질과 전문성을 향상시키기 위한 노력이 필요하다. 그리고 운영의 투명성과 의사결정의 민주성을 확보하기 위한 절차와 구조를 갖추며 그룹홈과 지역사회, 그룹홈 상호 간의 협력체계가 구성 · 강화되어야 한다.

그룹홈에 대한 우리 사회의 인식 수준은 아직도 매우 낮은 편이다. 따라서 그룹홈에 대한 사회적 인식을 확대하고 자원을 개발할 수 있도록 하기 위해서도 그룹홈에 대한 보다 더 많은 연구가 이루어져야 한다.

제4장 우리나라 아동 · 청소년 그룹홈의 전개과정

1. 아동 · 청소년 그룹홈의 전개과정

아동 · 청소년 그룹홈은 주로 영국, 미국, 일본 등지에서 발달되었으며, 영국에서 민간 주도의 아동보호사업 일환으로 1870년대에 세워진 '버나도 홈(Burnardo Home)'이 최초의 그룹홈이라고 한다. 미국에서는 교도소나 소년원과 사회의 중간 역할을 하기 위해 세워진 일종의 중간의 집(Halfway House)으로, 뉴욕에 1896년에 설립된 '희망의 집(Hope Hall)'을 최초의 그룹홈으로 볼 수 있다. 일본은 1933년 「소년교호법」에 의해 소사제(小舍制) 형태로 설치된 아동보호시설이 1955년 그룹홈 형태로 발전되었다고 한다.

우리나라에서는 해방과 미군정, 한국전쟁을 거치면서 10만 명 정도로 추산되는 대량 발생한 전쟁고아들을 보호하기 위한 대규모 시설보호가 이루어졌으며, 1960~1970년대 대규모 시설보호에서 살레시오 나눔의 집, SOS 마을 등을 통해 소규모 보호방식이 시작되었고, 1990년대 그룹홈이 본격화되었다.

그러나 그룹홈을 정상화 · 탈시설화 · 개별화의 원리에 의하여 기존 대규모 시설의 문제점을 개선하기 위해 설립되고 운영되는 소규모 아동복지시설들을 근대적 의미의 그룹홈이라 한다면, 그룹홈이 시작된 것은 영미권에서는 1900년대, 일본은 1960년대, 우리나라는1990년대라 할 수 있다.

각 나라의 사회문화적 상황이 다르기 때문에 그룹홈의 양태와 특성도 각기 다르다. 그러므로 이를 살펴보는 것도 우리나라 그룹홈을 이해하는 데 도움이 될 것이다. 서구의 그룹홈 운영방식을 따라하거나 무조건 모방하는 것은 바람직하지 않으며, 우리나라 그룹홈이 가지고 있는 특징을 잘 살려 나가는 것이 필요하다. 이 장에서는 미국의 아동보호의 발전과정과 우리나라 아동 · 청소년 그룹홈의 발전과정을 살펴본다.

2. 미국 아동 · 청소년 보호의 발전과정

미국 아동 · 청소년 보호의 발전과정은 크게 3단계로 요약할 수 있다. 1930~1940년대는 클라이언트 중심적 접근이, 1960~1970년대는 탈시설화의 원리에 기초한 개별적 처우가 강조된 시기였으며, 1990년대는 정상화의 원리가 특히 강조되었던 시기라 할 수 있다.

1930~1940년대에는 기관 중심적 · 공급자 중심적 서비스에서 클라이언트 중심적 접근방식이 강조되었다. 이때 주된 아동보호 형태는 '아이들의 집(Children' Home)'으로 교회의 후원 등에 의해 설립되었으며, 우리나라의 고아원과 같은 형태로 비교적 대규모 시설보호였으며, 시설병의 문제가 제기되었다.

'아이들의 집'은 아동의 신체적 · 도덕적 타락을 예방하기 위한 것이 우선적인 목표였으며, 지역사회와 격리된 곳이 많았고, 이때 처음으로 사회복지사들이 '아이들의 집'에 채용되기 시작하였다. 사회복지사가 채용되면서 서비스 공급자인 기관 중심적, 사회복지사 중심적인 처우방식에 대한 문제 제기와 함께 클라이언트 중심적인 접근방식으로의 변화에 대한 필요성이 폭넓게 제기되고, 위탁가정이 가장 바람직한 아동보호의 형태로 간주되었다.

1960~1970년대 미국에서는 신체적 · 정신적 장애아동과 비행청소년을 보살피는 정부의 방식에 근본적인 문제들이 제기되면서 지역사회로부터의 격리가 아닌 지역사회와의 통합과 탈시설화의 움직임이 확산되었다. 탈시설화의 일환으로 개별적 처우가 가능하며 지역사회 중심적인 그룹홈이 가장 훌륭한 대안으로 여겨졌다. 많은 교회들과 기관들이 '아이들의 집'처럼 규모가 큰 기관이 정말 필요한지를 진지하게 모색하였다.

특히 1981~1989년에 집권한 레이건 정부는 신자유주의적 시장 위주의 경제정책인 레이거노믹스에 의한 사회복지예산 절감의 필요성으로 그룹홈의 효과성과 효율성을 내세워 대대적인 그룹홈 확대 정책을 폈으나 예산 지원의 뒷받침 없는 정책으로 자질과 헌신성을 갖춘 종사자 부족 등의 이유로 실패하였다.

1990년대 이후는 가족해체나 가족과의 분리로 가정에서의 정상적 경험의 기회가 박탈당한 아동 · 청소년에게 일반 아동과 유사한 가정에서의 경험을 가질 수 있도록 돕는 정상화 원리가 강조되었으며, 아동보호의 형태도 그룹홈인 'cottage'가 전국 각지에 설립되었다.

그리고 기존의 아동복지시설인 우리나라의 아동양육시설에 해당되는 '아이들의 집'도 그동안의 전통적 보호방식에서 벗어나 가정 중심적인 서비스를 제공하는 기관으로 거듭나기 위해 규모를 나누어 그룹홈처럼 작게 하는 방향과 정서적으로 어려움을 겪거나 행동치료처럼 자원의 집중이 필요한 단기치료센터와 같은 곳으로 전환을 모색하고 있다.

미국의 이와 같은 변화는 아직도 대규모 시설보호 위주인 우리나라의 아동 · 청소년 복지 현실에 전하는 바가 크다 하겠다.

3. 우리나라 아동 · 청소년 그룹홈의 발전과정

1) 우리나라 아동 · 청소년 그룹홈의 역사

우리나라에서 아동 · 청소년 그룹홈이 언제 처음으로 시작되었는지를 밝히는 것은 쉽지 않다. 조선말 순조 때 상궁 박씨가 집 없는 아이들을 양육한 것, 한 천주교 신자가 동대문 시장의 걸식 아동들을 자기 집에서 돌보아 준 것,[1] 선교사인 엘리자베스 셰핑(Elizabeth Shepping)[2] 등이 자신의 집에서 고아들을 보호한 것 등이 있었으나, 근대적인 사회복지사업이 우리나라에 도입된 것은 1945년부터 1948년까지

---

1) 이상순(1997). 요보호아동을 위한 그룹홈, pp. 16−23.

2) 1880∼1934. 우리나라 이름으로는 서서평. 독일 출신의 미국 선교사로 한국의 마더 테레사로도 불린다. 1912년 우리나라에 선교사로 첫발을 내딛고 55세까지 활동하였으며, 자기 집에 고아 등을 데리고 와서 함께 생활하였다고 한다. 고아들과 함께 살다가 시신까지 기증하고 떠나 한국의 성녀로 불린다(한겨레신문, 2012. 3.14.).

의 미군정 기간이라고 할 수 있다. 이 당시 사회복지는 시설보호 위주의 방식과 외국원조에 의한 방식으로 이루어졌다. 미군정기에는 다른 분야보다도 아동복지에 대한 관심이 높았으며, 아동에 대한 노동을 금지한 1953년에 제정된 「미성년자보호법」은 우리나라 사회복지 관계법 중 가장 최초인 1961년 「아동복리법」의 제정에 영향을 미쳤다.

우리나라에서는 1945년 해방과 1950년 한국전쟁 이후 대량 발생한 전쟁고아를 보호하기 위해 미국의 영향을 받아 소위 고아원이라고 하는 시설보호 방식이 도입되었으며, 이러한 대규모 시설 위주의 아동보호가 오늘날까지도 아동복지시설의 주류를 이루고 있다.

이러한 대규모 시설보호 위주에서 소규모 방식의 보호가 시작된 것은 1965년 S.O.S 마을이라 할 수 있다. 1970년대에는 요보호아동을 보호하기 위한 프랑스 신부 파 레몬드에 의해 '테레사의 집' '그리스도의 집' 그리고 1985년에 '살레시오 나눔의 집' 등 소규모 보호방식의 형태로 설립되었다. 이 시기는 대규모 시설보호 방식에서 탈피한 소규모 시설보호 방식이 시도된 시기이며, 대규모 시설보호와 그룹홈의 중간 단계인 소규모 시설보호 단계라 할 수 있다.

그러나 시설보호와 명확히 대비되는 탈시설화와 정상화의 원리에 의한 그룹홈이 시작된 것은 1990년대 초반이었다라고 말할 수 있다. 은행골우리집(1993.1.), 일신우리집(1993.9.), 들꽃피는 마을(1994) 등을 비롯하여 1990년대 초반 그룹홈이 본격적으로 확산되기 시작하였다. 그 결과 2006년 말 보건복지부에 신고된 그룹홈이 176개소였던 것이 불과 6년만에 2012년에는 378개소로 증가하였다.

2000년 4월에 전국아동청소년그룹홈협의회가 조직되어 그룹홈을 위한 법률개정, 예산확보, 그룹홈 서비스의 질 향상을 위한 종사자 교육과 그룹홈 지원을 위한 자원개발 등의 노력을 하고 있다. 2006년에는 이 협의회가 사단법인 한국아동청소년그룹홈협의회로 명칭을 변경하여, 현재는 300여 개의 그룹홈이 회원으로 참여하고 있다.

2) 우리나라 아동 · 청소년 그룹홈의 두 가지 경로

우리나라에서는 아동 · 청소년 그룹홈이 두 가지 경로를 통해 확산되었다. 첫 번째 경로는 '국민복지기획단'(1995.3.23.)에서 마련한 국민복지 기본 구상에 따라 기존 시설보호의 한계를 극복하기 위해 그룹홈의 도입이 논의되었으며, 1996년 12월에 그룹홈 제도 도입을 결정하여 아동복지시설에서 운영하는 사업의 한 형태로 1997년부터 시범사업이 실시되었다. 즉, 대규모 아동보호시설에서 분원의 형태로 그룹홈을 운영하게 되었으며, 이러한 형태의 그룹홈은 분원형이라 할 수 있다. 이러한 아동 · 청소년 그룹홈은 30여 개로 전체 아동 · 청소년 그룹홈의 10% 미만을 점하고 있다.

우리나라의 그룹홈이 제도적으로 분원형 그룹홈이 시작되었기 때문에 그룹홈에 대한 운영비 전반에 대한 정상적 지원이 아닌 관리비와 낮은 수준의 인건비 정도만 지원되었으며, 이는 오늘날에도 그룹홈 발전을 제약하는 요인으로 작용하고 있다. 아동 · 청소년 그룹홈의 낮은 운영비와 인건비는 아동 · 청소년 복지 서비스 향상의 장애물로 작용하고 있으며, 또한 아동양육시설의 그룹홈 전환을 가로막는 장애로 작용하고 있다.

두 번째 경로는 가출 및 가정해체 등 지역사회의 변화에 따라 기존 아동복지 서비스가 담당하지 못했던 아동 · 청소년 복지 서비스의 사각지대를 보완하는 측면에서 1990년대 초에 그룹홈이 지역사회의 요구에 기반하여 자연 발생적으로 세워진 것이다. 당시에는 아동복지시설만 운영할 수 있었기 때문에 지역사회에서 자연 발생적으로 생겨난 아동 · 청소년 그룹홈은 사회복지시설로 신고할 수 있는 길이 봉쇄되어 있었다. 따라서 2000년부터 2003년까지 학계와 민간 등이 「아동복지법」 개정 추진위원회를 구성하여 정부가 아닌 국회 입법으로 「아동복지법」을 개정하여 2004년 1월부터 그룹홈과 지역아동센터가 아동복지시설로 신고할 수 있는 길을 마련하였다. 2004년의 「아동복지법」 개정은 정부 주도가 아닌 민간 주도의 개정이었다는 점은 지역사회 복지운동에서 매우 중요한 의미를 가지고 있다.

2004년 「아동복지법」의 개정에 따라 공동생활가정이 아동복지시설의 종류에 추가되어 자연 발생적인 아동 · 청소년 그룹홈이 사회복지시설로 신고할 수 있는 길이 열렸으며, 이후로 아동 · 청소년 그룹홈이 전국적으로 확산될 수 있는 길이 마련되었다. 오늘날 대부분의 아동 · 청소년 그룹홈은 후자에 의한 형태로 그룹홈의 운영 유형에 따르면 개별형과 센터형의 대부분이 이에 속한다.

3) 아동 · 청소년의 그룹홈 확대 요인

우리나라 아동 · 청소년 그룹홈이 급속도로 확산되기 시작한 요인을 외적 요인과 내적 요인으로 나누어 살펴보며 다음과 같다. 먼저 외적 요인으로는, 첫째, 산업화와 도시화에 따른 사회적 양극화의 심화와 빈곤가정의 증대 등 사회구조의 변화를 들 수 있다. 그래서 도시의 빈곤지역에서 주로 그룹홈이 시작되었다. 둘째, 이혼율의 급증과 가정해체 등의 가족구조의 변화를 들 수 있다. 전통적인 가족구조의 붕괴와 1, 2인 가구의 증가, 맞벌이 부부 가구의 증가와 핵가족의 확대에 따라 아동양육의 부담을 수행하기 어려운 가족이 증가하였고, 아동양육을 위한 여성의 일방적 희생만을 감당해야 하는 현실에 대한 반발 등으로 기존 시설보호로는 받아들일 수 없는 사회적 보호가 필요한 아동이 증대되었다. 셋째, 민주주의의 인권의식의 확대에 따른 사회의식의 변화를 들 수 있다. 우리 사회가 1987년 민주화 투쟁 이후로 민주주의와 인권의식이 급속도로 확대되었으나 기존의 대규모 시설 위주의 보호방식은 거의 변화되지 않았으며, 개별화의 원리가 보장되지 않는 수용시설과 같은 것은 기존의 이미지에서 탈피하지 못하였기 때문에 비교적 소규모이며 개방적인 그룹홈과 같은 시설을 선호한 것이 그룹홈의 확대로 나타난 것으로 보인다.

그룹홈 확대의 내적 요인은 첫째, 사회복지 서비스 분야에서 탈시설화와 정상화 원리의 도입에 따라 기존의 대규모 시설보호 방식의 변화에 대한 필요성이 제기되었다는 점이다. 그리고 대규모 아동양육시설이 지역사회와의 분리를 전제로 하고 있지만, 그룹홈은 지역사회의 요구에 민감하게 대응할 수 있으며, 지역사회와 통합된 서비스가 가능하며, 접근성이 아동양육시설에 비해 뛰어나다는 것 역시 그룹홈이 확대된 요인이라 할 수 있다.

이러한 대내외적 변화에 대해 기존의 대규모 시설보호 방식의 한계를 극복하는 대안으로 그룹홈 도입이 모색되었고, 자연 발생적으로 시작되었다. 다시 말하면, 아동 · 청소년 그룹홈은 새로운 복지 수요의 양적 · 질적 증대에 힘입어 시작되어 확대된 것이라 할 수 있다.

4) 우리나라 아동 · 청소년 그룹홈의 특성

미국은 1970년대에 대규모 시설보호에 대한 문제점이 드러남에 따라 'cottage'

형태의 그룹홈이 대대적으로 확대 보급되었다. 이에 비해 우리나라는 가출 및 가정해체 아동 · 청소년 보호에 대한 사회적 요구에 의해 출발하였다는 점이 차이라 할 수 있다.

우리나라 그룹홈은 서구의 그룹홈에 비해 다음과 같은 특징을 갖는다.

첫째, 우리나라의 분원형 그룹홈을 제외한 대부분의 그룹홈은 자연 발생적으로 생겨났다. 미국에서는 아동복지시설에서의 치료적 접근의 한계를 극복하기 위하여 정상화 원리와 탈시설화 원리에 의해 거주모형으로 그룹홈이 도입되었다. 미국 아동복지의 발전과정을 보면 남북전쟁 이후 대규모 시설보호 위주의 기관 중심적인 접근방식이, 1930~1940년대에는 기존 대규모 시설보호의 틀 안에서 클라이언트 중심적인 처우, 즉 개별화의 원리가 강조되었다. 1980년대에는 시설보호의 대안으로 가정과 유사한 환경을 조성하는 정상화 원리에 따른 가정 지향적 서비스인 그룹홈과 주거형 치료시설이 주목받았다.

이에 비해 우리나라의 대다수 그룹홈은 지역사회의 요구에 의해 사회적 보호가 필요한 아동을 보호하기 위해 자연 발생적으로 생겨났다. 이러한 출발 과정의 차이는 우리나라 그룹홈이 서구에 비해 보다 소규모이며 가정적이기 때문에 친밀한 애착관계와 의존적인 인간관계 형성 등의 장점을 가지고 있으나 동시에 그룹홈 서비스의 질 향상, 전문성의 강화 등의 과제를 동시에 던져 주고 있기도 하다.

둘째, 우리나라 그룹홈은 지역사회의 요구에 의해 생겨난 대안의 복지시설로서의 특징이 있다. 그룹홈이 대안의 복지시설이기는 하지만 우리나라에서는 가정해체 아동 · 청소년의 증가에 따른 그 수요를 기존의 대규모 시설보호 방식으로는 수용할 수 없었기 때문에 그룹홈이 이에 대한 대안으로 발생하였다. 1990년대에는 기존 아동복지시설에서 보호하는 아동의 규모는 큰 변화가 없는 데 비해 그룹홈이 급증한 것은 탈시설적인 보다 인간적인 서비스에 대한 지역사회의 요구 때문이기도 했다. 1950년대 대량 발생한 전쟁고아를 수용하기 위해 세워진 아동복지시설의 시설보호 방식으로는 새롭게 발생하는 사회적 보호가 필요한 아동을 보호하는 데 대한 한계와 그 사각지대를 보완한 것이 그룹홈이었고, 따라서 그룹홈은 사회적 안전망의 확충이라는 의미를 가지고 있다.

셋째, 우리나라의 그룹홈은 지원체계가 극히 미흡하다. 물론 기존의 아동복지시설에서 공동생활가정사업으로 분원형으로 생겨난 그룹홈도 있지만 대다수는 1990년대 소규모로 자연 발생적으로 생겨났기 때문에 공공기관과 민간의 지원체계가 극히 미흡하다. 1998년에 처음으로 공동생활가정에 대한 1인 인건비가 지원되기 시작하였고, 시설로 신고할 수 있게 된 것은 2004년 7월에 이르러서이며, 2006년에 1인 인건비와 운영비 지원이 이루어졌으며, 2007년에 이르러서야 2인 인건비 지원이 이루어졌다. 최근 들어 그룹홈에 대한 정부의 지원이 크게 증대된 것은 사실이지만, 아직도 일반 아동복지시설에 비해 운영비 지원이 절대적으로 미흡한 상황이다.

넷째, 우리나라 그룹홈 운영의 대다수는 종교적 배경을 가지고 있다. 2000년의 실태조사와 2005년 말의 그룹홈 실태조사에서도 나타난 것처럼, 전체 그룹홈의 98% 정도가 종교적 배경을 가진 운영 주체에 의하여 운영되고 있다. 그룹홈에 대한 지원이 전혀 없는 상황하에서 그룹홈을 운영하기 위해서는 종교적 배경을 가진 운영 주체가 자원을 동원하기에 유리한 측면이 있으며, 정부 지원이 전혀 없기 때문에 일반 사회복지계에서 그룹홈을 기피하고 있으나 종교계에서는 그 열악한 상황을 종교적 헌신성으로 극복하고 있다는 것을 말해 주고 있다. 그러나 초기 단계에서 어느 정도 이러한 헌신성에 의존하는 것이 불가피한 측면이 있더라도 운영자 및 종사자에 대한 지나친 헌신성을 강조할 경우 그룹홈 서비스의 질 하락과 종사자 소진을 초래하는 요인으로도 작용할 수 있다.

다섯째, 그룹홈에 대한 낮은 사회적 인식이다. 그룹홈 보호방식은 가정적 보호, 전문적 보호, 대안의 서비스 등의 특징을 가지고 있다. 그러나 그룹홈에 대한 이러한 인식보다는 비체계적이며 비전문적이며 열악하다는 인식이 사회 일각에 자리잡고 있다. 이는 그룹홈이 자연 발생적으로 지역사회의 필요에 의하여 발생하였고 지원체계가 미흡한 것도 요인이지만, 그룹홈 자체의 서비스 향상을 위한 노력의 미흡에도 기인한다. 동시에 그룹홈 서비스의 전문성을 향상하며 투명성을 확보해야 하는 사회적 과제도 동시에 안고 있다.

제5장 발달론적 관점에서 본 그룹홈

이 장에서는 아동과 청소년이 성장하는 데 필요한 핵심적인 발달조건들을 살펴보고, 한 걸음 더 나아가 그룹홈에서 일상생활의 대부분을 보내야 하는 아동·청소년의 발달 문제를 다루고자 한다.

가정이나 위탁가정에서 생활하고 있는 아동·청소년처럼 그룹홈에서 생활하고 있는 아동·청소년 역시 발달과정상에 있다. 그들은 성장하기 위하여 노력하고 도전하고 있다. 성숙은 모호한 개념이지만 아동·청소년기는 자신을 개발하기 위하여 집중적으로 노력하는 시기다.

여기서는 가정에서 자라나는 일반 아동·청소년이 아닌 아동·청소년 그룹홈에서 지내는 아동·청소년의 발달을 그들이 받는 보호와 관련하여 살펴본다. 아동과 청소년에게 필요한 보호 서비스를 효과적으로 전달하기 위해 노력하는 사람들의 문제가 종종 간과되고 있으므로 이들에 대해서도 염두에 두고 살펴본다. 여기서 제시하는 사례의 아동·청소년의 이름은 가명임을 밝힌다.

1. 발달론적 관점

이 장은 아동·청소년을 발달론적인 존재로 인식하고, 이들을 위해 일하고 있는 아동·청소년 복지 실무자, 상담사, 사회복지사, 간호원 등과 같은 전문가들을 돕기 위해 집필했다. 아동·청소년이 그룹홈에 입소하게 된 것은 가출과 비행, 가정해체 등 개인적인 요인이지만, 이들은 가정에서 보살핌을 받고 있는 자기 또래의 다른 아동 · 청소년과 마찬가지로 발달론적인 과제를 안고 있다. 오히려 이들은 일반 가정에서 자라는 자기 또래의 아동 · 청소년에 비해 정서적 · 신체적 상처가 많기 때문에 다른 아이들보다 더 많은 발달과제를 안고 있다.

발달론적인 관점에서는 이러한 아동 · 청소년을 '어려운 아이'로 낙인화하는 것보다는 '어려움을 가진 아이'로 인식한다. 그 차이는 의미론적인 것 이상이다. 예를 들면, '학습장애아'라는 용어는 마치 그 아동이 다른 아동과는 매우 다른 발달과정을 겪은 것처럼 느껴지도록 편견을 조장하는 개념이다.

그러나 발달론적인 관점은 각 개인의 상황과 발달의 제반 단계에 대한 인식과 이해를 요구하고 있다. 무엇보다도 아동 · 청소년 복지시설 종사자는 보호 서비스를 제공하는 주체일 뿐만 아니라 그들에게 지속적인 지지를 분명하게 체험할 수 있게 한다는 점에서 매우 중요하다.

아동 · 청소년에 대한 지속적인 지지는 스스로 노력할 수 있는 자유를 인정해야 함을 의미한다. 인간은 신뢰를 먹고 자란다는 말처럼 아동 · 청소년에 대한 지속적인 지지는 자존감의 원천이며 도전을 이겨 나갈 수 있는 힘을 제공한다. 아동 · 청소년의 발달은 환경의 지속적인 도전에 맞서 개인의 자발성과 실제 노력 사이의 상호작용에서 이루어진다. 이를 위해서는 각 개인이 자신의 상황에 대해 반응하는 자신만의 방식을 찾아내고 자신의 발전을 위하여 필요로 하는 것이 무엇인지를 스스로 찾아내야 한다. 발달을 위해서는 누구에게나 체험이 필요하다. 그런 점에서 성장과정상의 체험은 아동 · 청소년에게 자신을 구성하는 한 요소이며, 그 무엇과도 비교할 수 없는 자산이다. 따라서 아동 · 청소년이 풍부한 체험을 하는 것은 매우 중요하다. 유능감의 발달은 학습한 것에 대한 자신감 혹은 과거에 달성한 적이 있거나 극복해 낸 경험의 토대 위에 세워진다. 각 개인의 발달은 자신의 일부분을 능숙하게 활용하게 될 때 비로소 체득하게 된다(Bandura, 1977). 배운 것은 활용하게 된다는 진부한 문구처럼 말이다.

동호가 형과 함께 은행골우리집에 처음 왔을 때는 초등학교 5학년 때였다. 제대로 먹지 못하여 몸은 무척 야위어 있었고, 키는 보통 또래 아이들 키 정도였다. 동호 아버지는 알코올 중독이 매우 심한 상태였고, 동호 어머니는 동호가 초등학교 3학년 때 이런 아버지가 싫어 집을 담보로 돈을 빌려 가출하였으며, 그 이후로 한 번도 만난 적이 없었다. 동호는 결국 살던 집에서 쫓겨나 여인숙에서 전전하다가 우리 집에 오게 되었다. 동호는 아버지와 형의 억압하에 있었으며, 자신 때문에 어머니가 가출하였다고 생각했고, 자신 때문에 아버지가 술을 마신다고 생각하고 있었다. 동호는 혼자 있을 때면 방에 불을 꺼놓고 책상 밑에 들어가 앉아 있거나 우두커니 벽을 바라보는 등 우울증과 자폐증상까지 보이고 있었다. 초등학교 5학년인데도 1~2kg 정도의 작은 김치통을 들지 못하는 것을 보고 의아하게 생각하였다. 억압이 이렇게 신체적인 능력까지 고갈시킨다는 것을 그때 처음 알게 되었다. 아버지와 형의 억압에 대해 말대꾸해 봐야 더 맞을 일밖에 없으니까 이런 식으로 적응해 온 것이었다. 누가 뭐라고 해도 꾸벅꾸벅 눈을 껌뻑이며 눈치만 볼 뿐 아무런 대응도 못하고 죽은 듯이 조용히 있는 것이 동호가 터득한 생존 방식이었던 것이다. 이런 동호가 글쓰기 지도를 몇 차례 받고 나서 쓴 글에 대한 칭찬을 받자 글쓰기에 자신감을 가져 몇 차례 입상하기도 하였고, 이런 자신감을 바탕으로 근로자 가족 연극제에 출연하여 그가 출연한 연극이 수상을 하기도 하였다. 즉, 그가 글 쓰는 것에 자신감을 가지기 시작한 것이 토대가 되어 연극까지 출연하였고 지금은 그 누구보다 자신의 의견을 거침없이 말하는 사람으로 성장하였다.

발달론적인 접근은 상황적으로 비효과적이거나 부적절하거나 다른 곤란한 대응임에도 불구하고 '탈선적' '병리적' '결함 있는' 행동이나 발달이라는 편견을 거부하고 있다는 것을 유념할 필요가 있다. 동호가 말대꾸조차 못하거나 방에 불을 꺼 놓고 혼자 벽만 바라보고 있는 것, 작은 김치통조차 들지 못한다고 비난했다면 그의 이러한 결과는 기대할 수 없었을 것이다.

개인의 감정과 행위와 인식이 특정 시점의 성장과정으로 인식되고 평가될 때 종사자는 발달과정상의 예측 가능한 양식에 관한 지식들을 활용할 수 있다. 동호의 행동도 그동안의 억압에 의한 일시적인 어려움이며, 이러한 억압을 감소 혹은 해소시켜 주고 자신감을 갖게 해 준다면 유능감을 발휘할 수 있다는 믿음이 있었기에 가능한 것이었다. 그런 점에서 발달론적인 관점은 그러한 기회를 만들어 주는 것의 중요성을 강조하고 있다.

예를 들면, 낯선 사람을 만나거나 사건에 봉착하게 되면 자신도 모르게 신경질적인 행동을 하는 10세 아동의 행위는 보통 '정서장애' '공격성' 혹은 초기 단계의

'행동집착' '탈선'이라고 불린다. 이런 경우, 아이는 자신이 마주치는 것에 대해 익숙해지기를 원하지만 당황하여 자신의 지각과 인식 능력을 제대로 활용하고 있지 못하고 있는 것이다. 아동의 행동을 이와 같이 이해하게 된다면 무작정 아동을 꾸짖거나 비난하지 않음으로써 아동의 정서적 안정을 위해 노력할 수 있는 대안을 찾아낼 수 있다.

어머니의 학대로 6세 동주가 입소하였다. 동주는 유독 새로운 환경에 적응하는데 어려움이 있어 어린이집에 가기를 거부하였다. 초기에는 종사자가 일주일 정도 어린이집에 함께 가서 놀아주고 점심시간 전에 돌아오기를 반복하면서 어린이집 분위기에 익숙하게 하였다. 그 결과 어린이집에 가는 문제는 해결되었으나, 이번에는 집에 돌아오기를 거부하는 문제가 발생하였다. 다른 아이들이 모두 다 집에 되돌아가도 막무가내로 어린이집에 있겠다는 것이다. 어린이집 교사들이 퇴근도 못하고 있어 억지로 동주를 안고 데리고 오는데 온몸으로 반항하고 심지어는 내 팔까지 물어뜯어 길거리에 우는 동주를 내려놓고 멀리서 쳐다보고, 또 가서 달래기를 반복하여 5분 거리의 집까지 오는 데 2시간이나 걸린 적이 있었다. 동주는 일종의 분리불안으로 성장과 안정애착이 절대적으로 필요한 시기에 어머니로부터 수없이 분리되었던 경험을 가지고 있어서 이러한 부적절한 행동과 공격성을 갖게 된 것이다.

동주는 자신의 과제에 대하여 스스로 효과적으로 대응할 수 있는 능력이 부족한 것이다. 따라서 이 동주에게는 포착하기 힘든 기회나 변화의 순간 그리고 자신 안에서 가능한 것을 예측하거나 인식할 수 있도록 해 주는 도움이 필요하다. 이런 경우에 발달론적인 지식을 활용할 수 있다. 어떻게 개인의 능력이 획득되고 이러한 능력이 필요한 정도까지 확대될 수 있는가?

발달론적인 관점은 우리의 생활에 적용하여 보면 더 잘 이해할 수 있을 것이다. 우리가 매우 심한 좌절 상태에 놓여 있을 때 우리는 발을 구르거나 길가에 있는 것을 걷어차거나 심한 욕설을 퍼붓거나 마치 마비된 것처럼 얼어붙을 때가 있다. 우리의 반응이나 인식이나 감정 역시 이러한 것들 중 아마 두세 가지 정도는 속할 것이다(Maier, 1976).

그런 상황이라고 하더라도 우리는 공격을 현실화하지는 않는다. 자신이 지닌 욕구를 신체적 · 상징적 표현으로 분출한다. 우리는 새로운 대응을 해야 할 필요가 있을 때 자신이 행동할 수 있는 기본적인 방법으로 행동하기 시작한다. 행동을 자신이 이와 유사한 상황에 처했을 때의 실패한 경험과 성공적인 사례에 대한 체험으로부터 유래한다. 이러한 상황 속에서 무엇이 어른으로써 행동할 수 있도록 도움이 되었을까? 그것은 자동차에 있는 1단 기어를 조작하는 것과 마찬가지로 우리에게 기초적인 조절능력이 있기 때문이다. 1단 기어로 내리면 차가 완전히 멈추어 서는 것이 아니라 차가 조금씩 움직이고 나아가면서 속도가 조금씩 나기 시작한다. 아동·청소년 복지 종사자는 차가 서서히 달리고 있는 것을 보고는 차가 1단 기어인 상태를 파악하고 2단 혹은 3, 4단으로까지 나가지 않도록 분노를 달래 줄 필요가 있다. 그러나 어떤 경우에는 1단 기어인 상태인지도 모르고 아동·청소년의 분노를 비난하거나 충동질함으로써 5단으로 달리도록 하는 경우도 있다.

워드 2급 자격증 시험에 수차례 떨어지자 고등학교 1학년인 성학이는 화가 나서 문을 쾅 닫거나 동생들에게 짜증을 내기 시작하였다. 즉, 자동차 1단 기어를 넣고 달리고 있는 상황인데, 이를 옆에서 본 종사자가 화가 나서 "그렇게 공부를 안 하니 떨어지는 것은 당연하지. 평소에 열심히 좀 해라. 네가 떨어져 놓고 동생들에게 화풀이를 하니?" 하는 식으로 대꾸하기가 십상이다. 이런 경우에 성학이가 "제가 공부를 제대로 안 해서 떨어졌어요. 미안해요."라는 답변을 할 리가 만무하다. 오히려 성학이를 4, 5단 기어를 넣고 가속 페달을 밟도록 부채질하는 것과 다름없다. 종사자가 오히려 "시험에 떨어져 화가 많이 났구나. 이번 시험 문제가 어렵게 나온 모양이구나." 혹은 "열심히 해서 다음 시험에 합격하면 되잖아. 너무 실망하지마." 이렇게 대응한다면 성학이는 1단 기어를 멈추게 될 것이다.

발달론에서도 마찬가지다. 돕는 과정에서 중요한 것은 사람은 혼자가 아니라는 확신과 아동·청소년에게 중요한 사람에 의해 보호라는 서비스가 이루어질 수 있다는 것이다.

발달론적인 접근은 인간의 원조와 행동연구에서 현재 지배적인 이론으로 받아들여지고 있으며, 더욱더 중요한 것은 아동·청소년의 보호와 치료에 매우 유용하다는 것이다.

2. 행동 통합과 일치로서의 보호

브론펜브레너와 바이스(Bronfenbrenner & Weiss, 1983)가 말한 "아동은 참아야만 했던 어른의 부당한 개입에 대한 경험이 있으며, 이러한 경험과 아동의 행동이 결부되어 있다."라는 점을 인식하는 것은 매우 중요하다.

브론펜브레너와 바이스는 거의 모든 아동과 청소년은 미쳤다고 생각하는 어른들, 혹은 어른들에 대한 부당하게 대접받은 것에 대한 기억을 가지고 있다고 강조하고 있다.

필자 역시 어렸을 때 나에게 잘 대해 준 어른에 대한 기억보다 이상한 어른들에 대한 기억을 더 많이 가지고 있다. 초등학교 6학년 때 기성회비를 안 가져왔다고 복도에 아이들을 불러내어 때린 선생님에 대한 기억, 자기가 웃긴 이야기를 해놓고 아이들이 모두 웃자 어린 필자만 불러내어 때린 중3 때의 영어 선생님에 대한 기억, 고등학교 체육시간 때 가난하고 덩치가 작은 애를 불러내어 시범 삼아 깔아뭉개던 유도 선생님 등 어른에게 부당하게 대접받은 경험을 누구나 가지고 있다. 그러나 이러한 기억으로 모든 어른이 이상하다고는 생각하지 않는다. 바로 집중적인 애착과 사랑을 받은 경험이 있었기 때문이다.

> 영석이가 우리집에 들어온 것은 초등학교 5학년 때다. 영석이는 달리기도 잘하고, 머리도 영리하며, 거짓말도 아주 잘한다. 또한 훔치는 것도 초등학생 수준을 넘어 슈퍼에서 3백만 원을 훔칠 정도다. 어머니는 영석이가 어렸을 때 아버지의 알코올 중독과 구타를 피해 가출하여 영석이는 어머니의 얼굴도 모른다. 아버지가 술 마시고 오는 날이 영석이 제삿날일 정도로 구타가 심하여 영석이는 늘 집 밖에서 생활하였다. 학교에 결석하는 날이 부지기수이고 이웃집이나 가게에서 훔치는 일이 반복되니 그를 좋아하는 어른이 주변에 있을 리가 없었다. 그가 우리집에 왔을 때 그는 모든 어른들을 증오하였다. 아버지를 '그놈', 선생님을 '그 새끼'라고 부를 정도였다. 그러나 아이는 우리집에 온 지 6개월 만에 형사같이 늘 날카롭게 빛나던 눈빛이 달라졌고, 이 세상 모든 어른들이 다 이상한 것은 아니라는 생각을 하게 되었다.

이러한 사례들은 집중적인 보호 서비스를 제공하는 사람의 중요성을 보여 주고 있으며, 보호 서비스를 받는 사람과 제공하는 사람과의 긴밀한 상호작용의 중요성을 잘 보여 주고 있다. 다시 강조하면, 보호 서비스를 제공하는 사람과 받는 사람의 친밀한 관계는 애착의 발달과 개방성에 도움이 된다. 또한 다중의 부모, 다중의 가정 혹은 다중적인 보호를 받는 아동 · 청소년에게는 안정감에 대한 확신이 필요하며, 이는 장단기적인 접촉으로 애착에 대한 경험을 많이 하게 함으로써 가능해질 수 있다. 특히 모성적 보호는 애착형성과 발달의 핵심요소다. 어머니나 할머니의 애정을 받으면서 살았던 경험이 있는 아동은 애착의 경험을 많이 가지고 있으며, 이는 향후 정서적 안정의 밑거름이 된다. 그리고 이런 아동은 삶에 있어 의욕을 가지고 무엇이든 하려 하는 자발성을 가진 청소년으로 자랄 수 있다. 이들은 자신의 감정을 잘 조절하며 상대방을 이해하는 공감능력의 발달에도 매우 도움이 된다. 그리고 이러한 감정조절 능력은 집중력과 끈기를 가지고 있으며 이후 학습능력의 향상에 매우 도움이 된다.

그러나 성장과정에서 애착에 대한 충분한 경험이 결여된 아동 · 청소년은 매사에 의욕이 없고 수동적이며 자신감이 결여되어 무기력한 사람으로 성장하거나 매우 공격적이며 폭력적이 될 가능성이 크다. 충분한 애착경험, 즉 의존에 대한 충분한 경험이 발달론적인 측면에서 볼 때 자율성을 확대한다는 것이 역설적으로 느껴질 수도 있지만 이는 다음에 살펴본다. 이러한 애착의 결여는 인간뿐만 아니라 상당한 정도의 지능을 가진 보노보 원숭이나 돌고래, 범고래에서도 나타난다. 다음은 〈한겨레신문〉에 보도된 돌고래 틸리쿰의 이야기다.

2009년 5월 미국 플로리다 주 올랜도의 해양 테마파크 '씨월드'의 범고래쇼에 등장한 틸리쿰. 3명의 사고사에 연루된 범고래 틸리쿰은 지금도 씨월드에서 번식용 고래로 활용되고 있다. 수족관에 사는 범고래는 스트레스와 건강 악화로 등지느러미가 함몰된다.

왜 범고래 '틸리쿰'은 최고의 파트너 조련사 '돈 브랜쇼'를 죽였을까? 틸리쿰은 미국 '씨월드 올랜도'에서 열리는 세계 최대의 범고래쇼에 출연하는 범고래 중 한 마리다. 브랜쇼는 2010년 2월 24일 자신이 돌보던 틸리쿰에 의해 숨졌다.

사건은 본 공연인 '샤무–믿으라'가 끝나고 '샤무와 함께 저녁을'이라는 부대공연이 진행될 때 벌어졌다. 관객들은 공연장 주변에서 식사를 하면서 범고래와 조련사가 벌이는 간단한 쇼를 구경하고 있었다. 그때 '살인사건'이 발생했다. 무슨 이유에선지 돈 브랜쇼는 풀장 안에 빠졌고, 틸리쿰은 브랜쇼를 물고 휘저으며 풀장 안을 돌아다녔다.

브랜쇼는 이내 숨졌다. 부검 기록은 잔인했다. 머리 가죽이 벗겨지고 갈비뼈가 부러졌다. 왼쪽 팔은 골절됐고, 팔꿈치는 탈구됐다. 브랜쇼는 씨월드에서 16년 일한 베테랑 조련사였다. 틸리쿰과는 14년을 함께 일했을 정도로 친했다. 그런데 틸리쿰이 브랜쇼를 공격했다니?

틸리쿰의 공격 때문인가, 아니면 브랜쇼의 실수 때문인가. 사고 책임은 논란에 휩싸였다. 주의 깊게 본 사람은 없었고 목격자의 증언은 엇갈렸다. 경비원인 프레디 헤레라는 틸리쿰이 돈 브랜쇼의 팔을 낚아채 몰고 갔다고 증언했다. 당시 쇼를 녹화하던 관광객 수잰 코널의 동영상은 사고 2초 전에 녹화가 중지됐다.

보통 돌고래쇼에선 '큰돌고래'나 '남방큰돌고래' 등 소형고래가 나오지만, 씨월드는 세계 최대의 해양 테마파크답게 7~8m에 이르는 '대형고래' 범고래를 쓴다. 범고래는 일반적인 돌고래와 다르다. 다른 고래도 잡아먹는 바다 생태계의 최강자다. 씨월드 올랜도도 '워터 워크(water work)'라고 불리는 '물일'을 할 수 있는 고래와 그렇지 않은 고래로 분류했다. 물일은 '범고래와 함께 헤엄치기' '조련사를 대포처럼 공중에 쏴 주기' 등 조련사와 범고래의 대면 접촉을 필요로 한다. 틸리쿰은 물일을 해서는 안 되는 고래였다.

서맨사 버그는 틸리쿰의 위험성을 이미 씨월드가 알고 있었다고 주장했다.

"틸리쿰은 벌써 두 번의 사고사와 관련이 있었습니다. 1991년 캐나다 밴쿠버섬의 씨랜드의 조련사가 풀장에 떨어졌다가 숨졌고, 1999년 씨월드에서도 폐장 뒤 남아 있던 관객 한 명이 죽은 채로 떠올랐죠. 이 때문에 씨월드는 틸리쿰을 애초 물일에 포함시키지 않은 겁니다."

모든 범고래가 사람을 공격하는 건 아니다. 적어도 야생에서 사람을 공격한 기록은 없다. 틸리쿰은 어렸을 적부터 외로웠다. 틸리쿰은 세 살이던 1983년 아이슬란드 동부 해안에서 잡혀 캐나다 '씨랜드'로 이송됐다. 씨랜드에는 암컷 범고래들만 있었다. 암컷들은 자꾸 틸리쿰을 괴롭혔고, 틸리컴의 피부는 이빨에 긁힌 자국으로 가득 찼다. 씨랜드는 충돌을 우려해 틸리쿰을 비좁은 금속 물탱크에 격리 수용했다.

가족 간 친밀도가 높은 범고래는 어미와 새끼의 교감 속에서 성장한다. 어렸을 적부터 어미와의 교감이 생략된 채 수족관에 넘어와서 주변 동료들과 사회생활을 하지 못한 것은 그의 성격을 파탄으로 이끌었을 가능성이 크다. 서맨사 버그는 틸리쿰이 씨랜드에서 씨월드로 팔려온 1992년을 기억한다.

"폐사한 번식용 범고래 수컷을 대신해 틸리쿰이 들어왔습니다. 호기심이 많고 이것저것 잘 배웠지만, 다른 범고래들한테 괴롭힘을 당했어요. 틸리쿰을 들여온 단 하나의 목적은 번식이었습니다. 그는 번식 기계였습니다."

애착의 결여가 틸리쿰과 같은 동물에게만 나타나는 것이 아님을 우리는 세상을 떠들썩하게 하는 잔인한 사건들을 통해서 잘 알고 있다. 그룹홈에 입소하는 아동 · 청소년 중에 공부를 잘 하는 아동 · 청소년이 적은 것도 이러한 애착과 감정조절 능력의 결여에 따른 학습능력의 부족에서 찾을 수 있다. 그렇다고 모든 그룹홈의 아동 · 청소년이 학습능력이 뒤떨어진다는 것은 아니지만, 이러한 애착의 결여를 보충하기 위한 노력이 그만큼 중요하다는 점을 강조하기 위해서다.

아동보호 시 가장 중요한 것은 아동과 보호자의 상호작용의 결과로 이루어지는 보호활동이다. 보호자는 아동이 특히 필요로 할 때 가장 가까이 있는 사람이며, 일상적으로 일어나는 일들을 함께 나눌 수 있는 어른이며, 기상과 취침과 식사 등과 같은 일상적인 생활의 규칙을 세워 주는 사람이며, 과거나 미래의 사건에 대한 학습의 기초를 제공하는 사람이다. 보호란 통제이며 제약일 뿐만 아니라 지지를 포함하고 있다. 또한 보호자는 압력으로부터의 피난처이자 동시에 자극과 새로운 도전을 제공하는 사람이다. 보호자는 스스로가 학습의 모델로서 아동을 가르치거나 직접 인도하는 봉사자로서 아동과 함께 새로운 것을 탐구해 나가거나 역으로 배울 자세를 갖추어야 한다.

그런 점에서 아동 · 청소년 그룹홈에서 자질과 헌신성을 갖춘 우수한 종사자를 확보할 수 있느냐 그리고 아동 · 청소년 보호의 종사자가 이러한 서비스를 제공할 수 있는 환경을 만들어 줄 수 있느냐 하는 것은 매우 중요한 요소라 말할 수 있다.

3. 보충적 가족보호 서비스로서의 그룹홈

알프레드 카두신(Alfred Kadushin)은 사회복지 서비스를 지지적 서비스, 보충적 서비스, 대리적 서비스로 구분하였으며, 그룹홈을 대리적 서비스로 분류하였다.[1)]

이러한 분류가 갖는 장점에도 불구하고, 필자는 지지적 서비스와 보충적 서비스를 구분하기 어려우며, 서비스의 우선 순위를 지지적-보충적-대리적 서비스로 설정하고 있는 것은 클라이언트에게 필요한 서비스가 무엇인지를 먼저 탐색해야 한다는 점에서 역시 일종의 도그마가 될 수 있다고 생각하여 그의 사회복지 서비스에 대한 분류에는 동의하지 않는다. 따라서 여기에서 사용하는 보충적 가족보호 서비스라는 것 역시 카두신의 이론적 프레임에 따른 보충적 서비스와는 다른 개념이다.

그룹홈은 대안적 보호로 아동에 대한 가족보호가 확대된 형태다. 카두신의 분류에 따르면 그룹홈은 대리적 서비스의 한 형태이지만, 그룹홈은 정상적인 가족을 경험할 수 없는 아동·청소년에게 일반 아동·청소년이 경험하는 가족을 서비스한다는 점에서 보충적 가족 서비스라고 할 수 있다. 그룹홈 서비스는 보호 서비스를 제공한다는 맥락에서 시작되었고, 친밀하고 일상적인 또래와의 접촉, 다양한 어른들과의 만남, 풍부한 프로그램 등을 통해 연속적인 변화를 포함한 생활에서의 많은 체험들을 제공할 수 있다.

그룹홈에서 아동, 특히 청소년은 서로를 통해 배우고 지금까지 가지고 있었던 문제나 가족에게서 유래된 새로운 문제나 도전들에 대한 해결점을 찾기 위해 다양한 방법들을 시도해 볼 수 있다.

그룹홈에 들어오게 된 아이들의 가장 큰 어려움은 가정에서 배워야 할 것들, 예를 들면 인사하거나 먹을 때 타인을 배려하거나 대화하는 것에 대해 제대로 배우지 못했던 것에 기인하는 경우가 많다. 사회생활에서 필요한 사회적 기술의 70%는 가정에서 배운다는 것을 생각해 볼 때, 그룹홈 아이들이 가정에서 배울 기회를 박탈당했다는 것은 매우 중요한 것이다. 그룹홈 입소 시에 거의 대부분의 아이들

---

1) 카두신은 사회 서비스를 지지적 서비스, 보충적 서비스, 대리적 서비스로 구분한다. 이 분류에 따르면, 그룹홈은 대리적 서비스에 속한다. 주커만(Zuckermann)은 사회적 안전망 차원에서 가족관계 강화를 위한 서비스를 1차적 안전망, 지역사회 내에서 이루어지는 서비스를 2차적 안전망, 지역사회 밖에서 이루어지는 서비스를 3차적 안전망으로 설명한다. 분류에 따르면, 그룹홈은 2차적 안전망에 속한다. 카두신의 분류방식이 일반적으로 통용되고 있지만, 실제로는 지지적 서비스와 보충적 서비스 구분이 명확하게 구분될 수 없다는 한계를 안고 있다. 그러나 이러한 구분에도 불구하고, 그룹홈은 정상화 원리에 따라 가족관계 서비스를 지향하고 있다고 볼 때 대리적 서비스이지만 동시에 보충적 가족보호 서비스라고 할 수 있다.

이 젓가락질을 제대로 하는 경우가 거의 없다. 집에서 차분히 젓가락질을 배울 기회가 없었기 때문이다. 또 어떤 아이들은 식사할 때 엉덩이를 의자에 붙이고 식사하는 습관이 되어 있지 않거나, 자기가 좋아하는 반찬만 먹는 등 편식이 심한 경우도 있다. 이런 경우 함께 생활하는 다른 또래들을 배려하는 법을 배우기도 한다. 또한 그룹홈에서 용돈관리 등을 통하여 합리적인 소비습관과 절약하는 습관을 배울 수도 있다. 그렇지 못한 경우 자립하거나 성인이 되어 종종 신용불량자로 전락할 수 있기 때문이다.

그리고 그룹홈 아이들은 다른 일반적인 아이들에 비해 다양한 체험을 해 본 경험이 부족하다. 초등학교 졸업할 때까지 바닷가에 가본 적이 없는 경우도 많고, 다양한 문화적인 체험의 기회가 주어지지 않는 경우가 많다.

일종의 애착체험의 부족은 이러한 다양한 경험의 부족으로도 나타나며, 아이들에게 자신감의 결여로 종종 나타나기도 한다. 따라서 그룹홈에서는 일반 아이들에 비해 다양한 문화적 체험을 가질 수 있는 기회를 제공할 필요가 있다.

사도 바울이 낮은 데도 처할 줄 알고 부유한 데도 처할 줄 알았던 것처럼, 다양한 체험을 축적해야 아이들도 자신감을 가지고 스스로의 인생을 개척할 수 있을 것이다. 그룹홈은 아이들이 사회생활에서 필요한 가정에서 배워야 하는 것들을 배우고 익히는 사회화의 기능을 수행하는 곳이다.

1) 그룹홈은 가정과 유사해야 한다

그룹홈에서의 핵심 요소는 바로 그룹홈 종사자다. 그룹홈 서비스는 전적으로 종사자가 어떤 사람이냐에 따라 서비스의 질이 결정될 수밖에 없기 때문이다. 그리고 아울러 그룹홈의 공간 역시 서비스가 제공되는 환경을 구성하는 주요 요건이기 때문에 무시할 수 없다. “우리가 창조하는 공간이 우리를 지배한다”고 한다. 따라서 그룹홈에서는 일반 사회복지시설처럼 시설 간판이나 푯말을 붙이는 것을 금하고 있다. 그룹홈 공간 배치의 원리는 되도록 일반 가정과 유사하게 할 필요가 있다. 이와 같은 원리에 위배되지 않는 한도 내에서 아동 · 청소년의 특성과 편의성을 고려할 수 있다.

아이들의 연령 차이가 많은 경우에는 효율적인 지도가 가능한 장점도 있지만 억압이 발생할 위험성도 안고 있다. 상처가 많거나 정서적으로 불안한 아이들은 현관 가까운 방에 기거하게 하는 것보다는 집의 안쪽 방에 생활하게 하는 것이 아이들의 지나치게 잦은 외출들을 억제하는 데 도움이 된다. 그리고 아이들의 사생활과 관련하여 아이들마다 개별 수납공간을 반드시 마련하도록 하며 사생활 보호에 부족함이 없도록 노력할 필요가 있으며, 정서적으로 매우 불안해하거나 충동적인 아이일 경우에는 만일의 경우를 대비하여 밖에서도 개폐가 가능한 미닫이 문으로 교체할 필요가 있다.

몇 년 전에 국가 인권위원회에서 사회복지시설에서 생활하는 아동과 관련한 시설 기준을 마련하기 위하여 토론회를 가진 적이 있다. 그때 시안으로 만든 안을 보고 필자가 강하게 문제 제기를 한 적이 있다. 그룹홈 아이들마다 자기 책상이 다 있어야 한다는 것이었다. 그룹홈에서 생활하는 아동이 최대 7인이며 시설장과 종사자 포함하면 9명이기 때문에 두세 개의 방에 9개의 책상을 배치하는 것을 물리적으로 불가능하며, 아마 그런 집은 대한민국에 거의 없을 것이기 때문이다. 이는 일반 가정과 유사하여야 할 그룹홈을 독서실로 만드는 것으로서 정상화 원리에도 위배된다고 필자가 강하게 반대한 적이 있다. 이와 같이 학계나 관료 집단이 그룹홈에 대해 무지하기 때문에 빚어지는 일이 종종 있으며, 2012년 8월 개정된 「아동복지법」의 시설 기준 역시 추진과정이 일방적이었던 만큼 현재 그룹홈의 현실을 충분히 반영한 것이라 할 수 없다. 오히려 그룹홈 서비스 향상이라는 미명하에 모든 부담을 그룹홈에만 전가하는 일방적 · 관료적 조처라고 말할 수 있다.

그리고 필자가 경험한 것 중 하나는 그룹홈 종사자들 역시 그룹홈에 관한 이해가 부족하다는 것이다.

시설을 신축하였으니 방문해 달라는 초청을 받고 어느 시설을 방문한 적이 있었다. 건물 외관과 정원은 아담하고 예쁘장하게 단장되어 있었는데, 그 시설 안으로 들어서자마자 답답함이 밀려왔다. 복도 한쪽 옆으로 아이들이 2명 정도 생활할 수 있는 방이 서너 개 있었으며, 방마다 방의 이름이 쭉 붙여져 있었고, 복도 다른 한쪽에는 컴퓨터실, 독서실 등이 작게 나뉘어 있었다. 특히 세면실은 학교 화장실처럼 꾸며져 있었다. 이런 모습을 보면서 돈을 들여서 그룹홈을 없애고 소규모 아동복지시설을 만들었구나 하는 생각이 들어 씁쓸함을 감출 길이 없었다.

이러한 사례 외에도 그룹홈의 정상화 원리에 대한 이해가 없기 때문에 빚어진 일이 종종 있다. 정상화 원리에 위배되지 않는 범위 내에서 창고나 음식 저장고를 갖출 수도 있다. 각 가정도 방이 큰 집도 있고 작은 집도 있지만, 이런 범위를 뛰어넘어 방이 지나치게 크거나 작은 것 역시 정상화 원리에 벗어나는 것으로 볼 수 있다.

2) 그룹홈은 공동으로 생활하는 가정이다

그룹홈은 어른과 아동 · 청소년이 함께 생활하는 공간이다. 따라서 일종의 공동생활이기 때문에 다른 이들을 배려하고 이해하는 것은 필수적이다. 그룹홈에 들어오기 전까지 다른 이들을 배려하는 습관이 제대로 갖추어지지 않은 아동 · 청소년이 많다. 다른 사람은 생각하지 않고 맛있는 것을 다 먹어 버리는 아이, 아침에 모두 씻고 학교에 가야 하는 데에도 불구하고 혼자서 화장실을 30분 동안 쓰는 아이, 혹은 비 올 때 다른 아이 우산을 가지고 학교 가는 아이 등 이런 경우는 헤아릴 수 없이 많을 것이다. 따라서 그룹홈에서 다른 사람을 배려하는 문화를 접할 기회를 가질 수 있도록 해야 한다. 그룹홈은 자신의 이기적인 행동으로 다른 이에게 상처를 주기도, 반대로 받기도 하면서 공감능력을 향상시키고, 다른 사람을 이해할 수 있는 능력을 향상시킬 수 있도록 돕는 곳이다.

이를 발달론적인 관점에서 보면, 각 개인의 지속적인 조절능력을 향상시키는 환경과 문화를 마련하며 다양한 접근방법을 제시할 필요가 있다. 아동 · 청소년뿐만 아니라 모든 사람은 상호작용의 맥락을 통해서만 충분히 이해될 수 있고 대응할 수 있는 것이다. 그런 점에서 그룹홈은 일반 가정보다 상호작용이 활발한 곳이며, 다양한 성격유형과 인격들을 접할 수 있는 공간이다.

3) 그룹홈은 개별적 특성에 따른 처우가 이루어져야 한다

사회가 강자가 존경받는 곳이라면 가정은 약자가 보호받는 곳이다. 따라서 그룹홈은 일반 가정에서처럼 다른 사람을 배려하고 서로 양보하는 습관을 배우고 익힐 수 있는 기회이며 공간이다. 즉, 능력이 아닌 필요에 따른 처우가 이루어질 수 있는 곳도 가정이다. 그룹홈은 아침에 일찍 나가야 하는 사람들을 위해 화장실을 먼저 사용하도록 양보하고, 정서적인 상처가 큰 친구가 있으면 그 친구의 기분이 상하지 않도록 먼저 배려하고, 약한 친구일수록 더욱 긴밀한 보호를 받을 수 있는 곳이다.

그룹홈 종사자는 아동 · 청소년을 만날 때 그들의 문화적 다양성과 개별적 특성에 유의해야 한다. 그리고 각 개인에 대한 이해와 존경이 바탕이 되어야 하며, 각각의 상황에 따른 차별적인 대응은 매우 중요하다. 비록 사회사업적인 기술들이 다양하다고 할지라도 이러한 인식은 어디까지나 인간 존재에 대한 기본적이며 공통적인 이해다.

그러나 이러한 개별적 특성에 입각한 처우를 하다 보면 야기될 수 있는 것이 왜 사람을 다르게 대하느냐, 즉 차별한다는 오해를 줄 수 있다는 점이다.

이러한 차별적 대우로 아이들은 큰 상처를 받기도 한다. 말썽을 피워도 대충 넘어가는 경우가 있는 반면, 어떤 아이는 꾸지람을 들어 평생 잊을 수 없는 상처를 받을 수 있다. 아마 거의 모든 사람이 아동기나 청소년기에 이러한 기억 한두 개쯤은 가지고 있을 것이다. 그러나 기계적인 평등은 평등을 빙자한 차별이며, 개별적 처우를 포기한 처사다. 아동의 특성에 맞는 처우가 이루어지지 않으면 이는 그룹홈이 가정이기를 포기하고 시설로 나아가는 것에 다름 아니다. 이렇게 개별적 처우를 할 경우 다른 아이들이 차별로 느끼는 경우도 있다. 이런 경우에는 그 아이의 특성에 맞는 처우라는 것을 다른 아이들이 이해할 수 있도록 자세하게 설명할 필요가 있다. 예를 들면, 밥을 천천히 먹는 아이를 위해서는 맛있는 반찬을 따로 담아 두거나 혹은 천천히 먹을 수 있는 환경을 마련해 줄 필요가 있다. 이것은 차별이 아니라 아동의 특성에 맞는 처우라 할 수 있다.

거짓말을 잘하는 영이가 그룹홈에 들어왔다. 영이는 머리도 매우 영리하여 거짓말을 제법 그럴듯하게 하는 바람에 주변 사람들이 속아 넘어가기 일쑤다. 그러나 나중에 그 사실이 들통나는 경우가 많다. 또 영이는 훔치는 버릇도 가지고 있어 아이들이 애써 모아 놓은 용돈이 사라지는 일들이 종종 있다. 그럴 때마다 명확한 확증없이 혹은 잘못할 때마다 야단을 칠 수만은 없어 아이들에게 주의를 환기하는 정도만 이야기하고 넘어갈 때가 많다. 그러나 평소에 거짓말을 거의 하지 않던 지아가 거짓말하는 경우 크게 야단을 맞기도 한다. 지아는 왜 차별대우 하냐고 따진다. 그럴 때 하는 이야기가 있다. "영아에게는 우유를 주지만 큰 아이에게는 밥을 주어야 하는 것과 마찬가지로 너와 그 아이의 상태가 다르지 않느냐?" 보통 이렇게 말하면 아이들은 대부분 이해한다. 아이들의 특성에 맞는 처우란 아이들을 위한 적절한 보호이며 애착이 전제되어야 한다.

그룹홈에서 발생하는 갈등들 역시 부분적으로는 문화적인 차이에 뿌리를 두고 있는 경우가 많으며, 이러한 문제들에 대해 실무자의 각별한 주의가 요구된다. 이러한 긴장은 그룹홈 내에서 개인적 보호에 대한 요구와 조직적 유지의 요구 사이에 발생하는 갈등으로 발전할 수도 있다. 기존 조직에서 개별화된 서비스를 제공하려는 이러한 긴장은 어쩌면 당연한 것일 수도 있다. 아동 · 청소년의 특성에 맞는 개별적 처우와 공동체 생활이라는 것이 종종 갈등을 불러일으키기도 한다. 편식이나 음식을 짜게 먹는 습관 같은 것 역시 아동 · 청소년의 특성과 요구를 존중한다고 원하는 대로 해 줄 수는 없기 때문이다.

습관은 일종의 환경에 대한 동일한 대응 패턴이며 일종의 적응방식이기 때문에 쉽게 고쳐지지 않는다. 따라서 그러한 대응을 할 필요가 없는 환경을 만들고 다른 대응방식이 훨씬 유익함을 스스로 느끼고 행동하도록 도울 필요가 있다.

그룹홈에 처음 입소한 아이들은 보통 음식 먹을 때 폭식을 하는 경우가 많으며 심심할 때마다 냉장고 문을 열고 닫기를 반복한다. 음식이 늘 부족했기 때문에 먹을 수 있는 기회가 되면 충분히 먹어 두는 것이 일종의 생존을 위한 적응방식이었기 때문이다. 이러한 모습을 본 그룹홈 실무자가 "다른 사람들을 생각해라. 냉장고를 뒤지지 말아라."라고 아무리 타일러도 아무런 효과가 없는 경우가 많으며, 때로는 갈등이 유발되기도 한다. 그러나 이러한 습관은 늘 충분한 음식을 먹을 수 있기 때문에 굳이 그럴 필요가 없다고 느끼는 3~6개월이면 저절로 해결되는 경우가 많다. 어떤 습관은 쉽게 변화되는 반면, 남을 배려하는 습관, 거짓말하거나 훔치는 습관, 공부하지 않는 습관 같은 것은 쉽게 바뀌지 않는 것도 많다. 그러나 애착이 전제되어 있다면 다소 시간이 걸리고 갈등이 유발되더라도 결국은 올바른 습관을 갖도록 도울 수 있다. 따라서 무엇보다 아동 · 청소년에 대한 애착이 이러한 갈등을 풀 수 있는 열쇠라고 할 수 있다. 특히 문화적인 차이는 쉽게 극복되거나 해결되지는 않지만, 애착적인 분위기를 통해 새로운 문화를 만들어 갈 수 있는 길이 열리기도 한다. 이는 인류학이 우리에게 가르쳐 주는 바이기도 하다.

제6장 그룹홈에서의 아동 · 청소년의 성장과 발달

그룹홈에서 자라는 아동 · 청소년을 어떤 방법으로 일반적인 가정 안에서 자라는 아이들처럼 성장하도록 할 수 있을 것인가?

다음의 대화는 아동이 자신이 생활을 해 나가는 곳에서 만나는 이슈의 종류를 묘사하고 있다. 초등학교에 다니는 한 아이가 학교에서 집으로 돌아와서 엄마에게 질문을 던졌다.

> 엄마, 엄마는 다른 엄마들처럼 왜 일하러 가지 않아요? …… 나는 그게 이상해요. 나는 엄마가 일하러 가지 않는 게 좋아요. …… 나는 집에 와서 왜 꼭 옷을 갈아입어야 해요? 그리고 왜 손을 씻어야 해요? …… 엄마가 빈대떡과 간식을 만들어 줄 때 좋아요. 그런데 다른 애들은 과자를 누가 주나요? …… 엄마는 돈이 어디서 생겨요? 은행에 가면 돈을 주나요?

이 아이가 진짜 혼란스러운 것은 '아이들이 어머니와 같은 보호를 제공하는 사람이 없을 때 어떻게 보호를 받는가?'라는 점이다. 이것이 이 장에서 다루려는 주요 주제다. 즉, 아동 · 청소년이 일시적으로 혹은 상당한 시간 동안 가족과 떨어져 생활해야 할 때 발달을 위한 기본적인 욕구들이 어떻게 충족될 수 있는가에 관한 것이다.

이 아이의 질문은 보호 제공의 중요한 네 가지 측면을 언급하고 있다.

첫째, 누가 '적절한' 보호 제공자인가에 대한 판단은 문화적인 측면에서 결정된다. 사람들은 동일한 사회문화 집단에 속한 다른 사람들과 (왜 다른 부모들이 일하러

나가는데 엄마는 집에 있어요?) 같은 방식으로 살아가는 것을 좋아한다.

둘째, 자신을 정성껏 돌보아주기를 바라는 것은 기본적인 인간적 욕구다(아이들은 정성껏 준비된 과자와 간식 등을 좋아한다).

셋째, 인격적으로 대해 주고 보호해 주는 것은 서로 주고받는 상호작용으로부터 나타난다(이 아이는 엄마가 주는 것에 응답하며 그런 응답이 엄마로 하여금 아이를 더욱 잘 대해 줄 수 있도록 한다. 그래서 이 아이는 엄마가 다른 엄마들처럼 일하지 않는다 하더라도 좋다는 생각을 한다).

넷째, 보살핌을 받는 사람의 질문은 보살핌을 받아들이는 과정의 일부분이다(왜 나는 방과후에 집으로 돌아와 옷을 갈아입어야 하나요?).

이 아이가 "다른 엄마들처럼 우리 엄마는 왜 일하지 않나요?"라고 묻는 것은 자기의 생활이 다른 아이들과 다르다는 것을 말해 주고 있다. 이것이 이 장의 중심 내용이다. 아홉 살짜리가 '부모의 양육의 질을 개념화할 수 있을까?' 그리고 '자신과 다른 아이들과의 환경적 차이에 민감할 수 있을까?' 아동은 차이를 부정적으로 평가하는 경향이 있으며, 그 차이를 잘못되었다고 결론지을 수도 있다.

그래서 아이들은 자신의 양육 형태가 대다수 아이들의 양육 형태와 다를 때 자신이 어른들에게 제대로 존중받고 있지 못하다고 결론을 내린다. 만일 어떤 사회에서 아이들의 대다수가 대리인에 의해 양육된다면, 그것이 보편적인 양육방식이기 때문에 그 결과에 대해 걱정할 아무런 이유가 없을 것이다.

혈연적인 가족이 아니지만 함께 생활하고 있는 아동 · 청소년의 차이점에 대해 얼마나 민감한지 그리고 발달에 필요한 생활경험들은 어떠한 것이 있는 지를 탐색하기 위하여 발달론적인 이슈들을 다루고자 한다.

우선 독자에게 인간 존재의 상호 의존성과 기본적인 애착의 필요성에 대한 주요한 발달론적인 관점에 대해 간략히 소개하고자 한다. 애착형성과 인간발달에 대한 대다수 연구결과를 참조하면 아이들을 돌보는 실무자는 '애착 대상'으로 대부분 정의할 수 있다. 이것은 발달론적 관점, 심리학, 사회복지와 아동복지에서도 마찬가지다. 그룹홈에서 이러한 함의는 이 장 후반부에서 설명할 것이다. 그리고 다음 장에서는 발달론적인 관점에 입각하여 더 자세한 설명을 한다.

여기서는 아동과 청소년의 배치, 상담 혹은 집단상담의 시작 그리고 애착형성 등과 같은 과제를 우선적으로 다루고자 한다.

1. 발달과 보호

아동 · 청소년은 자신의 가정에서든 주간보호 혹은 집단보호에서든, 인격적 보호, 사회적 자극, 지적인 자극, 창의성을 위한 여유 그리고 무엇보다도 소속감 등 기본적 생활 욕구들을 가지고 있다. 그래서 인간발달에 관한 지식은 특히 아동 · 청소년을 주로 돌보는 활동에 매우 필요하다. 결론적으로 발달론적인 관점의 핵심은 그룹홈의 실천적 기술의 차원을 넘어 인간 발달의 지식과 이해에 기초한 집단보호 방식이 이루어져야 함을 말해 주고 있다.

양육을 받고 있다는 체험은 모든 아동의 건강한 발달을 위해 필수적인 요소다. 이러한 경험들은 안전감과 소속감이 결핍된 아동 · 청소년에게는 더욱 필요하다. 주간보호든 시설보호든 혹은 학교나 캠프에 가서 집에서 떨어져 있는 것은 아동에게 기존의 유대관계를 약화시키고 새로운 애착을 찾도록 만든다. 의존할 만한 적절한 보호자가 없는 경우, 사람은 그것을 대체할 대상을 찾게 된다. 예를 들면, 비교적 장시간 가족과 떨어져 캠프활동에 참가할 경우에 아이들은 서로 보호자가 되는 경우가 많다. 양육 서비스를 제공하는 그룹홈 실무자들은 일반적으로 전문가로 인정받지 못하고 있는 것이 현실이지만, 실제로는 전문가이며 전문가로 인정되어야 한다.

아동양육을 담당하는 실무자는 양육 서비스를 제공하는 사회적 엔지니어라 할 수 있다. 교육, 레크리에이션, 상담과 건강관리와 같은 서비스들 역시 아동양육과 보호를 위해 필요하다.

1) 생활의 활력소로서 상호 의존성

인격적인 상호 의존은 인간이 살 수 있는 힘의 원천이다. 인간은 삶을 통해서 부모나 다른 보호자 혹은 배우자나 친구에게 친밀감 등을 느끼기 때문에 의존하는 경향이 있다. 의식주와 같은 문제처럼 이러한 의존은 필수적이다. 인간은 하루아침에 의존 상태로부터 독립적인 존재로 발달하는 것이 아니다. 발달은 의존의 한 단계로부터 다른 단계로 발전하는 끊임없는 과정이며 운동이다. 부모, 어른 혹은 중요한 친구들 같은 사람들은 그들이 가까이 있든 없든, 우리 삶의 중요한 부분으로 남아 있다.

가정적 생활이 아닌 상황에서 아동을 보살피는 실무자는 보호의 원천이고, 실질적 보호를 제공하는 사람이며, 입소자의 일상적인 삶에서 중심축과 같은 사람이다. 아동에게 보호자는 가장 가까운 사람들이며 보호를 제공하는 사람이다

실무자는 입소자의 요구를 들어주느냐 아니면 거부하느냐에 따라 아이의 비판을 받기도 하며 존중을 받기도 한다. 아이들은 실무자를 통해 어떻게 반응하고 어떻게 상호작용하며 다른 사람들을 어떻게 보호해야 할지를 배우게 된다.

2) 아동 · 청소년 보호체계의 중심축으로서의 실무자

그룹홈과 같이 가정이 아닌 곳을 생각할 때 대부분의 사람들은 아동의 생활과 실무자의 서비스 제공을 분리하는 경향이 있다. 그러나 아동 · 청소년을 직접 보호하고 있는 실무자는 그들을 돌보기 위해 인격적 개입을 하며, 이는 실무자의 의무다. 실무자는 일반 가정에서 부모나 위탁가정의 부모처럼 늘 가까이에서 친밀하게 아이들의 필요를 충족시켜 주는 양육자다. 그런 점에서 아이들에게 있어 실무자는 눈에 보이는 사회적 규범이며 개인적 후원자로서 상당히 중요한 의미를 가진다.

사람은 광의의 사회로부터 행동을 모방하거나 사회적 욕구나 가치관을 배우는 것이 아니다. 특히 아동에게 있어서는 그러한 경향이 더욱 강하여 그들과 늘 가까이 접촉하는 사람들로부터 문화와 도덕 체계를 배우기 때문이다.

그런 점에서 핵심적인 보호자의 역할은 다음과 같다.

- 보호와 애착형성을 위한 중심적인 사람
- 공동생활에 있어 주요 규범 집행자
- 규범의 합법적 대표자

결론적으로 그룹홈 실무자는 항상 관계를 형성하고, 규범을 만들고, 아동과 청소년을 사회와 연결하는 역할을 수행한다.

실무자의 역할 중에서 중요한 것은 보호를 받는 사람의 체험이라고 할 수 있다. 왜냐하면 보호 서비스는 단순히 제공하는 차원을 넘어 보호받는 아이들이 보호받고 있다고 느껴야 하기 때문이다. 즉, 자신이 보살핌을 받고 있다는 '메시지'가 없

다면 충분히 보호 서비스를 제공하고 있다고 말할 수 없기 때문이다.

메시지를 듣거나 아동 · 청소년에게 제공된 보호를 체험하는 것은 그룹홈과 같이 많은 아이들이 생활하고 있는 곳에서는 어려운 일이다. 경우에 따라서 많은 아이들이 동시에 어떤 것을 원하거나 거부하기도 하며 아이들과 밀고 당겨야 하는 등 실무자를 혼란스럽게 하는 일들이 자주 일어나기 때문이다. 그리고 실무자는 제한된 시간 · 에너지 · 기술을 가지고 일상생활 가운데에서 아이들을 돌보아야 하는 끊임없는 도전에 직면한다.

아동에게 새 양말을 신도록 하는 것과 같은 반복적인 일들 역시 보호활동이다. 학교에서의 생활에 대해 묻는 것도 아이들은 참견이 아니라 자신에 대한 사랑으로 느낄 수 있다. 거절당하는 데 대한 인내심과 하고 싶은 일들을 참도록 하는 것은 아동보호에서 중요한 부분이며, 이것은 인간 서비스 원칙 중 가장 어려운 과제 중 하나다.

시설에서 일하는 실무자의 보호활동에 대해서는 실무자의 인간적인 배려가 규칙과 상충된다고 하더라도 어느 정도 자율성이 보장되는 것이 당연하다.

> 아동이 우연히 늦게 일어나 학교에 갈 준비를 지체하는 경우 이를 용납해 주는 것은 질서 지키기, 단체생활 그리고 기관의 효율성에 대한 관심을 오히려 높여 준다. 실제로 보살핀다는 것과 통제는 상호 연관되어 있으며 분리될 수 있는 것은 아니다. 그리고 어떤 아동이 행동이 느리다는 것은 옆에서 지켜볼 때 답답하고 짜증스러운 일이다. 그러나 그 아동이 느리다는 것은 개인이 가지고 있는 기질 내지 특징으로 볼 수 있으며, 이는 대신 차분함이나 섬세함이라는 또 다른 장점의 이면이기도 하다. 이러한 것 역시 단점이 아닌 그 안에 내재된 잠재적 능력으로 볼 수 있어야 하며, 이를 개발하고 끌어낼 수 있는 관점에서 접근해야 한다.
>
> 그러나 규칙을 어긴 아이를 용납해 주는 것은 다른 아이들에게 구실을 제공하거나 다른 아이들이 차별받는다고 불평할 수 있기 때문에 분명히 집단생활에 지장을 초래하기도 한다. 아이들이 차별대우한다고 불평할 때마다 필자는 "그 아이가 너보다는 어리거나 약하거나 혹은 잘 적응하지 못하고 있기 때문에 도와주어야 하지 않겠니? 이것은 차별이 아니라 그 아이의 상황에 맞는 처우를 한 거야! 이유식을 하는 어린아이에게 딱딱한 밥을 줄 수 없는 것처럼 말이다. 그 아이에게 이유식을 주는 것처럼 너에게도 이유식을 주어야 하겠니? 만일 내가 너를 무시하

였다면 차별이라고 할 수 있지만 너를 무시한 것이 아니라 그 아이를 배려한 거야."라고 말해 준다. 이렇게 불평하는 아이들의 생각을 넓혀 주면 대다수 아이들은 차별받는다는 생각을 하지 않고 오히려 그 아이를 도와주려는 마음을 가지게 될 것이다.

보살핌을 받고 있는 아동 · 청소년의 요구와 집단생활의 요구 사이에 균형을 위하기 위해서는 세심한 주의가 필요하며, 이런 갈등은 아동 · 청소년 보호활동에서 자연스럽게 받아들일 필요가 있다. 이런데 세심한 주의를 기울이지 못할 경우 집단주의적 경향으로 흐르게 될 가능성이 높다.

이러한 유연성과 융통성이 없다면 개별적 처우는 사실상 불가능하며, 이는 그룹홈이 지향하는 탈시설적인 정상화된 서비스 제공도 기대하기 어려울 것이다.

2. 발달론적 관점의 적용

아동 · 청소년 보호 실무자는 발달론적 심리학에 대한 이해를 가지고 있어야 한다. 발달론적 접근을 강조하는 것은 행동주의적 · 심리역동적 · 경험주의적 접근과는 다른 접근을 말하는 것이다. 발달론적인 관점은 성격이론이나 행동주의적 원리와는 분명히 구분되는 최근의 주된 경향이다.

발달이론은 인간의 발달과정에 관한 이해를 심화시키는 데 도움이 되고 있다. 발달과정에서 성장의 특정 단계의 실제적 시간과 기간은 사회문화적 환경에 따라 생활체험의 내용이 다른 것처럼 아이들마다 다르다. 그럼에도 불구하고, 발달이론은 효과적 아동보호를 위한 좋은 안내자가 될 수 있다.

발달론적인 관점에서 보면 탈선 아동 · 청소년의 문제 행동은 이탈이라기보다는 자신의 발달과정에 따른 일종의 적응이며 자신의 발달상의 과제수행으로 볼 수 있다. 아동 · 청소년의 행동을 관찰하고 아동의 발달단계의 특성을 파악하여 각 단계에 맞는 적절한 서비스를 제공해야 하는 아동복지 실무자에게는 정상적인 발달에 대한 이해가 중요하다. 이러한 이해와 지식을 토대로 실무자는 개인의 적응방식과 다음의 발달과제가 무엇인가를 알 수 있는 귀중한 정보를 얻을 수 있다.

발달론적인 관점에서 아동을 보살핀다는 것은 아동이 마땅히 해야 할 일을 하도록 요구하거나 혹은 원치 않는 행동을 교정하는 일보다는 개인적인 발달과제들을 수행하도록 돕는 것을 의미한다.

재우는 키가 크고 몸이 야윈 고등학교 1학년 남자아이이다. 재우는 마치 초등학생 아이처럼 어른들의 반복적인 칭찬을 요구한다. 그리고 자신이 무시되었다고 느낄 때 자존심에 쉽게 상처를 받는다. 발달론적 관점은 그가 하지 않는 것(즉, 그가 고등학생처럼 행동하지 않는 것)보다는 하고 있는 것을 본다. 재우가 어른의 인정을 받기 위한 노력과 자기 방식대로 되지 않을 때 불끈하는 기질은 어른에게 가까이 가려는 노력과 성공하기 위하여 끊임없이 노력하는 것이지 결코 이탈 행위가 아니다. 재우가 어른들과 접촉하는 데 자신감이 생기고 성취감을 느끼게 되면 이러한 발달은 내면화되어 그는 다른 발달과제를 수행하게 될 것이다.

덴홀름, 펜스와 페르그송(Denholm, Pence, & Ferguson, 1983)은 치료 목적으로서 유능감과 정상적인 성장과 발달을 촉진하기 위해서는 실무자와 보호 중인 아이 그리고 부모의 집단적인 노력이 매우 중요하며, 그렇지 않으면 아이와 부모 사이의 상호 적대적인 관계를 형성할 수 있기 때문에 실무자에게는 이러한 관계 형성과 노력이 매우 중요하다고 지적하였다.

발달론적 관점을 가지고 그룹홈 아동・청소년을 보살피는 것은 실무자가 단순히 인간발달에 대한 이론적 이해를 가지고 있다는 사실뿐 아니라 그들이 무엇을 하고 있는지를 관찰하고 검증하고 그들의 대처능력의 향상 정도를 살피는 것을 말한다.

아동・청소년이 하고 있는 것에 대해 주의 깊게 살펴야 한다는 것이 당연한 것으로 들릴지도 모른다. 그러나 날마다 아동・청소년의 행동을 기록하고 그들이 하고 있지 않은 것을 기록하는 것은 중요한 일상적인 과제다. 예를 들면, 아이가 "선생님은 내 말에 주의를 기울이지 않는다."와 같은 말을 한다면 그 결과는 선생님의 기대와 아이의 행동이 당연히 다르게 나타날 것이다.

앞서 언급하였듯이, 아이는 자기가 몰입해 있는 것을 계속 행동하고 있는 경우 발달론에 대한 이해와 주의 깊은 관찰은 그의 상황에 대한 이해에 실마리를 제공해 줄 수 있다. 실무자가 아이의 행동을 보고 무엇을 하기 전에 주의 깊은 관찰이 필요하다. 더군다나 일상생활 속에서 아동・청소년의 발달상황을 파악하기 위해서는

'왜'보다는 '어떻게'에 관심을 가져야 한다. '왜 아이가 그런 행동을 하는가?'에 대한 이유의 설명은 실무자의 궁금증을 해소할 수는 있으나 다음에 취할 행동이 무엇인가에 대해서는 말해 주지 않는다. '왜'는 아마도 해석적으로 감정적 이해 그리고 행동에 대한 설명으로는 충분하지만, 실제로 되어야 할 것을 암시해 주지 않는다. 그에 반하여 '어떻게'는 상호작용의 다음 단계를 위한 통로를 열어 줄 것이다.

지금으로부터 20여 년 전, 컴퓨터가 보급된 지 얼마 안 된 때였다. 거의 모든 프로그램이 DOS 체제였고, 영어를 모르면 컴퓨터를 다루기 어려운 때였다. 몸집이 가냘픈 태영이는 훔치는 것에 매우 뛰어났다. 소매치기를 하다가 경찰에 잡혀 가서도 충동을 이기지 못하고 경찰의 뒷 주머니에 있는 지갑을 소매치기 할 정도였다. 태영이는 초등학교 3학년이었을 때 은행골우리집에 오게 되었다. 아버지의 알코올 중독과 폭력으로 어머니는 가출하였고, 태영이는 학교를 늦거나 결석하는 일이 잦았고, 본드와 같은 약물도 흡입하였다. 태영이는 우리집에 오자마자 컴퓨터 게임에 몰입하였다. 다른 아이들은 저녁 9시까지가 컴퓨터 게임시간인데 태영이만은 예외였다. 태영이는 평소 새벽 두세 시까지 컴퓨터 게임을 해 왔기 때문에 우선 밤 12시까지만 하기로 약속하였다. 물론 다른 아이들은 "사람차별한다. 그 아이만 특별대우한다."고 불만이 많았지만, 태영이는 지금까지 새벽 두세 시까지 게임을 하여 왔고, 태영이의 입장에서 저녁 12시까지만 하는 것도 쉽지는 않을 것이라며 아이들을 이해시켰다. 대신 태영이에게 "너는 컴퓨터 게임에 관심이 많으나 영어를 모르니 불편한 점이 많지? 그럼 나랑 컴퓨터에 나오는 기본적인 영어를 좀 공부할 생각이 없니?"라고 하여 태영이와 영어 공부를 시작하였다. 태영이는 지금 용산전자상가에서 컴퓨터 가게를 운영하고 있다. 게임 중독을 치료하거나 게임을 하지 말라가 아니라 영어쪽으로 관심을 발달시킨 것이 게임 중독으로부터 벗어나게 된 계기가 된 것이다.

이와 같은 일은 물론 개개인의 상황과 요구가 다르기 때문에 쉽지 않다. 단지 문제나 문제 상황으로 보지 말고 다음 단계로 '어떻게' 발전시킬 것인가를 고민하여야 한다는 것이다.

1) 발달론적 과업: 변화의 작은 과정 만들기

발달은 일상적인 사람들 사이의 상호작용과 사건들을 통해 서서히 이루어진다. 발달에 대한 이러한 이해는 실무자의 적극적인 활동을 촉발시키며, 사소한 것으로 보이는 어떤 사건들도 실무자에게는 변화를 위한 강력한 힘이 될 수 있다. 실무자가 아동·청소년에게 하는 윙크, 어깨 토닥임 같은 상호작용은 아이에게는 매우 중요한 의미를 가지고 있다. 실제적인 보호활동 시 인격적 보호와 상황에 따른 행동을 즉각 취해야 할 경우 실무자는 융통성을 발휘해야 한다는 사실을 명심해야 한다.

아동·청소년을 보살피는 데에서의 상호작용은 행동주의적인 입장이 아닌 상황적인 입장에서 보아야 한다. 예를 들면, 갈등이나 마찰이 어떤 때에는 별로 문제가 되지 않지만 어떤 때에는 폭발적인 갈등을 초래할 수도 있다. 반응은 상황에 따라 달라질 수 있기 때문이다.

대다수의 경우, 실무자는 현장의 상담가들처럼 다양하고 긴급한 상황에 대처할 수 있어야 한다. 또한 실무자는 질서를 유지하거나 긴급 상황에 대해 대처할 수 있어야 하며, 아동·청소년의 성장과 변화의 대리인으로서 역할을 할 수 있어야 한다. 거리에 나가 있는 현장 상담가가 하는 것처럼 청소년의 요청과 각 상황에 대해 실무자의 판단으로 즉각적으로 개입해야 한다. 생활이 순조롭게 전개될 때에는 아이들의 활동에 함께 참여하기도 하며 재미있게 놀기도 하고 경험을 넓히기 위한 다양한 기회를 갖기도 한다. 그러나 어려움에 부딪히거나 갈등이 고조되는 순간에 실무자는 아이들이 '거친 물살을 헤치고 안전한 해변가'에 도달하도록 즉각적으로 개입할 수 있어야 한다. 즉, 그룹홈과 같은 곳에서 일하는 실무자는 현장의 상담가들처럼 아동·청소년이 있는 곳에 있어야 하며 그들의 행동이 이루어지는 곳에서 일해야 한다는 것이다.

서서히 일어나는 인간발달의 단계를 파악하기 위해서는 인간의 발달에 대한 이해를 가지고 있어야 하며, 이는 개입(치료)계획을 위한 중요한 함의를 가진다. 이때 개입결과나 치료목적보다는 변화를 위한 과정에 중점을 두어야 한다. 마땅히 성취되어야 할 과제에 초점을 맞추기보다는 지금 하는 것과 바로 할 것에 초점이 맞추어져야 한다.

최종적으로 성취해야 할 과제는 물론 개입의 모든 과정에 걸쳐 고려되어야 하지만 현실적 과제를 간과하게 만들 수도 있기 때문이다. 예를 들면, 심한 스트레스를 받은 13세 아동의 문제에 개입한다면, 가장 중요한 것은 실무자와 아동이 함께 스트레스를 즉각적으로 해소하기 위하여 걱정거리에 대해 토론하고 문제 상황을 변화시킬 수 있는 조처를 취하는 것이 될 것이다. 아이가 거부하지 않는다면 보다 '자발적인 십대'가 되도록 돕는 것은 중장기적인 과제가 될 것이다.

(1) 직선적 변화와 비직선적 변화

아동 · 청소년을 보호하는 실무자는 그들이 개입하는 과정이 첫 번째 단계인지 아니면 두 번째 단계인지 명확하게 인식하는 것이 필요하다. 예를 들면, 물이 따뜻해지고 있는지 차가워지고 있는지 인식할 필요가 있다는 것이다. 이것이 첫 번째 단계의 변화이다. 첫 번째 단계의 변화는 양의 증가와 관련된 것으로 양이 증가하고 있거나 감소하고 있는지, 더 좋아지고 있거나 더 빨라지고 있는지 혹은 더 정확해지고 있는 것과 같은 직선적인 변화를 가리킨다. 그러나 직선적 변화라고 하더라도 일직선상으로 좋아지는 것은 아니다. 더 정확하게 이를 표현하자면, 나선형적인 변화라고 해야 할 것이다. 아이의 상태가 점차 좋아지는 듯하다가도 다시 퇴보하는 듯한 행동을 할 때가 종종 있다. 하루아침에 행동이 변화하는 경우도 드물게 있지만, 인간 행동의 대부분은 후퇴와 전진을 반복하며 점진적으로 변화한다.

이런 유형의 건강한 발달을 촉진시키기 위해서는 실천, 강화, 시간과 같은 요소들이 활용된다. 이러한 활동들은 대체로 실무자와 아동 · 청소년 사이에 언어적인 상호작용이 이루어지고 있기 때문에 구체적으로 확인할 수 있다.

두 번째 단계의 변화는 한 상태에서 다른 상태로 변화하기 때문에 비직선적인 변화라 할 수 있다. 그 목표는 아동 · 청소년이 그 전과는 다르게 행동하고 생각하며 느낄 수 있도록 하는 데 있다.

이러한 두 번째 단계의 변화를 위한 실천적인 도구로는 모델링, 직면, 갈등작업, 재구조화, 그리고 지금까지와는 다른 경험을 할 수 있도록 도와주는 것이 될 것이다. 이러한 두 번째 단계의 변화에는 보다 큰 창의성이 요구되며, 서비스 제공자와 수용자가 자주 만나 많은 시간을 투여해야 한다.

실무자의 가장 중요한 과제는 변화를 창출하기 위하여 부단히 노력하는 것이라 할 수 있다. 전형적으로 그룹홈 보호와 치료는 실질적인 개입이 요구되고 이는 새로운 배움으로 전환되기 때문에 두 번째 단계의 변화라 할 수 있다.

(2) 변화의 촉진

변화의 전략을 세울 때에는 아동·청소년의 행동수준에 맞게 세워야 효과를 거둘 수 있다. 변화의 목표는 일상생활 속에서 아동·청소년의 발달을 촉진하는 것이다. 앞서도 언급했듯이 아동·청소년의 현재의 수행수준을 간과해서는 안된다. 실무자가 보다 넉넉한 시간 개념을 가질 때 아이는 더 용납될 수 있다는 점을 기억할 필요가 있다. 아동의 발달을 돕는 효과적인 변화전략 중 하나는 실무자가 기대하는 행동을 아이들이 했을 때처럼 반응하라는 것이다. 다시 말하면, 마치 아이가 어떤 목적을 이루기 위해 의식적으로 노력한 것처럼 아이에게 반응하는 것이다. 십대는 권위적 존재에게 말하는 데 상당한 부담을 안고 있다. 그래서 실무자가 먼저 자발적으로 제안할 수 있다. "네가 학교를 그만두고 무엇을 할 것인지 너희 선생님과 의논하고 그 결과를 내게 알려 줄래?" 이러한 방법은 부모나 어른들이 아이들을 대할 때 활용하는, 시간을 존중하는 접근법이다. 이러한 방법은 그룹홈에서도 활용될 수 있다.

(3) 비직선적 접근

발달론적 관점에서는 인간의 발달을 비직선적으로 이해한다. 성장과 발달은 일직선이 아니라 나선형으로 이루어져 있는 것처럼, 경험을 통해 우리는 아동·청소년의 삶에는 많은 굴곡이 있음을 인식할 수 있다. 그룹홈에서는 아이들이 좀 더 시간을 달라거나 어디를 가고 싶다거나 혹은 누구를 만나고 싶다고 할 때 하루 계획을 좀 더 다양하게 준비할 필요가 있다.

아침 기상, 식사, 취침 등은 아이들에게는 실무자의 개입과 시간이 요구되는 모두에게 중요한 순간들이다. 이 순간들은 아이들에게는 인간으로서 기본적인 삶을 구성하는 부분이다. 이러한 부분에서 약간의 기복이나 변동은 성장 사이클의 자연스러운 부분이다. 자기 관리에서 이러한 약간의 변화가 초래되었다고 하여 자기조절 능력이 파탄되는 것은 아니며, 실무자는 아이의 단계나 수준에 맞는 개입방식을 개발할 필요가 있다. 대부분의 사람들이 아이들의 성장과 발달을 강조하지만, 아이들의 발달은 비직선적으로 이루어진다는 것을 반드시 유념해야 할 것이다.

누구나 살면서 오래된 기억들이 떠오를 때가 있다. 유아기나 학령 전기 혹은 사춘기에는 새로운 인간관계를 형성하고 보다 넓은 세계로 나가는 것이 매우 중요한 과제다. 사람은 각 단계마다 모험하고, 탐색하고, 관계 맺기의 과정을 거친다는 점에서는 동일하다. 마찬가지로 아이들의 태도는 약간씩 차이가 있기 때문에 우리가 아이들에게 소속감을 심어 주기 위하여 다양한 방법을 강구하듯이, 아이들 역시 새로운 과제에 직면하여 다양하게 행동하며 이러한 행동들에는 많은 의미가 내포되어 있다. 아동 · 청소년의 발달과제에 개입하기 전에 그들의 문제를 근본적인 것으로 보는가, 아니면 단순히 일시적인 현상으로 보는가 하는 것은 매우 중요하다.

비직선적 변화에 대한 다양성의 한 예로, 최근의 한 연구결과는 생활의 변화로 지리적 변화를 겪는 아이들에게는 '쉽게 상처받는 현상'이 두드러진다고 밝히고 있다. 5~7세와 13~15세의 아이들은 초등학교나 중학교로의 진학이나 전학 등으로 생활공간이 바뀌고 이러한 변화 환경 때문에 학습 등에 지장을 받기 때문에 이 시기에는 되도록 변화를 피하는 것이 바람직하다. 이러한 사실은 매우 민감한 연령에 있는 아동 · 청소년을 다른 곳으로 배치해야 할 때 아이의 상태를 민감하게 탐구해야 함을 말해 주고 있다.

그리고 인간발달에 대한 비직선적 인식과 그 순환적 패턴을 안다는 것은 단순한 지적 작업을 통해서가 아니라 실천적인 노력을 통해 가능한 것이다. 수많은 행위의 집합 속에서 일어나는 사건들을 통해 각 개인이 어떠한 성장단계에 있는지를 파악할 필요가 있다. 어지러워진 방을 보고 실무자들은 힘들어하겠지만, 어지럽게 난장판이 된 방은 단지 난장판만을 의미하는 것은 아니다. 어지러워진 방 안에는 아동 · 청소년의 성장과정, 현재의 상태 등 많은 것이 담겨 있다.

지금으로부터 30년 전의 일이다. 필자는 도시빈민운동을 하기 위해 서울의 달동네인 하월곡동의 허병섭 목사님을 찾아갔다. 허병섭 목사님은 학생이나 학생운동을 한 사람들을 먹물 취급하였고, 그 때를 벗고 도시빈민을 제대로 이해하기 위해서는 직접 도시빈민의 삶을 살아 보는 것이 중요하다고 하였다. 그래서 노점상도 해 보고, 리어카에 휴지나 번개탄을 싣고 행상도 하였다. 버스를 타고 다닐 때에는 잘 몰랐는데, 미아리의 대지극장 사거리부터 수유사거리까지 그 당시는 평탄한 길로 생각했는 데 실제 리어카를 가지고 다녀 보니 평탄한 길이 아니라 수많은 오르막과 내리막이 있는 길이었다는 것을 그때서야 깨달았다.

아이들의 삶도 가정해체, 가정폭력, 가출 등으로 수많은 굴곡과 아픔으로 얼룩진 삶일 것이다. 그리고 도시빈민을 이해하기 위해서 각 집에서 나오는 쓰레기를 살펴보는 것이 중요하다고 하여 집집마다 쓰레기통을 뒤졌던 기억이 있다. 쓰레기통을 뒤지면 그 집의 소득과 소비생활, 삶의 패턴 등을 이해할 수 있다. 술병이 많이 나오는 집, 인스턴트 식품 포장지가 많이 나오는 집 등 쓰레기통을 통해 그 사람의 직업, 가족관계, 소득수준 등을 파악할 수 있었다. 사실 아이들이 무심코 내뱉은 말, 아이들의 소지품이나 가방 혹은 아이들의 방을 보면 아이들의 정서적 상태, 대인관계, 주된 관심사, 학교생활 등에 관한 정보가 담겨 있다.

(4) 그룹홈에서의 '시작'

순환적인 발달에서 '시작'은 매우 특별한 의미를 지니고 있다. 삶의 출발기인 유아기에는 새로운 관계를 맺고 새로운 상황에 적응하고 위기상황을 극복하는 등 작용과 반응을 통하여 놀랄 만한 발달을 보인다는 것은 이미 알려진 사실이다. 이러한 시작에 대한 이해는 그룹홈에 배치된 아동 · 청소년에게 서비스를 시작하는 데 매우 귀중한 시사점을 던져 준다.

어른이나 아이나 시작은 빼놓을 수 없는 중요한 체험이다. 그래서 새로 들어온 사람을 말이나 몸짓으로 따뜻하게 맞이하는 것은 중요하다. 새로 들어오는 사람을 편안하게 해 주거나 개인 침대, 개인 사물함 등 개인적인 공간을 만들어 주거나 보장해 주는 것도 새로 들어온 사람을 돕는 일이 될 것이다. 새로운 시작을 위해서는 이러한 모든 것들이 매우 중요하다.

다음으로는 '행동 공간'이 중요하다. 새로 들어온 아이는 무엇인가 하고 싶고, 무엇을 할 수 있는지 알고 싶어 한다. 그리고 동시에 누구와 함께 생활하게 되고, 누가 자기를 보살피는 사람인지를 알고 싶어 하며, 점차 실무자들이 무엇을 하는지 관심을 갖게 된다. 이러한 과정은 실무자가 아동 · 청소년의 과제에 보다 효과적으로 개입하는 데 도움이 된다.

그룹홈 실무자가 새로 들어오는 구성원에게 자연스럽게 자신의 역할을 설명해 준다면 새로 들어온 아이는 이 모든 것을 훨씬 빨리 파악할 수 있을 것이다. 그런 점에서 실무자의 자발성과 타이밍은 매우 중요하다.

(5) 아끼는 물건

아이가 다른 곳에 배치되거나 재배치될 때 그가 아끼는 물건들은 과거와 현재를 연결해 주는 고리가 되고 낯선 새 구성원과 친밀감을 형성하는 데 도움이 된다. 입소 시에 자기가 아끼던 담요나 인형, 낡은 스웨터, 오래된 모자나 다른 좋아하고 계절에 맞는 물건들을 가져올 수 있도록 허락해야 한다.

실무자는 아동 · 청소년이 다른 상황으로 옮겨야 할 때 도움을 제공함으로써 그들이 나중에 그룹홈에서 자립하여 사회로 나갈 때 아이들이 '존경하고 아끼는' 사람이 될 수 있도록 해야 한다.

(6) 기념할 만한 물건

아끼는 물건들과 마찬가지로 기념할 만한 물건들은 옛 기억을 떠올릴 수 있게 하는 것이다. 기념품은 개인의 성취와 성장을 상기시키는 것으로서 아동 · 청소년에게 중요한 것들이다. 트로피나 운전면허증, 공연 티켓, 팀이나 클럽 자켓, 록 콘서트의 포스터, 재미있는 티셔츠나 집에서 기념으로 가져온 다른 물건들도 이러한 상징물이 될 수도 있다.

기념할 만한 물건들은 온전히 아동 · 청소년의 선택에 달려 있다. 아동 · 청소년은 대부분 그것들을 다른 것보다 소중하게 간직할 것이다.

2) 의존 사이클

앞에서 말한 대로, 모든 아동 · 청소년이 믿음직한 성인으로 성장하기 위해서는 신뢰할 수 있는 어른에게 확실하게 의존하는 것이 필요하다. 지난 10년간의 보고들은 의존과 애착은 마치 나무가 가지를 뻗는 것처럼 점점 더 넓고 크게 아동 · 청소년을 발달시킨다는 사실을 분명하게 보여 주고 있다.

사실 매우 반응을 잘해 주는 부모 밑에서 자란 아이는 그렇지 않은 아이들보다 초조해하는 일이 적다. 이들은 정서적으로 안정되어 있으며, 자신의 감정을 보다 더 잘 조절하며, 끈기와 집중력을 보이며, 이는 나중에 학습능력 발달에도 큰 도움이 된다. 또한 어렸을 때부터 상호작용을 잘해 주는 부모 밑에 자란 아이는 타인의 감정 등을 이해하고 배려하는 공감능력을 잘 발달시킨다. 일찍부터 도와달라고 졸랐던 아이들이 그렇지 않은 아이들보다 좀 더 자립을 잘 성취하는 것으로 보고되고 있다. 의존에서 독립이 나온다는 사실은 매우 흥미롭다. 아동보호에서 의존성을 지지하며 강화해 주는 것은 보호의 핵심적인 요소다.

이러한 지식을 적용하면 아동 · 청소년 보호 프로그램은 실무자의 주요 역할이 보살피고 있는 아동 · 청소년의 의존에 대하여 즉각적인 원조뿐만 아니라 보호를 제공할 수 있도록 구조화되어야 한다. 우리는 새로운 경험을 시작할 때나 위기의 순간에 물질적인 원조와 보호가 중요하다는 사실을 잊지 말아야 한다. 의존할 수 있다는 것은 기분 좋은 일이며, 발달을 촉진하는 행위다.

효과적인 보호를 위해서는 많은 기회와 자원을 제공해 줄 수 있는 실질적 · 구체적 프로그램들이 필요하다. 일단 한 개인의 의존 욕구가 충족되면 "나는 할 수 있어."라는 자신감을 가지게 된다. 그룹홈 같은 데에서는 적응을 잘한 아이들이 자신감을 갖는 경우가 많다.

한편, 아동 · 청소년은 비록 이전에는 잘 받아들였던 선의의 제안들을 거부함으로써 갑자기 반항하게 되는 일이 종종 있다. 이럴 때 그들은 자기가 먹겠다고 고집하는 두 살짜리 아이와 다르지 않다. 두 살짜리 아이가 그러하듯이, 이러한 반항은 그룹홈을 얕보거나 그룹홈에 대한 도전이 아니라 성장의 욕구에서 나오는 징후로 볼 수 있다. 그러나 이러한 도전은 여러 명이 함께 생활하는 그룹홈에서는 매우 난처할 때가 많다. 이때 그룹홈의 규칙 등을 유지하면서 아이의 의사를 존중하는 방법이 있다. 예를 들면, 한편으로는 정해진 개인 복장규정을 확실하게 해 두는 것과 자신의 선택대로 옷을 입으려는 아이의 결정을 지지하는 것에는 균형이 필요하다. 다시 말하면, 이 새로운 발달단계가 지지받음으로써 자기의사나 결정권과 같은 것들이 더 이상 문제가 안 될 수도 있다. 예를 들면, 아동 · 청소년은 실무자의 개입을 간섭으로 보지 않고 지원으로 보게 된다.

많은 아이들에게 새로운 것을 시도하고 새로운 영역에 도달하도록 지지를 제공하는 것은 발달론적인 입장에서 보면 기본적이며 지속적인 과제다. 그룹홈에서는 아동 · 청소년의 놀이와 공부, 다양한 일상생활 또래와 어른들과의 접촉, 시설 안팎에서 일어난 사건들에 대해 지지가 이루어져야 한다. 실무자는 아동 · 청소년의 다양한 모험이 성공하기를 기대하기보다는 모험을 시도한 것을 평가하고 격려하여야 한다. 그러면 그런 시도가 몇 차례 반복될 것이고, 나중에는 성공을 거둘 것이다. 아동 · 청소년이 이러한 과정을 거치기 위해서는 실무자와 그룹홈 구성원의 원조가 필요하다(Maier, 1982b).

3) 애착의 발달과 애착행동

애착은 습관적인 의식주만큼이나 기본적인 삶의 요구사항이다. 또한 애착은 개인이 느끼고 경험했지만 반드시 행동으로 드러나지는 않는 상호 의존상태를 포함한다. 애착은 소속감을 제공한다. 진실한 애착경험은 건전한 발달을 위해 아주 중요하다. 사실, 정신건강을 위해서도 애착은 반드시 필요하다.

애착행동은 친밀한 애착을 얻으려는 필사적인 노력이다. 이러한 행동들은 어떤 경우에는 별 문제가 없지만, 어떤 때에는 우스꽝스럽고 심지어는 다른 사람에게 불쾌감을 주기도 한다. 그럼에도 불구하고, 애착행동은 이상하거나 바람직하지 않는 것은 아니다. 본질적으로 애착행동은 시급한 관계 증진에 대한 노력을 반영하고 있기 때문이다. 애착행동은 들러붙어 매달리거나 달아나기, 뻔한 질문하기, 노골적으로 무시하기나 주의 끌기 같은 행동으로 나타난다.

애착의 발달은 일직선상으로 진행되지 않고 순환적으로 진행된다. 개개인 사이에서 애착이 형성되고 있는 것처럼 보이는 직선적 진행이 이루어지고 난 다음에 그 애착경험은 관계에서 많은 변수들의 영향을 받는다. 그런 때에 애착행동은 더욱 분명해지고, 애착이 중단될지도 모른다는 두려움 때문에 더욱 강한 애착행동이 나타나기도 한다. 그룹홈에서 아이들과 실무자가 얼마간 함께 지내고 나서 그들 사이에 모든 일이 잘 진행되고 있는 것처럼 보이는 순간에 오히려 실무자와 아이들과의 관계는 더욱 민감해지며 중요해진다(Rodriguez & Hignett, 1981). 그룹홈 아동 · 청소년이 평상시와 다른 요구를 실무자에게 하고 마치 신뢰가 없는 것처럼 행동하는 때가 바로 이때다. 관계 형성은 시간이나 직선적인 방식으로 측정할 수는 없다. 실무자는 많은 시간과 노력을 투입하여 관계가 발전하고 새로워질 수 있도록 해야 한다.

발달론적인 입장에서 볼 때, 각 기관이나 그룹홈에서는 인간적인 접촉과 친밀함을 얻기 위해 필사적인 노력의 하나인 아이들의 애착행동을 좀 더 쉽게 다룰 수 있도록 내부 방침을 수정하고 그룹홈의 실무자를 교육 · 훈련할 필요가 있다.

아동 · 청소년 보호는 이들의 애착행동들과 싸우는 것이 아니라 이들의 애착경험을 풍부하게 하는 데 목적이 있다.

4) 배치

그룹홈에서의 배치 시 발달을 강조하는 것은 아동·청소년의 연령에 따라서가 아니라 발달상의 정도에 따라서 분류하는 것이 타당하다고 제안하기 위함이다. 만약 아동·청소년의 발달을 비직선적인 것이라 생각한다면 그들의 발전을 제약하는 지침에 의존하지 않을 것이다. 예를 들면, 어떤 아이는 일시적으로 자기 나이보다 더 어리게 행동하는데, 이는 어린 아동도 그러는 것을 우리는 경험으로 알고 있다.

만일 집단 프로그램이 아주 어린 아이들 수준에 맞춰서 진행된다면 집단 내의 다른 사람의 발달에는 지장이 초래될 것이다. 아동·청소년은 자기보다 한 단계 높은 역할모델이 있고 좋아하는 사람의 지지가 있을 때 더 빨리 발달한다는 것을 기억해야 한다.

최근 연구결과들은 좀 더 강하고 유능한 아동·청소년이 자신의 관심사에 보다 쉽게 집중할 수 있음을 보여 주고 있다. 각종 프로그램은 이들의 요구와 흥미에 맞춰지는 경향이 있는 반면, 영향력이 약한 아동은 강하고 유능한 아이들에게 통제되고 무시되는 경향이 있다.

그룹홈 실무자는 아동·청소년의 발달단계와 과제를 무시하고 모든 아이가 함께 참여하는 집단활동을 지속하는 것을 평가하고 재구조화해야 한다는 것을 명심할 필요가 있다. 발달이 진행 중인 아동·청소년의 역량은 발달연령과 연대기적 연령 사이에 큰 차이를 보이고 있다. 그런 경우 정상화의 입장에서 프로그램을 재구성하는 것이 필요하다.

5) 일관성 있는 보호

아동·청소년 보호에서 일관성은 모든 아동심리학에서 강조되고 있다. 그러나 무엇이 일관성을 구성하고 있으며 어떻게 일관성이 이루어져야 하는가에 대한 개념에는 약간씩 차이가 있다. 보호 서비스를 제공하는 실무자의 가치관이나 정서 혹은 행동에서 드러나는 일관성을 의미하는가? 일관성의 원리가 실무자와 아동·청소년에게 모두 적용되는가? 아동·청소년이 자신이 그간의 활동을 통해 얻은 자신의 예측 경험에 일관성의 원리가 적용되는가? 후자의 개념에서는 아동·청소년의 행동과 가치관보다는 그의 인식과 그 의미에 초점을 두고 있다. 다른 말로 표현하면, 아동 · 청소년의 입장에서 바라볼 때 일관성이 유지되어야 한다는 것이다. 따라서 일관성은 아동 · 청소년의 평가능력이라는 관점에서 볼 때 예측 가능한 환경을 의미한다.

아동 · 청소년이 자신의 행동의 결과를 예측할 수 있을 때 일관성이 유지되고 있다고 말할 수 있다. 아이들에게 일관된 상황이라는 개념은 실무자와 아동 · 청소년의 관계, 사건 및 기대가 뒤엉켜 있는 그룹홈의 생활과 맞물려 있다.

그룹홈에서의 일관적 태도를 유지하는 것은 매우 중요하다. 같은 그룹홈에서 실무자나 종사자가 아동의 보호방식이 각기 다를 경우 보호받는 이들은 혼란을 겪을 수밖에 없다. 예를 들면, 아이들의 발달 상황과 요구에 맞게 정해진 취침시간에 자도록 할 때 아이들은 실무자가 일관성이 있다고 느낀다. 어린아이들의 취침시간은 저녁을 먹은 후가 될 수 있으며, 좀 더 연령이 높은 학령기 아동의 취침시간은 좀 더 늦은 시간이 될 것이다. 반면, 사춘기 청소년들에게 취침시간의 일관성은 고정된 계획의 고수를 통해서가 아니라 상황에 따라 융통성을 가지는 실무자의 능력을 통해서 경험된다. 예를 들면, 야간자율학습이 있는 학기 중과 좀 더 자유로움을 느끼고 싶은 방학식 전날 밤에 취침시간을 똑같이 적용한다거나 10시 취침을 요구하는 것은 사춘기 청소년에게는 일관성 있는 것으로 이해될 수 없다.

대다수 그룹홈의 사례를 연구해 보면, 상황에 맞게 대해 융통성을 가지는 쪽이 정해진 계획을 철저히 고수하는 쪽보다 훨씬 더 일반적이라는 것을 알게 된다. 즉, 실무자가 바쁠 때나 아이들이 즐겁게 활동하고 있을 때에는 기존의 취침시간이 바뀔 수 있다. 이와 유사한 상황은 그룹홈 안팎의 많은 생활 영역에서 적용되고 있다. 규칙에 대한 이러한 불규칙성은 어떤 아이에게는 문제가 될 수 있다. 그러나 아이들이 실무자를 예측이 가능하고 신뢰할 만한 사람으로 생각한다면 일관성에 대한 기계적 해석을 무시하고 발달상의 요구나 상황에 따른 판단에 의해 실무자가 행동하는 것을 아이들은 오히려 좋아할 것이다.

그룹홈 아동 · 청소년을 효과적으로 돌보기 위해서는 확고부동하고 보편화된 규칙을 통해서가 아니라 아동 · 청소년의 발달과정에 대한 이해와 그들의 요구에 기반한 일관성을 필요로 한다.

3. 발달론적 프로그램

1) 학령기 아동을 위한 프로그램

학령기 아동은 세 가지 면에서 동시에 앞으로 나가도록 요구받는 발달단계에 있다. 즉, ① 개인의 유능감을 발달시켜야 하는 과제, ② 가까운 친구를 사귀는 능력을 발달시켜야 하는 과제, ③ 일, 교통수단 이용, 오락, 예술, 스포츠, 사회운동, 교육 등 바깥세상에 대한 대처능력을 발달시켜야 하는 과제를 안고 있다.

(1) 유능감 발달

발달이론적인 관점에서 프로그램을 계획할 때에는 혼자서 하는 일이든, 다른 사람과 함께 하는 일이든 지속적으로 기회를 창출한다는 점이 중요하다. 이 단계에 있는 아동에게는, 달리기나 댄스 등을 통해 신체를 단련하기 위해 신발과 운동복과 같은 기본 장비가 필요하듯이, 정서적 지지와 시간과 공간이 필요하다. 아이들은 각 방면에서 자신들의 지식을 확장해 나갈 준비가 되어 있다. 이 시기는 실험을 통한 학습이 중요하며 아동·청소년의 학습은 워크숍, 실험실, 체육관이나 무대 등에서도 이루어질 수 있다. 반면에 강의실이나 공식적인 행사 같은 것은 아동·청소년의 발달욕구 충족에 별로 도움이 되지 않을 수도 있다.

그룹홈에서의 양육에서 가장 중요한 것은 아이들의 관심과 에너지가 자신과 타인의 유능감 향상을 위한 노력에 집중될 수 있도록 하는 것이다. 아이들은 이전보다 더 잘하는 데 마음을 쏟는다. 어른들은 이 시기에 나타나는 경쟁심을 아이들이 다른 사람을 부정하는 것으로 잘못 판단할 수는 있는데, 사실 그것은 자신을 향상시키고 키워 나가려는 욕구인 것이다. 이러한 개인적 노력에 대해 실무자는 아이들이 자신을 향상시킬 수 있도록 놀거나 공부하거나 일할 수 있는 적합한 환경을 창출해 주도록 민감하게 도울 수 있어야 한다.

(2) 가까운 친구 만들기

발달단계에 있는 아동·청소년은 관심 중에는 사회에 한 발짝 더 내디디기 위해 친구와의 교제를 쌓아 가는 것에 관심을 집중시킨다. 이 시기에 친구관계나 친구에 대한 관심은 변화가 심하며, 때로는 그룹홈에서 심각한 어려움을 야기하기도 한다. 일반 가정의 형제들과 마찬가지로 아이들이 친구나 놀이 친구로 여기는 사람이 반드시 필요한 것은 아니다. 종종 그룹홈에서 한두 명이 지나치게 친밀하거나 자기 보호 본능이 지나치게 강한 경우에는 그룹홈 구성원들과 함께 어울리는 데 어려움을 초래하기도 한다. 또한 그룹홈 밖에 있는 친구와의 교제도 꼭 필요하다. 그룹홈 안팎에서 아이들끼리 때로는 싸우고, 시험하고, 힘자랑하고, 허세 부리고, 때로는 협력하기도 하고, 무리지어 몰려 다니기도 하고, 다른 아이들을 왕따시키기도 하는 일들은 아이들 사이에서 매일 일어나는 일종의 상호작용이다. 이러한 것들은 가족과 어른의 품을 떠나기 위한 시도이며, 아이들의 시각에서 보면 인간관계의 즐거움을 또래관계를 통해 알아가는 과정이다. 어른들은 이러한 상처를 주고받으면서 아이들이 자라는 과정으로 볼 수 있어야 한다. 오늘날 학교폭력, 왕따 등이 사회문제가 되고 있지만, 지속적이고 의도적으로 다른 아이들을 괴롭히는 것이 아니라면 아이들에게 다른 사람들을 사랑하고 보살필 수 있도록 도울 필요가 있다. 이러한 것들을 어른들의 시각에서 지나치게 개입한다면 아이들의 자율성 발달을 가로막아 부모에게 의존적인 아이로 성장할 수 있다. 아이들의 상호작용은 시행착오를 통해 발달하기 때문에 때로는 그룹홈의 방향과 항상 조화를 이루고 있는 것은 아니지만 아이들의 발달에 매우 중요하다.

아이들은 사랑과 보호가 필요할 뿐만 아니라 다른 사람을 책임지고 사랑하고 보살피는 법을 배우고 싶어 하고, 또한 필요로 한다. 이러한 것에 대한 학습 욕구는 어린 시기에도 나타난다. 그러나 이 단계는 더 이상 가정이라는 제한된 공간에만 머물지 않고 밖으로 관심과 욕구가 표출되는 시기다. 따라서 그룹홈을 떠나서 우정을 확장하고 '가족' 밖의 사람들을 향하여 도움을 주고 더 큰 아량을 베풀려고 하는 것이 아이가 가족에 대한 고마움이나 가정적인 충실성이 없어져서 그런 것이 아니라 자연스러운 성장의 징표라 할 수 있다. 부모와 마찬가지로, 실무자들 역시 가정을 떠난 아이들에게 충분한 원조를 제공해야 한다는 것을 잊어서는 안 된다.

이 연령대 아이들과 함께 생활하는 실무자는 2중의 과제에 직면하게 된다. 즉, 아이들 개개인에게 특별한 사람이 되는 것과 동시에 아이들의 리더가 되어야 한다. 이 이중의 과제가 부담스럽게 느껴질 수도 있지만 한편으로는 그것은 풍요롭고 효과적인 자원이 될 수도 있다. 사실 이러한 이중의 과제는 아이들의 이해관계와 적응이 환경적인 요인과 관련되어 있기 때문에 발달론적인 관점에서 보면 잘 통합될 수 있다. 그룹홈에서 아이들의 요구는 그룹홈을 둘러싸고 있는 환경적 요인과 관련 있기 때문에 이러한 환경적 요인을 살펴볼 필요가 있다. 역으로 말하면, 그룹홈은 그룹홈 내에 있는 구성원이 성장할 때 발전할 수 있는 것이다.

일반화될 수 있는 규칙들을 정하고 체계화하고 확립하는 일은 발달단계에 있는 아동·청소년에게 커다란 관심사다. 아이들은 수집품을 모아 정리하거나 같거나 다른 모양의 그림들을 모아 조합하거나 역동적 사고가 필요한 순서대로 하는 놀이나 유형에 맞게 구분하는 놀이(예: 3·6·9 놀이)나 역동적인 대화에 많은 관심을 보이며, 또한 친구집단을 조직하거나 상호작용과 집단적인 위계 등에 많은 관심을 보이고 있다.

학령기의 아이들이 던전 앤 드래곤, 스타크래프트, 리그 오브 레전드 같은 복잡한 게임에 흥미를 느끼거나, 좋아하는 운동 팀이나 선수들에게 관심을 갖거나, 혹은 또래집단 내에 어떤 친구에게 각별한 관심을 기울이는 것들은 모두 이러한 성향을 보여 주는 것이다. 따라서 학령기 아동의 대부분의 상호작용은 규칙과 규율을 정교화시키는 과정을 포함한다. 아이들은 규칙을 실험해 보고 그것들을 실제로 적용해 보고 사람들 사이에 생기는 문제들을 해결할 수 있도록 많은 기회를 가져야 한다.

그룹홈 실무자는 어떤 일을 하는 데 있어 예측 가능한 방식과 특이한 방식 간의 조화와 균형을 찾기 위해 노력해야 한다.

(3) 외부 세계와의 만남

학령기 아동은 또한 발달단계상으로 보았을 때 그들의 1차 체계(집/그룹홈, 유치원/초등학교 등)에서 활동을 하다가 2차 체계(일, 오락, 놀이, 교통, 상급학교 그리고 다른 지역사회 체계 등) 내에서 자기 자리를 찾아가는 전환기에 놓여 있다. 그들은 새로운 상황과 환경, 즉 '새로운 세계에 진입'하는 데 모든 관심이 쏠려 있다. 그룹홈 실무자는 아동의 2차 체계에 개입해야 하고 관심을 기울여야 하는 과제를 떠 안고 있다.

그룹홈 내 학령기 아동이 쇼핑, 여행, 그 밖에 그룹홈의 테두리를 넘어선 다른 곳에서 다양한 체험을 충분히 할 수 있도록 해야 하는 것도 중요하다. 아동을 독려하고 또한 아동과 함께 이러한 외부활동에 적극적으로 관심을 보이는 것은 그룹홈 실무자들의 일상적 업무이다. 연구에 따르면, 그룹홈 내 실무자들과 이러한 활동이 공유되지 않을 때 아동은 새로운 환경에 적응하는 데 어려움을 겪는 것으로 나타났다. 아동이 그룹홈 내에서나 공원에서, 학교에서, 아니면 시내나 기타 다른 곳에서 아동이 실무자의 관심과 보호를 경험할 때 그룹홈 서비스의 질이 향상된다는 것을 실무자는 염두에 두어야 한다. 아이들이 그룹홈을 떠난 후에도 실무자와 함께했던 이러한 체험은 이들의 가슴속에 남게 된다.

학령기는 중요한 활동과 사건 중심으로 채워진다. 그러나 실무자와 아동의 관계가 가장 중요하다는 점은 두말할 필요가 없다. 배고프거나 피곤하거나 위기의 순간이거나 힘든 순간에, 혹은 기쁘고 행복한 순간에 아이들은 따뜻한 가정의 보호와 지지를 받기 위하여 집으로 돌아온다. 아동이 식사를 끝내고 서둘러 나가 버리거나 실무자의 대화를 서둘러 끝내 버리면서 마치 실무자의 도움이 필요 없는 것처럼 행동할 때에도 아동은 분명히 실무자를 필요로 하며, 실무자가 자기의 주변에 있어 주기를 바란다. 아이들이 그룹홈 밖으로 활동 영역을 넓혀 갈 때에도 실무자는 아동의 생활에 충분한 시간을 할애하여야 한다.

2) 사춘기 청소년을 위한 프로그램

(1) 질문과 탐색을 위한 시공간의 구조

발달이란 더 많은 사람들과 더 많은 장소에서 보다 다양한 시간대에 더 많은 일을 하게 되는 일련의 발전과정이라고 볼 수 있다. 이러한 확대 과정은 청소년기 발달의 특징이다. 청소년과 일해 본 경험이 많은 실무자들은 청소년이 '무언가 더 많이 한다'는 것은 일종의 끝이 없는 깊은 수렁으로 빠져드는 것과 같은 것이라고 한다. 마치 그들의 요구, 희망 그리고 그들이 빠져드는 수많은 활동들은 끝이 없는 것 같다. 그러나 물론 거기에는 끝이 있다. 왜냐하면 일상생활은 이러한 계획과 바람을 결코 모두 다 허용하지는 않기 때문이다.

청소년의 발달과 관련하여 어떤 프로그램을 세우다 보면 난처하고 역설적인 상황에 직면하게 된다. 청소년은 어떤 흥미로운 사건들로 가득찬 삶을 원하며, 계획이나 준비는 이들에게 족쇄로 여겨진다. 실무자는 프로그램을 짜야 할 것인가(즉, 무언가를 계획하고 준비하도록 할 것인가) 아니면 자유롭게 하도록 둘 것인가(사건이 일어나도록 그리고 그 경험을 통해서 무언가를 학습하도록 할 것인가)를 두고 항상 결정을 내려야 한다.

또 다른 문제는 누가 이러한 활동에서 책임을 질 것인가 하는 문제다. 청소년들이 하는 공식적 · 비공식적 모임들은 말을 할 것인가 말 것인가, 계획을 할 것인가 말 것인가 누구의 일인가에 대한 토론으로 종종 끝나게 된다. 이러한 토론이 비록 그 문제에 대해 생각해 보자는 수준에서 벗어나지 못한다 하더라도, 발달론적인 관점에서 보면 이러한 과정은 청소년에게 유익하다고 할 수 있다. 청소년기 이전의 아동의 토론 내용이 어떤 일을 시행하는 데 규칙과 규율을 형성하는 것에 그 초점이 맞추어져 있다면, 청소년은 대안을 발견하고 탐색하는 것이 중심 이슈가 된다. 부정적으로 나오는 것, 비아냥거리는 것, 안 된다는 편견 역시 스스로 새로운 경계와 방향을 형성하기 위한 청소년의 건설적인 노력이다. 비판적인 질문이나 냉소적인 태도는 그들 주변을 둘러싸고 있는 세상에 대한 평가가 아니라 그들 자신의 어려운 처지를 말해 주는 것이다. 그들이 이 세상에서 어려움을 느끼고 있기 때문에 그들만을 위한 장소는 이 연령기에 속한 집단에게 반드시 필요하다.

청소년은 자유와 지지와 같은 정서적 제공과 개인 공간과 개인 물품 등의 공간적 · 물리적 지지를 필요로 한다. 청소년 담당 실무자는 청소년이 자신만의 개인공간을 꾸미는 것에 대해 조언함으로써 아이들에게 적극적인 관심을 기울일 수 있다. 청소년은 일상규칙, 준비활동 등에 관여하고 자신의 공간을 꾸미는 데 참여함으로써 '소속감'을 경험하게 된다. 청소년의 세계에는 학교, 지역사회에서의 활동과 스포츠나 대중가요와 같은 문화에의 참여가 모두 포함되어 있다. 실무자는 청소년이 그룹홈 외부에서도 많은 것들을 경험할 수 있도록 도와줄 필요가 있다.

청소년을 담당하는 실무자는 아이들과 충분한 토론을 하고 아이들의 목소리에 귀를 기울일 수 있는 시간을 가져야 한다. 이를 통해 청소년의 생각과 질문을 이해하고 또한 질문에 대한 해결책을 제시할 수 있기 때문이다. '수다'는 청소년의 발달에 도움이 되고, 또래관계를 형성하고 인간관계의 주요한 통로를 형성하는 데 도움이 된다. 때로는 어른과 함께, 때로는 또래끼리 수다를 떠는 것은, 우리가 잘 알다시피, 참여자들이 서로 편안해하고 관심을 가지고 있고 비공식적 상호작용이 가능할 때 잘 이루어진다.

그룹홈 밖의 세상은 인터넷, 스마트폰, 친구, 방문자, TV, 소문 등을 통해 그룹홈 내에 유입된다. 외부 세계에 적응하기 위해서는 그룹홈 내에서 지속적인 연습을 필요로 한다. 가요를 따라 부르고, 사야 할 물품에 대해 의논하고, 이성관계에 대한 대화를 나누고, 구직 인터뷰에 대한 이야기를 나누는 것 등은 모두 그룹홈이라는 안전한 항구에서 연습을 필요로 하는 외부활동들이다. 이러한 연습은 언어로 이루어질 수도 있고, 혹은 역할 연습을 통해서 이루어질 수도 있다. 실무자의 에너지 중 많은 부분은 그룹홈 밖에서 청소년이 마주칠 수 있는 다양한 경험들을 그들이 연습할 수 있도록 돕는 데 투여되어야 한다. 청소년의 사고, 감정, 가치관 및 행동에 대해 평가와 실습이 이루어져야 한다.

이와 함께 실무자는 자신의 경험을 청소년과 함께 나누는 것이 필요하다. 이러한 나눔은 청소년에게 성인을 총체적 인간으로서 경험하도록 하기 때문이다. 이러한 나눔은 그룹홈에서 청소년이 할 수 있는 경험의 폭을 더욱 넓혀 주며, 청소년과 성인 세계 사이에, 외부 세계와 그룹홈의 사이에 다리를 놓아 주는 역할을 한다.

(2) 인간관계

청소년의 발달과 관련하여 프로그램을 세우는 데 있어 지침이 될 수 있는 두 번째 원칙은 청소년에게 일차적 관계기술을 습득할 수 있는 장을 제공해 주는 것이다. 그룹은 청소년이 갈등을 해결하고 어려움이 있는 상황 속에서 적응하는 등 효과적인 인간관계를 구축할 수 있도록 돕는 아주 좋은 실험실과 같은 역할을 한다. 누가 어디에 앉을 것인가, 혹은 누구 누구는 함께 앉으면 안 된다는 것 등은 그룹홈 내에 긴장감을 유발한다. 그러나 이러한 상황은 미래에 이러한 문제가 또 발생했을 때 해결하는 방안을 배울 수 있는 좋은 기회가 된다. 좋은 프로그램이란 계속되는 집단 경험에서 발달에 필요한 것들을 순간적으로 찾아내고 활용하는 것을 의미한다. 보호에 있어 순간적 착안이란 그룹홈이 가지고 있는 치료적인 특성 중에 하나다.

청소년에게 자신의 노력을 통해 과제를 달성하고 또 그 결과를 다른 이들에게 보여 줄 수 있다는 경험은 인생이다. 그룹홈 내의 과제들은 청소년에게 이러한 기회를 제공해 준다. 물론 이러한 경우에 과제들은 판에 박힌 일상적인 것보다는 청소년의 발달의 수준에 맞는 특수한 과제가 적합할 것이다. 그룹홈 내에서 오랫동안 미루어졌던 수리작업에 참여하게 하거나 채소를 기르는 일, 혹은 애완동물 기르기, 특정한 기계 다루기 등은 좋은 예라 할 것이다. 더 나아가 프로그램의 효과성을 높이기 위해서는 그룹홈 외부에서 일할 수 있는 기회를 갖도록 하는 데에도 관심을 기울일 필요가 있다. 정원 가꾸기, 쇼핑, 신문 배달, 아이 돌보기 혹은 지역사회 내에서 이루어지는 일들에도 참여할 기회가 있다면 좋을 것이다. 노인복지센터에서 거동이 어려운 노인을 위한 자원봉사활동이나 혹은 자신보다 어린 아이들과 함께 놀아 주는 것 등도 청소년에게 좋은 경험이 될 수 있다. 자원봉사활동은 청소년에게 보상을 통한 성취감도 의미가 있지만, 그보다 청소년의 성장과 발달을 이끌 수 있는 좋은 기회라 할 수 있다.

그룹홈 실무자와 청소년과의 상호작용은 학령기 아동과 실무자의 상호작용과 마찬가지로, 의존과 독립 그리고 권위와 관련된 이슈들과 관련되어 있다. 청소년의 실무자에 대한 도전은 자기 자신이 다른 역할을 하고 있다는 것을 나타내 주는 것으로서 실무자와 청소년의 새로운 관계 설정 등 새로운 인간관계 설정을 위한 기회를 제공해 준다. 청소년에게 실무자는 때로는 친구와 같이 때로는 협력자로서 관계를 형성하기도 하며, 대부분 시간에는 생활과 학습을 지도하는 역할을 수행하게 된다.

새로운 관계가 발전하고 기존의 관계를 확대시키는 것은 그룹홈 내에서만 이루어지는 것이 아니라 청소년의 가족과의 관계에서도 이루어진다. 이러한 변화는 청소년의 가족과 다른 중요한 어른이나 또래와의 정기적인 접촉이나 관계를 맺는 것이 필요하며, 편지, 전화 혹은 비정기적인 만남과 같은 많은 접촉도 필요로 한다. 이를 통해서 그들은 청소년의 일상생활 속으로 유입되는 것이다. 그룹홈에서의 보호는 가족을 대치한다기보다는 가족의 확대로 인식되어야 할 것이다.

요약하면, 청소년의 발달은 일상생활에서 접촉하는 사람들과 끊임없는 새로운 상황을 통해 친밀한 상호 간의 다양한 경험을 통해서 이루어진다. 청소년은 자신과 활발한 상호작용이 이루어지고 중요한 관계를 맺고 있는 사람들을 통하여 특정한 문화나 다른 문화에 대한 인식이나 기본적인 가치들을 배운다.

4. 요 약

이 장에서는 그룹홈의 실무자가 아동·청소년을 양육하면서 직면하게 되는 문제들에 대해 언급하였다. 이러한 사항들을 많은 측면에서 일반 가정에서 자녀를 돌보는 사람들이 경험하는 것과 유사하다. 아동 · 청소년과 관련된 이슈는 그들이 어디에 살고 있느냐와는 관계가 없다. 그룹홈에 있는 아동 · 청소년도 사회 속에서 살고 있다. 그룹홈 실무자는 사회적으로 아동 · 청소년의 삶에 필수적인 것뿐만 아니라 그 이상의 것들을 제공하고 있다. 실무자는 그들이 자신을 더 이상 필요로 하지 않을 때까지 항상 그들의 곁을 지키고 있어야 한다. 실무자는 자신이 아동 · 청소년의 성장과정에 얼마나 중요한지를 잘 알고 있다. 실무자는 언제나 새로운 아이들과 함께 새로운 시작을 하고 그동안 함께했던 아이들이 자라나 시설에서 독립해 나가는 흐뭇하면서도 아쉬운 경험을 하게 된다.

혈연적 보호가 아닌 보호방식에서 실무자는 매우 중요한 역할을 수행하고 있다. 그러나 사회적 보호자로서의 그들의 역할에 대한 중요성은 제대로 인식되지 않고 있다. 아동 · 청소년 보호 실무자에 대해서도 건강이나 안전에 관련하여 고도의 숙련을 요하는 전문가들(예: 항공운항사, 의사)과 같은 역할을 수행하고 있다는 사회적인 인식이 이루어질 필요가 있다. 아동 · 청소년의 보호를 담당하고 있는 실무자의 근무시간 단축과 적절한 수준의 생활을 영위할 수 있을 정도의 수입 보장과 같은 사회적이며 조직적인 지지가 필요하다. 더 나아가 아동과 청소년의 보호를 담당하고 있는 실무자들 스스로가 이러한 사회적 인식을 만들어내야 하며, 이를 통해 개인적 · 집단적 발달과 대인관계 능력의 향상 등을 아동 · 청소년에게 보여 준다면 그들도 큰 힘을 얻을 것이다. 아동 · 청소년 보호 실무자에 대한 사회적 인식과 처우가 개선되어야만 실무자은 사회가 그들에게 부여한 책임인 아동 · 청소년의 발달상의 요구를 충족시키는 데 전력을 다할 수 있을 것이다.

제7장 아동 · 청소년 보호의 핵심적 요소와 치료적 환경

1. 생활상의 즉각적인 개입

> "영민이랑 줄넘기 좀 하고 오겠습니다."
> "그래, 좋은 생각이다."
> "나도 신선한 공기를 쐬러 밖에 나갈 참이었는데, 너무 늦지 말아라."
> "잘 놀다 와."

그룹홈에서 일상적으로 나누는 아이들과 실무자의 대화다.

실무자는 이렇게 아이들이 하고 싶어 하는 행동을 허용하기도 하고 때로는 이를 제지하기도 한다. 일반적으로는 허용하지만, 중간고사 기간인데도 시험공부를 하지 않고 놀려고만 하는 경우는 제지할 수도 있다. 이처럼 생활상에서 발생하는 일에 대해 그룹홈의 실무자는 즉각적인 개입을 해야 한다.

아이의 요구를 허용하지 않을 경우, 아이가 반항하거나 분노를 표출한다면 이에 즉각적으로 개입하여야 한다. 아이가 충분히 이해할 수 있도록 설명해 주어야 하며, 아이의 화가 누그러질 때까지 기다려 주기도 하며, 적절하게 타이르거나 맛있는 간식 등을 제공하여 아이의 마음을 위로해 주는 등 즉각적인 개입을 해야 한다. 이러한 일들은 일반 가정에서도 늘 일어난다. 일반 가정의 어머니들도 이러한 일들을 늘 겪지만, 그룹홈 실무자는 일반 가정의 어머니들보다 훨씬 더 많은 스트레스를 겪는다. 아이의 요구들에 대해 허용적일 경우 '자기 아이가 아니니까 저렇게 방관하며 키운다.' 혹은 '사랑이 없다.'라는 말이 나올 수도 있고, 허용하지 않을 경우 '아이를 너무 엄격하게 키운다.' '억압적이다.' '사랑이 없다.'라는 말이 나올 수도 있다. 아이 역시도 그룹홈 실무자에 대한 신뢰가 확고하지 않을 경우 '차별한다'고 받아들이거나 반항적으로 대하기도 한다.

이처럼 그룹홈 실무자는 아이들과의 씨름 외에도 주위의 시선과 자기 자신과의 싸움에서 받은 스트레스가 매우 높다.

그룹홈 실무자는 아이들의 작은 행동 하나하나마다 자기 감정이나 의견대로가 아닌 아동에 대한 발달론적인 이해에 기반하여 즉각적인 대처를 해 주어야 한다. 아이의 요구를 허용하지 않더라도 부정적인 말보다는 "그래, 축구하고 싶은 모양이구나. 그런데 내일 모레가 중간고사니까 시험 보고 나서 하면 어떻겠니?" 혹은 "내일 모레가 중간고사인데 축구 조금만 하고 일찍 들어와서 시험 준비하는 것이 어떠니?"와 같이 말하는 것은 실무자 스스로 자신의 생각이나 감정 등을 조절하여야 하는 상당한 인격수양을 요구하기 때문에 전문성과 순발력이 요구되며, 따라서 스트레스가 높을 수밖에 없다. 아이들은 그룹홈 실무자의 인격수양을 요구하기 때문에 어른의 스승이라고도 할 수 있겠다.

한편, 아이들의 요구가 명백히 잘못된 경우에는 그 요구를 거부하되 아이가 입을 상처를 최소화하되 아이의 인내심을 키우는 계기로 활용할 필요가 있다. 인내심의 결핍은 전전두엽의 미발달과 ADHD를 야기하며, 따라서 인내심을 키우는 것은 전전두엽을 자극하여 ADHD를 치료하는 데에도 유익하다는 연구가 있다. 그룹홈에 입소하는 아이들의 대부분은 그동안 가족관계의 약화 등으로 경계 설정이 제대로 안 된 경우가 많다. 방임 등의 이유로 해서는 안 되는 일에 대한 경계가 약화된 경우가 종종 있으며, 가정폭력 등으로 정서적으로 위축되어 있는 경우가 종종 있다. 어떤 아이의 요구를 수용할 것인지 거부할 것인지는 아이들의 개별적 상황과 발달요구에 맞추어 판단할 수밖에 없다.

오래 전의 일이지만 은행골우리집에서는 컴퓨터 게임시간이 각자 다르다. 태영이는 밤 12까지 컴퓨터 게임을 허용해 주었다. 다른 아이들에게는 저녁 9시까지만 컴퓨터 게임이 허용되는데, 태영이에게만 밤 12까지 허용해 주니 처음에는 다른 아이들의 불만이 매우 높았다. 차별한다고 투덜대는 아이들에게 태영이의 상황을 잘 이해할 수 있도록 설명해 주었다. 아이들은 머리로는 이해한 듯 하였지만 실제로는 받아들이기 어려웠던 것으로 보였다. 중학교 2학년 태영이는 본드 중독에 도벽까지 있으며 늘 밖으로 돌아다니며 사고를 친 적이 한두 번이 아니었다. 시간이 지남에 따라 다른 아이들도 태영이가 집에서 밤 12시까지 컴퓨터 게임을 하도록 허용하는 것이 차별이 아니라 그 아이의 상황에 맞는 처우라는 것을 알게 되면서 문제는 사라졌다. 은행골우리집에 들어오기 전에는 태영이는 새벽 두세 시까지 게임을 하다가 학교에 지각하거나 결석하는 경우가 종종 있었고, 밤 12시까지만 컴퓨터 게임을 하고 그치는 것이 쉽지 않아 종종 "태영아 약속한 12시가 지났다. 이제 그만 컴퓨터에서 빠져 나와라."라고 타이른 적이 한두 번이 아니었고 때로는 언성을 높인 적도 있었다. 이러한 씨름을 한 지 3~4개월이 되면서 태영이는 점차 안정을 찾아갔다.

아이들의 개별적 요구를 존중한다는 것은 그룹홈 실무자에게 어떤 면에서는 큰 고통이며 실무자의 인내심을 요구하는 일이지만, 또 다른 면에서는 아이와 실무자를 발전시키는 길이기도 하다.

실무자는 아이들의 작은 목소리에도 귀를 기울여야 한다. 아이들은 또래 아이들의 문제를 실무자에게 이야기하는 것을 좋아하지 않는다. 친구에 대한 배신으로 여기는 경향이 있기 때문이다. 실무자는 짧은 시간이지만 상담을 통해 민영이가 강원이에 대해 우연히 투덜거리는 것을 듣고 곧바로 강원이의 상태가 심각하다는 것을 알 수 있었다. 효과적으로 아이들을 보살피는 실무자가 되기 위해서는 이런 기회를 포착하여야 한다. 사실 많은 업무에 시달리는 실무자는 이런 기회를 놓치기가 쉽다. 상담은 곧바로 이루어졌고, 실무자는 빠른 해결책을 택하지 않았다. 다른 사회복지사나 상담 전문가들의 상담이 세상과 격리된 밀폐된 상담실에 앉아서 클라이언트를 상대하는 상담가와는 달리, 그룹홈 내에서의 상담은 전문 상담이나 치료적 개입이 아닌 생활상담이다. 이러한 생활 상담은 올바른 습관을 형성하며 나아가서는 대인관계 능력과 자신감을 향상시키는 데 도움이 될 것이다.

어떤 그룹홈 실무자는 그룹홈 아이들을 대상으로 전문적이거나 치료적인 상담을 시도하는 경우도 있지만 부작용을 야기하는 경우도 종종 있기 때문에 이는 바람직한 방안이 아니다. 어머니가 자기 아이를 전문적으로 상담하는 것은 쉽지 않을 뿐만 아니라 그 효과도 의문이며, 그룹홈 내에서 모성적 보호를 훼손할 수도 있기 때문이다. 그룹홈 내에서는 애착의 결여에서 야기된 과제들이 많이 일어나기 때문에 전문적 상담보다는 가능한 한 애착적인 환경을 조성할 필요가 있다. 사람을 변화시키는 것은 애착이기 때문이다. 그러나 전문적 상담이나 치료적 개입이 필요한 경우도 분명히 있다. 이때에는 그룹홈 내에서 상담을 직접 하기보다는 주위 전문 상담가의 도움을 받는 것을 고려한다. 그룹홈은 아이들에게 신체적 · 정신적으로 안정된 치료적 환경을 제공한다는 측면에서 아이들의 미해결된 발달과제에 대해 시간적 여유를 가지고 임하는 것이 필요하다. 사람은 단기간의 프로그램으로 지난 상처가 치유되지 않기 때문이다.

아이들이 잘 씻지 않거나, 쿵쿵거리며 뛰어다니거나, 음악이나 TV를 크게 틀어 놓거나, 옷을 벗어서 내버려 두거나 남을 생각하지 않고 맛있는 것을 다 먹어 해치우는 것 등은 그룹홈에서 종종 이슈가 되기도 한다. 이러한 경우에는 아이들의 자제와 행동수정만을 요구할 것이 아니라 아이들 스스로가 남을 배려할 줄 아는 사람이 될 수 있는 그룹홈의 문화를 형성하는 것이 중요하다. 하지만 때로는 옷장을 따로 설치하거나, 맛있는 음식은 나누어서 보관하는 방식이 그룹홈 내에서 아이들의 교육과 놀이와 휴식을 위한 보다 더 나은 방법이 될 수도 있다.

그룹홈 실무자는 아이들과 함께 생활하기 때문에 수많은 일상적인 일들 가운데에서 무엇이 문제이며 이러한 것들을 어떻게 해결해야 할지를 알고 있으며 즉각적으로 개입하며 상담할 수 있다.

그룹홈 실무자는 아이들과 함께 있기 때문에 새로운 아이들이 낯선 사람들과 함께 낯선 곳에서 생활해야 하는 데서 오는 어려움에 대해 잘 공감하고 있다. 그럼에도 불구하고 그룹홈에서 함께 생활해야 하기 때문에 생활상의 어려움들을 해결할 수 있는 방법을 아이들과 함께 찾아내야 한다. 새로운 아이들은 자기 집에서처럼 생활하기를 요구하지만 집에 되돌아갈 수 없다는 사실에 짜증을 내기 때문에 실무자는 이러한 과제들과 씨름을 해야 한다.

그룹홈 실무자가 아이들과 상담을 하고 있는 동안 옆 방에서 고함소리가 들려왔다. 강원이가 효원이와 다투는 것이다.

"웃기는 소리 마!"
"너희 엄마나 너나 마찬 가지야!"
"둘 다 막무가내잖아!"
"그러는 너는 뭐가 잘났냐?"

"너희 엄마는 너보다 술병을 사랑해."
"아니야! 우리 엄마가 나중에 나를 데리러 오실 거야! 두고 봐!"

그룹홈 실무자는 동시에 여러 가지를 해결할 수 없다는 것을 잘 알고 있다. 이럴 경우 그룹홈 실무자는 모든 문제에 대하여 피상적으로 대응하는 것보다 한 가지에 집중하는 것이 중요하다. 격리된 상담실에서 한 번에 한 가지 문제만을 다루는 상담가들에 비해, 그룹홈 실무자는 다양하고 서로 복잡하게 얽혀 있는 과제들을 동시에, 때로는 시간을 가지고 대처해야 하기 때문에 상담능력뿐만 아니라 사안에 대한 경중 완급을 따져 대처할 수 있는 대처능력을 가져야 한다.

그런 점에서 그룹홈 실무자들은 전등이 어둠을 밝혀 주듯이 아이들에게 불을 밝혀 주는 역할을 수행하며 그룹홈의 문화를 최일선에서 만들어 가는 것이다.

"나도 여기에서 잘 하고 있어. 아이들의 고통과 불행을 경감시키기 위해 노력하고 있어. 그룹홈에서 생활하는 아이들의 일상적인 마찰 가운데에서 중요한 의미가 있는 것들을 찾아내고, 스쳐 지나가는 일상 속에서 개입해야 할 과제를 찾아내는 것은 중요하다는 생각이 들어."

강원이와 영민이의 문제로 되돌아가서 실무자는 바람직한 가정의 모습에 대해 두 사람이 가지고 있는 생각을 함께 나누었다. 그러자 강원이와 영민이는 자기들의 생각이 매우 막연하며 불충분한 경험에 의존했다는 것을 느끼는 것 같았다. 그룹홈 실무자는 자신은 아이들이 막연하게 생각하는 것들에 대해 명확한 해답을 찾도록 도와주는 사람이라는 확신이 들었다. 그리고 그들에게 무엇이 가장 중요한 문제인지를 물어보았다. 그리고 그룹홈 실무자는 그룹홈에서 함께 사는 동안 그들의 아픔과 상처를 공감하고 그들을 도와주기로 약속하였고, 어떻게 해야 그룹홈에서 편안하게 지낼 수 있는지를 함께 의논하였다. 그룹홈 실무자는 그들이 친한 룸메이트로 함께 지냈으면 좋겠다는 자기의 기대를 아이들에게 말하였다. 그리고 그룹홈 실무자는 강원이가 다른 사람들과 함께 지낼 때 겪는 어려움과 영민이의 참지 못하는 불같은 성격에 대해 관심을 가지고 이야기하였다.

강원이와 효민는 그룹홈 실무자가 즉각적으로 개입함으로써 더 큰 다툼으로 확대되지 않고 스스로 자신들의 문제를 다루는 데 도움을 받았다. 마찬가지로 그룹홈 실무자 역시 아이들을 위해서 좀 더 인내심이 필요하다는 것을 느꼈다. 그리고 그룹홈 실무자는 어려움을 회피하거나 무마시키는 것보다는 적절한 해결책을 찾아내는 것이 중요하다는 것을 느낄 수 있었다. 그리고 그룹홈 실무자는 '발달은 새로운 문제를 수반한다.'는 사실을 다시 한 번 되새기게 되었다. 아이들이 다른 사람들과 어울릴 준비가 되어 있을 때, 사회적 기술과 협력하는 데 서투르기 때문에 새로운 형태의 도움이 필요하게 된다. 그룹홈 실무자는 쉽게 화를 내는 사람들을 치료하고 싶다고 생각했던 자신의 소망을 생각하며 혼자서 빙그레 웃었다.

오후가 되면 아이들이 학교에서 그룹홈으로 돌아오고, 모든 아이가 자신에게 특별한 관심을 가져 주길 원하고 있는 것을 그룹홈 실무자는 잘 알고 있다. 이럴 때 실무자는 두 아이들의 문제에 신경을 쓸 수가 없고 차를 마실 시간도 없다. 아이들에게 특별한 문제가 없더라도 아이들에게 관심을 가져주는 것이 실무자의 역할이다. 그룹홈 실무자는 아이들이 그룹홈에 잘 적응하고 있어도 자기의 발달과제를 수행하기 위해서는 도움이 필요하며, 아이들이 정상적인 가정생활로 되돌아가고 싶어 하는 아이들의 심정을 이해해 주는 것이 필요하다는 것을 알고 있다.

그런 점에서 실무자는 그룹홈의 사춘기 청소년은 모두가 어려움을 안고 있다는 것을 알아야 한다. 그룹홈 실무자는 그들의 개인별 관심사에 대해 관심을 표해 주는 것이 필요하다는 것을 잘 알고 있다. 그러나 그룹홈 실무자가 아이들의 개인적인 관심사에 대해 관심을 가진다는 것이 쉬운 일은 결코 아니다. 그룹홈 회계, 행정부터 집안일, 시장 보기, 회의 참석, 후원자 개발, 학교 교사 방문, 아이 병원 데리고 가기, 상담 일지 및 운영일지 작성 등 그룹홈 실무자의 머릿속은 해결해야 할 온갖 일들, 기억해야 할 메시지 과제들로 꽉 차 있기 때문이다. 그런 때면 그룹홈 실무자들은 각자에게 무엇을 하라고 말함으로써 이런 문제들을 간단히 해결하고 싶은 유혹을 느낀다.

그룹홈 실무자는 아이들이 일을 제대로 마치지 못하고 있는데 새로운 요구를 하거나 실망감을 드러내지 않아야 된다는 것을 잘 알고 있어야 한다. 그리고 그룹홈 실무자는 그룹홈에서 생활하는 아이들이 집단으로서가 아니라 그룹홈에서 생활하고 있는 개인으로서 존중되어야 한다는 믿음을 가져야 한다. 그리고 실무자는 아이들이 집에 돌아올 때는 학교에서의 하루의 긴장이 풀릴 때 까지 기다려 주어야 한다. 이때 간식 같은 것을 준비해 두면 아이들의 긴장도 쉽게 풀릴 것이다.

그리고 그룹홈 실무자는 아이들에 대한 것들을 동료 사회복지사들과 충분히 공유해야 한다. 그룹홈 실무자는 자신이 있었던 시간에 일어난 일들을 기록하고 교대 근무하는 실무자에게 간단히 설명을 해 주어야 한다. 그룹홈 실무자에게 가장 힘든 일이 기록하는 일이다. 1년 365일을 사회복지사 2명이 교대로 근무하는 현실 속에서 기록하는 것은 무리다. 그러나 그룹홈에서 근무하는 사회복지사는 어떤 경우에는 몇 시간씩 책상에 앉아 기록하는 일들을 하기도 해야 한다. 미국이나 일본처럼 그룹홈 실무자들이 하루 동안 있었던 일들에 대해 매일 기록하는 것은 기대할 수 없다. 그런 점에서 그룹홈 실무자가 현재와 같이 사회복지사 2명이 24시간 아이들을 돌보는 형태가 아니라 야간 숙직교사를 두거나 사회복지사 1인을 추가하여 8시간 근무하도록 하거나, 혹은 그룹홈 실무자의 가사노동 부담을 덜어 줄 수 있도록 취사원 배치 등의 인력 증원을 통해 기록할 수 있는 환경을 마련해야 할 것이다. 이렇게 어려운 환경임에도 불구하고, '역사는 기록하는 자의 것'이라는 말처럼 아무리 많은 일을 뛰어나게 하였어도 기록하지 않으면 아무런 일도 하지 않는 것처럼 평가받는다. 특히 3년마다 그룹홈의 평가가 이루어지기 때문에 기록은 중요하다. 가능하다면 그날 하루 있었던 중요한 일들에 대한 메모에서 한 발 더 나아가 아이들의 반응이나 약속 등도 기록해 놓을 필요가 있다. 하루 동안 있었던 일들을 정리하는 것이 가장 힘든 일 중의 하나다. 다음은 기록과 관련하여 필자가 옆에서 겪은 일이다.

수진이는 그룹홈에서 자립을 하여 지방의 기숙사가 딸린 대기업 전자제품 생산 공장을 다니고 있었다. 돈 씀씀이가 헤픈 수진이가 걱정되어 월급의 일부를 저축하라고 그룹홈 선생님이 조언을 하였고, 수진이는 자기가 은행일을 볼 시간이 없으니 선생님이 적금을 들어 달라고 부탁하여 선생님 명의로 보험사의 적금을 들어 주었다. 어느 날 수진이가 적금을 해약하여 일부를 달라고 해서 그 선생님은 적금을 해약하여 일부를 주고 남은 금액을 보관하고 있었다. 수진이에게는 함께 그룹홈에서 자란 남동생이 있었는데 남동생이 누나가 올 수 없으니 나머지 금액을 자기에게 달라고 연락을 하고 와서 선생님은 수진이에게 확인하고 나서 그 남동생에게 주었다. 그리고 7~8년이 흘렀는 데 갑자기 수진이가 나머지 돈을 돌려달라고 전화를 하였다. 선생님이 남동생을 보내서 찾아가지 않았느냐고 묻자, 수진이는 그런 적이 없다고 하였고, 그 남동생도 자기는 받아간 적이 없다고 하였다. 결국은 그룹홈 선생님이 아이의 돈을 떼먹은 셈이 되어 버린 것이다. 그러나 돈을 받아간 그 남동생에게 영수증이나 현금을 받았다는 기록을 받아 둔 것이 없기 때문에 그 선생님의 이야기를 입증할 근거를 찾을 수 없었다. 그 선생님은 그룹홈에서 이러한 일들은 극히 이례적인 일이고 같은 가족이나 다름없다고 생각했기 때문에 그 아이에게 수령증을 받을 생각조차 하지 않았다. 설령 그때 수령증을 받지 않았더라도 그 사실을 기록해 놓지 않았기 때문에 온전히 그룹홈 선생님이 책임일 수밖에 없었다.

그룹홈 실무자는 업무를 교대하거나 새로운 실무자가 그룹홈에 왔을 때 아이들이 자기를 합리화하거나 다른 아이 탓으로 돌리거나 그 기회를 활용하여 부적절한 대응을 하지 않도록 기록을 남기고 인수인계를 명확하게 하여야 한다. 이러한 인수인계는 아이들 문제에 대한 부담을 공유하는 것이며, 동시에 다른 실무자의 생각과 의견을 알 수 있는 좋은 기회이기도 하다. 이러한 작업은 아이의 요구에 보다 귀를 기울일 수 있으며, 실무자들 간의 선의의 경쟁을 촉발하기도 한다.

전화벨이 울렸을 때 그룹홈 실무자가 "○○선생님을 바꿔드릴까요?"라고 대답을 하고 그 선생님을 보니, 그 선생님은 아이들과 최근 유행하는 농담을 하느라 아이들의 시선이 온통 그 선생님에게 쏠려 있는 것을 알 수 있었다. 그룹홈 실무자는 재미있는 시간을 보내고 있는 것을 방해하고 싶지 않아 다시 전화기를 붙잡고 "○○선생님께서는 지금 바쁜 일이 있어 전화받기가 어렵습니다."라고 대답을 하였다. 통화를 해 보니, 그 전화는 시내에 있는 치과의사로부터 효민이의 치료 문제로 급히 보자는 연락이었다.

효민이는 물론 치과에 가는 길을 잘 알고 있다. 차비를 주어서 혼자 보내야 할 것인가 아니면 같이 가야 할 것인가? 그룹홈 실무자는 망설였다. 함께 간다면 오고가는 동안 효민이의 개인적인 이야기를 들을 기회가 있을 것이다. 치과 진료는 고통스러운 일이며 그래서 효민이는 약간 겁을 먹은 것 같았다. 물론 자원봉사자를 불러도 되지만, 그룹홈 실무자가 함께 가는 것과는 엄청난 차이가 있다. 실무자는 '내가 효민이와 함께 간다면 누군가 곁에 있어 주기를 같이 있어 주는 사람이 바로 내가 될 것이다. 그러면 지금까지 효민이와 함께 했던 시간과는 질적으로 다른 시간이 될 것이다.'라고 생각했다. 그래서 그 일을 다른 사람에게 맡기지 않고 실무자가 효민이와 함께 치과에 갔으며, 오는 길에 효민이에게 필요한 몇 가지 물건을 쇼핑하였다. 효민이는 유익한 경험을 했으며, 실무자는 효민이와 개인적인 이야기를 하면서 친밀감을 쌓을 수 있었다.

지금까지 그룹홈에서 생활상 부딪히는 문제들에 대해 살펴보았다. 아이를 돌본다는 것은 정규적인 활동, 그룹홈 안팎에서 발생하는 다양한 사건들에 영향을 받는다. 그룹홈에서 제공되는 서비스는 아이들의 삶에 영향을 미치고, 이러한 아이들의 삶은 그룹홈에서 제공되는 서비스를 규정한다.

아이들을 돌본다는 것은 그들에게 자기 삶을 조각할 수 있는 기회를 제공하는 것이며, 그들의 삶의 모습은 그룹홈에서 받는 서비스에 따라 달라진다. 아이들이 보살핌을 받고 있다고 느끼는 것은 보살핌을 제공하는 사람과 받는 사람 사이의 상호작용뿐만 아니라 물리적 환경과 물질적 조건, 그리고 기관, 지역사회, 법률 및 아동복지에 대한 사회적인 인식 등과 같은 외부적인 요인들과도 관련이 있다. 이러한 시스템들은 한 나라의 사회복지정책과 우리가 살아가는 세계 질서에 의해서 규정된다.

2. 상호작용의 조화로서 보호 서비스

1) 보호란 무엇인가?

보호 서비스는 제공하는 사람이나 받는 사람 모두에게 인간적인 체험이다. 보호를 통해 애착이 확고해지며 역설적으로 상대방으로부터 더 자유롭고 자율적이 될 수 있다.

아홉 살 재영이는 그룹홈에서 다른 아이들에게 괴롭힘을 받았다. 실무자는 재영이가 괴롭힘을 당할 때 재영에게 동정심을 표현하거나 괴롭히는 아이들을 혼내는 대신 게임을 제안했다. 실무자는 아이들에게 '그런데 어쨌다는 거야?' 게임을 제안했다. 이 게임은 실무자가 즉석에서 고안해 낸 게임으로, 실무자를 포함하여 아이를 모두가 돌아가면서 괴롭히는 사람과 괴롭힘을 당하는 사람의 역할을 맡도록 한다. 실무자가 함께 참여함으로써 게임이 싸움으로 번지지 않게 재미있는 상황을 연출하였다. 점차 심하게 놀리면 놀림을 받은 사람은 기분이 언짢아지고 "그런데 어쨌다는 거야?"라는 말을 하는 게임이다. 게임을 함으로써 재영이는 기분이 풀리게 되었고, 다른 아이들이 놀릴 때 어떻게 해야 하는지 효과적인 행동방법을 익히게 되었다. 또 효민이는 실무자가 자신에게 관심을 가지고 있음을 알게 되었다. 이를 통해 재영이는 실무자와 친밀감을 느끼고 다른 아이들과도 가까워질 수 있게 되었다. 실무자는 재영이를 괴롭히지 말라고 아이들에게 야단치기보다는 상호작용이 이루어지는 재미있는 놀이를 통해 재영이를 지지해 주었고, 다른 아이들도 놀림을 받을 때 기분이 어떤지를 느끼게 되었다. 실무자가 자신에게 관심을 가지고 있다는 것을 알게 된 재영이는 이 일이 있은 후에 더욱 자신감을 가지게 되었고, 다른 아이들과 함께 밖에서 어울리는 시간이 많아졌다.

재영이와 친밀해진 후 실무자는 재영이에게 보다 더 폭넓은 자유가 필요하다는 것을 발견할 수 있었다. 실무자는 재영이와 함께 다른 사람들과의 관계에 대해 보다 의미 있는 대화를 하였고 함께 재영이가 겪고 있는 어려움들도 함께 나누었다. 그래서 그들은 아이들이 재영을 괴롭히는 직접적인 요인이 무엇인지를 찾아낼 수 있었다. 재영이는 아홉 살인데도 밤중에 침대에 오줌을 싸기 때문에 다른 애들로부터 '오줌싸개'라는 놀림을 받은 것이다. 아마도 실무자는 재영이의 야뇨증을 치료하는 데 재영이에게 도움을 줄 수 있을 것이다.

실무자는 아이를 진정으로 돌보기 위해서는 아이와 친밀해질 기회를 만들고 어려움에 빠져 있는 아이의 상황을 포착할 수 있어야 한다. 이와 같이 특별한 아이를 돌보는 실무자는 자기의 역할을 충분히 감당할 수 있는 사람이며 동시에 스스로 아동보호에 있어 적임자라는 확신을 가진 사람이어야 한다.

이런 사건들은 그룹홈에서 흔히 일어나는 일이다. 실무자의 단 한 번의 개입으로 실무자의 노력이 반드시 성공하는 것은 아니지만 변화를 위한 아이의 노력을 격려해 준다는 데 의미가 있다. 이런 예는 그룹홈에서 매일같이 일어나는 사소한 일이지만 변화를 위한 중요한 계기가 될 수 있다. 실무자가 재영이에게 "네가 만일 오줌을 싸지 않으면 아이들이 너를 놀리는 일도 없을 거야."라고 매우 논리적으로 이야기하였다면 그것은 정서적인 지지를 필요로 하는 재영이에게 아무런 도움이 되지 못했을 것이다. 재영이의 야뇨증은 심리적으로 의지하고 싶고 도움을 구할 때 아무도 없는 사막에 버려졌던 과거의 체험과 관련이 있을 수 있다. 실무자는 재영이가 다른 아이들과의 관계에서 좀 더 자신감을 가지고 대할 수 있도록 도움으로써 재영이의 상처와 외로움을 스스로 극복하도록 재영이에게 기술적인 도움을 제공한 것이다.

재영이는 자신의 문제를 공감해 주는 사람이 있었기 때문에 자신의 괴로움을 말하기가 비교적 어렵지 않았다. 실무자가 재영이가 겪고 있는 어려움 뒤에 있는 근본적인 요인들을 찾아내려 노력했기 때문에 가능한 일이었다. 재영이는 자기 어려움을 다른 사람들로부터 놀림을 받지 않고도 해결할 수 있다는 생각을 가지게 되었다.

그룹홈 실무자는 매일같이 발생하는 아이들 사이의 긴장이나 갈등에 대해 효과적인 개입방법들을 찾아내기보다는 갈등을 회피하거나 갈등 자체를 묵살해 버리고 싶은 유혹을 받는다. 사실 다른 아이에게 재영이를 괴롭히지 말라고 말하는 것은 재영이에게 관심을 갖지 말라는 말이나 다름없다. 실무자의 역할은 관심을 가지고 재영이가 밤에 오줌을 싸지 않도록 효과적으로 재영이의 노력을 강화시키고 그룹홈 그룹홈 아이들간의 상호작용을 증가시켜 서로 애착관계가 강화되도록 지원하는 일이다.

그룹홈에서의 보호는 단순히 의식주를 제공하거나 신체적 안전을 제공하는 차원을 넣어서 가정에서 배우고 익혀야 할 모든 것들을 학습하여, 다른 사람에 대해 보다 책임적일 수 있는 사람으로 기르는 과정이다. 이웃이나 친구나 선생님의 보호활동과 차이가 나는 점이 바로 다른 사람에 대하여 책임적인 사람이 되도록 하는 활동이라고 할 수 있다.

실무자의 역할은 변화를 매개하는 역할이며, 아이들의 인격적 발전을 촉발시키는 사람이다. 보호의 질은 실무자가 아이들에게 어떻게 느끼고 생각하느냐에 의해 결정되는 것이 아니라 어떻게 그것들을 실천에 옮기느냐에 따라 좌우된다. 아동 · 청소년 그룹홈의 역할은 실무자의 실천활동 속에서 드러나기 때문이다.

2) 기질 탐색

영아에 대한 최근 연구를 통해 기질의 차이에 대해 보다 명확해졌다. 영아를 오랫동안 관찰한 결과, 영아와 주 양육자에게 주고받는 관계가 형성되어 있다는 것이 밝혀졌다. 아이의 기질과 보호하는 사람의 특수한 기질이 어느 시점에 융합되어 나타난다는 것이 보고 되고 있다. 아이와 양육자가 서로에게 적응하는 방법을 찾아낸다는 것이다. 이러한 사실은 영아뿐만 아니라 좀 더 자란 아이들에게도 마찬가지다. 서로 맞추어 가고 리듬을 함께 만들어 가는 과정은 인생의 어떤 시기에든 애착을 형성해 가는 과정에서 일어난다. 이러한 애착 형성과정은 그룹홈의 아동보호에서 본질적인 특징 중의 하나다.

> 여덟 살 선희는 손가락으로 음식을 먹는다. 상을 차릴 때 선희의 시선은 음식을 따라 움직인다. 그러다가 음식이 식탁에 놓이자마자 음식 가까이로 자리를 끌어당겨 바로 옆에 앉은 혜영이의 수저와 젓가락을 치운다. 혜영이의 수저와 젓가락이 음식을 먹는 데 방해가 되기 때문이다. 식탁의 다른 쪽에 앉은 아이가 음식을 손으로 먹는 것은 먼저 시작했다. 그걸 보고 선희도 따라서 한 것이다. 그러나 혜영이는 다른 아이들보다 음식을 천천히 먹는데 이는 다른 사람들을 배려하는 행동이 시각적으로 드러나게 하기 위한 것이다. 혜영이의 이런 행동에 대해 주위에서는 칭찬이 자자하였다. 주위의 칭찬이라는 강한 자극이 혜영이로 하여금 그렇게 행동하도록 만든 것이다. 기질적으로 천천히 먹는 혜영이는 주위의 칭찬으로 인해 더욱 고상하게 보이기 위해 음식에 대해 가장 관심을 두지 않는 듯 행동한다. 선희는 이런 부분에 신경쓰지 않고 혜영이 옆에 앉는 것이 가장 현명하다는 생각을 한 것이다. 실무자는 선희가 음식을 손가락으로 집는 것이 식사예절이 형편없어서가 아니라 음식을 빨리 집어 많이 먹기 위한 방법이라는 것을 알게 되었다.

사람은 태어날 때 특별한 기질을 타고 나며 이를 지속시키고자 하는 경향이 있다는 최근 연구를 받아들이면, 이런 대응 방법의 차이에 대해 보다 잘 이해할 수 있게 될 것이다. 기질이 다르면 이에 대한 대응도 달라져야 한다. 아이들마다 기질의 차이가 있기 때문에 실무자는 이러한 것들을 구별할 수 있어야 한다. 생애사적인 연구들은 우리에게 이러한 기질은 적어도 어린 시절에는 지속되며 심지어는 평생에 걸쳐 지속되기도 한다는 점을 밝혀 주고 있다. 자신의 체험이나 친구들을 관찰해 보면 이런 기질의 차이는 어른이 되어 사회활동에 참여하는 방식에서도 분명한 차이를 가져온다는 것을 알 수 있다.

어떤 사람은 모임을 주도하며 다른 사람들에 대해 공격적으로 대하는 경향이 있고, 또 어떤 사람은 스스로를 모임의 구성원이라고 생각하지만 항상 주위의 사건과 시선을 늘 민감하게 의식하며 어느 모임에나 일정한 거리를 두고 참여한다. 아동·청소년 상호작용 방식에는 매우 다양한 스펙트럼이 있다. '살아 있는 레이더'라고 불릴 정도로 작은 반응에도 민감한 아이들도 있다. 지나치게 위축되어 비활동적으로 보이는 아이들을 활동적인 아이로 만들기 위해서는 앞으로 보다 더 심층적인 연구가 필요하다. 이런 아이들의 눈은 끊임없이 움직이지만 몸을 움직이기보다는 보기를 좋아하는 유형이다.

이와는 반대로 기질이 아주 적극적인 아이들은 무엇이든지 만지고 몸으로 직접 체험하려는 욕구가 강하다. 이렇게 신체적으로 활동적인 아이들은 그룹홈 내에서도 끊임없이 새로운 것과 자극을 찾는다. 이런 아동·청소년 상호작용을 통해 그 집단의 리더로 성장할 가능성이 크다. 작은 변화나 새로운 자극에도 이런 아이들은 금방 반응한다. 자극에 민감한 이런 아이들은 잠시라도 가만 있지 못하여 '늘 바쁘고 부산한 아이들'이라고 불린다.

'늘 바쁘고 부산한 아이들'은 할 수 있는 일이면 무엇이든 즉시 행동에 옮기고 본다. 이들에게는 어떤 자극이든 행동을 촉발하는 메시지가 된다. 그런 점에서 그들을 보살피는 실무자나 부모나 자원봉사자가 자극을 주는 통로도 되고 자극을 감소시키는 존재도 될 수 있다는 것은 놀라운 일이 아니다. 예를 들면, 아이가 음식을 먹을 때 아무 음식이나 마구 만지기 때문에 아이의 손을 감싸는 부모가 있다고 하자. 부모는 아이가 침대에 있을 때에도 과도한 자극을 아이에게 주지 않기 위해 한두 개 이상의 장난감은 침대에 넣어 주지 않는다. 아이를 목욕시킬 때에도 그 부모는 아이에게 샤워기로 물을 뿌리지 않는다. 이런 아이들에게는 태권도와 같이 격렬한 신체적인 운동보다는 바둑이나 영화 보기와 같은 비교적 정적인 활동을 권장하는 것이 바람직하다.

이와는 반대로 '살아 있는 레이더'로 불리는 아이들은 일상생활에서도 매우 큰 차이가 있다. 그들은 환경을 시각적으로 이해한다. 그들의 환경을 매우 민감하게 살피는 특성이 있다. 그들은 움직이기보다는 보는 것을 좋아하고 온몸을 사용하는 것보다는 손가락만 움직이려는 특징이 있다. 그래서 이런 아이들에게는 자극을 점차 증가시킬 필요가 있다.

이런 아이를 목욕시킬 때는 샤워기로 물을 뿌리고, 킥킥거리기도 하고, 아이를 들어 올렸다 내렸다 하며 큰 자극을 준다. 그리고 아이 침대에도 장난감들을 많이 넣어 줄 필요가 있다. 이런 아이들의 부모는 아이들에게 강한 자극을 준다. 한 마디로 이런 부모들은 직관적으로 이런 방식으로 아이와 의사교환을 할 필요가 있다.

이와 같이 기질이 다른 아이들을 똑같은 방식으로 대한다면 그 결과는 어떻게 나타날까? 기질이 다른 아이들에게는 서로 다른 방식으로 대해야 한다. '늘 바쁜 부산한 아이들'과 '살아 있는 레이더'의 아이들 모두를 균형 잡힌 어른으로 성장하도록 하기 위해서는 차별화된 접근이 이루어져야 한다. 아이들의 기질을 고려하여 실무자의 직관적인 노력이 결합될 때 만족스러운 결과를 얻을 수 있다.

그렇다고 '늘 바쁘고 부산한 아이들'에게는 적은 자극을 주고 '살아 있는 레이더'와 같은 아이들에게 무조건 큰 자극을 주라는 것은 아니다. 상황에 따라 예외적인 경우도 있을 수 있다. 여기에서 강조하고자 하는 핵심은, 상황에 따라 아이들의 기질에 따라 차별화된 접근이 필요하다는 것이다. 연극이나 영화관에서 떠들고 장난치는 아이를 무조건 큰소리로 나무랄 수는 없는 것이다.

이러한 상호작용에 대한 설명은 그룹홈에서 생활하는 또래들에게도 마찬가지로 적합하다. 예를 들어, 그룹홈에서 학교 다니는 아이들이 식사시간이 되어 식탁으로 모인다고 하자. 어떤 아이는 뛰듯이 식탁으로 다가올 것이고, 또 어떤 아이는 "오늘은 무엇을 먹어요?"라고 물으면서 천천히 다가올 것이다. 그에 따라 어른의 반응도 달라질 것이다. 식탁으로 달려드는 아이에게 실무자는 말리는 몸짓을 하며 "앉아! 제 자리에 앉아!"라고 소리칠 것이다. 그러면 아이들은 실무자의 다소 큰 목소리에 압도되어 그 순간은 조용해질 것이다. 그러나 그 순간만 지나면 다시 소란스러워질 것은 분명하다. '늘 바쁘고 부산한 아이들'이 식탁으로 돌진해 올 때도 실무자가 조용히 아이의 손을 잡아 주면서 "자, 자리에 앉자."라고 말한다면 아이들의 반응은 달라질 것이다. 반면, 늘 소극적이며 '살아 있는 레이더'처럼 조용한 아이들에게 실무자가 즐겁고 활기차게 "야! 맛있는 냄새가 난다. 오늘은 무슨 반찬일까?" 하며 아이들에게 큰 자극을 줌으로써 식탁을 즐겁게 할 수 있다.

실무자는 아이들마다 기질이 다르고 이러한 기질의 차이를 고려한 상호작용 방식에 대한 인식은 아이들과 실무자의 상호작용에 반드시 필요하다는 것을 알아야 한다. 실무자는 아이들의 기질을 파악하기 위한 시간을 가져야 한다. 그래서 실무자는 신체적 접촉이 필요한 아이가 누구이고, 자극을 감소시켜야 할 아이가 누구이며, 겉돌고 있는 아이가 누구이고, 시각적 자극이나 기타 자극이 필요한 아이가 누구인지를 관찰하고 개입할 수 있어야 한다. 아이들마다 다르게 대해야 한다는 것이다. 그룹홈에서 가장 중요한 것은, 아이들의 기질에 따른 접근방식들이 상충되지 않도록 하기 위해서는 그룹홈 실무자에게 충분한 시간적인 여유가 주어져야 한다는 것이다.

실무자가 기질이 다른 아이들에게 각기 다르게 접근하여 만족스러운 결과를 이끌어낸다면, 아이들은 나중에 균형감각을 갖춘 어른으로 자라게 될 것이다.

그룹홈 아이들과 같은 집단보호 시 아이들의 행동에 대한 어떠한 기준을 만들려는 최근의 몇몇 연구들은 그런 점에서 많은 문제점을 안고 있다. 모든 아이들에게 동일한 자극을 준다면 그 결과와 반응은 아이들마다 서로 다르게 나타날 것이다. 만일 아이들의 기질이 서로 다르다면 아이들은 실무자로부터 서로 다른 방식으로 보호가 이루어져야 한다는 것이 논리적으로 타당하다. 실무자는 아이들의 기질과 특성을 쉽게 파악할 수 있기 때문에 이는 어려운 과제가 아니다.

아동보호 실무자들 스스로가 기대하고 프로그램을 수행할 때마다 요구되는 '문자적 일관성'은 사실 자연스럽거나 바람직한 목표가 결코 아니다.

최근의 발달론적인 관점에서 아동 · 청소년 보호에서 중요한 것은 각 아이에게 맞는 적절한 보호방식을 찾아내는 것이며, 어떤 집단 내에 모든 아이들에게 동일한 행동을 고집하는 것이 아니라 아이와 실무자가 상호작용을 촉진하는 방법을 발전시켜 나가는 것이다.

3) 보호와 리듬

댄스, 노래 부르기, 손뼉치기, 탁구 등과 같이 리듬이 있는 행동은 친밀감을 증대시킨다. 리듬이란 반복과 반복의 연속된 행동으로 지속성과 예측 가능성을 가져다준다. 개인은 이러한 리듬 있는 활동에 참여함으로써 일체감과 상호 의존성을 체험할 수 있다.

유아와 실무자의 상호작용은 원을 그리며 돌아가는 댄스에서 상대방의 스텝에 보조를 맞추려는 노력과 같다. 이러한 상호작용을 통해 두 사람은 자신들만의 리듬을 만들며 이를 지속시켜 가는 경향이 있다.

유아의 장난감과 유아들의 활동에는 리듬이 있다. 시소, 자장가 듣기 등과 같은 리듬적인 활동에 대한 체험은 아동의 발달에 매우 중요하며, 아동기뿐만 아니라 대인관계 능력의 발달에도 매우 효과적이다. 최근의 연구를 보면 리듬적인 상호작용은 '인간행동의 분자'라고 주장되고 있으며, 모든 의사소통의 기본이라고 한다.

다양한 삶을 살아온 사람들이 모인 그룹홈의 각 개인들은 다른 사람들의 생활방식에 신경 쓸 필요 없이 자기 나름대로 살아 왔다. 그룹홈이란 모두에게 공통된 리듬을 찾아내고 만들어 나가는 기회이며, 이러한 리듬을 만들어 가는 것이 "그룹홈 자체의 문화를 만들어 가는 과정이다."라고도 말할 수 있다.

종종 아이들은 실무자가 생각하지도 않는 순간에 일체성을 느낄 수 있는 기회를 만들어 실무자를 깜짝 놀라게 하곤 한다. 예를 들면, 노래와 같은 것을 들 수 있다. 노래는 가장 일반적인 리듬 있는 행동 가운데 하나이며, 아이들은 노래를 부르면서 일체감을 느낀다. 리듬 있는 행동은 그룹홈에서 다소 불쾌한 일이 있을 때 일체성과 소속감을 갖게 하는 방법이 될 수 도 있다. 이러한 리듬 있는 행동은 찬송가를 부르거나 시위 행렬의 박수와 같이 강한 전파성을 가지고 있다.

그룹홈의 실무자는 이러한 리듬적인 활동이 가지고 있는 힘을 이해하고 활용할 필요가 있다. 실무자는 공 패스하기, 노래 부르기, 악수 대신 손뼉 마주치기, 몸동작이나 머리 동작 등과 같은 리듬적인 행동을 통해 집단의 중요한 구성원이 된다는 느낌을 증진시킬 수 있다. 이러한 리듬적인 활동을 통해 참가자들은 일체감과 안정감을 느낄 수 있다. 긴장된 순간에 리듬 있는 익숙한 노래가 흘러나오면 분위기가 다소 풀릴 수 있다. 베개 빨리 토스하기나 풍선을 공중으로 톡톡 치기 등과 같은 리듬 있는 활동은 아이들의 긴장감을 쉽게 풀어 주며 일체감을 느낄 수 있도록 한다. 리듬 있는 활동에 참여함으로써 아이들은 일체감과 안정감을 체험할 수 있는 기회를 갖게 된다.

의식은 심리적으로 리듬적인 행동을 정형화한 것이다. 의식은 문화적인 것으로서 참여자는 의식을 통해 깊은 친밀감을 느낄 수 있다. 그룹홈에서 의식은 일상에 젖은 어른보다 아동 · 청소년에게 보다 중요한 의미가 있다. 의식은 자발적으로 생겨난 반복적인 행동이라고 할 수 있다. 그룹홈에서 아이들은 잠자리에 들기 전에 방구석에서 아끼는 오래된 인형을 세워 놓거나 두드려 주기도 한다. 이러한 의식적인 행동은 실무자가 밤에 잘 자라고 하거나 등을 톡톡 두드려 주는 것처럼 중요한 의미가 있다.

따라서 그룹홈마다 특색 있는 중요한 의식을 개발할 필요가 있다. 약속할 때 엄지로 도장을 찍거나 기분 좋을 때 하이파이브를 하거나 혹은 생일잔치 때 고깔을 쓰거나 특색 있는 생일축하 노래를 부르는 작은 활동부터 연말 송년회나 체육행사, 수련회 등과 같은 프로그램까지 그룹홈만의 특성을 살린 의식 등을 개발할 필요가 있다. 이러한 의식은 아이들이 스스로 자연스럽게 만들어 내며 어른들의 관점에서는 우습게 보일지라도 아이들의 삶에서는 중요하기 때문에 실무자의 지지가 필요하다.

한편, 실무자는 잠자리에 들기 전에 이 닦기나 식사시간에 모두 앉을 때까지 기다려 주기 등과 같은 일상적인 행동은 지켜질 수 있도록 노력해야 한다. 이러한 것들은 의식적인 것이라기보다는 실제적인 필요에 의한 것이며, 시간과 노력을 아끼며 생활을 원활하게 해 주기 때문이다. 의식은 하던 일이 연장되거나 지체될 때 활력을 불어 넣어 주고 약간의 신비감이 있을 때 만들어진다.

4) 의존은 유익한 것

세 살짜리 유아가 부모에게 "여기 있어. 내가 혼자 할 수 있으니까"라고 말하는 것은 어른이 쉽게 무시할 수 있는 발달의 한 요소를 이 아이가 말하는 셈이다. 즉, 친밀한 애착은 자유를 가져온다(Maier, 1982b)는 사실이다. 그룹홈에 거주하는 아동·청소년은 특히 불확실성에 시달리고 종종 믿을 만한 보호자의 결여로 인해 심각한 의존성의 결핍을 겪고 있다. 그룹홈에 거주하는 아이들이 다른 아이들처럼 스스로 독립적인 성인으로 성장하기 위해서는 믿을 만한 보호자에 의한 안전한 의존의 경험이 충족되어야 한다. 아들러(Adler)가 말했듯이, 아이들은 예술가이면서 작품이기도 하다. 만약 그룹홈에 거주하는 아이들이 이 세 살짜리 유아처럼 자신의 심리적 상태를 자유롭게 이야기할 수 있다면 그들은 이렇게 외쳤을 것이다. "선생님 없이도 무엇이든 할 수 있도록 선생님에게 의존하고 싶어요." 독립은 의존에서부터 나온다(Maier, 1986d).

인간발달 분야의 최근 연구결과들을 보면, 의존에 대한 지지와 애착을 키워 주는 것은 자기 발달을 훨씬 용이하게 강화시키고 촉진시킨다는 것을 명확하게 보여주고 있다. 이러한 사실은 걸음마를 하는 발달과정에서도 증명된다. 초기에 아이들은 걸을 때 누군가의 손을 꽉 잡는다. 이것이 안전한 버팀목이라고 확신이 생기면 스스로 걸어가는 것이 더 쉽게 된다. 아동은 애정을 확신하게 될수록 나중에 모험을 향해 쉽게 스스로 나아가게 된다(Sroufe, 1978).

그리고 의존의 형성에 대한 연구들은 민감하게 아동의 욕구에 반응하는 부모들에게 걱정할 필요가 없음을 밝히고 있다. 아이들의 의존욕구가 안전하게 지지되는 경우 그들이 지지를 요구했던 바로 그 행동대로 안전한 독립을 성취하게 된다. 의존이 아이를 망치고 의존이 지나치게 연장될 거라는 말은 틀린 것이다. 사실 너무 고집이 세서 자기 마음대로 하려고 하는 아이들뿐 아니라 그룹홈 실무자에 대해 대한 지나친 애정요구로 어른을 지배하려고 하는 아이들은 의미 있는 애착과 애정을 거의 받은 적이 없는 경우일 가능성이 크다(Segal & Yahraes, 1978).

그룹홈의 업무에서 아동의 의존성을 지지하고 길러 주는 것은 보호의 핵심적인 요소다. 애착은 음식, 잠자리, 의복과 같은 것과 마찬가지로 생활의 필수적인 요소라 할 수 있다. 그룹홈의 아동 · 청소년은 의존해 본 경험이 적고, 의존이 정말 기분 좋은 것이라는 사실을 충분히 경험하지 못한 경우가 많다. 따라서 그룹홈 프로그램은 아동 · 청소년의 의존성을 길러 주기 위하여 실무자가 충분한 시간적 여유와 의존성을 길러 줄 수 있는 구체적 방법을 가지고 있어야 하고, 무엇보다도 아이들의 의존 욕구를 즉시 채워 줄 수 있도록 구조화되어야 한다.

아이들과 함께 잠자리를 준비하는 활동은 의존에 대한 의지와 애착을 기르기 위한 노력들이라 할 수 있다. 실무자는 아이들이 중요하다고 생각하거나 원하는 것들을 재빨리 인식하면서 그런 일을 아이들을 위해 혹은 아이들과 함께 하는 것이 중요하다. 게다가 잠자리를 살펴 주는 것은 편안한 생활을 위한 중요한 요소이며 아이들이 나중에 커서는 결국 스스로 할 수 있게 될 것이다. 마치 뒤치다꺼리를 하는 것처럼 보일지라도, 이러한 사소한 일은 아동 · 청소년에게 큰 지지를 전해 주는 것이다.

그룹홈 실무자들이 아동 · 청소년에게 하는 일은 친한 친구에게 차를 대접하거나 작은 심부름을 해 주는 것과 같은 평범한 일과 크게 다르지 않다. 자기 스스로도 쉽게 할 수 있는 이런 작은 일들이 아이들을 기분 좋게 해 주고 아이들에게 만족감을 갖게 해 준다. 자기가 받아들여지고 있고 관심을 받고 있다는 경험은 즐거울 뿐 아니라 만족스럽게 성장하는 데 정상적이며 적응력을 키워 주는 기본적인 것이다 (Dupont, 1978; Maccoby & Masters, 1970; Sroufe, 1978). 이런 대우를 받은 아이들은 더 자유롭고 덜 외로움을 느끼며 역설적으로 더욱더 독립적이 인간이 될 수 있다.

실무자의 발목을 붙잡는 아이들의 의존과 애착행동은 하루 종일 일어나지만 실무자와 아이들의 상호작용이 활발한 때 자주 발생한다. 이러한 것들은 말보다 행동의 방식으로 나타난다. 아이들이 무엇을 이야기하거나 불만을 표출하게 되면, 실무자는 자신이 하던 것을 그만둘 수밖에 없다. 이러한 의존에 대한 지지는 끌어

안아 주기, 귀여워해 주기, 아이들을 꾸중하기 등도 포함된다. 그러나 야단치면서도 아이에게 "나는 언제나 여기에 있을 것이고, 너를 돌보아줄 것이다."라는 메시지가 전달되어야 한다.

언어적인 의사소통 또한 이 목적을 위해서 활용된다. 실무자는 아이들과 떨어져 있는 동안에도 그들을 생각하고 있다는 것을 보여 주거나 아이들에 대한 좋은 느낌을 순간순간 표현하면서 아이들과 함께 있다는 느낌을 나누어야 한다. 예를 들어, 15세 된 소희가 학교 내 폭력사건으로 정학을 당한 3일 후에 학교로 다시 돌아가게 되었을 때 그룹홈 실무자는 다음과 같은 이야기를 했다. "소희야, 나는 오늘 아침 8시에 심호흡을 했단다. 아침 8시는 네가 다시 학교 갈 시간이지. 그동안 너는 무슨 생각을 했니? 네가 무척 어려웠을 거야. 어떻게 이겨냈는지 말해 줄래?" 소희의 어려움에 대해 이와 같은 실무자와의 상호작용은 "잘 지내." "문제를 피해 가!"와 같은 의례적인 이야기보다 훨씬 힘이 될 것이다. 어른들처럼 아이들도 자신이 혼자 있는 순간에 누군가가 곁에 함께 해 준다는 경험을 필요로 한다. 브론펜브레너(Bronfenbrenner)의 다음과 같은 말을 기억해 둘 필요가 있다. "모든 아이는 자신을 정말로 걱정해 줄 수 있는 사람이 적어도 한 명은 반드시 있어야 한다."

5) 애착과 애착행동

애착과 애착행동은 분명한 차이가 있다는 것은 앞 장에서 설명하였다. 애착은 행동으로 표현되지는 않지만, 정서적으로 상호 의존하고 있다는 친밀한 유대관계 경험이라고 할 수 있다. 애착은 자신을 향한 지지가 앞으로도 지속될 것이라는 믿음이 가능한 사람들 간의 친밀한 경험이라고 말할 수 있다. 이러한 맥락에서 애착 형성은 우리가 일반적으로 말하는 '관계 발달'이라고 개념화할 수 있다. 애착은 관계가 초기 단계를 넘어설 때 나타나기 시작한다. 유아의 발달단계에서 보면 애착은 태어난 지 6개월 후에 나타나는 것이 일반적이다. 이 특별한 시기의 유아는 특별히 자기가 좋아하는 사람들을(애착) 갖게 된다. 아이가 부모 중 어느 한쪽을 선호하며 떼를 쓰는 문제가 나타나는 것 역시 이 시기다. 그러나 이것을 문제로 보아서는 안 된다. 이 시기의 유아의 행동은 아이가 잘 발달하고 있음을 의미하는 것이다.

그룹홈에서 아이들은 실무자 중에서 유독 한 실무자를 잘 따르며, 새로운 실무자가 올 때 아이들의 감정이 동요하는 것도 그 명백한 증거다. 누구나 애착이 일어나며, 특정 시점에 반드시 애착이 필요하다. 자신이 의지할 수 있는 사람을 선택하고 이러한 애착관계를 일정 기간 유지할 수 있는 능력을 갖는 것은 아이가 성숙하고 있음을 알려 주는 하나의 신호인 것이다.

애착행동이란 그 용어 자체가 말해 주듯이, 애착을 얻기 위한 노력을 의미하는 것이지 애착은 아니다. 애착행동을 보인다는 것은 한 개인의 자기조절 능력이 적절한 수준으로 유지되지 못하고 있다는 것을 알려 주는 신호다. 애착행동은 매달리고 계속해서 뻔한 질문(지금 몇 시예요? 우리 언제 밥 먹어요? 등)을 하는 등 관심을 끌려는 행동으로 설명된다.

실무자는 애착과 애착행동 간의 차이를 잘 이해하고 있어야 한다. 아이들의 행동은 애착행동으로 나아가는 것이 아니라 애착관계를 형성하려는 쪽으로 나아갈 때 적절하다고 할 수 있다. 또한 애착행동은 인간의 내면에 자리를 잡고 있는 본능적이며 자연적인 반응이며, 그룹홈에 있는 아이들만이 보이는 문제점이 아니다.

적절하게 애착관계를 형성하고 있는 아이들에 관한 연구에서 우리는 다음과 같은 사실을 알 수 있다. 즉, 아이들이 분리와 같은 스트레스를 받는 상황에 처하게 되면 애착행동을 보인다는 것이다. 아이들은 자신을 돌보고 있는 사람들과 적절한 상호작용을 가진 후에 보다 유능하게 분리에 대처할 수 있었다. 이와 반대로, 애착관계에 대해 확신하지 못하고 있는 아이는 보호자에게 의지하는 것을 피하거나 혹은 변화된 상황에 대처하는 데 어려움을 느끼는 것으로 나타났다.

이것을 그룹홈에 적용하면, 애착을 얻기 위해 매일 일어나는 사건들은 그저 단순한 행동이 아니라 애착을 추구하는 모험으로 보아야 한다는 것을 의미한다. 아이가 밖에서도 들을 수 있을 정도로 큰소리치는 행위는 단순한 파괴적인 행동이 아니라 고독이나 버려진 느낌에서 오는 울부짖음으로 들을 수 있어야 한다. 실무자는 이렇게 울부짖는 특정한 아이가 위험한 순간이나 그 이후에도 자신과 실무자의 관계가 안전함을 확인하고 싶어하는 것이라고 알아들을 수 있어야 한다. 아이들의 커다란 울부짖음, 즉 애착행위 자체에 시선이 고정되어서는 안 된다. 이런 경우 실무자는 "그만 울라니까!"라고 야단을 치고 싶을 것이다. 이렇게 야단치면 아이는 잠잠해질 것이다. 그러나 자신을 보호해 달라는 아이의 요구 역시 묻혀 버리고 말 것이다.

6) 이론적 검토

아이들의 특별한 행동이나 개인의 발달에 대해 앞서 강조한 것들은 이론적인 측면에서 검토가 필요하다. 앞서 언급한 사례들은 행동주의적 시각과 상호작용적인 관점과의 차이 및 결론을 명확하게 보여 줄 수 있을 것이다.

우선 행동주의적 관점에서는 다음과 같이 말할 수 있다. 아이들이 우는 것을 무시하는 것은 바람직하지 않은 반응을 없애는 기법으로 활용될 수 있다. 또한 아이들이 평화롭게 서로 잘 어울려 노는 것에 관심을 기울이면 이것은 이러한 행동을 강화시키는 기제로 활용될 수 있다. 반면에 상호작용주의적 관점에서 보면 실무자는 우는 아이에게 보다 따듯한 반응을 보여 주어야 한다. 이 관점에서 보면 이러한 날카로운 울음소리는 중요한 이슈가 아니다. 이것은 일단 아이들이 강한 애착관계를 느끼기만 하면 자동적으로 사라져 버리는 부수적인 것으로 보는 것이다. 이 양자의 관점은 모두 바람직하지 않은 반응을 제거하고 보다 효과적인 행위 능력을 강화시키는 것을 목적으로 정하고 있다. 그러나 이들의 가치 지향과 실질적인 실천 행동과 예상할 수 있는 결과들은 극명한 차이를 가지고 있다. 행동주의적 관점에서는 강조점이 행동수정에 주어진다. 반면에 상호작용주의적 관점에서는 사람 간의 상호관계에 보다 강조점을 둔다. 이 관점에서 행위란 도구적인 것이며, 인간 존재의 핵으로 보지 않는다. 앞서 언급한 예에서 실무자는 아이의 행동보다는 전체로서의 아이를 보고 다가가도록 하는 것이다. 반면에 행동주의적 사고에서는 아이들의 행위를 그 아이의 존재의 구체적인 표현으로 인식한다.

행동주의적 접근은 그 목적의 명료하고 복잡한 상황에서 접근을 단순화시킨다는 점에서 많은 관심을 끌었다. 또한 다양한 연구결과를 통해 행동주의적 접근이 상당한 효과를 거두었다고 보고되고 있다. 사실 행동수정은 특정한 행동 변화가 즉각적이며 또한 궁극적인 표적으로 인식되는 한 상당히 유용하다. 상호작용주의적 관점은 인본주의적 지향을 가지고 있는 사람이나 기관에 상당한 매력으로 다가온다. 상호작용주의적 관점은 아동의 일상적인 발달경험에 대한 연구를 통해 인간발달에 관한 지식축적과 검증으로부터 비롯되었다. 그들의 기본적인 관심은 아동에게 매일의 지지를 제공하는 것이다. 이러한 접근은 아동에게 필요한 지지는 아동이 적절한 행동을 할 때가 아니라 아동이 그것을 필요로 할 때 이루어져야 한다는 관점을 견지하고 있다.

어떤 관점이 보다 우세하게 될 것인가? 이 책은 이 두 가지 관점을 모두 다루고 있으며, 또한 더 나아가서 양자의 관점은 많은 실천 현장에서 지속적으로 적용된다. 저자는 상호작용적 관점에 보다 더 기울어 있다. 이 관점이 필자의 신념체계와 부합되기 때문이다. 더 나아가 상호작용적 관점은 아이들의 발달에 관한 최근의 연구결과에 의해 많은 지지를 얻고 있다. 많은 연구결과들은 행위를 기본적인 인간관계의 발달의 결정적 요소로 보는 것이 아니라 상호 애착의 질이 행동이나 행동 변화를 결정짓는다고 지적하고 있다. 두 관점이 널리 활용되고 있지만 이들 간에는 결정적인 차이가 있다. 행동주의적 관점은 인간을 기본적으로 환경적 자극이나 강화에 반응하는 존재로 보고 있다. 상호작용주의적 관점은 인간을 행위하는 자이면서 동시에 반응하는 존재로서 감정을 갖고 사고하는 다면적 존재로서 보고 있다. 다른 말로 하면, 행동주의는 인간을 직선적이며 이론적 사고에 기초한 연역적인 존재로 인식하며 상호작용주의적 관점에서는 인간을 비직선적이며 순환적이고 시스템이론에 토대를 두고 상호작용에 대한 개념화에 근거한 귀납적인 존재로 파악하고 있는 점이 결정적으로 다르다.

7) 애착 추구와 접촉

아동이 관심을 끌려는 행동에 대해서 보다 자세히 살펴볼 필요가 있다. 왜냐하면 앞서 언급한 애착이나 애착행동들에 관한 간단한 설명에는 관심을 끌고자 하는 행동 이면에 자리 잡고 있는 두려움에 대해서는 언급하지 않았기 때문이다. 관심을 끌려는 행동은 아동의 일상생활의 한 부분이다. 그러나 자신의 삶의 터전에서 버려져 본 경험이 있는 아동은 이러한 행동 표현을 보다 강하게 하는 경향이 있다. 이것은 이 아동이 다른 아동에 비해서 보다 많은 관심을 필요로 한다는 것이 아니다. 그보다는 집단으로서 이들은 상대적으로 적은 관심을 받고 있다는 것이다. 관심을 끌려는 행동은 실제로는 애착행동으로 나타나는데, 사실은 완전한 소속감을 쟁취하고자 하는 강한 개인의 욕망과 관련이 있다. 따라서 실무자에게 매달리는 아이들을 과도한 관심을 받고 싶어 비정상적으로 매달린다고 볼 것이 아니라 완전히 소속되고 싶어 하는 욕구라는 측면에서 바라보아야 할 것이다.

관심을 받고 싶어 하는 것은 기본적으로 매우 인간적이다. 어느 누가 관심을 받고 싶지 않겠는가? 따라서 아동 · 청소년 보호에서 아이들이 관심을 받고 싶어

하는 것으로 그들의 많은 행동이 설명된다 할지라도 모든 아이들이 관심을 받고 싶어 한다는 것이 아동 · 청소년 보호 분야에서 특별한 이슈는 아니다. 그룹홈에 있는 아이들이 관심을 받고 싶어 하는 욕구는 제대로 이해되어야 하며, 정상적인 표현이라고 받아들여져야 할 것이다. 친구에게 인정을 받으려는 것, 우울할 때 누군가에게 기대려고 하는 것, 이것은 모두 자연스러운 바람이며 요구다. 필자는 아이들을 돌보는 실무자는 이러한 인간의 본성에 대한 이해를 가져야 하며, 그룹홈에서 이루어지는 프로그램들은 이러한 것들을 고려한 가운데 이루어져야 한다고 생각한다.

그룹홈 실무자가 관심을 기울여야 하는 것은 아이들에게 보다 안정감을 심어 주고 그들이 누군가와 관계를 맺을 때 보다 효과적으로 행동할 수 있도록 도와야 한다는 것이다. 이런 맥락에서 볼 때 아이들을 돌보는 과업은 크게 세 가지로 나누어 볼 수 있다.

- 아동 · 청소년 그룹홈 실무자는 아이들이 어딘가에 소속되고 싶어 하는 것에 대해 개방된 태도를 보여 주어야 한다. 아이들은 그룹홈과 사회에서도 중요한 존재이자 파트너로서 받아들여져야 한다.
- 아동 · 청소년 그룹홈 실무자는 즉각적인 접촉을 필요로 하는 아이들의 욕구에 민감하게 반응하고 아이들이 겪는 스트레스를 분명하게 인식하여야 한다.
- 아동 · 청소년 그룹홈 실무자는 때로는 아이들의 바람직하지 않은 행동을 무시할 수 있어야 한다. 아이들이 배울 수 있는 적절한 때가 되었을 때 바람직한 행동이 어떤 것인지 가르치도록 한다. 즉각적으로 가르쳐야 할 때도 있기는 하지만 가끔은 나중에 가르치는 것이 바람직하기도 하다.

실무자의 개입과 활동 범위는 매우 넓다. 이것은 일상적인 가정에서 어머니의 모습을 보면 쉽게 설명이 된다. 예를 들면, 자신이 만들어 놓은 장난감 블록 탑이 갑자기 무너져 내렸을 때 지르는 아이의 비명소리를 듣고 반응하는 어머니를 생각하면 쉽게 상상이 간다. 만약에 자녀의 욕구를 잘 알아듣는 어머니라면 아이의 울음소리 때문에 자신이 하는 일을 못하게 된 것에 화를 내기보다는 아이가 느꼈을 좌절을 위로해 줄 것이다. 그리고 어머니는 비명소리에 대한 불쾌감보다는 자녀가 느꼈을 좌절감에 반응할 것이다. 그리고 어머니는 아동에게 장난감 블록 탑이 무너지는 것에 그렇게 비명을 지를 필요가 없다는 것을 알려 주며 다시 한 번 해 보라고 용기를 줄 것이다. 더 좋은 경우는, 어머니가 절망적인 아이의 울음소리에는 아무런 언급을 하지 않는 것이다.

최근의 연구는 우리가 관심을 기울여야 하는 것은 아이의 미래 행동이 아니라 다른 사람에 대한 신뢰나 독립심이 흔들리지 않도록 하는 것이 중요하다는 점을 명확히 밝혀 주고 있다.

8) 신체적으로 편안하면 목소리가 커진다

저녁에 방바닥에 누워서 텔레비전을 보고 있는 열다섯 살 여자아이에게 실무자가 "이 쿠션에 기대렴."하고 말하였다. 또한 씻어야 하는 아이들에게 실무자가 "내가 샤워실에 스팀을 켜 놓았어. 목욕할 때 그렇게 춥지 않을 거야."라고 말하였다.

이런 것들은 모두 아이들의 신체적인 편안함에 관심을 기울이는 것이다. 이러한 것들은 잠자리에 든 아이들의 이불을 바르게 펴 주는 것과 같은, 신체적으로 편안하게 해 주는 일반적인 아동 · 청소년 보호활동들이다. 이러한 것들이 아무리 즉각적 · 일상적 활동이라고 할지라도, 이러한 보호의 활동은 중요하며 결코 간과되어서는 안 된다. 삶에서 행복하다는 것 그리고 보호를 받고 있다는 느낌은 신체의 편안함, 안정감의 정도와 밀접한 관련을 맺고 있다. 더 나아가 사람은 신체적 편안함이 충족되면 환영받는다고 느끼며 자신의 즉각적인 신체적 요구뿐만 아니라 어려운 일도 훨씬 잘 대처할 수 있게 된다. 이러한 측면에서 볼 때 신체적인 편안함이나 안정감은 그룹홈에서 제공하는 보호의 질을 측정하는 주요한 잣대가 된다.

실무자의 대다수 활동은 아이들의 신체보호와 관련된 활동들이다. 단순한 신체보호를 '따뜻한 보호'로 만드는 것은 실무자가 어떻게 하느냐에 달린 것이다. 아이들의 잠자리를 살펴 주고, 옷을 챙겨 주고, 여자아이들의 머리를 매만져 주고, 차가워진 아이들의 손을 녹여 주는 것과 같은 실무자들의 신체적 보호활동을 통해 아이들은 개인적인 보살핌을 받는다고 느끼며 안정감을 느낄 것이다. 이러한 아동보호에 있어 가장 중요한 활동이라고 할 수 있다.

아동보호에서 개인적 측면이 있음은 생활에 필수적인 것들을 제공해야 하는 아동 · 청소년 복지 서비스의 성격과 밀접한 관련이 있으며, 이론적으로도 보호 서비스 제공 시 실무자가 가정주부와 같은 일과 아동보호의 과제를 동시에 수행하는 것이 타당하게 받아들여지고 있다. 실제로 이러한 이중적 역할을 고려해서 예산계획도 세워진다. 그러나 아이와 관련하여 어느 과업에 우선순위를 둘 것인가는 대답하기 곤란한 문제다.

이론적인 측면과 실천적 측면에서 볼 때, 그룹홈과 같은 보호시설은 집은 아니다. 가족이나 그룹홈이 일차적 집단 체계라는 것은 사실이다. 기본적인 과정은 동일하지만, 그룹홈 프로그램과 가족생활이 같은 것은 결코 아니다. 따라서 신체적 보호와 신체적 관리 기능들 간에 경계가 필요하며, 치약과 같은 생필품을 구입하는 일과 치약 뚜껑이 닫혀 있는가를 확인하는 일, 세탁과 옷 정리, 요리와 밥상 차리기, 청소와 집안 정리 등 그룹홈 내의 일들을 가정적 기능과 관리적 기능으로 구분하는 것이 필요하다. 이러한 관리 기능들이 보다 효율적으로 수행되기 위해서는 관리 직원이 수행하도록 할 필요가 있다.

실무자에게 시간적 여유가 좀 더 많아지고 아이들을 보조하는 것이 자신의 임무라는 것이 보다 분명해지면, 실무자는 자신의 일차적 역할에 보다 충실할 수 있을 것이다. 그렇게 되면 실무자는 아이들이 가구의 한 구성원으로서 효과적으로 살아가는 데 필요한 과업들을 습득할 수 있도록 아이들을 훈련시키는 데 보다 더 관심을 기울일 수 있을 것이다. 아이들과 시설 운영에 필요한(예: 요리와 상 차리는 것 등) 것들을 나누어서 해 보게 하고 아이들에게 그에 따른 어떤 책임을 부여하는 것들을 계획하고 실행할 수 있게 된다. 한편, 관리 직원들은 행정 직원과 마찬가지로 필요로 하는 과업에 적합한 능력을 가진 사람을 채용할 수 있을 것이다. 요리사, 정원사, 일반 관리 직원은 전체 보호 프로그램에 주요한 협력자이며, 이들에게는 특별한 전문성이 요구된다. 이들은 계획된 자신의 역할을 수행함으로써 또 아이들과 실무자와의 상호작용하는 과정을 통하여 그룹홈에 기여하게 된다. 간단히 말하면, 요리사이든 시설장이든 실무자이든 야간 당직자이든, 그들은 자신만의 특성화된 과업을 가지고 있으며 넓은 의미에서는 아동 · 청소년 보호 실무자라 할 수 있다.

아이들은 자기 물건을 둘 수 있는 공간과 자기만의 공간이 있어 신체적 편안함을 느낄 수 있어야 한다. 비록 아이가 그에 대한 주장을 하지 않는다 하더라도 사생활의 공간은 존중되어야 한다. 일반 가정에서 아이들이 아끼는 인형이나 장난감이 소중하게 다루어지듯이 그룹홈에서도 아이들의 그러한 권리가 보장되어야 한다. 특히 사춘기 아이들은 자신만의 영역을 구축하고자 하는 욕구가 강하다.

사적인 공간은 아이들의 행동 양태에 상관없이 존중되어야 한다는 점을 강조하고 싶다. 청소년은 자신이 어려운 상황에 빠져 있든, 아니면 아주 좋은 상태에 있든, 사적인 공간을 가지고 싶어 한다. 자신이 좋아하는 의자를 다른 사람이 가져갔을 때 아동이 마음 아파하는 것도 이와 관련한 예라 할 것이다. 동물과 인간의 공간에 관한 연구들은 개체는 개인 공간의 침해를 자신의 신체에 대한 직접적인 공격으로 받아들인다는 점을 강하게 시사하고 있다. 이런 맥락에서 한 가지 기억해 둘 격언은 "적절한 울타리는 좋은 이웃을 만든다."라는 말이다. 이러한 제언은 아이들에게 적용될 것이다. 아이들은 자신만의 영역을 인정받고 존중받기를 원한다.

9) 아이들에게 소중한 물건

앞서 언급하였듯이, 아이들은 한 시설에서 다른 시설로 이동하게 될 경우 낯선 데 적응하기 위해서 도움을 필요로 한다는 사실을 유념해 둘 필요가 있다. 좋아하는 이불, 베개, 인형 등은 이러한 낯선 장소를 보다 편안한 환경으로 전환시키는 데 주요한 연결고리로 작용한다. 제3자에게는 보잘것없는 것처럼 보이지만, 아이들이 소중하게 여기는 것들은 그들에게 중요한 심리적 버팀목이 되어 준다.

아이들이 한 시설에서 다른 시설로 옮겨가게 될 경우 실무자는 종종 전이 대상(아끼는 물건)과 같은 역할을 하는 경우가 많다. 아동 · 청소년은 새로운 상황에 들어가고 적응하고 그 이후에 자리를 잡아가는 데 도움을 필요로 한다. 따라서 새로운 집단 생활환경으로 들어갈 때 이들에게서 애착이 투영되어 있는 전이 대상들을 빼앗아가지 않도록 주의를 기울여야 한다. 또한 이전에 아이들에게 지지를 보내주었던 사람들과 지속적인 접촉을 하는 것은 그들에게 도움을 줄 뿐만 아니라 아이들에게 애착의 전이 대상으로서의 역할을 담당한다는 점에서 중요하다.

10) 행동 훈련

지금까지 앞에서 자기관리나 규칙 준수와 같은 것들에 대해 아무런 언급을 하지 않았다. 자기관리나 규칙 준수는 아동보호에서 중요하다. 사실 그러한 것들이 제대로 지켜질 수 있도록 하는 것은 매우 중요하다.

아이들은 다른 사람에게 중요한 의미가 있다고 생각하는 것들을 자신에게도 중요한 의미가 있는 것으로 쉽게 받아들인다. 아이들은 실무자와 같이 자신들이 중요하다고 생각하는 사람으로부터 그러한 것들을 배운다. 아이들은 자기를 지지해 주는 사람들을 통하여 규칙들을 배우고 자기에게 가까운 사람이 그러한 규칙들에 대해 어떻게 행동하는가를 보고 모방하는 경향이 있다. 따라서 아이들에게 가장 막강한 영향력을 가지고 있는 사람이 아이의 행동과 교육에 가장 강한 영향력을 발휘할 수 있다. 그리고 또한 종종 친한 친구나 TV에 나오는 주인공들이 아이들의 모델이나 우상이 되기도 한다. 아이들은 자기가 좋아하는 연예인을 아이들을 헌신적으로 돌보는 실무자와 같은 중요한 존재로 느끼기도 한다.

사회적 적응능력은 개인적인 애착과 관련되어 있다. 상호 친밀성과 애착관계가 형성된 사람들에 의해 개별적으로 행동 훈련이 이루어지는 것이 중요하다는 것을 명심해야 한다. 아이들이 행동기준을 효과적으로 체득하기 위해서는 의존성과, 자신에게 중요한 어른의 행동을 닮고 싶은 욕구의 상호작용 결과로 나타나는 것이다. 실무자가 아이와 친밀한 애착관계를 형성하고 있을 때 효과적인 행동 훈련이 시작될 수 있으며, 진전단계에 따라 더욱 복잡한 사회화를 위한 노력도 가능할 것이다. 사회적 적응능력이 발달하는 동안에도 아이들은 주기적으로 실무자에게 정서적인 지지를 요구할 것이다. 이러한 연대의식은 아이나 실무자 모두에게 중요하며 자유로운 것이다. 다른 말로 표현하면, 자기관리 능력을 배양시키고 아이들에게 대처능력을 강화시키기 위해서는 실무자와의 밀접한 애착관계가 형성되어야 한다.

앞에서 그룹홈과 같은 곳에서는 아이들에게 개인적인 보살핌이 이루어질 수 있는 환경이 중요하다고 언급하였다. 이러한 개인적 보살핌은 가정에서 자라는 아이들이나 그룹홈에서 자라는 아이들이나 상관없이 아이들 발달의 중요한 요인이며, '보호의 핵심'이라고 말할 수 있다.

3. 공간의 언어: 물리적 공간 배치

1) 공간 배치와 공간 배치가 일상생활에 미치는 영향

"우리는 건물을 만들지만 건물은 우리를 만든다."라는 윈스턴 처칠의 말은 그룹홈의 공간 배치에도 적용된다. 공간 유형에 따라 어떠한 행동을 촉진하기도 하고 제약하기도 한다. 그룹홈의 공간은 아동 · 청소년과 실무자들간의 상호작용에 영향을 미친다.

그래서 그룹홈 실무자들은 그룹홈의 공간을 설계하거나 혹은 그룹홈의 구조를 완전히 리모델링해야 하는 문제에 봉착하게 된다. 현재의 공간 배치 안에서 바람직한 서비스 활동이 이루어지도록 하기 위해 공간적 제약이 있다면 다른 방법은 없는가?

아이들이 식당에 들어갈 때 서로 밀치는 것에 대해 살펴보자. 서로 먼저 들어가서 식탁에 앉으려고 하는 이러한 소란은 그 나이 또래 아이들에게는 당연한 것이며 전혀 이상한 일이 아니다. 그러나 이러한 소란은 부분적으로는 서두르고 흥분되어 있는 아이들에게 충분한 여유 공간과 시간을 마련해 주지 못한 공간과 시간의 문제이기도 하다.

사실 이러한 소란은 지속적인 슈퍼비전과 실무자의 보다 세심한 노력으로 줄어들 수 있다. 이처럼 행동상의 변화가 공간과 시간 배치의 변화를 통해 가능할 수도 있다. 출입구가 넓고 식탁 사이가 충분하다면 이러한 소란은 줄어들 것이다. 이러한 공간 배치의 변화는 실무자를 덜 지치게 하고 식사시간의 소란 때문에 아이들에게 꾸지람을 하는 것 등을 피하게 하여 편안한 분위기를 만드는 데도 도움이 된다.

2) 공간 배치도

공동의 공간을 충분하게 확보한다는 것과 각 개인의 개인적 관심 등을 추구할 수 있도록 하는 사적인 공간을 보장해야 하는 것은 논리적인 모순이 존재한다. 게다가 아이들과 지속적인 친밀성을 확보하고자 하는 실무자의 분명한 필요와 아이들의 사적 공간 사이에도 난제가 존재한다.

이러한 문제점들을 해결하기 위해서는 실무자가 관심을 갖는 그룹홈 프로그램이 물리적으로 실현 가능한지 도표로 만들어 볼 필요가 있다. 큰 노트 등에 건물과 실외공간의 평면도를 대략적으로 스케치하고, 만일 여러 층일 경우에는 각 층 마다 그린다. 벽과 마루, 문, 창문, 화장실 등의 시설물과 침대, 장롱, 책상, 의자, 쇼파, TV, 재봉틀과 같은 큰 가구들을 그린다.

이렇게 그룹홈의 주거환경을 그려 봄으로써 공간이 어떤 것을 촉진하고 어떤 것을 억제하는지 공간의 특성을 파악해 본다. 공간은 사생활, 감독, 상호작용의 흐름과 속도, 자발적 조직화, 외부와의 접촉, 교사와의 접근성 등에 중요한 영향을 미친다. 그런 점에서 이와 같은 공간적 검토를 통해 서비스 프로그램의 목적 등을 재검토해 볼 수 있다. 공간은 행동을 촉진하기도 하며 제약하기도 한다는 공간에 대한 이해에 기초하고 있기 때문이다. 공간은 행동을 통제한다.

공간이 이러한 영향을 미친다고 할 때 문제는 여전히 남는다. 공간적 요인이 어떻게 이러한 변화를 일으키는가? 때로는 작은 공간적 변화가 상호작용에 변화를 가져오기도 한다. 예를 들면, 실무자가 사무실에서 서류 작업을 할 때 문을 열어 놓고 하는 경우가 있다. 실무자의 업무 집중력 정도는 업무 공간의 배치에 따라 달라질 수 있다. 입구에 근접한 곳보다 입구에서 멀리 떨어진 곳에 책상을 배치하는 것이 업무 효율을 훨씬 높일 수 있다. 만일 아이들이 실무자를 만나고자 할 때도 다른 아이들의 눈길에서 벗어나 여유를 가질 수 있게 된다.

공간 배치가 프로그램을 촉진할 수도 있고 때로는 복잡하게 꼬이게 만들 때, 공간적 요인을 바꾸어야 하는 문제와 마주친다. 현재의 공간 배치가 그동안 오랫동안 해 왔기 때문이라면 새로운 공간 배치의 필요성은 더 높아지게 될 것이다. 화단에 뛰어 들어가지 못하도록 하거나 다른 아이들이 아끼는 기념품을 넘어뜨리지 못하게 하기 위한 것일 수도 있다. 예를 들면, 아이들 방 문이 안으로 열게 되어 있는 경우 화가 많이 나서 방 안에 들어간 아이를 방문은 어른들이 접촉하려 할 때 방어벽과 같은 역할을 할 수 있다. 구조에서의 약간의 변화는 아이들 문제의 개입에 보다 많은 가능성을 제공해 준다. 공간 배치를 늘 염두에 두라. 공간을 변화시키면 프로그램이 발전한다.

그러나 우리나라의 그룹홈 현실상 공간을 변화시키거나 구조를 변화시킨다는 것은 거의 아무런 재원이 없는 상태에서 무리이며, 우리와는 상관없는 동떨어진 이야기라고 치부하는 경우도 있을 수 있다. 해마다 오르는 전월세로 인하여 그룹홈의 공간을 확보하기조차 어려운 우리의 현실로 보면 공간 배치는 꿈과 같은 이야기다. 그러나 필자는 혹시 그룹홈을 새롭게 옮기거나 지을 때 공간 구조를 유념해야 한다는 점과 기존의 공간조차도 아이들의 마찰과 긴장을 최소화할 수 있도록 가구 배치와 동선을 고려해야 한다는 점을 말하고 싶다.

그리고 아동 · 청소년 그룹홈을 위한 집이나 공간구조를 바꾸어 줄 수 있는 건축회사나 건축설계사들이 그룹홈에 많은 관심을 가지고 참여해 줄 수 있는 방안도 사회적으로 필요하다.

3) 개인적 공간

공간은 사람을 규정한다. 조직에서 어떤 사람의 힘과 위치는 개인 업무 공간의 규모에 의해 평가될 수 있다. 다른 사무실의 최고 경영자의 사무실 크기와 아이를 돌보는 사회복지사의 사무실 크기는 비교된다. 총무는 자기 책상을 다른 사람들이 쉽게 접근할 수 없도록 한다. 수위는 공구 등을 보관하는 작은 공간을 가지고 있으며, 실무자는 지갑, 노트나 다른 사람의 개인적 물건들을 보관하는 공간을 가지고 있다. 자기 자신만의 공간이 없는 사람들은 그들 자신만의 공간을 갖기를 간절히 원하고 있다는 것은 놀라운 일이 아니다. 이러한 사실을 그룹홈의 아이들에게 적용하면 아이들이 자신의 영역이라고 경계를 짓는 것의 중요성을 이해할 수 있고 개인적 공간의 필요성을 이해할 수 있다. 사적 공간은 자아정체성을 위해서도 필요할 뿐만 아니라 명상과 재충전을 위한 피난처와 같은 곳으로 누구에게나 필수적이다.

사적인 공간을 구성하는 것은 실제로 무엇일까? 사적 공간은 점유자와 다른 사람들에게 그곳이 점유자의 것임을 인정받는 영역이다. 자기가 하고 싶은 대로 사용할 수 있고, 심지어는 무관심하게 내버려 둘 수 있는 영역을 말한다. 여기서 중요한 것은, 자신과 자신의 환경에 대하여 완전한 통제권을 갖도록 한다는 것이다. 가끔은 자기가 혼자 있고 싶을 때 혼자 있을 수 있는 곳이란 의미다. 이러한 피난처가 없다면 사람들은 신문을 덮어 쓰고 혼자 여행하는 행동과 같이 사적인 공간을 추구하는 행동을 할 수 있다. 만사가 귀찮은 어른은 욕조를 피난처로 삼는 경우도 있다. 사적 공간이 부족한 아이들은 그네나 화장실 같은 곳을 좋아하는 경향이 있다.

주기적으로 혼자 있고 싶어하거나 자신만의 공간을 가지고 싶어 하는 것은 사람들의 일시적인 기분의 문제가 아니라 인간 누구에게나 기본적인 것이다. 이러한 기본적인 요구는 다른 사람들과 매우 긴밀히 생활하거나 일하는 사람들의 경우에는 특히 더 절실하다.

심한 개인적 긴장과 사회적 변화를 겪는 경우에는 충분한 자신만을 위한 공간이 더욱 필요하다. 아이들이 위기의 순간에 자신들의 방을 찾거나 아니면 운동장으로 달려 나가거나, 가출하는 경우를 쉽게 볼 수 있다. 심지어는 아이들이 다른 사람들과 TV를 함께 볼 때에도 좀 더 많은 공간이 필요함을 이해해야 한다. 갑자기 사람들이 많아지는 상황은 강도 높은 긴장을 초래하고 서로 싸우거나 도주하거나 심지어는 자살까지 초래하는 공포스러운 행동까지 유발시킨다. 스트레스를 받는 경우에 보다 더 충분한 공간을 확보해야 하는 것은 그 삶들의 필요에 의해서가 아니라 보다 넓은 완충 구역을 갖는 것이 사람들에게 매우 필수적이기 때문이다. 정신분열증 상태에 있는 사람이 보다 나아지게 하려면 다른 사람들과 멀리 떨어져 있도록 해야 하며 보다 자신들을 위한 공간이 필요하다는 것은 이미 밝혀진 사실이다.

4) 공동생활에서 프라이버시를 구성하는 요인

이런 점에서 그룹홈에서 공간 배치에 관한 준비를 철저히 하는 것이 바람직하다. 실무자의 사적 공간을 실무자 스스로 다른 공간과 대비되는 색칠을 해 보거나 머리로 그려 보는 것이 필요하다. 이러한 작업을 통해 실무자가 부딪힐 수 있는 공간적인 문제들을 파악할 수 있다. 다른 사무실에서 전문가들을 위한 공간 배치가 당연한 것처럼, 실무자를 위한 공간 배치는 당연한 특권이다. 만일 다른 전문가를 위한 공간이 부적절하다고 하더라도 실무자의 공간은 아동·청소년 보호 시 피난처의 역할을 하기 때문에 실무자의 공간은 반드시 고려되어야 한다.

다음 단계는 각 아이들에게 할당된 사적 공간을 도표로 만들거나 머릿속으로 그려 보는 것이다. 사적인 공간으로서 아이들 방의 윤곽을 그려 볼 필요가 있다. 물론 그룹홈 내에 그리고 이웃들과 함께 있는 틀 내에서의 사적 공간이라는 것도 인식할 필요가 있다.

아이들은 자신의 물건을 놓아 두거나 혼자 있을 때를 위하여 개인적인 구석진 공간이 필요하다. 개인적인 물건을 보관하는 것이 일차적이며, 그룹홈 내의 규칙을 지키는 것이 이차적이라는 것을 명심할 필요가 있다. 질서와 아이들 물건들을 안전하게 하기 위한 관심이 비록 정당하다고 할지라도, 기본적인 옷과 같은 물건들은 각자가 자기 물건들을 보관하도록 할 필요가 있다. 반복하여 말하면, 박스나 서랍이나 선반 같은 것들은 그룹홈에 반드시 있어야 한다. 그리고 아동 · 청소년은 편안함을 느끼며 한 가족이라는 것을 느끼거나 혹은 느긋해하거나 빈둥거리며 놀거나 집중하거나 혹은 친구들과 어울리거나 혼자만의 놀이에 빠질 수 있는 공간과 환경이 필요하다. 사적인 공간은 다른 일 때문에 방해받지 않고 자유로울 수 있어야 한다.

거의 모든 문화권에서 침대나 방과 같이 잠을 자는 공간은 매우 개인적인 의미가 강한 곳이다. 거주지를 옮긴 아이들에게 잠자는 공간은 매우 중요한 의미를 가진다. 임의로 혹은 너무 자주 방을 바꾸는 것은 아이들에게 안정감을 주지 못한다. 명심해야 할 것은, 아이들의 잠자는 공간은 그들이 일시적으로나마 가정과 같은 분위기를 느낄 수 있는 곳이라는 점이다. 이러한 원칙은 침실이 서비스와 완전히 통합된 영역이라기보다는 방 자체가 기관에 속한 서비스의 한 부분으로 간주되는 기관들과 잘 대비된다. 아이들의 잠자리는 매력적이며 편안해야 하고 실용적이어야 할 뿐만 아니라 보호받고 있다는 단편적인 생각을 넘어설 정도로 각별한 노력이 요구된다. 그룹홈 실무자는 가구, 방 배치 등에 주의를 기울이고 아이들이 좋아하는 장식들이 무엇인지 지속적으로 탐색하며 그들의 요구를 반영하여 쾌적한 곳으로 만들 필요가 있다. 사적 공간은 어른들이 기준에 의해 강요되어서는 안 된다. 자신만의 소유물과 공간을 가져 본 아이들은 이후에 어른이 되면 보다 더 개방적이 될 것이다.

사적 공간은 상대적인 영역들을 구분하는 것이다. 소유는 모든 사람들에 의해 인정되는 것이다. 방 문에 개인 이름표를 붙이거나 '개인용'과 같은 표시를 부착하나 밧줄로 줄을 치는 것 등은 개인적인 공간임을 알리는 효과적인 수단이 될 것이다. 사람들은 보통 '출입금지' '노크' 같은 푯말들을 문에 붙이는데, 그룹홈에 있는 아이들은 스스로가 한다. 마찬가지로, 그룹홈이라는 열린 생활공간 속에서 일시적으로나마 혼자서 혹은 특별한 집단 활동을 위하여 사적인 공간을 만드는 경우에도 마찬가지다.

아이들과 실무자는 음악을 연습하거나 운동을 하거나 산책을 하거나 일시적으로 혼자 있고 싶을 때 있을 수 있는 공간을 설정해 놓을 필요가 있다.

5) 공적인 공간

일반 가정에서도 넓은 공적인 공간이 있다. 공적인 공간은 모든 구성원들이 함께 사용하는 공간이다. 어떤 사람이 특정한 영역을 점유하고 있는 동안에 그곳은 그 개인의 사적 공간이 된다. 식탁에 앉아 있거나 공동세면실에서 일을 보거나 잠시나마 팔다리를 쭉 펴고 거실 소파에 앉아 있는 것 등과 같이 어떤 지점을 개인적으로 점유하고 있거나 차지하고 있으면 개인적인 점유로 인정된다.

그러나 다시 기본적인 문제로 되돌아가 보자. 그룹홈에서는 가장 먼저 공적인 구성원에 누가 포함되는가 하는 결정이 먼저 이루어져야 한다. 공적이라는 말이 일반적인 공공을 뜻하는가? 아니면 전체 조직을 뜻하는가? 아니면 그룹홈 내의 어느 특별한 그룹을 뜻하는가?

보통 일반 가정이나 아동보호기관에서 공간이라는 말은 공적인 공간을 말하는 것으로 간주되어 왔다. 출입문의 크기나 위치 등은 최고 정책 결정자의 판단에 달려 있다. 지금까지 그룹홈의 아이들은 보호 대상자 혹은 서비스 프로그램의 대상자로 규정되어 왔다. 그러한 개념은 어려움을 겪고 있는 아이들의 문제해결에 적합하지 않고 낡은 사고방식이다. 그룹홈의 시설들이 그룹홈에서 생활하는 아동·청소년과 실무자에게 속한 것이라는 것을 인정하면 정책 결정자나 운영자 그리고 가까운 이웃들은 그룹홈에 노크를 하거나 초청을 받아야 들어갈 수 있다. 따라서 공적인 공간은 실무자와 아이들을 위한 공간이며, 이들의 의사와 요구를 반영하여야 하며, 이들에게 공적 공간임을 분명하게 이해할 수 있도록 해야 한다.

아이들에게 공적인 공간은 무슨 의미가 있을까? 만일 공적 공간이라면 모든 사람의 접근이 가능해야 한다. 공적 공간은 업무상의 이유로 그룹홈을 방문하게 된 외부인에게도 자유롭게 접근할 수 있는 공간이다. 공적 공간은 개인의 사적인 점유 기간 동안에는 개인적인 공간이 될 수 있다. 종종 어떤 아이들은 공적인 공간이지만 익숙한 공간에 애착을 가지거나 특별한 의미를 부여한다. 일반 가정에서도 어떤 특별한 공간은 특정 가족 구성원에게 배타적으로 인정되거나 때로는 애완동물의 공간으로 받아들여지는 것이 일반적이다.

공적 공간도 공간 배치도를 그리고 머릿속으로 상상해 보면 매우 유익할 것이다. 아이들과 실무자의 공적인 공간과 사적인 공간은 분명하게 구분되어 있는가? 공간은 생활주기에 따라서, 혹은 학습이나 음악 감상과 같은 특별활동을 위해 적절하게 배치되어야 한다. 그리고 이러한 특별 공간에 대해 실무자와 아이들의 견해가 일치하는가? 만일 공적 공간에 대해 의견이 일치하지 않으면 불만이 제기될 수 있다. 그리고 이러한 것들은 공간 활용을 둘러싼 갈등을 제공할 수도 있다. 이때 실무자 공간, 실무자와 아이들의 공간, 모두에게 개방된 공간 등으로 공간의 이용자를 명확히 하는 것도 도움이 된다.

6) 그룹홈과 특별 격리 공간

어떤 아동보호 프로그램은 프로그램에 격리 공간의 유지를 포함하고 있는 경우도 있다. 정책적으로 중간 휴식시간에 프로그램에 따라 아이들을 감금하거나 아니면 전혀 통제할 수 없는 매우 심한 어려움을 겪고 있는 아동들을 다루는 데 더 이상 어찌할 방법이 없는 경우에 격리된 방이 필요하다고 말할 수 있다.

그러나 그룹홈에서는 격리 공간을 마련하기가 거의 어렵고 별로 바람직하지도 않다. 아이가 극도로 흥분해 있거나 자신의 감정을 통제하기 어려운 순간에 임시로 다른 아이들과 분리할 필요가 있을 때에는 격리 공간이 아닌 다른 아이들이나 환경의 자극이 최소가 될 수 있도록 하는 방법을 활용할 필요가 있다. 어떤 그룹홈에서는 '생각의자'를 두어 아이들이 자신이 잘못했을 때 생각하도록 하는 방법을 쓰고 있지만, 이 역시 생각을 처벌로 여길 수 있으며 낙인화의 우려가 있기 때문에 바람직한 방법은 아니다.

필자는 그룹홈에서 이런 유형의 공간은 거의 필요하지 않다고 생각한다. 만일 아이들을 서로 떼어놓아야 하거나 화나 있는 아이들을 조용하게 할 목적으로 격리가 필요하다면, 그것은 조용하고 안정감이 드는 자신의 방이 논리적으로 보다 더 타당할 것이다. 아이가 극심한 긴장상태에 있을 때 자기 방에 있는 것은 아이가 균형감각을 찾는 데 피난처와 같은 역할을 할 수 있다. 사람은 누구나 좌절했을 때 주변에 누군가가 필요하다. 가까이서 위로해 주고 따뜻하게 대해 주는 사람이 필요하다. 격리된 공간은 사람은 가깝게 있게 할 수가 없다. 오히려 답답한 벽에서 느껴지는 냉랭한 공허감은 인간에 대한 부정적인 생각과 사회적 단절감 그리고 개인적 절망감을 불러일으킨다. 지금까지 일부 사람들에게는 격리된 공간이 어려운 상황을 돌파하기 위한 새로운 방법이라고 정당화되어 왔다. 감금된 채 바닥에 앉아 있거나 혹은 텅 빈 방에 달랑 놓인 침대에 앉아 있는 것이 정서안정에 도움이 된다고 생각하는가? 우리는 누구나 세상에서 외톨이라고 느낄 때 삭막함보다는 따뜻한 환경을 필요로 한다. 격리된 공간이 만일 필요로 한다면 그것은 아이가 한동안 집단과 떨어져 있는 것이 좋겠다는 개인적 확신과 사회적 합의가 필요한 일이지 결코 그룹홈 실무자가 판단할 일이 아니며, 만일 이러한 경우가 발생한다면 인권침해 등으로 엄청난 사회적 비난을 받을 것이다.

7) 요약

이 절에서는 물리적 환경과 보호 목적 사이의 상호작용, 효과적인 그룹홈 생활을 위한 그룹홈 보호자와 서비스를 제공받는 아이들을 위한 효과적인 공간 배치 방법에 초점을 맞추어 살펴보았다.

이러한 시각은 어떤 특별한 상황에서 공간이 인간의 상호작용을 촉진하거나 아니면 제약하는 영향을 미치는 변수로 평가하는 데에도 활용될 수 있다. 예를 들면, 만일 쓰레기통이 청소하는 곳에서 멀리 떨어져 있다면 쓰레기가 자주 떨어져 있는 것은 공간의 기능과 관련된 문제로 볼 수 있다. 이런 유형의 공간에 대한 문제는 아니더라도 특정인이나 특정 장소에 대한 어린이나 어른의 부적응 같은 문제와 관련이 있을 수 있다.

이러한 사실은 레들과 와인먼(Redl & Wineman, 1957)의 『공격적인 아이(*The Aggressive Child*)』라는 유명한 책의 '치료시설의 구조와 전략' 장에 매우 잘 요약되어 있다. 『공격적인 아이』에서는 그룹홈은 "웃음이 있고 반갑게 맞이해 주고, 허용해 주는 공간이어야 하며 원하는 보호와 치료를 수행하기 위해서는 부단한 공간적 변화를 모색해야 한다."라고 이야기하고 있다.

4. 그룹홈에서의 일상적인 상호작용

1) 그룹홈 일상에 대한 세 가지 대응방식

일하거나 노는 것, 다른 사람들과 사귀는 것, 혼자만의 시간을 즐기는 것, 빈둥거리거나 낮잠을 자는 것, 일상적인 과제의 수행 등은 모두 일상의 자질구레한 것이자 사람에게 중요한 일상적 경험들이다. 이러한 일들은 일반 가정에서나 그룹홈이나 다른 곳에서도 마찬가지로 일어난다. 사람의 성향이나 인생의 방향은 어떤 커다란 사건 속에서 결정되기보다는 오히려 일상적인 삶 가운데에서 결정된다. 그룹홈에서의 아이들과의 마찰도 큰 사건들 속에서 발생하는 것이 아니라 작은 일상적인 생활 속에서 발생하기 때문이다.

하루의 시작에서 잠잘 때까지 24시간 동안 일어나는 작은 문제들을 다루는 것은 중요하다. 예를 들면, 일어나라고 할 때 담요 밑에서 웅크리고 있는 아이들을 실무자가 어떻게 해야 할지, 누군가 신발을 잃어버렸을 때 어떻게 반응해야 하는지가 중요하다.

그룹홈에서 실무자가 아동 · 청소년을 대하는 유형은 관리적 관점, 행동주의적 관점 그리고 상호작용주의적 관점으로 구분할 수 있다. 그러나 이러한 세 가지 대응방식이 반드시 고정되어 있거나 상호 대립적인 것만은 아니다. 실무자에 따라 그리고 실무자와 아이의 상황에 따라 이 세 가지 방식은 그 대응이 달라질 수도 있다. 그러나 일반적으로 실무자의 일상적인 과제에 대한 대응의 차이는 각각 그룹홈에 대한 견해가 다른 데서 비롯될 수도 있고 그룹홈 실무자의 상태나 그가 처한 상황에 따라 달라질 수도 있다.

첫째, 관리적 관점이다. 이런 유형의 실무자는 신발을 잃어버린 순간에 그 사건을 대수롭지 않은 사건처럼 무시해 버리는 태도를 보일 수 있다. 이러한 태도는 실생활 관리적 차원에 초점을 맞춘 행동이라고 할 수 있다. '내일 아침 입고 갈 옷을 어디에 두는가?' '우산 있는 곳을 쉽게 찾아 학교 가는 데 허둥대지 않게 하는가?'

그리고 이러한 유형의 예상되는 문제들을 예방하기 위해서 실무자들은 이러한 상황에 대처할 수 있는 능력이 있어야 한다. 이러한 사건들을 대처하는 데 실무자는 일차적으로 행동관리와 모든 것을 제자리에 놓는 지속성에 관심을 가질 수 있다.

둘째, 행동주의적 관점이다. 신발을 잃어버린 경우 책임과 과실을 묻고 거기에 상응하는 벌칙을 부과한다. 성적 향상 등 기대에 부응하는 행동을 하였을 때는 상을 준다. 이는 일종의 행동수정요법으로 때로는 이러한 방법이 유용하기도 하며, 대부분의 그룹홈이나 학교나 사회에서의 표창이나 벌점제도 역시 그 맥을 같이하고 있다. 이러한 것들은 어느 정도 효과가 있지만 개인에 따라, 상황에 따라 그 결과가 다르며, 인간행동을 수정 · 조작할 수 있다는 점에서 필자는 비인간적이며 기계적인 접근방식이라 생각한다. 이러한 접근방법을 활용하더라도 제한적이며 유연하며 개별적 처우에 맞게 활용할 수 있어야 한다.

셋째, 상호작용주의적 관점이다. 이 유형의 실무자는 일상적으로 문제들을 극복하도록 돕기 위해 실무자와 아이들 간의 상호작용을 강조한다. '네가 신발을 잃어버리고 와서 걱정을 많이 하였다. 너는 어떻게 생각하니? 다음에는 어떻게 하면 신발을 잃어버리지 않을 수 있을까?' 등 상호작용을 강조한다.

그러면 이제 각 관점의 특징과 차이점들을 살펴보자. 먼저 필자는 발달적 상호작용 관점을 가지고 있음을 먼저 명확히 밝힌다. 필자의 성향에 대해 알리는 것은 부분적으로는 독자와의 의사소통을 명확하게 하려는 노력이고, 또한 독자의 관점을 명확하게 하는 데 도움을 주려는 시도다. 이러한 것을 밝히는 것은 우리의 방향성과 이에 기초한 우리의 목적을 명확하게 하려는 것이다. 이러한 이론적 토대와 목적을 밝히는 것은 프로그램 발전 방향을 제시해 주고 실무자들이 보다 창조적이며 적극적으로 노력할 수 있도록 하기 위한 것이다. 이미 서술된 절차적 목적에 따라 서비스 계획은 수립되어야 한다. 절차적 목적은 실무자, 특히 초보 실무자에게는 방향성과 안정성을 제시해 준다. 그러나 한편으로 자구적 목적에 얽매일 경우 조직의 본래 목적 달성을 어렵게 하며, 한 발 더 나아가 실무자의 노력을 제약하는 요인으로 작용할 수 있다.

'관리적 관점'은 아마도 그룹홈 현장에서 가장 공통적으로 강조되는 것으로 주요 일상생활에 있어 명확한 틀을 필요로 한다. 일반적으로 이러한 유형의 프로그램은 생활하는 사람들이 적응함으로써 안정감을 심어 주고 규칙적인 생활을 할 수 있도록 해 준다는 장점이 있다.

서비스가 복잡하지 않고, 자원이 제한되어 있으며, 생활하는 사람들에 대해 요구가 많지 않을 경우에 장점이 있다. 그러나 서비스에 자신을 맞추는 것처럼 어린이나 청소년의 적응을 강조하는 이러한 접근은 관리적 관점의 강점과 한계를 잘 보여 주고 있다. 이러한 관점은 생활하는 것을 매우 복잡한 것으로 여기는 아이들에게 복잡하지 않은 요구를 한다. 이러한 접근은 기대나 목적이 명확하다. 그러나 아이들이 그룹홈 생활에 효과적으로 적응하여 아이들의 대처능력의 향상을 보장할 수는 없다.

'행동주의적 관점'은 행동수정 프로그램과 관련하여 최근에 특히 미국에서 관심을 끌었다. 행동주의적 관점은 아동이 사회적으로 요구되는 기대를 성취하도록 하기 위해서는 아동의 현재 행동에 특별한 측정 가능한 변화를 강조하고 있다. 행동주의적 접근의 초기 보고서들은 깜짝 놀랄 만한 결과를 보여 주었다. 그러나 동일한 기술을 이용하여 몇 차례 실험을 하였으나 동일한 결과가 나타나지 않았으며, 결과는 기술적 강화 요인보다는 다른 요인에 더 영향을 받는 것으로 나타났다. 키리진(Kirigin), 브라우크만(Braukman), 휘태커(Whittaker)와 같은 사람들은 행동주의적 접근은 행동을 훈련하는 데 유용한 것으로 인정하고 있다.

그러나 행동 변화에 영향을 미치는 주 요인은 보호를 받는 사람들에 대한 상담사의 지속적이며 강력한 개입인 것으로 보인다. 보상이나 거절보다는 행동과 목표에 대한 실무자의 지속적인 관심과 설득이 효과적인 변화를 이끌어 내는 데 중심 요인인 것으로 보인다. 심리학자들은 이러한 '정직한 주고받는 관계'와 따뜻한 인간관계는 모든 치료 프로그램에서 본질적인 요소라고 인정하고 있다. 간단히 말해, 효과적인 경험을 많이 한 아이들이 행동을 배우는 데 보다 수용적이며 효과적인 변화는 아이와 실무자의 합작품인 것이다. 다시 말하면, 본질적으로 효과적인 변화는 새로운 힘의 결과다. 실무자와 아이들은 함께 생활하고 있으며, 실제로 일정 역할을 수행하고 있다. 따라서 힘은 행동수정을 통해서가 아니라 그룹홈이 가정과 같이 될 때 생길 수 있다.

앞에서 아이들의 유익한 변화를 끌어내기 위해 행동수정 기법을 그룹홈에 적용하는 것이 문제가 있다는 점을 지적하였다. 그러한 프로그램들은 아이들에게 막중한 중압감을 초래할 인위적인 시스템이 될 수도 있고, 인간관계에 장애가 될 수도 있다. 그리고 그 결과는 실제 목표와 부합되지 않을 수 있으며, 아이들이 정상적인 사회생활을 하는 데 바람직하고 유익한 생활방식을 터득하게 하는 것도 아니다.

세 번째 접근방법은 그룹홈의 생활을 상호작용주의 관점에서 바라보는 것이다. 살면서 배우는 것과 배우면서 사는 것이 중심 주제라고 할 수 있다. '상호작용주의적 관점'이라는 말은 성과보다는 과정을 중시한다는 것을 뜻한다. 이 접근법 역시 발달론적 관점에 기초한다. 일상적이며 지속적인 상호작용으로서의 그룹홈 생활을 문제 도출이나 발굴의 기회가 아니라 배우는 기회로 보는 것이다. 앞선 두 가지 접근법과 확연하게 대조되는 점은, 문제는 피할 것이 아니라 이용해야 된다는 것이다. 어려움은 장애가 아니라 배우기 위한 기회라고 여긴다. 그룹홈 안에서 살기 위해 배우는 데 초점을 맞추며 한 발 더 나아가 시설 서비스의 한계를 넘어서서 유용한 생활기술을 획득하려는 데 있다.

2) 일상적인 생활기술 습득의 장으로서 그룹홈

그룹홈에서 생활하는 아동이나 청소년은 편안함을 느낄 수 있는 환경과 아울러 그들에게 도전과제를 제시하고 자극하는 환경 속에서 생활하는 경험이 필요하다. 공동생활을 통해 얻은 이러한 체험은 지속적인 발달을 촉진하고 정상적인 가정생활에 적응하는 데 유용하다. 두 가지 예를 살펴보자

5명의 사춘기 소녀들이 맛있는 저녁식사를 하고 있다. 소란스럽지는 않지만 행복한 모습이다. 긴장이 없는 이러한 식사시간은 아이들과 실무자의 노력의 성과다. 물론 이러한 것들은 실무자와 아이들에게 성과라기보다는 시작에 불과한 것일 수도 있다. 실무자는 아이들이 따분할 때 혹은 걱정에 사로잡혀 있거나 긴장해 있을 때 분위기를 바꿔 즐겁게 하기 위하여 아이들과 재미있는 이야기도 할 수 있다.

한 아이는 자기 벨트를 다른 아이가 했다고 소리 지르고, 또 다른 아이는 자기 속옷과 화장품을 허락도 없이 썼다고 소리를 지르고 있다. 허락도 없이 자기 것을 썼다고 아이들에게 비난을 당한 아이는 자기 것도 다른 두 아이가 항상 사용했다고 대들고 있다. 분명히 여자아이들 그룹홈에서는 개인 소지품을 빌려 쓰는 것에 대해 규칙이 필요하다는 점은 이해한다. 충분한 고민 끝에 그러한 규칙이 세워질 수는 있지만 이와 유사한 사건의 재발을 막을 수 있는 것은 아니다. 실무자는 다른 사람의 소지품을 함부로 쓰지 않도록 하며 이를 위반할 시에는 벌을 줄 수도 있다. 매일 일어나는 일상적인 문제들을 이렇게 관리하는 것은 실무자의 끝없는 노력에 비하면 효과적인 해결방법은 못된다. 그러한 일은 두 가지를 전제로 삼고 있기 때문에 문제가 있다. 첫째, 옷을 입고 화장하는 데에는 자기 것을 써야 즐겁다. 둘째, 원하는 물건을 함께 쓰는 것이 유익하다는 것을 가르칠 다른 방법이 있어야 한다. 후자의 전제에는 물건에 따라 함께 쓸 수 있는 물건과 그렇지 않은 물건에 대해 분별할 수 있는 능력을 발전시킴과 아울러 서로 간의 관계를 발전시키는 일까지 포함하고 있다.

그룹홈 내에서 일상적으로 일어나는 이러한 일들은 아이들에게 생기를 주고 삶을 풍부하게도 한다. 물론 이러한 일들이 그룹홈 내에서 문제를 발생시키지 않는

다는 것은 결코 아니다. 마찰은 성장을 위한 자양분이기 때문이다.

3) 상호작용에 대한 발달론적인 입장

앞에서 개략적으로 언급했듯이, 그룹홈 내에서 상호작용적 관점에 따른 접근은 인간에 대한 발달론적인 개념에 기초해 있다. 아동과 청소년의 발달과정은 발달과 정상 변수가 많을 뿐만 아니라 지속적이며 순환적인 성장과 변화 양태를 보이며, 직선적이기보다는 상대적인 발달과정을 보인다. 삶은 항상 균형이 유지되고 자극이 없는 생활이라기보다는 늘 새로운 자극과 변화와 새로운 경험을 추구하는 과정이라고 볼 수 있다. 여기에서 중요한 비항상성(homeostatic)은 삶의 균형을 유지하기 위하여 애쓰는 것이라기보다는 사람들이 자기의 능력을 개발시키고 자신을 보다 발달시키는 사람이 가치 있다는 것을 의미한다. 이러한 인식에 근거하여 아이들과 관련된 실무자의 일은 무엇이 문제인가보다는 아이들이 그 문제에 어떻게 대처하느냐에 강조점이 모아져야 한다. 관리적 접근이나 행동주의적 접근은 마치 인생에 어려움이 없을 것처럼 문제를 회피하거나 문제를 없애는 것을 강조한다. 이와 대조적으로 발달론적인 접근은 아이들에게 지속된 자극과 학습 기회를 통해 상호작용의 내용과 형식에 문제가 없는지 찾도록 만든다. "어려움은 성장의 요인이며 성장과정이다."

4) 정상화 원리

정상화 원리는 스칸디나비아 학자들에 의해 제창되었고, 1970년대 초 미국에 소개된 매우 중요한 개념이다. 이것은 아이들이 가능한 한 문화적으로 정상적인(전통적인) 행동과 삶을 살아가도록 하기 위해서는 아이들이 전형적인(문화적으로 정상적인) 삶을 살 수 있는 방식을 활용할 필요가 있다는 것이다. 정상화는 각 개인이 정상적인 사람이 된다는 것을 의미하는 것이라기보다는 동시대인들과 되도록 유사한 삶을 체험할 수 있도록 해야 한다는 것이다. 이는 단순하고 명확한 개념이다. 하지만 정상화의 원리를 응용한 어떤 곳에서는 심각한 문제가 초래될 수 있다는 사례가 보고 되고 있다. 그리고 정상화 원리는 '정상적인' 연중 생활리듬을 의미하는 것으로도 쓰인다. 예를 들면, 틀에 박힌 일상에서 벗어난 휴가, 문화적 활동, 음식과 일상에서의 변화를 수반한 계절적 변화 등을 들 수 있다. 그리고 학교 다니거나 근무 날짜나 혹은 휴일 같은 주 단위 생활계획에서도 변화가 있어야 한다. 일상생활을 위한 리듬에는 일상적인 활동의 틀에 박힌 생활에서 보다 다양한 활동으로 구조화하는 것이 요구된다. 식탁을 치우는 것도 설거지만큼 필요한 중요한 활동이다.

예를 들면, 실무자는 아이들이 사고 싶은 물건을 가지고 있는 돈의 한도 내에서 보다 빠르고 경제적이며 무난하게 살 수 있도록 아이들에게 근처 가게에서 물건을 사올 수 있도록 하는 것과 같은 과제를 안겨 준다. 그룹홈에는 긴급사태에 대비해서도 약간의 현금이 필요하지만, 아이들에게 일상생활에서 필요한 것들을 사오도록 심부름하는 경험을 쌓게 하기 위해서도 약간의 현금이 필요하다. 다른 물품들과 함께 배달된 치약보다는 아이들이 가게 점원에게서 직접 구입한 치약이 아이들에게는 훨씬 의미가 있다.

5) 예행연습

그룹홈에서 아이들의 삶을 풍부하게 하고 치료적인 측면에서 우리가 관심을 가져야 할 중요한 사항에 눈을 돌려보자. 필자는 먼저 사전 행동이 사후 반복행동보다 낫다는 것을 전제하고자 한다. 다른 말로 표현하면, 보다 나은 결과를 얻기 위해 행동을 수정하는 것보다는 사전에 변화를 위한 창조적인 대안들을 활발하게 모색하는 것이 보다 바람직하다는 것이다. 사실 실무자의 많은 활동들이 쉽게 바꾸어지지 않는 아이들의 행동에 영향을 주기 위하여 많은 에너지가 소비되는 일들에 투여되고 있다. 예를 들면, 자기 물건을 자주 잃어버리는 아이들은 자기 물건들을 어떻게 간수하고 보관하는지를 배우는 데 별 관심이 없다. 그 순간에 아이를 변화시키기 위하여 집중적인 노력을 한다고 해서 별로 효과적인 것은 아니다.

예행연습은 학습이 이루어질 때 학습에 대해 강조하는 개념이다. 특별한 상황에서 새롭고 색다른 방법을 재미있고 흥미를 유발하며 무엇보다 아이와 실무자가 함께 참여하는 가운데 별 긴장감 없이 연습할 수 있을 것이다. 이러한 학습을 통해 그룹홈은 아이들이 장차 '무엇인가'를 '어떻게' 할 수 있는가를 배우는 공간이 된다.

예를 들면, 소년원과 같은 수용시설에서도 어떤 아이들은 자기의 일과표대로 생활하는 아이들도 있다. 일반적으로 아이들은 기상, 등교, 작업 시작 혹은 식사 등을 계획표를 만들어 관리하고 있다. 자기 관리는 그전의 행동에 대한 보상이 아니라 장차 그룹홈의 울타리 밖에서 생활할 수 있도록 연습하고 배우는 과정이다. 따라서 실무자들은 이러한 예행연습에서는 아이들이 자기관리를 할 수 있느냐에 대해 초점을 맞추기보다는 배울 수 있느냐에 중점을 두어야 한다. 그리고 이와 함께 실무자들은 '늦어서 허둥대는 상황'에 어떻게 대처해야 하는가를 아이들과 함께 연습할 필요가 있다. 바람직한 것은 아니지만 그런 상황이 일상적으로 발생할 때 이에 대처하는 법을 아이들이 배울 필요가 있기 때문이다. 실무자는 문제 상황에 대하여 말하는 것이 아니라 실제 구체적으로 연습해 보는 것이 가장 효과적인 행동이라는 것을 기억할 필요가 있다.

예를 하나 더 들어 보자. 떠나고 정착하고 새로운 상황에 적응하는 것은 그룹홈 아이들 누구나 겪는 어려움이다. '떠나고 정착하기를 연습하기'는 실제 어떤 아이가 집으로 돌아가게 될 때 다른 아이들에게는 장차 자신의 떠남을 연습할 수 있는 좋은 기회가 될 수 있다.

미리 발생 가능한 모의 상황을 만들어 보는 것도 재미있을 것이다. 그 전에는 문제를 유발한 상황이었지만 새로운 방법을 통해 성공적으로 그 상황을 극복할 수 있을 것이다.

이러한 예행연습은 정상적이지 않은 그룹홈의 이상한 문화에서 비롯된 행동들을 실무자가 다룰 수 있도록 도움을 줄 수 있다. 이때 행위의 이식 가능성을 고려하는 것이 중요하다. 다른 말로 표현하면, 아이들이 정상적인 공동체 생활을 하도록 새로운 방법들을 찾아내는 것을 말한다.

그룹홈의 아이들은 프로그램에 참여함으로써 자신을 발달시키고 자기 스스로 할 수 있도록 하기 위해 예행연습이 필요하다. 그룹홈의 프로그램은 아이들의 힘을 강화시키기보다는 감소시키는 경향이 있다. 따라서 특별한 상황에 대한 예행연습은 아이들이 자신의 세계를 구축하거나 자신의 상황에 영향을 주는 데 자신의 힘을 사용해 볼 수 있도록 해 준다. 미국에 있는 어떤 그룹홈에서는 한 구성원이 무시당했다고 느낄 때마다 언제든지 그를 돕기로 약속하였다. 그래서 아이들은 실무자를 포함하여 다른 사람의 반대에도 불구하고 자신들이 원하는 것을 포기하면서까지 무시당한 한 구성원의 권리를 지지해 준 적도 있다.

갈등을 일으키는 행동에는 예행연습과 같은 특별한 주의가 필요하다. 가정에서나 그룹홈에서나 일상생활 속에서 발생되는 마찰이나 충돌은 회피하거나 기껏해야 감소시키거나 혹은 빨리 잊으려 하는 것이 일반적이다. 이런 어려움에 직면하여 사람들의 관심을 갈등을 해결할 수 있는 새로운 방법을 모색할 기회를 차단시켜 개인을 더욱더 심각한 어려움에 처하게 하는 경우가 종종 있다. 갈등 상황은 아동·청소년에게 갈등을 해결할 다양한 방법들을 발달시킬 수 있는 특별한 기회다.

6) 다른 사람 보호하기

갈등을 해결하는 방법을 터득하는 것과 마찬가지로 아이들은 다른 사람을 보호해 주는 것 또한 배울 필요가 있다. 일반 가정에 있는 아이들과 마찬가지로, 그룹홈에 있는 아이들 역시 사랑과 애정을 필요로 할 뿐만 아니라 다른 사람들을 사랑하기를 원하고 있다. 다른 사람을 보호하는 것을 배우는 것은 먼저 다른 사람의 보호를 체험함으로써 가능하다. 그런 다음 자신을 보호해 주는 존경하는 사람을 본받고자 하는 데서 비롯되고, 결국에는 다른 사람을 보살필 기회를 가짐으로써 가능해진다. 그룹홈의 대다수 프로그램은 보호를 제공하도록 짜여진 것이기 때문에 그룹홈의 아이들은 다른 사람을 돌볼 수 있는 기회가 매우 많다. 다른 아이에게 코코아를 타 주거나 공감을 표시함으로써 우울해하는 친구에게 관심을 가져주는 것과 같은 기회를 얼마든지 만들 수 있다.

다른 사람을 보호하는 것을 배우는 것은 아끼는 인형, 장난감, 식물이나 애완동물들을 보살피거나, 다른 곳으로 떠나게 되어 우울해 하는 친구를 자발적으로 위로해 주는 것과는 것과 같은 기회를 통하여 길러질 수도 있다. 애착의 결여로 어려움을 겪는 아이들이 멀리 떨어진 곳에서 곤경에 빠진 친구를 걱정하는 것을 보면 참으로 놀랍다. 다른 사람에 대한 사랑의 표현으로서 보호는 무엇인가를 하고 싶고 자신을 보살피고 싶은 욕구를 충족시키는 것이다. 보호를 배울 때 보호의 과정이 어떻게 이루어지는가는 중요한 문제다. 아이들은 다른 아이에 대한 관심이 지나쳐 실무자의 면밀한 관리가 필요한 경우가 종종 발생한다. 아이들은 보통 또래나 어린 동생에게는 쉽게 애정을 표현하는 경향이 있으며, 자기보다 나이가 많은 사람들에게는 보살핌을 받고 싶은 욕구가 있다. 모든 사람은 보호를 줄 기회를 필요로 하고 있다.

7) 프로그램과 자유, 놀이와 생산적인 일

여기에서 말하는 놀고 공부(일)하고 자유로움을 만끽하는 것과 같은 요소들은 서로 모순되는 것처럼 보인다. 만일 우리가 프로그램을 아이들의 발달을 풍부하게 할 일상적인 삶의 체험을 할 수 있도록 하기 위한 것이라고 정의한다면 프로그램의 목적을 명확히 하는 데 도움이 될 것이다. 그룹홈 프로그램의 본질은 특별한 이벤트를 계획하는 것이 아니라 만족스러운 하루가 되도록 계획하는 것이다. 무엇을 할 때 옛 방식대로 하는 것이 힘든 경우에 지지해 주고 도와주는 어른과 함께 새로운 방식을 모색할 수 있으며 재미있게 그 일을 하게 되면 일상생활이 보다 편안 해질 것이다.

아동이나 청소년이나 어른이나 모두 일과 놀이에 많은 노력을 투여하고 있으며, 이는 자기 실현을 위한 기회가 될 수 있다. 자기 자신을 투자할 수 있는 충분한 일과 활동할 기회, 또 자신이 노력한 가시적 성과를 다른 사람에게 보여 줄 기회를 가지는 것은 아이들에게 매우 중요하다. 일주일에 4시간을 참여해야 하는 청소년 대상 프로그램이 있다고 하자. 프로그램 일정은 아이들과 실무자가 함께 의논하여 세웠다. 어떤 아이가 맡은 일을 완수하자 다른 아이들도 자기들이 하기로 한 것보다 초과해서 달성한 경우가 종종 있다. 책임량이 아이들에게는 도전이 되었고, 그것은 자신이 볼 때나 그룹홈의 입장에서 볼 때에도 가치 있는 것으로 여겨졌다. 그들이 맡은 일은 페인트 칠하기, 수선하기, 일하시는 어른 심부름하기, 이웃 어르신들을 위해 수리하기, 운동장 청소하기 등이었다. 이러한 일들은 방 청소, 설거지, 쓰레기통 비우기와 같은 일상적인 집안일과는 다른 일들이었다. 새로운 일을 경험하기 위해서는 도전이 필요하다.

일하는 것과 마찬가지로, 탐구하고 자신을 드러내어 보기도 하고 한 발 더 나아가 다른 사람이나 다른 환경 속에서 의미 있는 상호작용을 하기 위해서 놀이는 아이들에게 학습의 중요한 장이다.

> 놀이는 사람을 적극적이게 하며, 힘이 넘쳐나게 하며, 창조적이며 상상력을 자극한다. 놀이는 아이들이 세상을 배우고 자신을 적응시켜 나갈 수 있게 하는 통로다(Wilson, 1977, p. 249).

놀이를 하는 가운데 아이들은 어려움을 어떻게 헤쳐 나가야 할지를 배우고, 시행착오를 통해 배우며, 두려워했던 것을 재미있게 해 보기도 하며, 무엇이 좋고 그른지 깨닫게 된다. 사람은 혼자서도 놀기도 하고 다른 사람과 어울려 놀 줄 알아야 한다.

그리고 해서는 안 될 것이나 정상적인 궤도에서 많이 이탈한 것들에 대해 '재미있고 바르게' 노는 것을 놀이 속에서 배운다. 놀이를 하면서 아이들은 이기기도 하며 큰 좌절 없이 질 수도 있다. 놀이 속에서 서둘러 보기도 하고 여유를 가지고 느릿느릿 행동할 수도 있다. 그리고 평상시에는 할 수 없었던 행동들을 놀이를 통하여 해 보기도 하고 경험할 수도 있다. 아이나 어른이나 놀이 가운데에서 특정 행동을 해 볼 수도 있으며, 이때에는 부끄러워하지 않아도 된다. 모퉁이에 앉아 바보처럼 빙빙 돌면서 기다리거나, 잔꾀로 속이거나 허락된 한도 내에서 몰래 훔치거나 보다 더 나은 것을 위해 힘을 합치거나 포기하거나 남을 주는 것과 같은 행동들을 할 수 있다. 놀이에는 팀을 위하여 함께 나누거나 힘을 합하거나 절약하는 행동뿐만 아니라 과장하고 사기치고 훔치고 없애 버리는 것 등과 같은 요소들이 있다.

요즈음에는 옛날 전통놀이들이 거의 사라지고, 함께 놀 친구들도 없으며, 아이들은 주로 PC 게임에 몰입하여 가상공간에서 혼자 노는 것에 익숙하기 때문에 상호작용을 배울 수 있는 기회가 거의 없다. 고무줄놀이, 말뚝박기, 술래잡기, 구슬치기, 딱지치기, 땅따먹기, 쥐불놀이와 같은 놀이들은 상호작용을 발달시키는 데 매우 유익한 놀이다. 이러한 이같은 놀이들은 재미도 있으며 학습 면에서도 아이들에게 상호작용을 통한 일체감과 소속감을 느낄 수 있게 한다.

놀이는 선행에 대한 보상이라는 개념에 대해 필자는 동의하지 않는다. 오히려 놀이는 그 자체가 학습이다. 놀이는 새로운 문제행동에 대해 스스로 더 탐구하게 함으로써 삶을 지탱해 주는 역할을 한다. 성장과정이 왜곡되었거나 심한 좌절을 겪은 아이일수록 놀이를 하는 데 주춤거린다. 이러한 이해를 바탕으로 놀이는 권장되어야 하며, 아이들의 일상생활의 중요한 요소로 인식되어야 한다.

프로그램의 계획은 아이들이 무엇인가를 일하고 놀고 일상생활에서 아주 중요한 것은 아니지만, 일상생활을 하는 데 필요한 일들을 함께할 수 있도록 세워져야 한다. 대신 활동은 일상적인 일과 함께 아이들에게 도전과 모험심을 불러일으킬 수 있도록 세워져야 한다. 그리고 프로그램 계획은 공동생활을 할 수밖에 없는 아이들을 위하여 사생활이 충분히 보장될 수 있도록 세워져야 한다. 이와 함께 그룹홈에서 생활하는 사람들이 함께할 수 있는 활동들도 고려되어야 한다. 가령 정기적으로 다른 그룹홈과 함께하거나 혹은 가능하면 그룹홈 밖에 있는 사람들과 함께 할 수 있는 일들도 고려해야 한다.

아동 · 청소년을 위한 그룹홈 활동에 대해서는 보다 많은 연구가 필요하며, 아동 · 청소년 보호 분야에서도 매우 중요한 관심의 영역이다.

5. 보호의 핵심 요소: 아동 · 청소년의 발달을 위한 필수 요소

여기서는 아동 · 청소년의 보호에서의 주요 이슈를 중심으로 아동 · 청소년 발달과 관련된 최근 연구들을 소개하고자 한다. 필자는 아이들의 학습이라는 측면과 아이들의 발달과 보호라는 두 측면이 어떻게 관련되어 있는지 밝히고자 한다. 보통 아동발달과 보호는 대학이나 현장에서도 별로 연구되지도 않을 뿐만 아니라 제대로 교육받을 기회도 별로 없다. 그래서 스스로 양육받았을 때의 경험 등을 살려 아동을 양육하거나 보호한다. 아동발달과 보호는 누구나 하는 일, 전문성이 크게 요구되지 않는 일로 취급되고, 그래서 이에 대한 연구나 교육과는 무관하게 취급되는 경향이 있다. 그러나 실제로 아동발달에 대해 확고한 인식을 가지고 있으면 아동보호의 기본적인 방향 설정에 매우 큰 도움이 된다. 또한 동시에 일상적인 보호 활동은 아동발달 연구에 풍부한 자료를 제공해 준다.

우리 모두가 자신이 겪은 어린 시절의 양육 경험을 잠시 돌아보면 이와 같은 생각에 동의할 것이다. 혼자였다고 느꼈을 때 만났거나, 정말 어렵고 힘들었을 때 자신을 도와주었던 사람은 살면서 쉽게 잊을 수 없을 것이다. 이러한 보호를 받았던 경험을 되돌아보면 다음과 같은 점들이 분명해진다.

- 신체적 편안함
- 어떠한 일이 계속되거나 반복된다는 보호에 대한 확실성
- 가장 친숙한 환경과 친밀한 보호자

특별한 존재로 대접받거나, 가치 있는 사람으로 인정받거나, 보살핌을 받은 순

간은 살아가면서 마음속에 남아 있게 된다.

이러한 경험들은 아동 · 청소년 보호에서 매우 중요한 요소다. 이러한 경험을 비록 단순한 사실이라도 일상생활 속에서 아이들이 한 차원 높은 어려운 과제를 수행하는 데 도움이 된다. 이러한 점들은 일반 가정의 아이나 위탁가정이나 주간보호센터나 단기 쉼터나 그룹홈이나 시설에서 자라는 아이를 가릴 것 없이 또 아이들의 나이에 상관없이 모든 아이에게 적용될 수 있다.

필자는 오랫동안 아동 · 청소년 보호 분야에서 축적된 지혜를 모아 보호의 일곱 가지 요소를 제시하고자 한다. 아동발달론 분야에서 최근 연구들은 아동 · 청소년 보호 분야에서 이러한 요소들이 갖은 의미에 대해 많은 것들을 밝혀 주고 있다. 여러 가지 요소들이 화학적으로 결합하여 하나의 화합물을 만들어 내듯이, 보호의 여러 요소들이 결합하여 만들어 내는 최적의 보호라는 화합물을 찾기 위하여 여기서는 아동발달과 관련된 연구결과들을 전체적으로 검토하고자 한다.

각 보호의 요소들은 보호의 중요한 요인으로 이미 밝혀졌지만, 다른 요소들과 어떠한 상관성이 있으며 서로 어떻게 활용될 수 있을지에 대한 연구가 이루어져야 한다. 여기서 제시하는 일곱 가지 요소들은 보호의 핵심 구성 요소라 할 수 있다.

1) 신체적 안정감과 물리적 설비

(1) 신체적 안정감

신체적 안정감은 물리적 설비와 함께 보호의 기본적 요소다. 우리가 하는 대부분의 활동에는 이러한 신체적 안정감이 보장되어야 한다. 신체적 안정감은 아동 · 청소년 보호활동에 매우 중요하다. 아이가 좀 더 편안하게 잠자리에 들도록 침대시트를 바르게 펴 주거나, 실무자는 의자에 앉고 아이는 바닥에 앉게 하는 것이 아니라 실무자가 아이와 함께 바닥에 앉는 것 등은 아이에게 신체적 안정감을 준다. 이처럼 아이의 신체가 편안해질 때 아이는 보호받고 있다는 것을 느끼게 된다. 신체적으로 안전하고 고통이 없을 때 아이들은 잘 지내고 있으며 보호받고 있다는 것을 느낄 수 있다. 신체적으로 잘 지내고 있다는 생각이 들어야 아이들은 보다 더 수용적일 수 있으며, 지금 당장의 신체적 요구에 얽매이지 않고 새로운 것들에 적극적으로 행동할 수 있다. 신체적인 욕구 충족과 편안함은 생활에서 기본적인 것이며 보호의 가장 중요한 요소다.

신체적 안정감은 다른 사람의 인격적인 개입으로 강화될 수 있다. 이러한 인격적 개입은 물리적 보호를 인간적인 보살핌으로써 변화시키는 것으로, 이를 위해서는 사람의 시간과 노력이 투여되어야 한다. 유아는 요람이 편안해야 한다. 가정이나 사무실이나 모임에 새로운 사람이 들어올 경우 누군가가 따뜻하게 맞이해 주어 편안함을 느낄 수 있게 해 주어야 한다. 이는 우리 생활에서도 마찬가지다. 예를 들면, 문이 자동으로 열리고 닫히는 버스의 기사가 다정하게 인사를 하면 출입하는 승객은 편안함을 느낄 수 있다. 아동 · 청소년 보호에서도 새로 들어온 아이를 맞이할 때 한두 마디 말이나 미소를 살짝 짓는 것보다는 고개를 끄덕이며 손을 마주 잡거나 신체적 편안함을 느낄 수 있는 신체적 행동이 아이를 훨씬 편안하게 해 줄 수 있을 것이다. 반대로, 신체적 권리를 거부하거나 제한하게 되면 자신이 환영받는 존재가 아니라는 것을 쉽게 느끼게 된다. 불편하게 서 있거나 앉아 있어야 하거나 불편하게 잠을 자야 하거나 혹은 많은 사람들이 모인 교도소나 훈련소 같은 곳은 그곳에 있는 사람들에게 자신이 환영받고 있지 못하며 무가치하며 때로는 고립되어 있다는 생각을 심어 주기도 한다.

(2) 물리적 설비

신체적 안정감은 보호의 1차 요소다. 이러한 관심은 아이들의 개인적 공간의 문제를 어떻게 접근하느냐와 관련이 있다.

가정에서 길러지는 애완동물들은 가족 구성원으로부터 인정된 사적인 공간을 가지고 있다. 그렇다면 우리 아이들은 자기만의 고유한 영역을 가질 수 있을 것인가? 활동할 수 있는 자기만의 방, 개인의 물건을 보관하거나 쉬거나 잠자는 공간이 있어야 한다. 이러한 사적 공간은 자유로운 공간이다. 다른 말로 하면, 사적인 공간은 누구에게도 신경 쓸 필요가 없는 공간이다. 아이들은 방안의 구석진 곳이나 침대나 혹은 자기만의 유일한 공간은 누구에게 양도할 수 없는 권리의 일부로 생각하고 있다. 사춘기 아이들은 좋을 때 뿐만 아니라 어렵고 힘들 때에도 자기만의 공간을 찾는다. 다른 사람이 보기에는 다 똑같은 의자로 보이지만, 아이들은 자기가 좋아하는 의자가 따로 있다. 다른 사람이 그 의자에 앉아 있으면 아이들은 상처를 받기도 한다. 아이들도 자기만의 공간을 갖고 싶어하고 이것이 인정받고 존중되기를 원한다.

한 곳에서 다른 곳으로 이동하거나, 집에서 그룹홈으로 옮기거나, 친숙한 환경에서 낯선 환경으로 가게 되었을 때, 아이들은 특히 주위의 따뜻한 배려가 필요하다는 것을 명심해야 한다. 아끼는 담요, 방석, 솜으로 만든 동물인형, 장난감, 사진, 장신구같이 아이가 아끼는 물건은 낯선 환경에 적응하는 데 도움을 준다.

아이들이 다른 장소로 가야 할 때 도와주는 것은 그룹홈 실무자의 고유한 역할이다. 실무자는 아이들이 병원에 가거나 소년원에 가거나 주간보호센터나 다른 곳으로 이동하게 될 때, 그 아이가 아끼는 물건 목록을 만들어서 점검할 필요가 있다. 전에 자신을 보살펴주었던 사람과의 지속적인 접촉은 아이들의 적응을 도와주는 가교역할을 하며, 아이들에게 이러한 접촉은 매우 중요한 의미를 가지고 있다.

2) 차별화

개인적 차이는 상호작용에서도 차이를 유발한다. 최근의 어느 생애사적인 연구를 보면, 사람은 출생부터 기질적인 차이가 있다는 것을 보여 주고 있다. 이러한 차이는 그룹홈 실무자들에 의해서뿐만 아니라 상호작용에서도 분명하게 구별되는 다양한 양상을 보여 준다.

또 이러한 연구들은 그룹홈 내의 아이들에게 표준화된 행동을 기대하거나 아이들에게 일관되게 대응하는 것은 많은 문제점을 안고 있음을 보여 준다. 필자는 다양한 아이들에게, 심지어는 같은 행동을 보이는 아이들일지라도 각각 다르게 대응하는 것이 매우 중요하다는 것을 강조하고 싶다. 즉, 일관성을 지키는 것이 반드시 잘 대처하는 것이 아니라는 것이다. 일관성을 지키는 것은 오히려 비수용적일 수도 있으며, 결코 바람직한 서비스의 질을 보장하는 것은 아니다. 아이들에 따라 반응을 조절하는 것이 훨씬 효과적이고 자연스러우며, 아이들을 충족시킬 수 있는 방법이다.

아이들에 따라 기질이 다르므로 그들에게 제공되는 보호 서비스도 아이들마다 달라야 한다는 것이 논리적으로 타당하다. 좀 더 정확히 말하자면, 아이들과 보호를 담당하는 실무자는 그룹홈 내에서 서로를 탐색하며 자신들에 맞는 상호작용 방식을 개발해야 한다는 것이다. 아이들의 일상적인 상호작용 방식은 개인의 경험과 삶의 역사, 성 혹은 사회적 계층보다는 아이들의 타고난 기질에 기초하여 다양화하게 모색되어야 한다. 앞서 살펴보았지만, '살아 있는 레이더'와 '늘 바쁘고 부산한 아이들'을 다시 한 번 생각해 보자.

'살아 있는 레이더'는 우리에게는 매우 비활동적인 것처럼 보이지만 그들은 자극에 대해 매우 민감하게 반응을 보이고 있다. 그들은 사건이 생기면 공간적 거리를 유지하며 그 자극에 지나치게 몰입해 있다. 이들은 눈에 보이는 상황에 대한 해석 등과 같은 상호작용에 뛰어난 능력을 발휘하기도 한다. 이와는 대조적으로 어떤 아이들은 무엇이나 접촉과 실제 경험을 통해 터득해 나가는 아이들이 있다. 이들은 짧은 시간에 많은 것들을 경험하려 한다. 한 가지 상호작용은 다른 상호작용을 불러일으키며, 마치 그들의 삶은 끊임없는 동작의 순환 속에 있는 것처럼 자극에 갇힌 아이들처럼 행동하는 아이들도 있다. 신체적으로 활동적인 아이일수록 그런 경향이 더욱 강하다. 이렇게 '늘 바쁘고 부산한 아이들'은 무슨 일이 일어나기만 하면 곧바로 뛰어드는 경향이 있다. 그들에게는 사소한 자극이라도 행동을 부르는 메시지와 같다. 그들은 늘 끊임없이 새로운 체험을 추구하고 있다.

그룹홈 실무자가 '늘 바쁘고 부산한 아이들'을 만나면 그에게 적합한 방식을 창출해내야 한다. 이런 아이들에게 실무자는 자극을 줄이는 역할도 하지만 자극을 주는 통로도 된다. 예를 들면, 같이 책을 읽고 있을 때 아이의 손을 살며시 붙잡아 산만한 행동을 감소시킬 수 있다.

아이들의 기질은 자신의 환경 속에서 상호작용하는 데 비해, 실무자의 상호작용 방식은 문화에 의해 규정된다. 예를 들면, 실무자가 목욕 시 스펀지나 욕조를 이용하거나 혹은 찬물이나 따뜻한 물을 선택하는 것은 문화적 차이에서 비롯된다. 그러나 이러한 영역에서의 상호작용도 본질적으로는 연관성이 있는 것으로 밝혀지고 있다. 자극에 매우 빨리 반응하는 아기에게 다른 장난감을 주면 지금까지 가지고 놀던 장난감을 내팽개치기 때문에 이런 아기에게는 한두 개의 장난감만을 줄 필요가 있다. 이런 유형의 아이들은 항상 실무자의 주의가 요구된다.

이와는 대조적인 '살아 있는 레이더'의 아이들은 상황이 발생되면 다른 사람들과 거리를 두고 심사숙고한다. 실무자는 이들에게 혼자서 충분히 생각할 수 있는 공간을 제공하거나, 실무자와 아이 사이에 완충구역을 둘 필요가 있다. 이와 함께 실무자는 아이의 행동을 촉발시킬 수 있는 자극의 필요성에 대한 인식을 가져야 한다. 이런 유형의 아이들을 위하여 식사하고 목욕하는 등 다른 일상생활을 하는 동안에도 실무자는 상호작용을 불러일으키기 위하여 말을 걸고 신체접촉을 하고 시각적 자극 등과 같은 확실한 자극을 줄 필요가 있다.

앞서 언급하였듯이, 그룹홈에서 실무자는 기질의 차이에 따라 아이들의 행동에 차이가 있으며 대응에도 차이가 있어야 한다는 점을 기억해야 한다.

그룹홈에서 아동 · 청소년을 실제로 보호하는 것은 어떤 특정 활동을 보급하거나 매뉴얼이나 그룹홈의 규칙을 개발하는 것과는 대치된다. 아이들을 보호한다는 것은 시간과 경험과 훈련이 요구되는 상호작용 과정을 통한 상호 적응으로 보아야 한다. 실무자는 경험을 통해 친밀하고 인간적인 상호작용을 위해 신체접촉이 필요한 아이인지 혹은 일정 거리를 유지하면서 시각이나 작은 몸짓을 통해 보다 쉽게 친밀해질 수 있는 아이인지를 구분해 낼 수 있는 역량을 갖출 수 있다. 한마디로 "아이들마다 다르게 대해야 한다."

보호를 제공하는 사람이나 보호를 받는 사람 모두 서로 적응하기 위해서는 자주 접촉해야 하며 충분한 시간적 여유를 가져야 한다. 그러나 이것이 반드시 부모가 하루 종일 집에 있어야 하거나 혹은 그 아이를 맡은 실무자가 그 아이와 관련된 모든 일을 해야 한다고 말하는 것은 아니다. 일반 가정에서 집에 있는 부모 밑에서 자란 아이들과 직장을 가지고 있는 부모 밑에 자란 아이들 중에서, 물론 두 부모 모두 아이에게 애정을 가지고 아이를 잘 보살핀 경우에, 부모와 함께 많은 시간을 보낸 아이들이 상대적으로 보다 자유롭고 만족도가 높다는 연구결과가 있다. 이와 같은 사실은 그룹홈에서 프로그램 등을 설계할 때 실무자가 아이들과 충분한 인간적 교류가 가능하도록 하는 것이 중요하다는 것을 말해 준다.

3) 리듬 있는 상호작용

그룹홈 실무자와 아이들의 상호작용 가운데 가장 전형적인 것은 탁구와 같이 공을 주고 받는 리듬적인 활동이다. 리듬적인 요소는 인간발달에서 매우 중요한 특징이다. 리듬은 아이와 실무자의 일치요, 내재되어 있는 힘의 분출이다. 따라서 실무자와 아이들은 일치된 리듬을 찾아내야 한다. 리듬 있는 상호작용이 '인간행동의 핵심 요소'라는 최근의 연구는 많은 것을 시사해 주고 있다. 이러한 인간행동의 핵심 요소는 환경적 리듬과 내면적 리듬의 조화와 결합을 필요로 하고 있다. 이러한 리듬 있는 개입은 상호작용의 질과 방향을 결정한다.

실제로 이를 좋아하는 실무자들은 거의 없겠지만, 의자를 등 뒤로 덜커덩 덜커

덩거리며 놀거나, 머리카락이나 턱수염을 반복적으로 매만지거나, 공을 계속 던지면서 가지고 놀거나, 손을 흔드는 것과 같은 리듬 있는 행동들은 연속성을 느끼도록 하는 중요한 요소다. 리듬 있는 활동은 마치 아기 장난감에 품질보증제도가 있는 것처럼, 함께 노래 부르기나 춤추기, 함께 노는 활동들은 나중에 자란 후에 진정으로 '일체감'을 느끼게 해 주는 보증수표와 같다.

리듬 있는 활동들을 통해 실제로 무엇을 얻을 수 있을까? 리듬 있는 활동은 개인에게 반복성과 연속성을 체험하도록 함으로써 안정감을 얻도록 하는 데 도움이 된다. 반복적인 활동을 실제로 체험하는 것은 지속성이라는 개념을 발달시키는 데 도움이 된다. 리듬 있는 활동은 앞으로도 반복될 것이라는 것을 느끼게 해 주고 이러한 체험은 예측성을 갖도록 하는 데 기여할 수 있다.

사람들이 함께 모이면 함께 고개를 끄덕이고, 함께 걷고, 함께 웃고, 심지어는 함께 울음을 터뜨리는 것과 같은 리듬 있는 활동에 쉽게 동화되는 경향이 있다. 사람들은 상호 공감하는 리듬을 만들어 낸다. 리듬 있는 놀이는 중요한 삶의 체험들이 가지고 있는 두드러진 특징 중의 하나다. 공을 가지고 놀거나 탁구를 치거나 술래잡기에 있는 리듬성을 예를 들어 보자. 이러한 재미있는 놀이를 통해 아이들은 리듬성을 익힐 수 있다.

이러한 리듬성을 아동 · 청소년 보호에 어떻게 적용할 수 있을까? 아이들 스스로의 활동이나 어른들과의 상호작용 속에서 리듬성을 익힐 수 있는 충분한 기회를 제공하는 것은 매우 중요하다. 공을 토스하거나 탁자를 두들기거나 서로 장난하며 놀리는 등 아이들의 반복적인 활동을 자세히 관찰해 보면 우리는 이러한 행동들이 단순히 시간 낭비가 아니라는 것을 알 수 있다. 더구나 어른이 이러한 활동에 함께 참여하게 되면 그 순간 아이들과 완벽하게 함께 호흡할 수 있다. 아이와 어른이 함께 앞으로 나아가는 순간을 공유하는 것이다.

리듬성이 심리적인 것이라고 하면, 의식(儀式)은 이의 사회적 표현방식이라 할 수 있다. 아이들의 생일이나 졸업 · 입소 축하 파티 같은 의식은 건강한 사회 문화가 살아 있음을 보여 주는 확실한 징표라 할 수 있다. 사람들은 이러한 의식에 함께 참여함으로써 완전한 일체감을 체험하게 된다. 아동 · 청소년에게 의식은 보다 특별한 의미를 지닌다. 이들에게는 의식이나 교육적 차원 그 자체가 의미 있는 것이 아니라 오히려 의식을 통해 일시적이지만 새로운 형태의 질서를 체험할 수 있다는 것이 중요하다.

4) 기대와 예측

예측할 능력이 있다는 것은 학습 정도를 측정할 수 있는 척도이자 효과적인 학습을 위한 필수적인 요소다. 다른 말로 표현하면 가까운 장래에 어떤 일이 일어날지 알 수 있다는 것은 자신감을 심어 준다. 사춘기 청소년이 자기 행동의 결과를 예측할 수 있을 때 사춘기를 벗어났다고 할 수 있다.

그래서 실무자는 아이들이 직접 체험하고 자기 행동의 의미를 스스로 깨닫도록 아이들에게 끊임없이 새로운 일거리를 제공해야 한다. 이때 아이들이 자신의 행동의 효과성을 일반적인 잣대로 평가하기보다는 자신의 눈에 비친 실무자의 행동을 보고 평가한다는 점을 명심할 필요가 있다.

실무자가 공중제비를 하는 아이를 보고 "정말 잘하는구나! 깜짝 놀랐어!"와 같은 말을 하면 아이는 기뻐할 것이다. 실제로 우리는 아주 어린아이들에게 이러한 칭찬을 잘한다. 그러나 일반적으로 청소년에게는 칭찬에 인색하다. 청소년의 행동을 규정하고 평가하기보다는 아이들의 행동에 직접 구애받지 않고 그들에게도 칭찬할 수 있어야 한다. 그들의 행동과 그들이 잘하는 것에 대해 늘 관심을 가져주는 것도 역시 중요하다. 예를 들면, 새로운 일을 잘 수행한 아이는 '좋음, 용감함, 근면함' 따위의 평가보다는 자신의 유능감을 인정받고 싶어한다. 아이는 어른에 의해 이루어지는 평가보다는 자신이 유능하다는 것을 확인받고 싶어 하기 때문이다.

5) 의존성

예측한다는 것은 의존할 수 있다는 것을 말한다. 예측한다는 것은 확실성의 의미가 내포되어 있다. 이러한 확실성은 사람에게 의존성을 갖게 한다. 낯선 사람이지만 함께 할 일에 대해 알고 예측할 수 있다면 아이들은 그 사람을 의지할 것이다. 그리고 이러한 체험은 아이들 자신에게는 매우 뜻있는 만남으로 기록될 것이다. 의존할 수 있다는 것은 정말 기분 좋은 일이다! 의존할 수 있다는 것은 아이들이 자신이 혼자가 아니며 자신이 사랑받고 있다는 것을 확실하게 느낄 수 있도록 해 준다. 이러한 의존성은 애착을 형성하며, 애착을 갖는 것은 매우 기쁜 일이다. 실무자도 아이들이 자신에게 의존하기를 바라고 있다. 의존은 서로에게 유쾌한 일이며 유익한 일이다.

따라서 의존은 자연스럽고 바람직한 현상이며, 아이들을 보호하는 데 기본적인 것이다. 아이를 돌보는 과정 속에서 지속적이며 끊임없는 관심은 아이와 어른의 상호 간의 의존성을 심화시킨다. 결국 어린아이는 어른을 필요로 하고, 어른은 다른 어른과 어린아이의 관심을 필요로 한다. 브론펜브레너는 모든 아이들은 최소한 자기에 대해 미친 단 한 사람을 필요로 한다고 말하였다. 어떤 사람이 자기를 진심으로 믿어 준다고 느낄 때, 아이는 자신에 대해서 호감을 가지며 나아가서는 다른 사람에 대해서도 호감을 가지게 된다는 것이다. 이상하게 들릴지 모르지만 사람이 다른 사람에 대해 확실하게 의존할 수 있을 때, 즉 서로 상호 애착을 확신할 수 있을 때 더욱 독립적일 수 있다는 것이다.

확실한 의존 경험이 있는 사람은 새롭고 보다 복잡한 관계에 있어서도 새로운 의존을 통해 독립심과 자율성을 배양할 수 있다는 것이다. 애착 발달에 대한 최근의 연구들은, 의존 체험의 결여는 의존을 연장시킬 뿐만 아니라 아동발달에서 심각한 장애를 초래한다고 경고하고 있다.

6) 행동 훈련

사회적 능력은 개인의 애착에 좌우된다. 이 말은 자기 관리나 예절을 위해서 훈련이나 규율이 중요한 것이 아님을 말해 주고 있다. 그렇다고 필자가 아이들의 행동 훈련에 무관심하다는 것은 결코 아니다. 오히려 아이들의 행동 훈련 시 가장 효과적인 방안을 찾아내야 한다는 것을 강조하고자 하는 것이다.

아이들은 대부분 자기들에게 가장 중요한 존재를 통해 쉽게 배운다. 아이들은 자기 편이라고 생각하는 사람으로부터 많은 것들을 배운다. 아이들은 자기들과 가까운 사람들이 생활상의 문제들을 어떻게 대처하는가를 보고 따라서 하는 경향이 있다. 따라서 아이들이 보기에 자기 상황과 가장 가까운 데 있는 사람이 가장 영향력 있는 사람들이며 아이들의 행동에 가장 큰 영향을 미칠 수 있는 사람들이다. 선배나 또래, 텔레비전이나 이야기에 나오는 영웅, 드라마의 주인공이 그들의 모델이 되고 우상이 된다. 아이들은 그들을 실무자와 같은 중요한 존재로 여기고 있다.

상호 친밀함과 애착 속에서 이루어질 때 가장 효과적인 행동 훈련이 될 수 있음을 명심할 필요가 있다. 효과적인 행동 훈련은 의존성의 결과로 얻어지는 것이다. 아이와 실무자가 친밀한 인간관계를 형성하고 있을 때 효과적인 행동 훈련이 시작될 수 있으며, 보다 복잡한 사회화도 가능하게 될 것이다.

결국 실무자와 아이와의 상호 애착관계를 넘어 생활의 다른 영역에까지 아이들의 독립심은 뻗어나갈 것이다. 물론 그 과정에서 아이들은 그 전과는 다른 새로운 방식으로 실무자에게 의존하면서 보다 더 독립적이 될 것이다. 대규모 수용시설이나 가정이나 위탁가정이나 그룹홈에서나 가장 중요한 것은 아이들에 대한 지속적인 관심과 개입이다.

아이들이 가정에서 생활하든, 가정과 분리되어 생활하고 있든 보호의 핵심은 아이들이 성숙하는 데 필요한 일련의 의미 있는 활동을 체험할 수 있도록 하는 데 있다. 어른들의 지속적인 보호를 받는 동안 아이들은 주기적으로 실무자에게 정서적 의존을 심화시킬 수 있으며, 이러한 관계는 두 사람 모두에게 매우 중요한 의미가 있으며 두 사람 모두에게 자유로운 관계라 할 수 있다. 다른 말로 표현하면, 자기관리 능력을 배양하고 아이들의 행동을 성숙시키기 위해서는 실무자와의 친밀한 인간관계 형성이 필수적이다.

7) 실무자를 위한 관심

아동 · 청소년 보호의 핵심적인 요소 가운데 마지막 일곱 번째는 앞에서도 중요하게 다룬 실무자를 위한 관심이다. 실무자가 개인적으로 준비되어 있고 상호작용할 준비가 갖추어져야 보호가 이루어질 수 있다. 실무자가 다른 사람에게 보호 서비스를 제공하기 위해서는 실무자 스스로 노력도 필요하지만 실무자에 대한 지지가 이루어져야 한다.

기관으로부터 받는 관심에 따라 실무자의 활동은 적극적이 될 수도 있고 활동의 제약을 받을 수도 있다. 실무자의 활동이 자신이 보살피는 아이들이나 다른 실무자들이나 기관으로부터 지지 받고 있으며 실무자의 활동이 사회적으로나 제도적으로 지지되고 있는가? 실무자가 신체적으로 편안하며, 사적인 시간과 공간이 충분히 보장되고 있는 가? 그리고 실무자가 힘들어할 때 다른 사람들로부터 지지받을 수 있는 기회나 시스템이 마련되어 있는가? 실무자들이 업무를 수행하는 데 필요한 자원에 접근할 수 있는가? 한 마디로 다음과 같이 요약할 수 있다. “아이들을 돌보는 실무자가 충분히 보호받고 있는가?”

진정한 보살핌이란 보살핌을 받는 사람과 보살피는 사람의 상호관계다. 어른이나 아이 모두 이러한 상호관계에 대한 확신이 필요하다.

제 2 부

아동 · 청소년 그룹홈에 관한 실천적 이해

제8장 아동 · 청소년 그룹홈의 일상생활

1. 그룹홈과 아동의 권리

그룹홈 운영자의 가치와 철학을 점검해 보는 가장 중요한 목적은 아동의 권리 보장 확대를 통한 그룹홈 서비스의 질 향상이라고 할 수 있다. 이를 위해서는 아동의 권리에 대한 명확한 인식이 필요하다. 이러한 아동의 권리에 대한 인식은 「헌법」과 유엔아동권리협약을 중심으로 그룹홈과 관련된 사항을 중심으로 살펴보고자 한다.

인간의 권리에 대해 마셜(Marshall)은 공민권, 참정권, 사회권의 진전으로 파악하였다. 산업혁명 과정에서 미성년자 노동에 대한 착취를 금지함으로써 아동의 보호에 대한 인식이 싹텄다. 이러한 세계적 흐름의 아동의 권리와 보호는 1924년 아동권리에 대한 제네바 선언과 1959년 아동권리선언, 1989년 유엔아동권리협약의 채택으로 발전되었으며. 우리나라에서는 1991년에 비준함으로써 유엔아동권리협약이 국내법과 동일한 효력을 갖게 되었다.

유엔아동권리협약에서는 아동의 생존권, 발달권, 표현권 등의 권리와 함께, 두 가지 원칙으로 아동 최상의 이익의 원칙과 무차별의 원칙을 명시하고 있다. 이러한 권리와 원칙들은 그룹홈에서도 보장되고 관철되어야 한다. 그리고 국가와 지방자치단체에서도 사회적 양극화와 가정해체 등의 심화에 따라 아동의 생존권과 발달권을 보장하기 위하여 그룹홈을 확대하고 지원을 강화해야 한다. 그리고 아동을 직접 보호 · 양육함으로써 아동의 생존권을 보장하고 있는 그룹홈에서도 아동의 발달과 표현의 자유를 보장하기 노력하여야 한다.

유엔아동권리협약 제9조는 아동 최상의 이익의 원칙을 제시하고 있으며, 가족과의 분리 시 이해관계 당사자의 견해 표시 기회를 제공하고, 부모와의 분리 시 아동이 정기적으로 부모와의 개인적 관계 및 직접적인 면접 교섭권을 갖도록 규정하고 있다. 아동의 그룹홈 입소 시 아동 최상의 이익의 관점에서 고려하며, 아동의 의견을 존중하고, 아동과 부모와의 관계증진을 위해 노력해야 함을 규정하고 있다.

그리고 유엔아동권리협약에 제13~16조는 아동의 표현의 자유, 아동의 사상, 양심, 종교의 자유, 사생활, 통신의 자유를 보장하기 위하여 노력하여야 한다고 명시하고 있다. 이와 관련하여 그룹홈에서는 이러한 자유를 어떻게 보장할 수 있을 것인지 그 구체적인 실천방안을 마련할 필요가 있다. 특히 종교 선택권을 보장하도록 하며, 사생활과 통신의 자유 보장에 대해서는 과도한 통신비 지급 등의 우려가 있기 때문에 적절한 지도 방안을 마련해야 할 것이다.

최근 그룹홈 실무자들은 아동권리에 대한 인식이 매우 부정적이다. 자신의 권리만을 지나치게 요구하며 자신이 해야 할 책임에 대해서는 무관심하기 때문이다. 혹은 "나를 때리면 경찰에 신고할 거야."라는 식으로 그룹홈 실무자를 협박하거나 밤늦게 스마트폰을 가지고 놀면서 통신의 자유를 거론하는 등 아동의 권리에 대한 잘못된 인식에 대해 그룹홈 실무자는 한두 번 정도는 부정적인 경험을 가지고 있기 때문이다.

그러나 필자는 현 시점에서 아동의 권리에 대한 우리 사회의 인식이 너무 낮기 때문에 이를 강조하는 것은 나름대로 의미가 있다고 생각한다. 그러나 이와 함께 역시 아동의 권리와 지도 그리고 실무자의 권한과 역할 등에 대해서는 앞으로도 많은 논의가 필요하다고 생각한다.

유엔아동권리협약 제18, 19조는 정부로 하여금 아동의 양육과 관련한 아동보호를 위한 기관, 시설의 개발, 편의의 제공 및 필요한 지원을 제공하도록 규정하고 있어 정부의 보다 내실 있는 그룹홈 지원대책 마련을 촉구하고 있는 것으로 해석할 수 있다.

그런 점에서 정부의 그룹홈에 관한 파행적인 지원 방식이 하루 빨리 정상화되어야 그룹홈 서비스뿐만 아니라 우리나라 아동복지 서비스가 정상화될 수 있다.

2. 아동 · 청소년의 일상생활

그룹홈에서 생활하는 아동 · 청소년은 그동안 성장해 온 역사가 다르고 가정환경도 다르며, 성격도 다르다. 이러한 가정해체와 학대 등으로 상처받고 일그러진 아동 · 청소년이 7명 이하로 함께 생활하고 있는 그룹홈은 일상이 전장이나 다름없다. 그럼에도 불구하고 그룹홈의 종사자는 일상생활 속에서 보호하고 있는 아동 · 청소년이 장차 사회에 나가서 건강한 사회 구성원으로 자립할 수 있는 역량을 갖추도록 하기 위하여 그룹홈에서 어떻게 생활을 지도할 수 있을까 하는 고민을 가지고 있다.

일상생활을 어떻게 구성할 것인가 하는 아동의 일상생활에 대한 구조화의 문제는 아동 · 청소년 그룹홈의 문화와 관련된 사항이며, 그룹홈에 운영에서 매우 중요한 요소다. 일과를 구조화하는 것과 그룹홈의 문화를 형성하는 것과는 긴밀한 관련이 있다. 그룹홈의 문화가 어떤가에 따라 그룹홈에서 생활하는 아동 · 청소년이 서로 아끼고 돕는 문화가 형성되기도 하고, 서로 반발하고 부딪치고 다투는 분위기가 되기도 하며, 질서가 있고 안락하고 마음이 편한 분위기를 자아낼 수도 있고, 창의성이 발휘되는 자연스러운 분위기가 형성되기도 한다. 이런 분위기에 따라 그룹홈 아동 · 청소년이 학업에 전념하거나 여가활동에 열중하게 되기도 한다. 일상생활과 일상생활의 배경이 되는 그룹홈의 분위기는 아동 · 청소년의 태도, 가치관, 대처능력 등의 형성에 상당한 영향을 준다. 이런 중요성 때문에 아동 · 청소년 그룹홈의 일상생활은 그저 막연하게 진행되거나 아니면 먹고 자고만을 위해서 진행되어서는 안 되며, 미리 세워진 아동 · 청소년 그룹홈 운영계획에 일상 생활계획 또한 포함되어 있어야 한다.

여기서는 운영 목표, 운영상 만나게 되는 여러 문제, 일상생활을 운영하는 데 참고가 될 여러 대안을 살펴본다. 그러기 위해서 일상생활의 다섯 가지 면, ① 아동 · 청소년 그룹홈의 일반적인 일과, ② 아동 · 청소년 그룹홈에서의 자유시간, ③ 아동 · 청소년 그룹홈 밖에서의 자유시간, ④ 일상생활 지도감독에서의 공통 문제, 그리고 ⑤ 남녀 교제를 살펴본다.

1) 아동 · 청소년 그룹홈의 일과

아동 · 청소년 그룹홈에서의 일과는 다음과 같은 기능을 담당하고 있다.

- 가장 단순한 수준에서 일과는 필요한 일을 마치게 하고 제 시간에 학교에 가게 하고, 숙제를 하게 하고, 의사나 상담사, 심리학자와 만나기로 한 약속을 지키게 하고, 집안 청소하는 등의 일상생활이다.
- 일과는 그룹홈 실무자나 다른 아이들이 자신에게 바라는 것이 무엇인지를 그룹홈 아이가 미리 알고 있게 한다. 이렇게 함으로써 그룹홈에서의 아이들 간의 협조가 증진되고 마찰이 줄어든다.
- 일과는 소심한 아이가 조바심을 내는 일 없이 편한 마음으로 일을 진행할 수 있게 생활활동을 구조화해 준다.
- 집 안팎에서 책임을 분담할 수 있게 해 주므로 일과는 그룹홈 아이의 응집에 기여한다.
- 일과 계획과 운용은 그룹홈 아이가 이에 참여하여 의사결정할 기회를 제공하고 하고 나아가 서로 협력해서 일을 진행하는 습관을 개발하게 한다.
- 집안 살림살이나 음식 장만 등의 일과는 장차 독립해서 가정을 꾸릴 때 필요한 역량을 쌓을 기회를 제공한다.

그러나 일상생활을 너무 지나치게 세세히 짜 놓으면 역효과도 나타난다. 일과 설정 시에는, 아이의 숨통을 막는다거나, 실무자와 아이 사이에 불필요한 마찰을 일게 하거나, 치료효과를 감소시키는 결과를 가져오는 일이 없도록 주의해야 한다.

그룹홈 실무자들과 생활하고 있는 아동 · 청소년 간에 실랑이를 일으키는 일들이 종종 발생한다.

아침에 일어나서 하는 잠자리 정돈이다. 마땅히 자기가 해야 할 이런 일을 하면서 어떤 아이는 "여기는 내 방이고 나는 정돈해 놓지 않아도 걸릴 것이 아무것도 없다. 정돈하지 않고 그냥 두어도 건강에 지장이 없다. 또 그냥 둔다고 남에게 해롭지도 않다. 내 집에서도 나는 자고 난 자리를 정돈한 일이 없다. 자고 난 자리 정리는 괜한 시간낭비일 뿐이다! 조금 있다 다시 펼텐데 귀찮게 왜 자리를 정리하느냐!"라고 불평한다. 모든 어머니들은 이런 불평을 하는 아이들을 혼내고 야단치지만, 그룹홈 실무자는 이런 불평이 모두 부당하다고만 할 수 없는 면이 있다는 점을 잘 알고 있다. 상호작용이 있는 적절한 보살핌을 받지 못했기 때문이라는 것을 알기 때문이다. 그리고 생활습관이라는 것이 하루 아침에 고쳐지는 것이 아니라는 것 또한 잘 알고 있기 때문이다. 따라서 아이가 이런 불평을 하면 실무자로서는 이런 불평이나 저항을 무릅쓰고 강행할 만큼 그 일이 중요한 일인지 따져 보아야 한다.

아동 · 청소년 그룹홈에서는 규칙을 적게 하고 그러한 규칙에 '개별적 처우'의 원리를 적용하다 보면 아이들과의 마찰을 최소화할 수 있다. 저녁 식사를 끝내고 난 뒤에 몇몇 아이는 산책을 하고, 어떤 아이들은 자신들이 좋아하는 TV 프로그램을 보고, 또 다른 아이는 책을 보거나 쉴 수도 있다. 따라서 그룹홈 실무자는 하루의 모든 시간의 일과계획을 세울 필요가 없으며, 상황에 맞추어 자율적으로 행동하며 밖에서의 긴장을 풀고 자기가 하고 싶은 일을 하도록 배려할 필요가 있다. 그렇다고 아이들이 밤늦게까지 게임하거나 통화하도록 방임하라는 것은 결코 아니다.

아동 · 청소년 그룹홈 일과의 중요 핵심사항을 정리하면 다음과 같다.

(1) 아침: 기상, 아침밥

그룹홈은 보통 아침에 어떻게 일어났느냐에 따라서 그날 하루의 기분이 좌우된다. 따라서 그룹홈 아이 각자의 개인차와 그들의 사생활을 존중해 주는 것이 최상책이다. 방문을 꽝꽝 여닫고, 덮고 있는 이불을 젖히고, 기상 종소리를 요란하게 울리는 것과 같은 일은 군대에서나 하는 행동이다. 아이들은 스스로 자신의 머리맡에 놓은 자명종 소리에 일어나거나, 실무자가 조용한 음악을 틀거나 아니면 아침 뉴스를 약간 크게 틀어놓는 것도 하나의 방법이다. 그러나 아이들에 따라서는 이렇게 조용하고 고상한 방법이 통하지 않는 경우도 많다. 일어나라고 큰 소리를 쳐도 귀를 막고 자거나 화를 내야 비로소 일어나는 경우도 있다.

어른처럼 아이들도 하루 일을 준비하는 시간이 아침마다 있어야 한다. 각자에게 알아서 일어나게 하면 불필요한 꾸지람이나 말씨름 없이 스스로 잘 일어나서 하루 일을 준비한다. 이렇게 각자 알아서 일어나게 하면 한 번에 화장실에 몰리는 일이 없다. 빠뜨리는 것 없이 챙겨서 학교에 제 시간에 가야 한다는 것만 규칙으로 정하면 된다.

학교에 가지 않는 날이면서 예정된 행사도 없는 날이면 늦잠을 허락한다. 보통 기상시간은 아이들이 학교에 등교하는 시간에 맞추어 자율적(오전 6~8시)으로 정한다. 굳이 기상시간을 정해 놓는 것보다는 등교시간에 맞추어 일어나게 하는 것이 아침에 화장실 이용의 번잡함도 줄일 수 있다. 학교에 가지 않는 토요일이나 일요일, 방학 동안에는 아침 기상시간이 8~9시로 다소 늦어지기도 한다.

아침밥은 습관대로 적당히 먹도록 한다. 억지로 더 먹게 해 보아야 소용이 없다. 실무자로서는 영양가 있고 맛있는 음식을 제공해서 모두가 기쁘게 식사할 수 있도록 배려할 필요가 있다.

아침밥은 식사 준비나 식사하는 데 부담스럽지 않게 준비하며 아침에 일찍 학교에 가는 아이부터 식사할 수 있도록 하는 것이 바람직하며, 모든 그룹홈 아이가 한꺼번에 식탁에 앉아 식사를 할 필요는 없다. 간단한 찌개나 국 혹은 시리얼, 계란부침, 빵, 쥬스, 우유, 과일 등 아이들이 원하는 것을 마련해 놓아서 각자가 카페테리아식이나 뷔페식으로 각자가 가져다가 먹게 할 수도 있으며, 이는 그룹홈의 사정이나 아이들과 실무자의 기호나 습관을 존중하면 될 것이다.

아침에 자고 일어난 자리를 정돈하게 하는 것은 아이들을 성가시게 하는 일이라는 말은 이미 앞서 했다. 다른 일상에서처럼 이런 일들을 아이들이 스스로 하게 하기 위해서는 벌이나 일방적 지시보다는 비지시적인 장려책 혹은 '나-전달법'과 같은 공감대화법 등이 더 효과적이다. 그러나 어른도 자신의 습관을 변화시키기는 쉽지 않으며, 자기통제력이 미흡한 아동의 습관을 단기간에 변화시키려 한다면 충돌이 발생할 수밖에 없다. 따라서 어떤 경우에는 못 본 척 넘어가기도 하며, 때로는 '나-전달법'과 같은 의사소통 노력을 계속하여 그룹홈의 새로운 문화를 형성한다는 마음가짐으로 접근하는 것이 바람직할 것이다. 방안이 깨끗하게 정리되어 있다면, 아이들 역시 방안을 어지럽게 놔 두는 것이 불편하다는 것을 깨닫게 될 것이다. 자고 난 자리를 어떻게 했으면 좋겠느냐고 그룹홈 아이들에게 문제 제기하면 그룹홈 아이는 아마도 마음에 드는 침실을 아끼는 마음에서 스스로 잘 정돈하게 될 것이다.

(2) 방과후: 오후

학교의 울타리에 갇혀서 하루 일과를 마치고 난 아이들에게는 휴식과 저마다의 자유로운 시간이 있어야 한다. 실무자는 학교에서 돌아오는 아이들을 따뜻하게 맞이하고 가능한 한 맛있고 영양가 있는 간식을 제공해야 한다. 아이들에 따라서는 학교에서 있었던 일을 실무자에게 얘기하고 싶거나, 아니면 단순히 수다 떨거나 의논하고 싶기도 할 것이다. 또 아이들에 따라서는 자기 약속이 있거나 자기 일을 보러 갈 것이다. 이때에는 아이들의 자율시간을 보장해 주며, 일을 시키거나, 꾸짖거나, 설교하거나, 상담을 해서는 안 된다. 누구나 이런 비슷한 경험이 있을 것이다. 그러나 중간고사나 기말고사 기간에 친구들과 약속이 있어 나가야 한다는 아이들도 있으며, 이런 경우에는 시험 일주일 전에는 친구들과 약속을 하지 말도록 사전에 아이들로부터 약속을 받아둘 필요가 있다.

일반적으로 오후는 계획된 일과나 행사 없이, 나사를 푸는 시간이다. 게임, 공놀이, 가게 가서 물건 사기, 이웃 · 친구 만나기, 조깅, 독서, 음악감상 등을 하게 된다. 또 아이들에 따라서는 이 시간에 아르바이트 등으로 돈을 벌기도 한다. 그룹홈 실무자는 이 시간에 아무 일과도 부과하지 말고, 그룹홈 아이의 말상대나 의논 상대가 되어 주도록 노력해야 한다. 특히 새로 들어온 아이나 외톨이에게 관심을 가지고 친구가 되어 주어야 한다.

그러나 때때로 병원이나 치과에 갈 일, 심리치료, 개인상담이 어쩔 수 없이 있을 수도 있다. 혹은 실무자가 주관하는 그룹홈 아이모임이나 집단토의가 예정되어 있을 때는, 아이들이 충분히 쉬고 난 저녁시간 전후에 하는 것이 바람직할 것이다. 집단토의에서 마음이 상하는 일이 없다면 뛰노느라 흘린 땀을 식히고 차분한 마음으로 저녁을 먹을 수 있으며, 민감한 사안이나 서로가 마음이 상할 수 있는 가족모임이나 강도 있는 집단상담이나 집단치료는 저녁을 먹고 난 다음에 하는 것이 좋을 것이다.

(3) 저녁식사

저녁식사는 그룹홈의 식사 중에서 가장 중요한 식사이며, 아이들의 치료와 그룹홈의 응집력을 키우는 데에도 매우 중요한 시간이다. 한 자리에서 같은 밥을 먹는다는 것은 서로에게 일체감을 불어넣어 준다. 이 자리를 통해서 서로의 사이가 어떤지 알 수 있고, 무리 없는 가벼운 상담이 이루어지기도 한다. 이때에 실무자는 아이들에게 식사 예절과 사려 깊은 말씨가 어떤 것인지 본을 보이는 시간이기도 하다.

저녁상은 식탁에 앉아서 각자 자기 접시에 덜어서 먹도록 하는 것이 위생적이다. 찌개 같은 것은 여러 사람들이 자신의 숟가락으로 떠 먹는 것이 비위생적일 수도 있기 때문이다.

친밀감을 형성하고 서로 관계를 강화하기 위해서도 실무자는 언제나 아이들과 같은 식탁에 앉아서 식사를 해야 한다. 그리고 그룹홈의 이사나 운영위원 등과 같은 관계자들도 아이들과 함께 저녁을 먹도록 노력해야 한다.

저녁식사 자리는 먹고 나기 무섭게 일어서거나, 먹기 위해서 마지못해 앉아 있는 자리가 되어서는 안 된다. 차림에 변화가 있고, 맛이 있고, 그래서 잘 먹었다는 충족감을 느낄 수 있게 마련되어야 한다. "보기 좋은 떡이 맛도 있다."는 격언처럼 저녁식탁은 그룹홈 아이의 눈을 끌어야 한다. 더러 꽃도 놓고, 또 때로는 촛불도 놓아서 각별한 날임을 알게 하는 것도 필요하다. 또 돌아가면서 저녁상에서 그룹홈 아이가 시를 읊는다든가, 자기가 겪은 좋은 일을 얘기한다든가, 아니면 수저를 들기 전에 명상을 한다든가 하는 것이 좋을 것이다.

저녁메뉴를 짜고, 음식을 준비하는 데 아이들이 참여하게 하면 치료적인 면에서 도움이 된다. 일주일의 저녁 식단을 짜면서, 그룹홈 아이들이 먹고 싶은 것이 무엇인지를 미리 파악한다. 아이마다 자기가 좋아하는 음식을 마련해서 다른 아이들과 함께 먹도록 격려해야 한다. 그리고 아이들을 조리당번으로 정하여 어른이 상 차리는 것을 도우면서 음식 만드는 법도 배우도록 할 수도 있다. 식탁을 닦고, 수저를 놓고, 먹고 난 다음에는 그릇을 닦고 음식 쓰레기를 치우고 하는 수고 또한 아이 모두가 차례를 바꾸어 가며 할 필요가 있다.

그룹홈에서는 식품보다는 정성이 많이 가는 음식으로 마련하여야 한다. 인스턴트식품은 건강에도 별로 유익하지 않지만, 방임이나 학대 등으로 상처받은 그룹홈 아이들이 이러한 음식들을 보면 아마도 방임되었을 때의 경험이 연상될 수도 있다. 그러나 불가피하게 짜장을 시켜 먹거나 라면 등을 끓여 먹을 때도 있을 수 있다. 그런 경우에도 짜장에 오이를 더 썰어 넣거나 라면에 양파나 버섯 등을 넣음으로써 정성이 들어간 별미라는 인식을 줄 필요가 있다.

(4) 밤 시간

저녁식사와 잠을 자기 전의 시간은 건설적인 일과를 수행할 수 있는 시간이다. 따라서 아이들이 긴장을 풀고 자기 활동을 할 시간을 주어야 한다. 집안이 편하고 있고 싶은 곳이 되어야지, 어떻게 해서든 빠져나오고 싶은 곳이 되어서는 안 되기 때문이다.

평일 저녁시간은 공부시간이 되어야 한다. 아이들의 나이에 따라 또 아이들의 욕구에 따라, 예를 들어 8~9시에 한 시간을 공부하기로 같이 약속하여 이 시간에 숙제와 독서를 하고 또 개인지도도 받는다. 이 시간을 어떻게 보내느냐에 따라 학교성적도 결정되고, 또 아동 · 청소년 그룹홈 일과에 적응하는 정도가 결정된다.

일주일에 한두 번 있는 가족회의, 집단상담이나 집단치료는 밤 공부시간이 끝난 후에 하는 것이 좋다. 이때에는 저녁 먹은 것이 어느 정도 소화도 된 후이므로 비교적 정서적으로 안정되어 있다. 상담이나 치료가 끝난 8시 30분부터 9시 무렵이면 잠자리에 들기 전에 아직 가벼운 놀이를 하거나 머리를 식히고 조용히 쉴 시간의 여유가 있다.

집단상담이나 집단치료가 없는 평일에는 공부시간이 끝나면 자유시간이다. 잠자리에 들기 전 한두 시간은 학교 준비물을 준비하거나 책을 읽거나 TV를 보거나 아니면 자유시간을 갖도록 배려한다. 또 아이들에 따라서는 빨래, 다리미질, 바느질, 아니면 머리를 감는 등 잔 일을 한다. 또 취미가 있는 사람은 악기를 다루고, 바느질을 하고, 무엇을 만들거나 합창을 연습하거나, 아니면 기타 자기가 하고 싶은 일을 하며 잠을 준비한다.

그룹홈에 따라서는 가끔 주중에 나들이가 있어 그룹홈 아이들이 색다른 기분전환을 할 기회가 주어지기도 한다. 그러나 이런 나들이는 공부시간이나 잠자는 시간을 침범하며, 너무 지치거나 흥이 가시지 않아서 잠을 설치게 하기도 한다. 주중 나들이는 방학인 여름철에 진가를 발휘하며, 방학기간에는 평상시에는 할 수 없었던 삼겹살 파티같은 특별한 시도를 할 수 있는 기회가 제공되기도 한다.

(5) 수면시간

잠을 자는 시간은 융통성이 요구된다. 그룹홈 아이 모두가 같은 시간에 졸릴 수는 없다. 나이에 따라서 잠자는 시간의 길이도 다르다. 또 학기 기간 중의 평일과 공휴일이나 방학 때에는 다를 수밖에 없다. 모두가 약속한 규칙이라고 해서 강요하기가 곤란한 것이 있을 수 있다. 예를 들면, 불을 끈 다음에는 속삭여서 얘기하는 것도 일체 안 된다는 것과 같은 규칙이다. 유연성이 있을 때 이 잠시간이 즐겁고 편안하며, 필요 없는 마찰을 일으키지 않는다. 취침은 저녁 9~11시 이전에 보통 이루어지는데, 보통 초등학생은 이른 시간대에, 고등학생은 늦은 시간대에 잠을 자게 된다. 그러나 피곤한 사람은 먼저 자고 숙제, 공부 등으로 밤늦게까지 해야 할 일이 있는 경우는 늦어지기도 한다. 방학 기간 중에는 12시로 늦추기도 한다.

다음은 취침과 관련한 참고사항이다.

- 활기에 차 있던 그룹홈 분위기를 차츰 조용하게 하여 잠들기 좋게 한다. 예를 들면, 잠자리에 들기 전 한 시간에 집에 돌아와서 마음을 차분히 해서 잠자리에 들 준비를 한다.
- 아이들은 일정 시점까지 잠자리에 들어야 한다. 그러나 잠이 들 수 있도록 '몸의 긴장이 풀어지는' 30분간 불을 끄지 않는 것을 허락한다. 이 시간이 지난 다음 불을 끈다.
- 그룹홈 아이들의 연령 차가 심한 곳에서는 나이 든 구성원은 어린 구성원보다 늦게 잠자리에 들게 한다.
- 공휴일 등 수업이 없는 날은 잠자리에 드는 시점을 늦추어 준다.
- 잠자리에서의 융통성은 아이들이 화낼 기회를 줄인다. 잠자리에 들 시간을 따로 정하지 않은 경우 아이는 서성이다가 밤 10시나 11시쯤에 조용히 잠자리에 든다. 그룹홈 아이들이 편안하게 잠자리에 들게 하는 가장 좋은 준비는, 활발하고 재미나는 낮 활동, 안락한 잠자리와 방안 그리고 집안에서 가지는 안정감이다.
- 아이들은 잠자리 시간 등과 관련된 결정에 참여해야 한다.
- 별것 아닌 것으로 보이는 나쁜 잠버릇이 알고 보니 심리적인 장애 탓인 경우가 있다. 이런 경우에는 예의가 없는 것으로 몰아세울 일이 아니라, 아이를 이해하고 치료로 대처해야 한다. 예를 들면, 어둠을 무서워한다거나 반복해서 악몽을 꾼다고 호소하는 아이들은 잠자리에 들기를 꺼려서 남이 보기에 이상한 행동을 하는 수도 있다. 또 새로 들어온 아이가 잠자리에 익숙하지 못해서 힘들어하는 경우도 있다. 또 오줌을 싸는 아이는 잠시간이 두려워서 잠자리에

들기를 마다할 수도 있다. 놀림을 당했거나 아니면 장난으로 한 말이 걸려서 잠을 이루지 못하는 아이가 있을 수도 있다. 새로 들어온 아이, 어리거나 허약한 아이, 아니면 그룹홈 아이들에게 이상한 아이로 따돌림을 당하고 있는 아이는 불안하여 잠을 이루지 못하는 경우도 있다.

- 새로 들어왔거나 겁이 많은 아이에게는 동정심이 많고 믿음직한 사람을 한 방의 짝으로 정해 주는 것이 좋다. 그리고 방은 어른이 쓰는 방 가까이에 정해 준다. 또 방에 야간등을 설치해 주고 거실의 야간등을 켜 주는 것이 좋다.

(6) 주말

그룹홈 실무자들이 원하는 주말은 아이들이 푹 쉬고 재미나면서도 건설적인 활동을 하고 친지나 학교나 아동 · 청소년 그룹홈의 활동이나 프로그램에 적극 참여하는 것이다. 이런 그룹홈 실무자의 기대가 실현되기 위해서는 몇 가지 전제조건이 있어야 한다.

대개의 그룹홈에서 토요일 아침은 대청소 시간이다. 이 시간은 학교 공부나 다른 일과와 상충되지 않는다. 그룹홈 아이들이 자기에게 맡겨진 과제를 잘 수행함으로써 성취감과 '우리'라는 소속감을 가지게 된다.

일을 맡길 때는 아이들이 공평하다고 여겨야 한다. 역할분담을 하는 데 그룹홈 아이들이 참여하여 결정하면 서로 힘을 합쳐서 일하게 된다. 일반적으로 대청소는 한 시간 이상 길어지지 않게 한다. 만일 그렇지 못하면 일에 흥미를 잃고 짜증을 내거나 불평을 쏟아내게 된다. 마우어(Mauer)는 14세 미만의 아이에게 시키는 일은 결코 30분을 넘어서는 안 된다고 주장한다.

언제나 그렇듯이, 아이들에게 강제보다는 적극적인 격려가 필요하다. 적당한 격려는 일에 참가한 사람 모두가 기대할 수 있으면서도 모두가 할 일을 했을 때 비로소 받을 수 있는 전체적인 대접이다. 예를 들면, 청소가 끝난 후에 아이들이 좋아하는 피자나 치킨과 같은 특별한 음식이 있거나 과자를 먹는다는 약속이다. 아이들이 이런 일 뒤에 음식이 기다리고 있다는 것을 알게 되면, 꾀부리는 아이를 일에 불러들이고 일이 더딘 아이에게 빠른 아이가 손을 빌려 주어서 맡은 일을 신속하게 해내게 된다.

대청소에 그룹홈 실무자가 함께 참여하면 아이들은 일을 더 열심히 하게 된다.

대청소가 끝난 후, 칭찬과 수고했다는 감사는 아이들이 다음에도 잘 해야지 하는 마음을 가지게 한다.

오전에 대청소를 끝내고 오후에는 신나는 야외 나들이를 간다. 학교에서 요구하는 과업을 마치고 난 주말에 아이들은 신나는 변화를 추구한다.

그룹홈에서는 종교의식에 강제로 참여하게 하거나 종교적 신념을 설득하는 것을 금지하고 있다. 그러나 종교기관 역시 지역사회 자원으로 아이들의 성장에 유익한 방향으로 활용할 필요가 있다.

장애가 있거나 상처가 많은 사람에게 종교는 정서적 안정에 도움이 되기도 하며, 때에 따라서는 종교가 치료 구실을 하기도 한다. 종교는 어려움을 달래 주고 낙심을 어루만져 주어 일어설 힘을 주기도하며, 바람직한 가치관과 인생태도를 강화하기도 한다. 교회나 사찰에 나가면 친구를 사귀고 때에 따라서는 같은 종교를 믿는 사람들과 접할 수도 있다. 종교적인 사교모임은 이성을 사귀는 건전한 장소다. 또 교회나 사찰은 자주 교육적이고도 유익한 프로그램을 실시하기도 한다.

그 지역의 교회나 사찰을 소개하고, 교통편을 제공하고, 일요일에 아이들이 교회나 사찰에 나갈 여유를 마련해서 아이들이 종교기관에 나가기 쉽게 해 줄 것을 권하고 싶다. 교회나 사찰에 나가기를 원하지 않는 그룹홈 아이에게는 일요일 아침에 집단토의를 하게 해 볼 수도 있을 것이다. 이런 기회에 아이들은 자기 신념, 목표 그리고 철학을 발표하게 한다. 이들은 윤리, 가치, 인간관계, 시사 사건 등에 관계되는 문제를 폭넓게 토론하게 된다. 실무자나 자격 있는 자원봉사자가 이 모임을 이끌어 나가면 좋다. 이런 토의는 아이들의 사고력과 인간관계를 계발하는 데 기여할 뿐더러 일요일이 각별한 날이 되어서 여느 날과는 다른 날이 되게 하는 데도 기여한다.

종교활동을 거부하거나 혹은 다른 종교를 강요하는 것은 아동의 기본권에 대한 침해이기 때문에 아이들의 자기 결정권을 하여야 한다. 숙제를 하고, 각종 운동을 하고, 자기가 좋아하는 일을 하고, 독서하고, 보고 싶은 TV 프로를 보는 등 자유시간이 있어야 한다. 주일에는 빨래나 운동화 세탁 등 해야 할 자기 일도 있다. 친구도 만나고 비오는 날이면 영화도 한 편 보고 싶다. 또 주말은 친가 그룹홈 아이를 방문하기도 한다.

그룹홈마다 주말의 관습적인 일과가 자연스럽게 생겨나기도 한다. 예를 들면, 일요일이면 아이들이 모여 축구를 하거나 또 조리사가 주말 휴식으로 안 나오는 일요일 점심 같은 경우는 모두가 라면으로 특식을 하는 등 자연스러운 관습적인 일과가 생겨나기도 한다. 이런 자연스러운 일과는 집단의 응집력을 강화하며, 매일 매일의 생활에 활기를 불어넣기도 한다.

(7) 아이의 학교생활

아이는 대부분의 시간을 학교에서 보내고 있고, 아이의 자신감, 적응력 및 대처능력 향상과 성취 동기를 부여해 줄 수 있기 때문에 학교가 매우 중요하다는 것을 누구나 알고 있다. 그리고 아이에게 학교는 놀이를 통한 정서적 안정, 학습능력 개발, 친구들과의 관계를 통해 대인관계 능력을 발달시킬 수 있는 장이기도 하다. 그러나 그룹홈 아이들은 가정해체, 학대, 방임, 가정폭력 등으로 가정에서의 관심과 지원을 충분히 받지 못하여 학교생활에 어려움을 겪는 경험을 가진 경우가 많다.

때로는 학교에 장기간 결석하거나 등하교 습관이 제대로 갖추어져 있지 않거나 과제물 미제출, 말썽 등으로 문제아로 낙인 찍혀 있는 아이도 있다. 학습습관이 형성되어 있지 않거나 학습능력 개발 기회를 갖지 못하여 학습능력이 뒤떨어져 있거나 자신감 등이 결여되어 자기표현력이 부족한 경우도 있고 때로는 불결한 의복이나 몸에서 나는 악취 등으로 왕따를 당하기도 한다.

그룹홈에서는 이런 아이들이 학교에 잘 적응할 수 있도록 아이에게 필요한 자원을 제공해야 한다. 때로는 학교 전입학 절차를 지원하고, 재입학이나 복학을 추진하며, 학교 적응상의 과제가 발생할 경우 학교 방문, 담임 면담 등을 통해 지원한다. 입소 아동 · 청소년은 일반 가정의 학생들과 마찬가지로 친구집을 방문하거나 친구를 데리고 오는 등 비교적 자유롭게 활동하고 있다.

그리고 그룹홈 아이가 학교에서 자신감을 가질 수 있는 가장 큰 계기는 학교성적이며, 따라서 아이의 학습능력 개발과 학교 적응을 돕기 위해서는 학업 성취도를 향상시키는 것이 무엇보다 중요하다. 그러나 그룹홈 아이 중에는 학습습관이 전혀 갖추어져 있지 않거나 학습의욕이 아예 없는 경우도 종종 있기 때문에 스스로 원하는 학생에 한하여 자원봉사자를 통해 개별학습 지도를 실시한다. 자원봉사자를 통해 학습지도가 일정한 성과를 거두기 위해서는 자원봉사자의 약속시간 준수, 아이의 학습의욕 고취, 아이와 자원봉사자 간의 원활한 의사소통, 아이의 학습능력에 대한 정확한 진단 그리고 단기간의 학습 목표 설정 등이 이루어져야 하며, 학습지도는 자원봉사활동 중에서는 가장 어려운 유형의 봉사 중의 하나다. 자칫하면 서로가 실망하며 실패로 끝날 수 있음을 늘 유념해야 한다.

그리고 학습지도 자원봉사에서 가장 중요한 것은 그룹홈 실무자의 의지나 계획보다는 아이들의 자발적 욕구이므로 아이들의 적극적인 태도가 뒷받침될 때 자원봉사자를 연계하는 것이 바람직할 것이다.

(8) 방학

여름 · 겨울 방학은 학업에 지친 아이들이 휴식을 하고 자신의 특기나 재능을 개발할 기회이기도 하며, 뒤처진 학습을 보충할 기회이기도 하다. 또한 그룹홈 차원에서도 아이들이 지역사회의 다양한 기관에서 개최하는 수련회 등을 참여하여 자연과 접할 기회이며, 친부모나 원가족과의 교류를 활발히 할 수 있는 기회이기도 하다. 여름방학과 겨울 방학에는 짧게는 2~3일, 길게는 일주일 정도 원가족 및 친지 방문 프로그램을 실시하여 가족 간의 관계를 강화시킬 수 있도록 입소 시에 사전에 약속을 받아두는 것이 바람직하다. 그리고 때에 따라서 그룹홈 차원의 자체 수련회나 가족여행을 가지며, 그룹홈에 대한 소속감이나 응집력을 강화시킬 수 있는 기회이기도 하다.

그러나 방학은 그룹홈 실무자의 입장에서는 아침부터 저녁까지 아이들과 씨름해야 하는 힘든 시기이기도 하다. 특히 방학 때에는 아이들도 취침시간과 기상시간이 늦어져 일상생활의 리듬이 깨질 때가 많아 그룹홈 실무자와 아이들간의 마찰이 잦아지기도 한다.

또한 방학에는 밖에서 친구들과 함께 어울려 놀 수 있는 기회가 많아져 말썽이나 사고를 많이 치기도 한다.

나이가 든 아이들은 방학을 이용하여 아르바이트 등을 하기를 원하고, 만일 아르바이트를 할 경우 수입과 지출을 면밀히 살펴야 한다.

은행골우리집에서는 방학 때 오전에는 책을 읽거나 학습을 하고, 오후에는 자유시간을 가지며, 방학 중에는 우리 가족 책 읽기 대회를 열어 책을 많이 읽거나 독후감을 잘 쓴 사람을 시상하기도 한다. 혹은 영어 단어 외우기 등을 통해 보너스를 지급하기도 한다.

그리고 방학은 아이들이 학교 밖에서 다양한 체험을 쌓을 수 있는 시기이므로 그룹홈 실무자는 아이들의 요구와 의사를 반영하여 정부에서 하는 국가 간 청소년 교류 프로그램을 비롯하여 지방자치단체나 청소년수련관이나 지역사회 기관에서 실시하는 다양한 청소년 수련 프로그램들을 파악하여 아이들에게 실질적인 정보를 제공해 주어야 한다.

그리고 필요에 따라서는 외부 단체의 재정지원을 받아 자체 수련회나 가족여행을 떠나기도 한다. 이렇게 자체 수련회를 할 경우에는 그룹홈 실무자의 과중한 업무부담을 경감시키고 아이들의 주체성을 강화시키기 위해 아이들 스스로 준비팀을 조직하여 식사메뉴 준비, 프로그램 준비, 역할 분담 등을 통해 함께 수련회를 준비하고 진행하는 것도 유익하다. 그럼에도 불구하고 그룹홈 실무자의 부담이 크기 때문에 자원봉사자의 도움이 필요하다.

그러나 모든 그룹홈에서 방학 때 자체 수련회를 가지기에는 상당한 재정적 부담이 따르기 때문에 그룹홈 지원이 정상화되어 아이들에게 충분한 체험의 기회를 제공할 수 있어야 한다.

아이들은 이러한 수련회를 통해 새로운 것들을 보고, 느끼고, 체험함으로써 정서적 안정과 자신감을 가질 수 있기 때문에 체험의 기회가 상대적으로 박탈된 그룹홈 아이들이 폭넓게 새롭고 다양한 것들을 경험하게 해 주는 것은 매우 중요하다.

2) 아동 · 청소년 그룹홈의 자유시간

그룹홈 실무자는 아이들이 좋은 친구와 건설적인 자유시간을 보내기를 바란다. 그러나 그룹홈 실무자가 원하는 바와 아이들이 원하는 것이 같지 않을 때가 많다. 그룹홈 아이들은 자기를 알아주거나 인정해 주는 아이들과 어울리기를 좋아하고, 모험을 구하고, 자기가 원하는 것을 시도하고, 자신들의 독립성을 시험하면서 과시할 기회를 찾으며, 때로는 사고를 치기도 한다. 이러한 것들을 옆에서 지켜보고, 사고를 치면 뒷감당을 해야 할 그룹홈 실무자들은 답답함을 느낄 때가 많다. 그러나 이러한 행동 역시 일탈로 바라 볼 것이 아니라 아이들이 성장함에 따라 대인관계 능력과 자립 능력을 향상시키기 위한 적응과정으로 볼 필요가 있다. 물론 이러한 적응과정이 순탄한 아이들도 있지만 시행착오를 반복하는 경우도 있으며, 만일 아이가 성장하는데도 여전히 집 안에 틀어박혀 있다면 이 또한 더 큰 어려움이 될 것이다. 아이들은 성장함에 따라 때로 일상적인 생활 테두리에서 벗어나 멀리 가 보고 싶어 한다. 아동 · 청소년 그룹홈에서의 자유시간은 이런 것들이 고려되어야 한다.

자유시간 활동은 제어하기가 어렵다. 그룹홈 아이가 어디에 가서 무엇을 하는지 일일이 따라다니면서 확인할 수도 없다. 금지와 설득에는 한계가 있다. 그룹홈 실무자에게 아이들의 자유시간은 민감성과 인내를 요구한다. 따라서 실무자는 아이들에게 비지시적인 방법으로 접근할 필요가 있다. 예를 들면, 물이 위험하다고 아이들을 물가에 아예 가지 말라고 할 수도 없다. 충분한 안전교육과 안전조치를 취한 뒤 아이들 스스로 물놀이의 재미와 위험성을 체득할 수 있도록 할 필요가 있다. 물가에 아이들이 간다고 모든 아이들이 다 사고를 당하는 것은 아니며, 때로는 물에 젖어 보기도 하면서 아이들 스스로 물가에서의 자신의 행동을 조심할 수 있도록 할 필요가 있다.

(1) 자유시간

자유시간에 그룹홈 아이가 집 가까이에 있게 되는 시간의 길이는 나이, 친구 사귀는 능력, 집 근처에 청소년이 놀 수 있는 공간 그리고 교통편의 등에 좌우된다. 집 안에서의 활동은 그룹홈 실무자의 신경을 소모한다. 그룹홈 아이들의 친구 사귀기와 야외 활동은 아이들의 사회 적응력 향상과 대처능력 향상에도 매우 필요한 요소다. 그런 면에서 그룹홈에서 자유시간은 방임이 아닌 한 되도록 최대한 보장하도록 할 필요가 있다.

그룹홈을 이웃 아이들이 자유시간에 와서 놀 만한 곳으로 꾸미거나 친구들이 방문할 수 있는 환경으로 만들 수 있으면 바람직하지만, 그룹홈에서 이렇게 하기는 쉽지 않다. 그룹홈 아이들이 집 안에서 할 일 없이 한가로이 있다고 해서 잔심부름을 시키거나 일정에 없는 것을 시켜서는 안 된다. 그리고 그룹홈에서 아이들에게 청소 등 필요한 일은 사전에 명확하게 정해 놓아야 하며, 그렇지 않는 일들은 되도록 시키지 않는 것이 불필요한 갈등을 줄일 수 있다. 또 자유시간 동안에 잔소리나 꾸중을 해서는 안 된다. 메이어(Mayer)는 아이들은 혼자만의 비밀, 혼자만의 한가로움 그리고 자기성찰의 시간을 가지고 싶어 한다고 하였다. 어른 눈에 보기에는 게으르거나 낮잠을 자더라도 그룹홈 실무자는 아이들의 요구를 알아 주고 존중해 주어야 한다.

(2) TV 시청

어떤 그룹홈은 TV가 없는 곳도 있다. 아이들의 교육상 굳이 TV가 필요하지 않으며 꼭 보고 싶은 프로그램이 있으면 인터넷 등을 통해서 보면 된다고 하는 그룹홈들도 있다. 물론 이러한 이유도 충분히 타당성이 있고 TV 시청에 대해 그룹홈 실무자의 교육관에 따라 다를 수도 있지만, 일반 가정에서 아이들이 대부분 TV 프로그램을 볼 수 있는 것처럼 그룹홈에서 생활하는 아이들 역시 TV 시청을 할 수 있어야 한다. 물론 TV 시청에는 시간이나 프로그램에 따라 제한이 이루어져야 한다. 그룹홈에 오기 전에 TV에 중독되어 들어오는 경우가 많기 때문에 아이들에게 TV 시청을 금지하는 그룹홈을 나무랄 수도 없다. 그러나 정상화 원리를 생각하면 아이들에게 TV 시청은 너무나도 당연하며 일종의 아이들의 권리라고도 할 수 있다. 따라서 그룹홈 실무자가 TV 시청을 무기로 삼거나 아이들을 통제하려는 도구로 삼아서는 안 된다.

TV는 아이들을 소극적으로 만들고 때로는 무기력하게 하며 시간을 축내게 하는 등의 부작용도 있지만, 아이들의 학교생활과 교우관계에서 매우 중요한 요소이며 때로는 지식을 제공하고 성장에 기여하기도 한다. 그룹홈 아이들 대부분이 유명 연예인이 출연하는 오락 프로그램을 좋아하기 때문에 어른들 눈에 별로 교육상 도움이 안 되는 것으로 보이지만, 이 역시 아이들에게는 신나고 즐겁고 유쾌한 시간으로 아이들의 일상생활 속에 쌓인 스트레스와 긴장을 해소시킬 수 있는 좋은 기회가 될 수 있다. 그룹홈 실무자가 TV 시청을 걱정하는 것은 지나친 TV 시청이 학교 공부를 방해하고, 그룹홈 일과를 방해하고, 이 프로를 보아야 하느니 저 프로를 보아야 하느니 언쟁이 벌어지기도 하며, 또 TV의 지나친 선정성 때문이다.

그룹홈 아이들의 참여하에 간단한 TV 시청과 관련한 규칙을 마련하는 것이 좋다. 예를 들면, 공부시간, 식사시간, 기타 계획된 일과시간에는 TV를 켜지 않기로 하는 것이다. 또 시청할 프로를 결정하는 절차도 그룹홈 아이의 의견을 반영해서 마련하는 것이 좋다.

그리고 방에 TV를 설치하기보다는 거실 등 공개된 장소에 TV를 설치하여야 하며, 이는 컴퓨터도 마찬가지다. TV나 컴퓨터를 아이들 방에 설치할 경우 과다 시청, 음란물 시청 등의 부작용이 있을 수 있기 때문이다.

TV 시청은 일주일에 평균 한두 편 정도의 드라마를 정해 놓고 시청하기도 하며 토요일과 일요일에는 일상생활 속의 긴장을 완화하며 자율성을 보장하기 위하여 TV 시청에 대한 제한을 최소한으로 하고 있다.

(3) 스마트폰과 컴퓨터 게임

여느 아이들처럼 그룹홈 아이들도 자유시간을 주로 스마트폰을 이용한 게임, 동영상 감상, 컴퓨터 게임으로 보낸다. 최근에는 스마트폰이 보급되면서 아이들 마다 잠자리에 들기 전 스마트폰을 통해 쇼나 영화 같은 동영상을 다운받아 보거나 혹은 잠자는 척하면서 이불 속에서 보기 때문에 이 역시 적절한 지도가 필요하다.

아이들이 그룹홈에 입소하기 전에 스마트폰이나 컴퓨터 게임에 과다하게 노출되어 있는 경우가 많기 때문에 이에 대한 면밀한 관찰이 요구된다. 하루에 2시간 이상 게임을 하거나, 게임을 못하게 하면 짜증을 부리거나, 게임 때문에 학교 과제를 못하거나 학교에 지각하는 등 중요한 일과를 제대로 수행하지 못한 경우 게임 중독 여부를 의심해 보아야 한다. 이러한 게임 중독에 대한 진단은 비교적 쉽지만 치유는 쉽지 않다. 그룹홈에서 게임하는 시간을 정하거나 자제할 수 있는 환경과 문화를 조성하는 것이 무엇보다 중요하다. 그러나 게임 중독인 아이는 이를 제대로 지키지 못하거나 혹은 몰래 PC방 이용하여 게임을 하며, 게임에 지나치게 집착할 경우에는 정신과적인 진단과 치료를 받아야 할 수도 있다. 그러나 대부분의 아이들은 다소간의 시간이 필요하고 가끔씩의 일탈은 있지만 게임을 억제하는 집안의 분위기와 문화에 적응하게 될 것이다.

그리고 그룹홈 실무자는 아이들이 하는 게임도 잘 파악하고 있어야 한다. '던전 앤 파이터'나 '리그 오브 레전드' 같은 게임도 있지만 '서든 어택' 같은 폭력적인 게임은 아이들의 정서에 미치는 부정적인 영향이 크기 때문에 지나치게 폭력적이거나 선정적인 게임은 하지 않도록 집단토의를 통해 규칙으로 제정할 필요가 있다.

필자가 보기에는 게임보다 더 심각한 것이 스마트폰 중독이다. 스마트폰은 간편한 휴대성으로 어느 때나 아이들이 손에 쥐고 있다. 상담을 할 때에도 공부할 때에도 혹은 친구와 놀 때에도 잠잘 때에도 손에 쥐고 있으며 머리맡에 두고 있다. 스마트폰을 이용한 게임, 동영상 감상, 음악 듣기 등 스마트폰의 다용도성 때문에 아이들이 스마트폰을 가지고 있지 않을 때는 불안해하고 초조해하는 증상마저 일으키는 경우도 있다. 그래서 상당수 학교에서는 스마트폰을 등교시에 맡겨 놓고 하교

시에 돌려주는 제도를 실시하고 있을 정도다. 그래서 그룹홈에 따라서는 밤 9시나 10시가 되면 스마트폰을 그룹홈 실무자에게 맡겨 놓고 잠자리에 들기도 한다.

그리고 아이들이 스마트폰을 많이 사용하기 때문에 게임 중독, 폭력적이거나 선정적인 콘텐츠나 도박 등의 문제 이외에도 많은 문제가 야기되기도 한다. 카카오톡이나 문자를 이용하여 친구나 지인에게 문제가 되는 욕설이나 폭력적인 문자 보내기, 야한 사진이나 동영상 보내기 등의 문제로 경찰의 조사를 받는 일도 발생할 수도 있다.

또한 아이들의 스마트폰 사용으로 야기되는 것이 과다한 요금 문제다. 핸드폰 보급 초기에는 과다한 요금 문제가 사회적 문제가 되기도 하였으며, 최근에는 청소년요금제나 정액제 등으로 이에 따른 문제는 많이 감소하였다. 그룹홈 아이들이 대부분 국민기초생활보장수급권자이기 때문에 요금감면혜택도 받고 있다.

대부분의 아이들이 스마트폰을 사용하고 있기 때문에 그룹홈 아이들 역시 초등학교 고학년이 되면 스마트폰을 사용하고자 한다. 친부모와 연락이 가능한 아이의 경우에는 친부모의 동의를 받는 데 큰 어려움이 없지만, 학대 등으로 친권자와 격리되거나 연락이 닿지 않는 아이들의 스마트폰 가입에는 상당한 어려움이 뒤따른다. 그래서 많은 경우에 그룹홈 종사자나 그 자녀 등의 명의로 스마트폰을 개통해야 하는 어려움이 있기 때문에 그룹홈과 같은 생활시설에서 생활하고 있는 아동의 경우에 그룹홈 시설장의 동의로 가입될 수 있도록 하는 방안이 마련될 필요가 있다.

스마트폰과 관련한 신규로 발생한 어려움이 사생활보호와 통신비밀의 보호 범위다. 아이들의 카카오톡이나 문자를 몰래 보거나 아이들의 의사와 상관없이 강제로 열람하는 것은 아이들의 사생활 침해에 해당할 수도 있다. 그러나 그룹홈 실무자가 그러한 문제가 야기된 경우라면 아이의 동의를 얻어 확인할 수 있으며, 비지시적인 방식으로 아이들끼리 상호 간의 불건전한 문자나 영상을 주고받는 일이 없도록 노력할 필요가 있다.

스마트폰을 통해 아이가 문제를 일으켰거나 스마트폰과 관련하여 스스로 자제하거나 해결할 능력이 없는 경우에 벌칙의 하나로 스마트폰을 그룹홈 실무자에게 맡겨 놓게 할 수도 있다. 그러나 스마트폰과 상관없는 귀가시간이 늦는 것이나 그룹홈 실무자에 대한 잦은 말대꾸 등이 괘씸해서 스마트폰을 강제로 맡겨 두게 하는 것은 아이들에게 반감을 심화시키는 등 오히려 역효과를 거둘 수 있음을 명심해야 한다.

기술이 발달함에 따라 그룹홈 실무자도의 역할도 확대되기 때문에 아이들 못지 않게 스마트폰이나 컴퓨터 게임 등에 관하여 그 내용을 잘 알고 있어야 한다.

(4) 친구 방문

그룹홈 아이의 친구 방문이 때로는 다른 아이들에게 피해가 갈 수도 있으며, 너무 잦은 방문은 아이의 공부나 잠에 지장을 주는 등 그룹홈의 일과에도 부정적인 영향이 있을 수 있다. 그룹홈의 상황이나 아이의 상황에 따라 약간 다르고 부정적인 경우도 있지만, 일반적으로 이웃이나 학교의 친구가 찾아오는 것을 그룹홈 아이와 함께 반겨서 그룹홈 아이가 친구 사귀는 것을 권장해야 한다. 지역사회와 교류가 이루어지고 지역사회와 통합되어 있으며 지역사회의 자원을 활용한다는 측면에서 이는 바람직한 현상이다. 그리고 아이를 만나러 그룹홈으로 친구가 오는 것은 아이가 친구를 사귀고 우정을 쌓는 데에도 도움이 된다. 친구가 그룹홈으로 찾아오면 그룹홈 아이는 그룹홈을 자기 집으로 여기며 아이의 자신감 향상에도 도움이 된다.

그러나 도둑질, 성 문란 등 말썽을 일으키는 친구가 자주 찾아오거나 또 이성친구가 찾아오면 이것은 갈등의 소지가 될 수도 있다. 그렇다고 친구 방문을 무조건 금지하기보다는 이 역시 아이의 사회 적응력 향상의 일부가 되도록 유도해야 한다.

찾아오는 친구의 범위도 그룹홈에 따라서 여러 유형이 있을 수 있다. 아마도 찾아오는 친구가 거의 없는 아동은 소극적이거나 친구관계가 거의 없거나 그룹홈에 들어온 지 얼마 안 되었거나 자신감이 결여되어 있는 경우가 많을 것이다.

그리고 그룹홈에서 생활하고 있는 아이들 중에는 자신이 그룹홈에서 생활하고 있다는 것이 알려질 것을 우려하여 다른 아이의 친구가 그룹홈을 방문하는 것을 꺼려하는 경우도 있다. 이런 경우에 아이들끼리 충분한 토론을 결론을 도출할 필요가 있다. 토론을 통해 친구 방문이 허용될 수도 있고, 당분간 유예될 수도 있지만, 서로의 의견이 무시되지 않고 충분히 존중받았다고 느낄 수 있도록 실무자가 노력할 필요가 있다.

(5) 가족과 친지의 내방

친부모의 그룹홈 내방은 대부분의 아이의 치료적인 면에서 도움이 된다. 이러한 가족 간의 교류와 소통을 통해 그룹홈 아이의 가족관계가 강화되고, 이는 그룹홈 아이의 정서적 안정과 자신감 회복에도 도움이 된다. 그러나 그룹홈 실무자는 아이의 치료에 역행하는 친부모의 내방에 조심해야 한다.

대개의 그룹홈의 경우 친부모의 내방은 그리 잦지 않다. 아동학대, 아이와의 관계 단절, 부모의 무관심 등으로 가족관계가 약화되었거나 단절된 경우가 대부분이기 때문이다. 따라서 그룹홈에서는 명절, 방학 기간 등을 활용하여 그룹홈 아이들이 자신의 친지나 가족을 방문하도록 할 필요가 있다. 이를 위해 그룹홈 입소과정에서 사전에 부모나 친척 등으로부터 사전에 약속을 서면으로 받아두는 것도 효과적이다. 때로는 아이들이 친부모의 내방을 꺼리는 것은 대개 부모의 외모가 초라하거나 아니면 부모가 자신을 찾아와서 무슨 일을 벌일지 몰라서인 경우도 있다. 여자아이들이 생활하는 그룹홈에 알코올 중독인 부모들이 직접 찾아오는 것은 바람직스럽지 않기 때문에 가능하다면 여자아이들 그룹홈은 외부에 노출시키지 않는 것이 바람직하다.

어떤 부모들은 너무 자주 찾아오거나 지나치게 간섭하여 그룹홈 실무자를 난처한 상황에 빠뜨리기도 한다. 어떤 경우에는 지나치게 자녀 걱정을 한 나머지 아이 치과치료는 어디 치과에 예약을 해 놓았으니 언제 데리고 가고, 영어공부는 어디 학습지를 이용하고, 수학은 어떻게 공부를 시키라는 등 지나치게 아이의 양육과 학습에 개입하는 부모도 있다. 이러한 부모 역시 아이에 대한 염려를 덜어 주기 위해서 부모의 심정을 알아 주는 상담도 있어야 하지만, 아동양육에는 분명한 경계 설정이 있어야 한다.

그룹홈으로서는 친부모의 내방이 그룹홈의 치료계획에 차질을 가져오는 일이 없도록 조정할 필요가 있다. 다음 제안이 참고가 될 것이다.

- 부모가 그룹홈에 내방할 때는 그룹홈 실무자에게 미리 알리고 허락을 받아야 한다. 어떤 경우에는 실무자에게 아무런 연락도 하지 않고 아이하고만 통화하고 불쑥 찾아오는 경우도 있는데, 이런 경우가 없도록 입소과정에서 충분히 안내해야 한다.

- 친부모의 내방은 그룹홈의 일과 진행을 방해하는 일이 없는 날과 시간에 한한다.
- 치료계획이 세워져서 필요할 경우는 처음 들어온 한두 주간은 친부모의 내방을 삼가게 할 수도 있다. 그런 후에도 친부모와 아이 사이가 여전히 팽팽할 때는 상봉시간을 짧게 하고, 서로 간의 긴장이 완화되면 만남의 시간을 넉넉히 주는 것이 좋다.
- 부모가 내방하고 나서 아이가 우울해지거나 마음을 상하거나 화를 이기지 못하거나 어찌할 바를 모르거나 할 때는 부모의 내방을 임시 금지한다. 이런 결정을 할 때는 그룹홈 실무자 회의나 관계기관이나 주위의 그룹홈 유경험자의 조언을 참고할 필요가 있다. 이런 문제는 부모나 아이의 인권과 관계되는 사항이기 때문이다.
- 그룹홈의 실무자들은 부모가 와서 아이를 만날 때마다 아이가 친부모와 관계를 더욱 강화시키기 위하여 아이나 아동 · 청소년 그룹홈이 친부모에게 기대하는 바가 무엇인지 미리 얘기해 주어야 한다.
- 식습관을 해칠 군것질거리나 필요 이상의 돈을 주는 일이 없도록 내방하는 친부모에게 요청해야 한다. 간식, 책, 티셔츠와 같은 부담없는 옷과 같이 비교적 저렴한 물건들을 사 주도록 해야 한다.
- 내방하는 친부모의 기대에 맞추어 그룹홈 아이 역시 준비하고 부모를 맞이할 수 있도록 지도해야 한다.
- 그룹홈 실무자로서는 친부모와 아이가 어떤 심정으로 만나는지 알고 있어야 한다. 따라서 내방이 있고 난 후마다 그룹홈 실무자는 아이와 친부모의 상봉에 대한 심정이나 소감이나 등을 물어서 확인해야 한다.

3) 그룹홈 밖에서의 자유시간

그룹홈 아이의 자유시간은 그들 자신의 것이다. 따라서 그룹홈 실무자는 자신들의 필요를 이 시간에 그룹홈 아이들에게 요구해서는 안 된다. 그러나 언제나 시간 떼우기식 TV 시청, 자잘한 말다툼, 빈둥빈둥 게으름 피우기로 자유시간을 보내는 아이들을 그룹홈 실무자는 그대로 놔둘 수도 없는 일이다. 따라서 자유시간을 의미 있게 보낼 수 있는 길을 찾도록 하는 것은 그룹홈 실무자의 몫이다.

그 첫 일은 이벤트를 만드는 일이다. 크리스마스 때는 트리를 장식하고 선물을 주고 받고, 발렌타인데이, 화이트데이, 빼빼로데이 등에는 이벤트를 만들어 선물을 주고받고, 설과 추석에는 친지 방문과 가족 잔치를 벌이고, 국경일이나 공휴일에는 소풍이나 스포츠경기, 영화 관람을 가는 등 일상에 변화를 주어 그룹홈 아이들의 응집력을 키울 수 있다. 또 아이들과 실무자의 생일, 기념일, 졸업, 자립 등을 축하하는 이벤트 등을 만든다면 소속감을 가지는 데 도움이 될 것이다.

그리고 그룹홈 실무자는 상황에 유연하게 대처할 수 있어야 한다. 예를 들어, 그룹홈의 분위기가 처져 있거나 아이들이 안절부절못하며 가만이 있지 못할 때, 그룹홈 실무자가 공놀이를 함께하거나 아니면 게임을 함께하는 것과 같이 분위기를 바꾸는 것과 같은 일상생활에 변화를 줌으로써 아이들을 즐겁게 해 줄 수도 있다.

일과가 없는 자유시간에 그룹홈 아이들은 산책, 공놀이, 상가 나들이, 친구 방문 등으로 집 밖으로 나간다. 이들은 근처의 공원, 청소년 문화의 집, 영화관 그리고 기타 오락시설에 들른다. 이성과 만나기도 하고, 잔치에 초대받아 나가기도 하고, 수행평가나 학교의 특별활동에 참가하기도 한다.

이렇게 집 밖의 사람들과 어울리면서 그룹홈 아이들은 정상적인 사회생활을 하면서 사회 적응력을 향상시켜 나간다. 정상화 원리와 탈시설화 원리에 의하여 운영되는 그룹홈에서 생활하는 아이들은 지역사회에 나가서 접하는 여러 가지를 통해서 새로운 관심과 자신의 재능을 발견하고 키워 나가게 된다.

한편, 그룹홈 아이들의 집 밖 활동은 문제를 일으킬 수 있다. 일어나는 문제는 신체적 안전과 관련된 것이며, 교통사고, 범죄 그리고 위험하고 거친 장난이다. 그 밖에도 염려되는 것들은 한두 가지가 아니다. 남의 것을 훔치거나 싸우거나 몸치장거리에 과다한 돈을 쓸 수도 있고, 식습관을 그르치는 군것질, 그리고 나쁜 친구들을 사귀는 것 등 한두 가지가 아니다.

그룹홈 실무자로서는 그룹홈 아이들이 밖에 나갔을 때 처신을 어떻게 할 것인가를 비지시적인 방법으로 일러 주는 수밖에 없다. 이런 방법이 답답한 면이 있기는 하지만, 자각, 옳은 판단, 건전한 관심, 건실한 가치관 그리고 자제력 등 자신의 행실을 스스로 바르고 밝게 잡아나가는 능력을 기르게 한다.

이런 목적을 달성하는 데 참고할 만한 구체적인 사항은 다음과 같다.

아동 · 청소년 그룹홈으로서는 아이들을 책임지고 있으므로 그룹홈 아이가 외출할 때는 갈 곳, 만날 사람 그리고 언제 돌아올 것인지를 실무자에게 알리고 나가게 해야 한다. 특히 아주 가까운 이웃에 가 있으면서 늦거나, 학교에서 아니면 다른 활동으로 귀가가 평소보다 늦을 때는 이럴 것을 미리 실무자에게 알리게 해야 한다.

일반적으로 아이들은 이런 규칙에 반대하지 않는다. 이런 규칙은 여느 가정이나 별로 다를 바 없다. 그룹홈 아이들은 이런 규칙에서, 그룹홈 실무자가 자기들에게 마음을 쓰고 있다는 것을 알며, 이런 규칙으로 원치 않는 활동에 참여할 것을 강요하는 또래의 압력을 뿌리칠 수도 있는 것이다. 또 이런 규칙, 예를 들어서 각별한 사전 허락 없이 자신들이 갈 수 있는 곳, 밖에 나갈 수 있는 시간과 계획을 세울 때 그룹홈 아이의 의견을 반영하면 그룹홈 아이들은 이런 규칙을 스스로 지키도록 애쓰게 된다.

외출 규칙은 상식적인 선에서 신축성 있게 정해야 한다. 잠깐 물건 사러 가게에 갈 때나, 공놀이하러 놀이터에 갈 때나 집 주위를 산책하러 나갈 때는 일일이 허락을 받지 않아도 되어야 한다. 아동 · 청소년 그룹홈으로서 확인할 사항은 누가 몇 시에 얼마 동안 나가 있느냐다. 아동 · 청소년 그룹홈이 자리한 곳이 안전지역이냐 위험지역이냐에 따라서 규제도 각기 다를 수밖에 없다.

(1) 귀가시간

사실상 모든 아동 · 청소년 그룹홈은 귀가시간이 있다. 그룹홈은 대부분 저녁식사 시간 전으로 귀가시간이 정해져 있으며, 고등학생은 야간자율학습이나 방과후 활동이 있는 경우에는 더 늦어지기도 한다.

귀가시간을 정하는 데에는 융통성을 가지고 접근해야 한다. 방학 기간에는 더 늦어질 수도 있고, 아이들의 연령이나 상황에 따라 다소 유연하게 접근하여야 한다. 그리고 아이의 귀가가 늦어지는 경우에는 아이가 밖에서 무엇 때문에 귀가가 늦어졌는지 주의 깊게 살필 필요가 있다. 새롭게 사귄 친구 때문일 수도 있고, 아니면 친구들하고 어울려 다니느라고 늦을 수도 있으며, 비행과 연관되어 있을 수도 있기 때문이다. 그리고 안전을 도모해서 혼자 외출할 때는 둘 이상이 외출할 때보다 더 일찍 돌아오게 한다. 또 그룹홈 아이들이 레크리에이션 프로그램 등으로 밖에 나갈 때는 당연히 귀가시간이 달라져야 한다.

대부분의 아이들은 귀가시간이 합리적이면 귀가시간을 잘 지킨다. 청소년들은 일반적으로 활동적인 낮 시간이 지난 후에 집에서 쉬기를 원한다. 식사와 휴식을 통해 하루 동안의 긴장을 내려놓고 아이들이나 실무자와 낮 시간에 있었던 활동에 대한 이야기를 나누는 시간이기도 하다.

주로 그룹홈에 들어온 지 얼마 안 되는 아이 중에는 귀가시간을 잘 지키지 못하는 아이가 있을 수 있다. 다행히도 귀가시간은 비교적 강요하기 쉬운 규칙의 하나다. 위반은 쉽게 드러나고, 처벌은 미리 아동 · 청소년 그룹홈 아이들과 논의해서 정할 필요가 있다. 그러나 오랫동안의 방임이나 바깥 생활로 귀가시간을 제대로 지키지 못하는 아이들의 습관은 하루아침에 고치기는 힘들 것이다. 따라서 귀가시간을 위반했다고 하여 처벌하기보다는 처음에는 주의나 약속 환기와 같이 유연하게 대처할 필요가 있다. 이런 경우에는 실무자의 인내심과 관용을 필요로 한다. 끊임없이 주의를 주고 약속을 환기시키기도 하지만, 아이의 행동이 좀처럼 나아지지 않을 때 실무자는 아이의 행동이 아니라 자신의 분노를 잘 다스릴 필요가 있으며 이러한 아이의 행동으로 지치기도 하며 소진의 요인으로 작용하기도 한다.

(2) 친구와의 교류

그룹홈 아이들이 자유시간 동안 꼭 서로 어울리는 것은 아니다. 어린 아이들의 활동 반경은 좁지만 중고생 등과 같이 큰 아이들의 활동반경은 훨씬 넓고 그룹홈 내보다는 그룹홈 밖에서 친구들과 어울리는데 많은 시간을 보낸다.

경우에 따라서는 아이들이 친구들과 어울리는 것이 아이들의 대인관계 능력 향상에 긍정적인 영향도 미치지만 부정적인 영향을 미치기도 한다. 아이들과 지나치게 어울려 다니며 공부할 시간을 빼앗기거나 혹은 밖에서 비행이나 말썽을 자주 일으키는 등 심각한 사건이나 사고를 자주 일으키는 경우에 그룹홈 실무자는 치료적인 대응을 고려해야만 한다.

이런 친구들과의 교제를 무작정 강제로 금지하면 완강한 저항을 불러일으킨다. “만일 네가 철민이와 다시 만나면 용돈은 없어!” 하고 협박해 보았자 헛수고다. 그럴수록 아이는 거짓말을 하거나 꾀를 짜서 어떻게든 만난다. 이런 경우에는 비지시적 접근을 시도해 보는 것도 한 방법이다. 그룹홈 아이들이 그룹홈으로 친구들을 초대하도록 격려함으로써 바깥에서의 관계를 평가하고 추적할 수 있다. 그룹홈 실무자가 그룹홈 아이가 적절한 새 친구를 만날 수 있도록 긍정적인 장소를 마련하여 오락활동을 벌일 수 있다. 자유시간 활동을 이용하여 신나고 재미있는 활동 기회를 제공하거나 혹은 적당한 새 친구 만날 기회를 제공하는 것, 그리고 상담과정에서 아이의 친구관계에 대한 심층적 탐색 등을 해 볼 수 있다. 그러나 이러한 접근도 아이가 친구관계에 대한 몰입 정도가 심할 경우에는 효과를 거두기 어려운 경우가 많다.

이런 경우에는 그룹홈 실무자가 아이의 바깥활동 역시 방임에 따른 아이의 적응과정으로 이해하고 그룹홈의 문화에 적응하면서 습관도 차츰 나아질 것이다. 따라서 아이의 친구관계 역시 일종의 아이의 강점으로 이해하고 이를 스스로 조절할 수 있도록 도울 필요가 있으며, 이를 단기간에 해결하려 할 때 서로가 상처받을 수 있다는 것을 기억할 필요가 있다.

(3) 원가정과의 교류

가족 간의 관계가 유지되고 있고 방문할 가족이나 친척이 있는 경우에는 1주 1회부터 월 1~2회 혹은 연 1~2회 등 다양하다. 추석과 설날과 같은 명절이나 방학 때에는 가족이나 친척을 방문하도록 권유하고 있다.

그러나 가족의 지나친 간섭이나 접근으로 입소 아동 · 청소년의 생활에 지장을 초래하는 경우에는 면담을 제한하기도 한다. 특히 밤늦게 술이 취해 전화하는 경우에는 다음 날 저녁 10시 이전에 전화하도록 할 필요가 있다. 이러한 가족 간의 만남은 가족을 통한 소속감 및 정서적 안정을 가져올 수 있기 때문에 매우 중요하다. 그러나 학대나 심한 알코올 중독으로 인해 입소 아동이나 청소년에게 부정적인 영향이 있을 수 있으므로 면담 결과를 확인하고 가족 방문이 긍정적인 효과를 거둘 수 있도록 노력해야 한다.

그리고 가족 방문을 통해 중요한 의사결정이 이루어질 수 있으므로 입소 위탁 시 입소 아동 · 청소년의 신상에 관한 결정은 입소 청소년, 가족, 그룹홈 관계자 간의 합의를 통해 결정한다고 사전에 가족이나 친척으로부터 약속을 받아 두는 것이 필요하다.

또한 입소 시 가족관계가 유지되고 있는 경우 가족의 재결합을 위한 계획과 약속을 명확하게 할 필요가 있다. 그러나 그룹홈과 충분히 논의되지 않고 원가족과 결합에 대한 구체적 계획 없이 친부모가 막연하게 내년이나 올 겨울에 같이 살자라는 식으로 아이의 마음을 들뜨게 하는 등 아이의 그룹홈 적응을 어렵게 하는 요인으로 작용하기도 한다. 따라서 친부모 등 보호자에게 반드시 가족의 재결합이나 합류와 같은 약속은 그룹홈과 상의한 후에 그리고 구체적인 계획을 세워 실제 퇴소하기 직전에 아이에게 알려주기로 약속을 받을 필요가 있다. 친부모는 아이를 돌보지 못하고 있다는 아이에 대한 미안한 마음과 죄책감 때문에 한 말이지만 아이는 그 약속으로 인해 헛된 희망과 또 실망감을 안겨 주기 때문이다.

그룹홈에서는 사회적 자원의 연결 등 가족의 재결합을 위한 대책 마련 활동을 지원할 필요가 있다. 아동 · 청소년 그룹홈 아이들 중 상당수가 원가정을 방문하는 일이 드물다. 아이들 중 상당수는 부모와 형제들에 대한 부정적인 기억을 강하게 지니고 있다. 실제로 아이가 방문하기에 적합하지 않는 경우도 많다. 그들은 재혼했거나 내연의 관계일 수도 있다. 그들은 어색한 장면을 두려워하며 만나서 아이를 다룰 자신이 없는 경우도 있다.

원가정 방문은 아이들이 가족관계를 강화할 수 있는 계기가 될 수 있기 때문에 아이들이 원가정을 방문하려고 한다면 이를 격려해야 한다. 그러나 원가정 방문으로 부작용과 위험성 역시 만만치 않음을 간과해서는 안 된다. 따라서 그룹홈 실무자는 아동 · 청소년의 치료를 방해할 수도 있는 잠재적 유해요인을 고려하고 대책을 세워 폭행이나 학대, 비행 및 위험으로 아이들을 위험에 처하게 해서는 안 된다. 심각한 위협이나 부작용이 예상된다면 보호 중인 아동 · 청소년이 원한다고 하더라도 원가정 방문을 신중하게 고려해야 하며, 동시에 구체적인 대처방안 등을 세심하게 마련하거나 지도해야 한다. 그리고 원가정 방문에서 아동이가 그룹홈으로 돌아올 때 분노 혹은 슬픔, 매 맞은 흔적이나 상해, 나쁜 영향을 주고받은 이전의 친구와의 관계 재개, 부적절한 수면이나 부적절한 행동 등이 있는지 면밀하게 관찰해야 한다. 원가정 방문과 관련하여 그룹홈 실무자는 원가정 방문 뒤에 나타나는 아이의 정서적 불안, 소속감 약화, 그룹홈 적응상의 새로운 문제 야기 등 후유증을 적지 않게 경험하기 때문에 이에 대해 부정적으로 보는 경향이 없지 않다. 그러나 아동복지학자 등은 원가정 방문이 아이의 정서적 안정과 자아정체성 확립, 가족관계 강화 등의 긍정적인 측면을 강조하는 경향이 있다. 원가정 방문은 때로는 아동 · 청소년에게 혼란과 상처를 주기도 하고 그룹홈 실무자에게 스트레스를 주는 요인으로 작용하기도 하지만, 장기적이며 발달론적인 관점에서 접근할 필요가 있다.

그룹홈 그룹홈 아동 · 청소년의 원가정 방문 시 고려해야 하는 사항은 다음과 같다.

- 가정 방문의 횟수와 기간은 그룹홈 아동 · 청소년의 개인적인 치료계획상의 한 요인이 되어야 한다.
- 원가정 방문이 아동의 학대를 증가시키거나, 청소년을 나쁜 영향에 노출시키거나, 아동의 의사에 반하는 것이라면, 입소 초기에 원가정 방문은 가급적 삼가도록 하는 것이 바람직하다. 시간이 흐르면서 그룹홈 아이가 긍정적인 방법으로 가족 경험을 조정할 수 있는 능력을 보여 줄 때, 그룹홈 생활의 종료 날짜가 다가왔을 때에 보다 빈번한 방문은 이후의 생활을 용이하게 한다.
- 원가정 방문 기간은 개인적인 욕구를 반영해야 한다. 아동이나 청소년에 따라서는 주말 방문과 때로는 일박 방문을 하지만, 대개는 4~5 시간 정도가 바람직하다.
- 원가정 방문의 제한은 아동의 보호와 발달 등에 지장을 줄 경우에 부모의 그룹홈 방문이나 원가정 방문에 제한이 있을 수 있음을 사전에 설명하고 부모의 사전 동의를 받을 필요가 있다.
- 부모가 긴장을 최소화하고 가족관계를 강화하기 위해서 자녀의 방문을 맞을 계획과 기대를 아동 · 청소년 그룹홈 실무자와 사전에 의논하여 현실에 맞고 자녀를 지지하는 것이 되도록 반드시 노력해야 한다. 또한 상담은 비현실적인 인식이나 기대를 쫓아버린다. 어떤 부모는 상담 없이 계속해서 내키는대로 행동하고 막대한 돈의 지출을 계획한다. 또 어떤 부모는 자녀가 꺼리는 친척과 함께 만나려 하거나 싫어하는 행동으로 만나기를 주장한다. 실무자는 부모와 아이가 모두 즐거워하는 공동의 활동을 제시할 수 있고, 그들에게 편안한 마당에서 대화하는 기회를 줄 수 있도록 배려해야 한다.
- 그룹홈의 실무자가 아이의 원가족과 친숙하다면 아이가 원가정을 방문하는 동안 즐거울 수 있는 보다 각별한 방안을 제공할 수 있다. 예를 들면, 친부모가 아이를 얕잡기, 협박하기, 꾸짖어 괴롭히기를 삼가도록 제시할 수도 있다. 새 취미나 학교생활의 진척을 칭찬하기, 새 머리 스타일을 반겨 주기, 아이와 계부모 혹은 내연의 사람과의 사이의 긴장을 완화하는 방법에 대한 구상이 있을 수도 있다. 조부모나 다른 가까운 친척의 역할은 부정적인 영향을 제거하도록 재검토될 수 있다. 형제들의 경쟁을 부추겨 왔던 부모는 아이들 사이에서 마찰을 감소시키는 방법을 찾아낼 수도 있다.
- 버릇 고치기에 대한 질문은 부모상담에서 자주 나타난다. 부모는 방문 동안

합리적으로 강요할 수 있는 규칙에 대한 방안을 모색하며, 대드는 행위에 대응하는 방법, 아이가 이전에 살던 곳을 방문해서 나쁜 친구들과 만나려고 할 때의 대응법을 찾는다. 이런 요구에 적당한 해답을 주지 못하면 그들은 신체적인 처벌을 하거나, 절망으로 포기하거나, 대화의 단절과 같은 과거의 습관화된 대응으로 되돌아갈지도 모른다. 실무자는 가족의 어려움을 풀어 갈 수 있도록 가족이 서로 대결하지 않는 방법을 제시할 수 있다.

- 그룹홈의 아동 · 청소년 또한 상담을 원한다. '원가정 방문하기'는 집단상담의 좋은 주제다. 원가정 방문 시 기대하는 것, 가족을 만나는 요령, 만족스러운 시간의 사용을 계획하는 방법, 그리고 실망을 잘 처리하는 요령 등이다.
- 그룹홈 실무자는 원가정 방문에서 일어났던 일에서 배우고, 서로가 어떻게 느꼈고, 개선할 점은 무엇인지 알기 위해서 원가정 방문 후에는 부모와 아이들 모두를 만나거나 통화해야 한다.

4) 일상생활에서 일어나는 공통 문제점

그룹홈에서는 아동의 보호 · 양육 과정 중에 수많은 어려운 일들이 발생하고, 때로는 자질구레한 일에서도 문제가 일어난다. 따라서 다음과 같은 문제들은 거의 어느 그룹홈이나 공통적으로 발생하기 때문에 그룹홈 실무자라면 어느 정도 자신만의 대처방법을 터득하고 있을 것이다. 여기서는 일반적인 대처방법들을 살펴보기로 한다.

(1) 스마트폰 사용

그룹홈 아이들은 친부모, 친구, 그룹홈 실무자, 자원봉사자, 가게, 공공시설 등 집 밖의 사람들과 전화를 통해 연락하게 된다. 최근에 보급된 스마트폰은 그룹홈 아이들에게 통신수단의 의미를 넘어서 일종의 개인용 게임기구이자 아이들이 가장 아끼는 물건이다.

따라서 스마트폰이 없는 중고등학생은 소외감을 느끼며 친구들과의 관계에서도 어려움을 겪을 수밖에 없다. 친권자가 없는 경우에는 스마트폰 개통에 어려움이 있어 제도적인 개선책이 마련될 필요가 있다. 그러나 아이의 스마트폰 사용은 과도한 요금 문제, 지나친 게임시간, 스마트폰 중독 등 많은 문제를 일으킬 수 있다.

밤 늦게까지 스마트폰을 사용하여 게임을 하거나 통화를 하는 경우나 장난 문자를 보내는 등의 문제가 발생할 수도 있다. 이런 경우에는 스마트폰 사용을 규제할 필요가 있다. 다음은 이런 경우의 대처요령이다.

- 서로의 원만한 생활을 위하는 의미에서 그룹홈 아동 · 청소년은 전화 및 스마트폰 사용규칙 제정에 참여해야 한다.
- 예외적인 경우를 제외하고는, 아이에게 걸려 오는 개인 전화를 차단해서는 안 된다. 아이가 특정한 사람에게 전화하는 것을 금하는 일도 있어서는 안 된다. 이런 금지는 개인 인권을 무시하는 것이 될 뿐만 아니라 효과적이지도 않다.
- 전화나 스마트폰 통화를 차단할 필요가 있을 때에는 사전에 그룹홈 아동 · 청소년에게 그 필요성을 충분히 알려 주고 동의를 받아두도록 한다. 예를 들면, 아버지가 알코올 중독 등으로 취한 상태에서 전화를 하거나 모두 잠든 밤 늦은 시간대에 전화를 걸어오는 경우다.
- 통화 시간은 그룹홈 아이들 누구나 불편이나 짜증 없이 사용할 수 있게 짧아야 한다. 예를 들면, 어떤 아이가 자기가 통화 중인데 다른 아이가 전화를 걸겠다고 기다리는 경우는 통화를 10분 이내로 끝내기 등일 수 있다.
- 아이들이 스마트폰을 이용하여 밤늦게까지 통화하거나 게임하거나 혹은 동영상을 시청하는 일들을 예방하기 위해서는 밤 9시나 10시 이후에는 스마트폰을 사용하지 않기로 약속을 한다.
- 그룹홈 아이들이 납득할 만한 통화 시간대를 정해 놓아야 한다. 식사시간에는 걸지도 받지도 말아야 하며, 공부시간이나 집단상담활동 중에도 마찬가지다. 취침시간에도 걸지도 받지도 못하게 해야 한다.
- 전화 제한이 처벌로 오해되는 일이 없도록 조심해야 한다. 그룹홈에 사는 아동 · 청소년도 전화를 걸고 받는 권리가 있다.
- 전화 사용을 삼가게 하는 비지시적인 방법이 있다. 그룹홈 아이가 자신의 짧은 생각이나 신중하지 못한 행실을 개인상담을 통해서 반성하게 할 수 있다. 스마트폰 요금은 그룹홈에서 지급해 주거나 혹은 자신의 친부모들이 감당하거나 혹은 후원금 등 자기 명의의 통장에서 보통 지급된다. 특히 친부모가 스마트폰 요금을 부담할 경우 부모의 연체, 신용불량 등으로 아동까지 신용불량

명단에 오를 위험성이 있기 때문에 각별한 관심이 요구된다. 이러한 요금 문제에 대해 그룹홈 아이들이 사전에 숙지하도록 하여 스마트폰 사용을 자제시키는 것도 비지시적인 방법 중의 하나다.

(2) TV 시청 및 게임

TV 시청과 게임에 대해서는 앞서 언급하였으므로 여기서는 길게 다루지는 않겠다. TV 시청과 게임은 아이들이 중독될 위험성이 크며, 아이들도 매우 민감하게 반응하는 사안이다. TV 시청과 게임을 아이들이 하고 싶은 대로 내버려두는 그룹홈은 거의 없을 것이다. 때로는 TV 시청을 하면서 자연스럽게 시사적인거나 역사적인 것들을 토론하기도 하며, 서로 간의 친밀감을 자연스럽게 강화시킬 수 있는 계기도 될 수 있다.

그룹홈 실무자가 아이들이 TV 시청과 게임에 지나치게 몰입하는 것들을 염려한 나머지 아이들이 크게 제한받고 있다고 느낄 정도로 심한 제한을 한다면 그룹홈의 분위기가 경직될 수도 있다. 그리고 다른 아이의 지나친 TV 시청이 다른 아이의 학습이나 다른 활동을 제약해서는 안 되도록 주의할 필요가 있다.

따라서 TV 시청과 게임에서는 상호 간에 윈-윈(win-win)할 수 있는 약속과 규칙을 서로 논의하여 만들고, 정해진 게임시간은 되도록 간섭하거나 다른 일을 시키지 않고 보장하도록 노력할 필요가 있으며, 그룹홈 내에서도 동생이나 약자들이 소외되지 않도록 배려할 필요가 있음을 말해 준다. TV 시청과 게임에 대한 지나친 규제는 아이들에게 집은 편안한 곳이 아니라 억압과 간섭이 있는 곳으로 느끼고 아이들을 밖으로 내모는 결과가 될 수 있음을 유의할 필요가 있다.

(3) 집안일

밥상 차리는 것 돕기와 집 안 청소와 설거지, 빨래 걷기와 개기, 쓰레기 버리기와 같은 가사노동은 아이들의 생활능력 향상을 위해서도 반드시 필요하다. 그룹홈에 들어오는 아이들 대부분은 오랜 방임과 비위생적인 생활환경으로 가사노동에 대한 경험이 적은 편이다. 특히 남자아이들은 자기 방 정리, 옷 정리의 경험이 적은 편이다. 이러한 가사노동은 아이들의 생활능력 향상과 함께 그룹홈에 대한 소속감을 높이고 자신감을 가지는 데 도움이 되기도 한다.

그러나 이러한 가사노동 역시 라면 끓이기, 뜨거운 찌개그릇 상에 놓기나 칼을 사용하는 조리나 음식 만들기와 같은 위험한 일은 피해야 하며, 아이들이 무엇을 직접 해 보는 것도 중요하지만 어른들이 하는 일을 보고 배울 수 있는 기회를 마련하는 것이다. 그리고 아이들의 연령이나 집중도에 따라 다르지만 메이어(Mayer)는 집안일은 대개는 10분 정도에서 끝나야 하며, 길어도 30분을 넘어서서는 안 된다고 말하고 있다. 길고 힘든 집안일은 아이들에게 고역이며 심한 경우에는 아동노동이나 학대가 될 수도 있다.

A 그룹홈은 지역에서 푸드뱅크(food bank)를 동시에 운영하고 있었고, 그룹홈 아이들은 때로는 빵 박스를 차에서 내리거나 싣는 일, 혹은 빵을 이웃의 어려운 사람들에게 전해 주는 일에 가끔 참여하곤 하였다. 필자는 그룹홈 아이들이 어려운 이웃들을 위해 수고하는 것은 아이들의 교육상 매우 유익한 일이라고 생각한다. 그러나 A 그룹홈은 아이들의 자발적 의지가 아닌 그룹홈 실무자의 요구에 의해 이러한 일이 이루어져 결국 그룹홈 실무자가 아동학대 혐의로 조사를 받았다. 아무리 좋은 의도로 시작한 일이더라도 아이들의 자발적인 의지가 결여되어 있거나, 한두 번에 그치지 않고 싫증을 내고 있음에도 불구하고 이러한 일이 반복된다면 이 역시 성과보다는 폐해가 더 클 수 있다.

반면에 B 그룹홈에서는 아이들이 청소하는 것이 못마땅하여 아이들을 아예 청소조차 시키지 않는다. 그러나 이러한 것도 아이들이 청소하는 능력과 대처능력을 개발할 기회를 박탈하는 것이나 마찬가지다. 따라서 오히려 그룹홈 실무자의 입장에서는 자기가 하는 것이 훨씬 효과적이고 아이들과 함께하는 것이 훨씬 힘들더라도 아이들에게 집안일 학습의 기회를 제공해야 한다. 간단한 자기 방 청소조차도 아이들에게는 일의 우선순위를 파악하고 대처능력과 인내심 및 집중력을 연마할 수 있는 기회다. 따라서 주말과 같이 비교적 시간적 여유가 있을 때에는 아이들이 청소하는 요령 등을 터득하도록 하기 위해 집안일에 아이들이 참여하도록 하거나 아이들의 도움을 구하거나 혹은 서로 협의하여 약속으로 정하는 등 집안일을 하는 문화를 만들어 갈 필요가 있다.

(4) 담배

그룹홈의 아동 · 청소년 중에는 담배를 피는 아이도 있을 수 있다. 자연히 그룹홈 실무자들은 이들의 흡연에 따른 건강 문제를 걱정하게 되고, 씀씀이가 헤퍼지는 것을 염려하게 된다. 또 친부모나 동네 사람들의 불평이나 학교에서의 제재에 대해 염려할 수밖에 없다.

따라서 그룹홈에서는 담배를 대놓고 못 피우게 한다든가, 담배를 끊는 노력을 기울이는 사람에게 상을 주는 등 여러 가지 방법을 동원한다. 그러나 어느 방법도 충분한 효과를 나타내지 못하는 것이 실정이다. 그러나 중 · 고등학생이 담배를 피우게 되면 대개는 학교에서 처벌을 받게 되어 벌점이 누적되어 심한 경우에는 자퇴나 전학을 해야 하는 상황까지 몰릴 수 있다. 어떤 그룹홈 실무자는 그룹홈 아이들의 강박관념이나 정서적 불안 등 심리상의 좀 더 긴한 문제와 아울러 보면서, 담배를 금해서 잡음을 일으키는 것은 여타 긴급한 문제를 생각할 때 결코 현명한 처사가 아니라고 주장하는 이도 있다. 해결해야 할 더 긴급한 문제를 생각할 때 담배와 같은 지엽적인 문제로 일어나는 마찰은 최소화해야 한다는 것이다. 그러나 담배는 학교에 다니는 아이에게는 결코 지엽적인 사안이 아니며, 방임할 수도 강제로 끊게 할 수도 없다는 데 어려움이 있다. 그룹홈에서 나이가 어리고 비교적 흡연 경험이 없는 아이들인 경우에는 강하게 피우지 못하도록 강제하는 것이 효과적일 수도 있으나, 대부분의 경우에는 담배 피우는 것을 억제하는 분위기와 문화를 만들어 스스로 노력할 수 있도록 돕는 간접적인 해결방안이 때로는 유용할 때도 있다.

담배에 대처하기 위한 문제 접근은 흡연자의 나이에 따라, 또는 그룹홈에 따라 다를 수 있으나 참고할 만한 준거를 제시하면 다음과 같다.

- 그룹홈에서 아예 피우지 못하게 하거나 아니면 하루에 피울 양 제한 등을 강요하는 것은 그룹홈 실무자와 흡연자 사이에 마찰만 일으킨다.
- 흡연하는 사람에게는 흡연이 해로운 사실을 알려 줘야 한다.
- 말하기는 쉬우나 실행하기는 힘든 법이다. 그룹홈 실무자가 담배를 끊어서 먼저 그룹홈 아이들에게 본을 보일 수도 있다.
- 아이의 흡연을 나무라고 흉보고 윽박지르는 일을 삼가도록 부모에게 협조를 청하고, 그룹홈 실무자는 완곡하고 점진적으로 비지시적인 방법으로 그룹홈 아이들이 흡연량을 줄여 나가다 마침내 끊게 하는 노력을 기울여야 한다. 또 부모는 자녀에게 담배 구입으로 이어지는 과다한 용돈을 주는 일이 없어야 한다.

- 그룹홈에서 그룹홈 아이에게 담배를 공급해서는 안 된다. 그룹홈 아이 각자가 알아서 자기 돈으로 사게 해야 한다. 나아가서 그룹홈 아이에게 주는 용돈은 담배 사기가 쉽지 않을 정도의 액수라야 한다.
- 그룹홈 실무자는 그룹홈 아이가 일한 대가로 담배를 주는 일이 있어서는 안 되고, 벌로 담배를 피우지 못하게 하는 일도 있어서는 안 된다. 전자는 담배를 피우게 유도하는 결과를 낳으며, 후자는 면전에서만 안 피우는 시늉을 할 뿐 보지 않는 곳에서 또래와 짜고 결국은 피운다.
- 그룹홈 실무자가 담배 피우는 그룹홈 아이를 상담하여, 담배의 해로움을 알려 주는 정도이며, 필요한 경우 금연침 시술이나 학교나 보건소의 금연 프로그램에 참여하도록 권유할 수 있는 정도가 그룹홈 실무자가 고작 할 수 있는 일일 것이다.

(5) 애완동물

일반적으로 그룹홈에서는 개나 고양이, 토끼, 햄스터 같은 애완용 동물을 키우기에는 적합하지 않다. 그룹홈은 아동 7인을 포함하여 실무자까지 포함하면 최대 9명까지 생활하기 때문에 위생상의 이유로 적합하지 않다. 식구는 많은데 개나 고양이 털이 날리거나 애완동물의 배변 등의 문제로 그룹홈의 위생에 문제가 발생할 수도 있다.

그리고 애완동물을 키울 경우 아동의 정서적 안정에는 도움이 되는 경우도 있지만 대부분 그룹홈 아동들에게 애완동물을 제대로 돌보고 뒤처리까지 감당할 것을 기대하는 것은 무리이며, 이는 그룹홈 실무자의 업무 증대로 이어져 그룹홈에서 애완동물 키우기가 적합하지 않다.

그러나 어항에서 물고기를 키우거나 사슴벌레를 키우는 것과 같이 비교적 위생상의 문제가 거의 없거나 공간을 거의 차지하지 않아 다른 아이의 활동을 침해하지 않는 경우에는 허용할 수도 있다. 그룹홈 아이에 따라서는 애완동물을 무서워하기도 하고, 아이에 따라서는 동물을 싫어하여 학대하는 일이 발생하기도 한다. 만일 애완동물로 아이가 놀라거나 다치는 등 사고가 발생할 경우 그룹홈으로서는 매우 난처한 상황에 봉착할 수도 있다.

(6) 개인 용돈

모든 아동 · 청소년 그룹홈에서는 아이들이 각자 자기 재량으로 쓸 수 있는 적당한 액수의 돈을 지니는 것을 허락하고 있다. 그런데 아이들은 누가 돈을 주는 것을 기다리고만 있지 않고 여러 가지 수단을 동원해서 용돈을 마련하기도 한다. 그러면서 자신의 가치를 저울질해 보는 기회를 얻고, 사리를 판단해 보고, 대처하는 방법을 배운다. 용돈은 그룹홈 아이들에게 합리적인 소비생활과 자기절제 능력 향상을 위한 중요한 기회이며, 동시에 그룹홈 아이들이 열등감을 갖지 않고 다른 친구들과 어울리는 데에도 매우 필요하다.

하지만 많은 아이들은 용돈을 받으면 하루이틀 만에 다 써 버리는 경우가 허다하다. 이는 용돈이 적어서라기보다는 합리적인 소비습관이 결여된 것이 더 큰 요인이라 할 수 있다. 어렸을 때 원가정에서 합리적인 경제교육을 받아 본 경험이 거의 없기 때문이며, 이런 상황이 지속되면 나중에 성장하여 자립하여서도 신용불량 등의 위험에 처할 가능성이 높다. 반면에 용돈 거의 전부를 저축하는 아이에게도 돈을 써야 할 때는 쓸 수 있도록 지도하여 지나치게 인색하지 않도록 할 필요가 있으며, 돈을 금세 다 쓰는 경우에도 비상금은 가지고 있도록 지도해야 한다.

그룹홈 아이들은 용돈으로 간식, 군것질, 옷, 화장품, 음반, 선물, 장식품 등을 산다. 또 영화 관람, 게임, 만화나 잡지 구독 등에 쓴다. 아동에 따라서는 그룹홈에서 주는 용돈뿐 아니라, 아르바이트로 벌고, 부모나 친척이 보내와서 상당액이 되는 수도 있다. 실무자는 아이가 돈을 얼마나 가지고 있고 어디에 쓰는지 주의깊은 관찰하여야 한다. 친지나 가족에게도 지나친 용돈은 본의 아니게 그룹홈 실무자를 속이거나 몰래 돈을 쓰며, 아이의 소비욕구를 자극하고 아이들 간에도 위화감을 조성할 수 있기 때문에 부모나 친척이 용돈을 주지 않도록 하며, 용돈을 줄 경우에는 반드시 사전 · 사후에 실무자에게 연락하도록 협조를 구할 필요가 있다. 그리고 만일 용돈을 주고 싶으면 신발이나 티셔츠 등 아이에게 필요한 물건을 사 주도록 입소상담 시 약속을 받을 필요가 있다.

용돈의 액수는 아이의 나이, 지출 대상, 아르바이트 기회 등에 따라 차등으로 결정해야 한다. 그룹홈 아이의 의욕을 불러 일으키기 위해서 상여금을 주고, 과실에 벌금을 과하는 그룹홈에서는 용돈 액수 결정 시 이런 것도 고려에 넣어야 한다.

여느 부모처럼, 그룹홈 실무자는 아이가 용돈을 쓰는 것을 잘 관찰해야 한다. 아이의 용돈 사용에 대해 제대로 파악하고 있지 못하면, 이는 아이를 제대로 파악하고 있지 못한 것이라고 말할 수 있다. 아이들의 용돈 사용은 아이의 현재 주된 관심과 욕구와 아이의 상태를 파악할 수 있는 지표가 되기 때문이다. 때로는 게임카드와 같은 실속 없는 물건이나 별로 보지도 않는 잡지나 만화 또는 게임이나 오락에 돈을 허비하는 경우가 있다. 비만한 아이는 그저 배를 채우느라 군것질에 탕진하기도 한다. 또한 게임머니, 도박성 PC 게임, 낭비벽의 친구들과 동전 치기, 주사위 굴리기 등 도박에 빠지는 아이도 있다. 또 어떤 아이는 남의 애정이나 관심을 얻기 위해서 또는 이성친구의 눈을 끌기 위해서 과도한 선물을 하느라 돈을 헤프게 쓰기도 한다. 또 어떤 아이는 다른 아이에게 잘 보이기 위해 혹은 온당치 않은 요구에 응해서 있는 돈을 몽땅 주거나 빼앗기기도 한다.

용돈은 때로 그룹홈 아이들 사이에 마찰을 일으킨다. 꾸었느니 안 꾸었느니, 갚았느니 안 갚았느니 하면서 다툰다. 돈을 많이 지니고 있거나, 값비싼 물건을 구입하는 것은 아이들의 시샘을 사서 도둑질을 유발하기도 한다.

그룹홈 아이들에게 지출을 규제하는 금지나 경고는 그 효과가 의심스럽다. 그러나 개인 소비에 영향을 미칠 수 있는 비지시적인 방법은 있다. 우선 용돈의 사용처를 고려해서 개인 용돈의 액수를 조절하는 것이다. 이 시도가 달성되기 위해서는, 부모가 많은 돈이나 값비싼 선물을 자녀에게 주는 일을 삼가하게 해야 한다. 또 저축하는 습관을 들이도록 은행에 예금거래를 하게 한다. 그리고 아르바이트로 버는 돈은 일정 비율을 저금하도록 권장한다. 돈 관리를 집단토의의 의제로 삼고, 상담사항으로 정한다. 그리고 그룹홈 실무자가 누구보다도 먼저 절약하는 본보기가 되어야 한다. 그룹홈 실무자가 값비싼 옷을 입고, 명품으로 치장하고, 번쩍뻔쩍 빛나는 보석으로 몸을 장식하여 그룹홈 아이의 선망을 일으키게 한다면 이는 본보기일 수 없다.

(7) 옷이나 신발 사기

그룹홈에 생계비로 지급된 돈은 적게라도 의복비가 포함되어 있기 때문에 실무자는 이 돈이 아이들의 의복비로 유용하게 쓰이도록 세심한 배려를 해야 하며 또 그럴 책임이 있다. 종종 그룹홈 실무자들은 "누구는 사 주고 누구는 왜 안 사 주느냐, 누구는 비싼 옷을 사 주고 나는 왜 싼 옷을 사 주느냐?"라는 아이들의 불만을 듣지 않기 위해 아이들의 옷을 한꺼번에 구입하는 경우가 있다. 값을 깎을 수 있고,

세일이어서 한 곳에서 모든 아이들의 것을 똑같은 모양의 겉옷과 청바지를 구입하기도 한다. 그룹홈 아이 각자의 취향을 맞추기 위해서 그룹홈 아이 따라 이 가게 저 가게 일일이 드나들 수 없어서 그룹홈 아이를 몽땅 한 가게에 데리고 가기도 한다.

그러나 그룹홈은 개별화의 원리에 따라 아이들의 개별적 요구에 따른 처우를 해야 하기 때문에 개인 취향을 과도하게 제한하는 것은 올바른 처우가 아니다. 그리고 이것은 그룹홈 아이가 돈을 쓰는 요령을 배울 기회를 빼앗는 결과가 된다. 그룹홈 실무자와 아이 사이의 취향이 달라 필요 없는 마찰이 일어날 수도 있다. 똑같은 옷을 입히면 동네 사람들이 그룹홈의 아이라는 것을 금방 알게 되어 낙인화를 유발하고, 그룹홈 아이들도 개성이 상실된 획일적인 분위기에 빠지게 된다.

사실, 그룹홈의 빈약한 재정으로 계절마다 아이들의 옷을 구매하기는 상당히 어렵다. 그래서 상당수 그룹홈에서는 헌 옷이지만 깨끗하고 입을 만한 옷을 구해 입히려고 하고, 반면에 청소년들은 자기 스타일이나 유행이 아닌 옷들은 입을 만한 것도 거들떠보지도 않는다. 그룹홈 실무자의 입장에서는 아이들의 이런 모습이 답답하고 심지어는 배가 부른 것처럼 보이겠지만, 외모와 유행에 민감한 청소년의 심리적인 특성을 고려하여 이를 수용할 수 있어야 한다.

그리고 아이들이 중 · 고등학교에 입학하게 되면 교복을 구입해야 한다. 그룹홈에 따라서는 교복 물려 입기 등을 통해 선배의 교복을 물려 주는데, 이에 대해 아무런 저항감이 없는 아이라면 아무런 문제가 되지 않지만, 이를 수치스럽게 여기는 아이들에게 새로 입학한 학교에서의 적응을 돕는다는 차원에서 새로운 교복을 구입하여 아이들의 사기를 진작시켜 주는 것이 바람직하다. 물론 아이가 너무 커 교복이 작아졌거나 졸업이 얼마 남지 않는 경우에는 아이를 설득해서 헌옷을 구해 입게 할 수도 있다.

옷을 살 경우에는 아이들의 선택권을 허용하는 것이 좋다. 이를 위한 참고 사항은 다음과 같다.

- '알뜰한 장보기'를 집단토의 의제로 채택한다.
- 아동 · 청소년 그룹홈의 예산으로 옷을 살 때는 그룹홈 아이들과 충분한 사전 논의가 있어야 한다. 옷을 사러 가기 전에 구입할 옷의 종류와 예산 규모를 사전에 알려 주어 비싼 옷을 고집하거나 충동구매를 자제시킬 필요가 있다. 그렇지 않으면 옷을 사러 가서 오히려 갈등이 유발될 수도 있다.

- 가능하다면 그룹홈 실무자는 의복 선택에서 결정권자가 아니라 자문자가 되어야 한다. 품질, 소재, 모양, 유행, 가격 비교, 편의성, 세탁 그리고 구매 후의 서비스 제공 등 필요한 지식만 제공하고, 그룹홈 실무자의 의견을 강요하는 일은 없어야 한다. 그러나 아이들이 고가의 유명 브랜드를 고집할 경우가 있기 때문에 사전에 이러한 것들을 고집하지 않는다는 약속을 받아두는 것이 아이의 충동을 억제하는 데 도움이 된다.
- 그룹홈 실무자는 수수한 차림으로 아이들의 모범이 되어야 한다. 그룹홈 종사자가 지나치게 화려하거나 가슴이 보이거나 속이 비치는 야한 옷을 입거나 혹은 지나치게 의복에 무관심하여 세탁이 제대로 안 된 옷을 입거나 다른 이에게 불쾌감을 주는 것은 삼가야 한다.
- 그룹홈으로서는 자기 옷을 선택할 수 있을 정도로 성장한 그룹홈 아이가 실무자의 사후 승인을 받는 조건하에 자기가 원하는 옷을 살 수 있게 되기를 원할 것이다. 이럴 때는 그룹홈 아이가 구입한 옷이 마땅치 않을 때는 교환이나 환불할 수 있다는 거래조건을 아이와 함께 가게 주인으로부터도 미리 약속을 받아두어야 한다.
- 그룹홈 아이들이 지나치게 야한 옷을 입어 어른을 자극하는 것은 어른이나 권위에 대한 증오나 반감, 또래에서 인정을 받고 싶은 절실함, 다른 곳에 대한 염원, 성욕 충족, 아니면 피할 수 없는 현실로부터의 도피 등을 나타내는 것이다. 그룹홈 실무자는 아이들의 이런 변화에 민첩하게 대응해서, 상담이나 행동치료로 나서야 한다.

(8) 이성교제

이성교제와 이성에 대한 호기심이 많은 것은 이 시기의 청소년들에게 당연하다. 지나치게 이성교제에 대한 거부감을 갖거나 혹은 지나치게 이성교제에 몰입하여 정상적인 생활에 지장을 받는 정도가 아니라면, 이를 권장하고 북돋아 줄 필요가 있다. 아이들의 이성교제의 유형은 잠깐 거리를 함께 거니는 정도에서 아주 서로 깊이 믿고 사귀는 정도까지 다양하다. 사춘기 청소년은 이성교제를 하면서 때로는 성적으로 집착하기도 하면서 성인으로 자란다.

많은 경우 이성교제는 그룹홈 실무자에게는 걱정거리다. 주위 동네 사람들의 눈치를 봐야 하며, 이런 일로 문제나 말썽을 일으킨 그룹홈 아이의 부모의 불평이나 항의, 또 도덕성이나 청소년의 성격, 정서 그리고 학습에 미치는 해로운 영향을 걱정해야 한다. 그리고 이성교제에 따라 사춘기 청소년의 임신, 성매매, 가출, 가정해체 등 수많은 문제 등이 일어날 수 있다.

정서적으로 위축되어 있고 자신감이 결여되어 있는 그룹홈의 아동 · 청소년은 자신을 드러내기를 꺼려 하고 자신감의 결여로 이성친구와 사귀는 일에 매우 서투른 경우가 있는가 하면, 방임의 결과로 가정의 경계가 허물어진 아이의 경우는 오랜 바깥 생활로 지나치게 이성교제에 매달리는 경우도 있다.

그룹홈 실무자는 아이들이 긍정적이고 건설적인 이성교제를 할 수 있도록 이들의 사교능력을 강화할 책임이 있다. 그룹홈 실무자는 사춘기 아이의 특성, 성적 실험이나 경험, 자라면서 발현되는 자연스러운 이성 간의 관계 형성으로의 활력 등을 이해하고, 청소년들에게 정확하고 믿을 만한 지식과 정보를 제공함으로써, 이들이 건설적인 태도를 육성하고, 전반적인 사회 접촉을 용이하게 할 수 있게 해 주어야 할 책임이 있다. 이를 위해 도움이 될 만한 점들은 다음과 같다.

- 그룹홈 실무자들은 사춘기 청소년이 이성에 눈뜨는 과정을 정확하게 알고 있어서 아이들이 함께 남녀 간의 관계를 얘기할 때 어색해하거나 감추지 않고 자신의 성적 감정이나 태도를 스스로 자각할 수 있게 해 주어야 한다.
- 그룹홈의 실무자는 아이의 이성교제나 성에 대한 탐색을 발달상의 자연스러운 일로 받아들여야 한다. 성에 관한 것을 금기하거나 아니면 부끄러운 것으로 알게 하면, 성에 관한 의견 교환에서 솔직한 심정이나 시각을 솔직하게 말하지 않고 숨기고, 성에 관한 정확한 지식이나 조언을 얻으려는 노력을 하지 않게 된다.
- 성과 이성교제는 집단상담이나 개인상담에서도 다루어야 한다. 숨기는 일 없이 성을 보는 자신의 심정, 시각, 기대 그리고 이성교제 경험이 활발히 발표되고 의논되어야 한다. 이 과정에서 일방적으로 아이들을 겁 주고 힐책하거나, 친구나 귀동냥이나 책자 등을 통해 아이들이 습득한 성에 관한 지식을 무시하면 아이들은 자신이 무시당했다고 느낀다.
- 그룹홈에서는 남녀가 안심하고 건전하게 서로 만날 기회를 제공해야 한다. 예를 들면, 학교나 교회 혹은 청소년수련원의 축제나 행사에 관한 정보를 수집

해서 그룹홈 아이들에게 제공하거나 아이에게 특별 용돈을 지급하는 등으로 아이의 건강한 이성교제를 도울 필요가 있다.

- 또 그룹홈 실무자의 허락하에 이성친구를 그룹홈으로 데려오는 것을 환영해야 한다. 또 가능하다면, 아이가 이성친구를 초대하는 파티를 그룹홈에서 열어 주는 것도 권장할 만하다.
- 간단하더라도 규칙이 있어야 한다. 외부 사람이 처음으로 그룹홈을 방문하거나 아니면 그룹홈 아이와 데이트 의사를 밝히는 첫 전화를 할 때에는 그룹홈의 책임 있는 어른에게 자신의 신분을 밝혀야 한다. 그룹홈 아이가 외부 상대와 데이트로 외출할 때는 어떤 교통수단을 이용해서 어디를 언제까지 다녀온다는 것을 실무자에게 미리 알려야 한다. 그리고 안전한 시간에 집에 돌아오도록 귀가시간을 정해야 한다.
- 센터형 그룹홈의 경우 남자 그룹홈과 여자 그룹홈의 아이들이 만나는 기회가 잦으므로 서로 사귀는 일이 있을 수도 있다. 상대에게 관심과 호감을 갖는 것은 어쩔 수 없는 일이라도 같은 그룹홈 내에서는 이성교제를 금할 필요가 있다. 같은 그룹홈 내에서 서로 사귀다가 헤어지고 다른 아이와 또 사귀게 되면 그룹홈 내에 갈등이 유발되거나 혹은 이로 인해 다른 아이가 그룹홈을 떠나야만 하는 상황이 발생할 수도 있기 때문이다.
- 경우에 따라서는 규칙을 무시하는 부모를 상담해야 할 필요가 있다.
- 이성교제에 병적으로 집착하여 실무자의 지도가 불가능하거나 아이의 병적인 이성교제로 다른 아이들이 피해를 보거나 혹은 이성교제 상대가 피해를 볼 경우에는 아이의 퇴소 등 특단의 조치를 강구해야 한다. 그룹홈 아이의 이성교제를 살피지 않고 내버려두면 성적인 문제 등으로 심한 심리적 · 신체적 해악을 초래할 수 있기 때문이다.

이런 규칙 제정에 그룹홈 아이들이 참여하고, 규칙 제정이 자신들을 위한 것이지 그룹홈 실무자의 편의를 위해서가 아니라는 것을 알게 되면 대개 이를 받아들인다. 그러나 지나치게 엄한 규칙은 역효과를 가져온다. 규칙에 대한 아이의 이해가 없다면 그룹홈 아이는 밖으로 나가서 모퉁이를 돌아 그룹홈 실무자의 눈길이 닿지 않는 곳에 이르기만 하면 제멋대로의 행실로 내달으면서 그룹홈 실무자와 규칙을 증오하고 때로 노골적으로 반발하게 된다.

제9장 아동 · 청소년 그룹홈의 치료적 인간관계

심리치료, 상담 및 교육은 아동 · 청소년 그룹홈의 생활 프로그램에서 중요하다. 그러나 그룹홈에서 가장 중요한 것은 아동과 그룹홈 실무자와의 관계다. 특히 아이가 어릴수록 그룹홈 실무자의 영향력은 그 무엇과도 비교할 수 없다. 그리고 이러한 관계는 그룹홈 아이의 성격 형성에도 영향을 미치며, 실무자와 아이 간의 일상적 교류가 어떻게 이루어지느냐에 따라 치료적인 관계가 형성될 수도 있고 그렇지 않을 수도 있다.

일상생활에서의 서로 간의 관계와 교류는 사회생활의 밑거름이 되며, 여기에서 수용성, 안전, 긴장 이완, 자극, 그리고 자아를 세워 가는 필요한 지지를 얻어 낸다. 친밀하고 의존적인 관계는 아동 · 청소년의 정서적 안정에 매우 중요하다. 따라서 그룹홈 실무자와 아이와의 친밀하고 의존적인 관계는 아이들의 정서적 안정과 자신감 향상에 밑거름이 되기 때문에 치료적 관계라 할 수 있으며, 이러한 관계가 잘 형성되도록 노력하는 것은 모든 그룹홈에서 지향하는 것이다. 그러나 이런 관계는 저절로 되는 것이 아니라 세심한 계획과 지속적인 노력이 있어야 가능한 것이며, 이러한 관계가 정착되어 그룹홈의 분위기가 형성되어야 한다. 문화라는 표현에는 비교적 오랜 기간에 걸쳐 형성된 것이라는 의미가 내포되어 있으며, 구성원 모두의 노력이 요구되며, 그룹홈의 방침 및 지향점이 녹아 있음을 나타내 준다.

그룹홈 실무자는 아이와 가장 친근하고 가까우며, 아이들이 의존할 수 있으며, 아이들이 사회생활을 배울 수 있는 모델이다. 아이들은 그룹홈 실무자를 통해 사회 적응력을 배워 가며 향상시킬 수 있다. 그룹홈 내에서 일어나는 아동 · 청소년

치료에 관해 알기 위해서는 먼저 그룹홈에서의 인간관계를 먼저 충분히 알고, 이해하고 있어야 한다.

이 장에는 그룹홈에서의 아이들 간의 친밀감을 형성하는 데 필요한 몇 가지 방안을 제시하겠다. 이를 위해 그룹홈 실무자와 그룹홈 아이의 사이, 또 못지않게 중요한 그룹홈 아이들 서로 간의 관계에 대해 설명하고자 한다.

1. 그룹홈 실무자와 아동 · 청소년의 교류

그룹홈 실무자와 그룹홈 아동 · 청소년의 교류에는 꼭 지켜야 할 어떤 공식이나 지침이 있는 것은 아니다. 그룹홈 실무자들마다 그룹홈 아이를 대하는 태도가 각자 다를 수 있으며, 이런 그룹홈 실무자에게 필요한 가장 기본적인 태도는 유연성이라 할 수 있다. 그룹홈 아이들과 함께 일하고 놀기도 하는 실무자는 모두 명랑하고 한결같고 여유 있는 사람이라야 한다. 그렇지만 부산하고 수다스럽고 잘 웃고 흥얼거리고 눈에 띄는 아이마다 건드려야 직성이 풀리는 사람이 있는가 하면, 조용하고 할 말만 하고 눈이 빛나거나 눈썹이 치켜올라가는 사람도 있게 마련이다. 이것은 사람마다 기질이나 성격의 차이다.

그룹홈 실무자를 위해서 몇몇 일반적인 기준을 살펴보는데, 이는 각 그룹홈의 사정에 따라서 달라질 수 있다.

1) 신체적 안전

그룹홈이 치료적인 환경이 되기 위해서는 신체적 안전이 최우선이다. 매슬로우의 인간의 욕구에 대한 4단계설을 굳이 언급하지 않더라도, 그룹홈에서 아이들은 신체적으로 안전하고 쾌적한 환경에서 질 높은 의식주를 제공받는 등 자신이 충분히 보호받고 있다는 확신이 들어야 정서적 안정, 자기 개발 등 다음의 단계로 나아갈 수 있다. 물론 이를 위한 그룹홈의 공간, 위치, 물리적 설비 등도 중요하지만, 무엇보다 중요한 것은 그룹홈 실무자에 의해 자신이 보호받고 존중받고 있다는 것을 느낄 수 있어야 한다.

그룹홈 아이와의 친밀감이 형성되기 위해서는, 먼저 상해를 입을 위험이 없다는 신체적 안전에 대한 믿음이 실무자와 아이 모두에게 심어져야 한다. 실무자는 그룹홈에 부적합하거나 비행 등으로 인해 적응상의 어려움이 예상되거나 다른 아이에게 큰 피해를 입힐 우려가 있는 아이들이 그룹홈에 입소하는 일이 없도록 세심한 주의를 기울여야 한다. 그러나 실제로는 그룹홈의 선택권이 거의 없이 시 · 군 · 구청에서 입소 의뢰되는 아이들을 받을 수밖에 없는 현실이며, 만일 그룹홈에서 그 아이의 입소를 반대하거나 거부할 경우 그룹홈에서 아이를 선별적으로 받는다는 오해를 사기도 한다. 그러나 그룹홈은 이미 여러 명의 아이들이 공동생활을 하고 있으며, 위기아동도 중요하지만 그룹홈에서 생활하고 아동에 대한 고려가 부족하며, 그룹홈 실무자들을 아동보호의 전문가로 보지 않고 시 · 군 · 구청의 지시에 따라야 하는 사회복지 종사자 정도로 보고 있는 것과도 무관해 보이지 않는다.

그리고 그룹홈 아이들이 신체적 안정감을 느끼도록 하기 위해서는 그룹홈에서 나이가 많거나 힘이 세거나 성질이 고약한 아이가 다른 아이들을 곯리거나 부리는 위치에 있어서는 안 된다. 그룹홈 실무자는 작은 아이들이 말썽을 피울 때 큰 아이들의 도움을 받을 수는 있지만, 큰 아이들에게 그룹홈 실무자의 권위를 위임하거나 양보해서는 안 된다. 그룹홈 실무자가 아이를 타이르거나 설득하는 것보다는 때로는 형이나 언니뻘 되는 큰 아이들이 작은 아이들을 타이르는 것이 효과적일 때도 있다. 그러나 그룹홈 실무자 대신에 큰 아이들이 동생들을 지도하게 되면 그룹홈 실무자의 설 자리가 없어지고, 작은 아이들에 대한 큰 아이들의 억압을 용인하는 결과가 되며, 아이들 사이에 발생하는 일들에 대해 그룹홈 실무자가 세세하게 파악하지 못하는 결과가 발생할 수도 있다. 그룹홈 실무자는 약한 아이를 억압하거나 폭력 행사나 골탕 먹이는 일이 아동 · 청소년 그룹홈 안에서 일어나는 일이 없도록 노력을 기울여야 한다. 서로 친한 아이끼리 한 방을 쓰도록 조치하는 것은 그룹홈 아이가 신체적 안전을 느끼도록 하는 데 도움이 될 것이다.

그리고 그룹홈 아이 중에 힘 있는 아이나 그의 눈치를 보며 앞장을 서는 아이, 또 그와 맞서는 아이 등이 있을 때도 있는데, 어떠한 경우라도 심적 부담 없이 자기 의견을 개진할 수 있도록 자유로운 분위기가 형성되어야 한다. 또 집안의 규칙을 어기거나 우습게 아는 사람을 그룹홈 실무자에게 주저없이 보고할 수 있을 만큼 신변의 안전이 보장되어 있어야 한다.

2) 그룹홈에 새로 들어온 아이의 심리적 안정

몸이 크고 덩치가 있는 아이가 그룹홈에 들어오게 되면 그룹홈 실무자는 그 아이의 덩치 때문에 다른 아이들이 그 아이 때문에 위축되거나 혹은 그 아이를 견제하기 위하여 그룹홈 아이들이 그 아이에게 텃세를 부릴 수 있음을 유념해야 한다. 또 그 아이 역시 불안해하며 자신의 신체적 외모 때문에 불이익을 당하지 않을까 걱정하고 불안해하고 있음을 유의하여야 한다. 그룹홈 실무자는 그룹홈에 새로 들어온 아이를 따뜻하게 맞아서 그룹홈이 아이 마음에 들게 노력하는 데 시간을 아끼지 말아야 한다. 아이가 그룹홈에 들어와 적응상의 어려움을 겪을 수 있는 초기에는 심부름 시키는 것도 미루는 것이 좋다. 그룹홈에 새로 들어온 아이를 위해 집안 소개를 친절히 하고 음료 등을 주면서 그룹홈 아이들과 대화를 나누게 하는 것도 방안 중의 하나다.

그룹홈에 새로 들어온 아이에게 배당되는 방은 깨끗해야 하고, 이불이나 베개, 개인 사물함 등을 가능한 한 새 것이나 깨끗한 것으로 준비해 주는 것도 새로 들어오는 사람을 따뜻하게 맞이하는 좋은 방법이 될 수 있을 것이다. '이 방은 내 방이다. 나는 이 집 그룹홈 아이다.'라는 생각을 하게 하기 위해서도 그룹홈에 새로 들어온 아이가 포스터 한두 장을 붙이거나 약간의 장식을 하는 것을 허락해야 한다.

그룹홈 실무자는 새로 들어온 아이가 그룹홈에 잘 적응하도록 하기 위해서 2~3주는 힘든 일은 피하는 것이 좋다. 아이의 버릇을 바로 잡겠다고 규칙을 강조하고, 아이에게 청소 등 과도한 일을 시키면 아이의 반감을 일으키고, 아이의 적응에 커다란 장애가 형성될 수도 있음을 유념해야 한다.

또 아이에 따라서는 오래 있지 못할 것으로 지레 겁먹기도 한다. 이런 경우는 과거에 부모나 관계자에 의해 이리저리 끌려다닌 경험 때문일 수도 있다. 불안해서 듬직하게 있지 못한다고 낙인화할 경우에 다른 곳으로 옮겨 가는 아이도 있다. 이런 일이 생기지 않도록 그룹홈 실무자는 새로 들어온 아이를 상담해서 아동 · 청소년 그룹홈에서 받는 대우, 누릴 수 있는 권리 등을 소상하게 알려서 긴장을 풀 수 있도록 노력해야 한다.

그룹홈에 새로 들어온 아이는 그룹홈의 프로그램에 따를 의무가 있다는 것, 즉 아동 · 청소년 그룹홈이 아이에게 기대하는 바와 그룹홈 아이가 참가해야 하는 활동이 무엇인지 알려 주어야 한다.

3) 그룹홈 실무자와 아이의 인간관계

아이가 일반적으로 느끼고, 생각하고, 행동하는 데 강력한 영향을 미칠 수 있는 그룹홈 실무자는 그룹홈 아이들로부터 돈독한 신뢰를 받을 수 있는 덕망이 있어야만 한다. 상당한 정도로 개인적으로 이해해 주고 알아 주는 따뜻한 분이라는 인상이 있을 때 아이는 비로소 그룹홈 실무자가 자신을 알아 주기를 바라게 되고 따르면서 그를 본받으려 한다. 그룹홈 실무자가 말이나 표정으로 "네가 무슨 생각을 하든 내 알 바가 무엇이냐?" 또는 "네가 무엇인데 그렇게 대단한 체하니?" 하면 아이는 결코 실무자를 따르거나 존경하지 않을 것이며 자기에게 별것 아닌 사람으로 치부하게 된다.

그룹홈 실무자가 아이와 첫 인간관계를 구축하는 데 중요한 몇 가지를 간단하게 요약하면 다음과 같다.

- 그룹홈 실무자는 각각의 아동과 시간을 보내면서 아이들이 학교생활을 어떻게 하고 있으며 자유시간를 어떻게 보내는지 관심을 보여야 한다. 아이들과 함께 놀이도 하고, 농구나 축구도 하고, 수줍음 타는 아이는 불러서 산책을 하고, 창가나 문간에서 얘기를 나누다 보면 아이와 실무자 사이의 마음의 벽이 허물어진다. 특히 그룹홈에 새로 들어온 아이나 겉도는 아이와 시간을 보내도록 특히 애써야 한다.
- 아동 · 청소년 그룹홈 실무자는 소소한 일, 바지나 치마의 길이를 줄여 주고, 아이들이 좋아하는 음식을 만들어 주고, 귀를 파 주고, 머리를 다듬어 주고, 숨은 재주를 발휘해서 아이들과 함께 물건을 만들고, 학교 준비물을 챙겨 주는 등에 마음을 써 주어야 한다.
- 그룹홈 실무자가 자기들을 좋아하고 알아 준다는 것을 아이들이 알아차리도록 몸으로 표시할 필요가 있다. 실무자는 기회가 있을 때마다 아이들을 자주 칭찬해 주는 것이 좋다. 한 가지 방법은 정기적으로 아이들 각자의 자그마한 변화를 발견하여 이를 칭찬해 주는 것이다. 사실 칭찬할 거리를 발견하는 것이 쉽지 않아도 발견하려고 노력하면 많은 것들이 보인다. 쿵쿵거리지 않고 조용히 걷는 것, 전기를 아끼는 것, 잘 씻는 것 등 칭찬할 거리는 무수히 많다.
- 아이가 기대하는 재확인, 위로, 기타 인정이나 지지 등의 요구에 실무자는 기

께이 응해서 제공해야 한다. "바쁘다. 내일 보자." 아니면 "너는 입을 열었다하면 불평이야."와 같은 태도는 아이들의 마음을 그룹홈 실무자로부터 멀어지게 하는 데 일조할 것이다. 그룹홈 실무자는 늘 아이들을 인정하고 칭찬에 인색하지 않는 넉넉한 마음을 가질 수 있어야 한다. 따라서 필요하다면 그룹홈 실무자는 칭찬하는 습관을 가지도록 노력할 필요가 있다. '어깨를 감싸 안는 팔'은 강력한 심리상의 치료약이다.

- 대부분의 그룹홈은 실무자 2인이 교대로 근무하는 형태지만, 어떤 그룹홈에서는 한 사람은 거의 상주하고 다른 사람은 이를 보조하는 형태로 근무하기도 한다. 그럴 경우 보조 근무자나 교대 근무자는 상주하는 실무자보다 그룹홈 아이와 친근한 유대를 맺기가 어렵다. 아이들과 신뢰관계를 형성하기 위해서는 그룹홈 실무자에게 통상 업무 외에 특정 그룹홈 아이의 상담을 맡기는 것 등의 노력이 있어야 한다.

4) 기초 상담

그룹홈 실무자가 반드시 전문 상담사일 필요는 없지만, 그룹홈 아이와 매일 함께 살다 보면, 비공식 상담을 안 할 수가 없다. 이런 기초 상담이 예상외로 실질적인 영향력을 발휘하기도 한다.

그룹홈 실무자는 그룹홈 아이가 하는 말을 귀담아 듣는 기술을 배우고 공감능력 향상을 위해 노력하여야 한다. "아하! 그래서 네가 힘들어했구나! 그래, 얼마나 힘들었니? 어려움을 잘 견디어 내는 것을 보니 참 대단하구나!" 이처럼 때로는 공감해 주는 것만으로도 훌륭한 상담의 효과를 거두기도 한다. 저절로 공감능력이 향상되는 것은 아니기 때문에 공감능력 향상을 위한 훈련도 필요하다.

그룹홈 실무자가 듣기보다는 주로 말하는 편이거나, 아니면 의견이나 충고를 말하기에 바쁘거나 또는 설득하려고만 하는 사람이라면 좋은 상담사일 수 없다. 아이가 자신의 경험, 욕구, 심정을 마음 편하게 표현할 수 있게 곁에 있어 주며, 자기의 처한 상황이 어떤 것이며 남에게 어떻게 대할 것인가, 당면한 어려움을 어떻게 대처할 것인가를 곰곰히 생각하도록 돕는 것이 상담의 목적이다.

그래서 그룹홈 실무자는 '경청(傾聽)'을 시도하기를 권한다. 그룹홈 실무자는 건성으로 듣거나 충고나 설득, 설교로 내닫는 일을 삼가야 한다. 그룹홈 아이의 말을 들으면서 아이의 마음에 깔린 감정이나 심정을 확인하는 노력을 기울이면서, 자신이 짐작한 아이의 심정을 말을 듣는 사이사이 아이에게 말해서 그런지 아닌지를 확인하는 것이다. 예를 들어, "그 일로 화가 몹시 났구나?" "아, 네 말을 듣고 보니 그것이 걱정이구나." 아니면 "새로 사귄 여자 친구가 너의 마음을 몰라 준다는 말이지?"와 같이 말한다. 그룹홈 실무자의 이와 같은 말에 아이는 대답하면서 더 얘기를 하게 되어 객관적인 사실과 주관적 이해를 그룹홈 실무자가 파악할 수 있게 된다.

이러한 공감과 경청은 아이에 관심을 두고 아이의 심정을 이해하려는 그룹홈 실무자의 노력의 반증인 것이다. 경청과 공감은 아이가 자신의 감정이나 심정을 제대로 지각하고 검토하게 한다. 또한 아이가 자기의 불안을 비생산적으로 심각하게 받아들여서 비애로 빠지려는 것을 방향을 틀어서 현실에 맞게 해결하도록 도울 수도 있다. 경청과 공감은 많지 않은 노력이나 훈련으로 익힐 수 있으며, 기초상담의 큰 도구 구실을 한다. 필자는 평소에 "경청하는 것은 큰 능력이며, 공감하는 것은 큰 약이다."라는 말을 종종 하곤 한다.

5) 원활한 의사소통

아이들이 그룹홈 실무자인 어른에게 거리를 두거나 무언가 숨기는 듯이 대하는 것을 흔히 본다. "어디 갔다 왔니?" 하고 물으면 "잠깐 바람 쐬고 왔어요."라고 한다. "무얼 하고 있었니?" 하면 "아무것도 안 했어요."라고 한다. "왜 그랬니?" 하면 "그냥요."라고 건성으로 대답하는 경우가 종종 있다. 그룹홈 실무자가 치료적 역할을 할 수 있으려면 아이들이 그들을 믿어서 서로의 뜻이 쌍방으로 충분히 소통할 수 있는 구조와 분위기가 형성되어야 한다.

그룹홈 실무자는 그룹홈 아이들과 살아가며 정직해야 한다. 예를 들면, 술이나 담배의 해악을 과장되게 강조하기보다는, 법이 요구하는 것, 아동 · 청소년 그룹홈과 자신에게 미치는 구체적인 악영향을 말해 주는 것이 좋다. 또 아이가 고백한 비밀을 그룹홈 실무자가 지켜 주지 못할 상황이면 고백한 당사자에게 미리 이런 사정을 알려 주는 것이 좋다.

분노, 불안, 번민 등으로 상호 간에 의사소통이 안 되는 수도 있다. 따라서 의사소통은 이에 참여한 사람들이 이런 정서상의 어려움이 없는 때를 택하는 것이 상책이다.

분노나 불안으로 말로 의사를 나타내기가 어려운 때는 아이가 자신의 분노나 심정을 편지로 실무자에게 표시하게 하는 것도 방법이다. 편지를 쓰면서 아이는 처한 상황을 더 객관적으로 보는 여유를 가지며, 남의 처지가 되어서 생각해 보게 되기도 하고, 이러면서 미해결 과제의 해결책을 차분히 생각하고 자신의 마음을 추스릴 수도 있으며, 그룹홈 실무자도 아이와 마찬가지로 아이에게 편지로 자신의 견해를 전할 수 있다.

집단상담은 참가자인 아이들이 서로 힘이 되어 용기를 얻어서 자기들의 감정이나 욕구를 말하여 저울질도 하고 따져도 보게 하여 자신의 표현력을 기를 수 있는 좋은 기회이기도 하다.

6) 개성 존중

그룹홈의 아이들은 자신의 개성을 존중해 주고 자율성을 인정해 주는 실무자에게 호감을 느끼며 의지한다. 이런 그룹홈 실무자가 약간 지나치게 행동하더라도 이를 탓하지 않고 따른다.

그룹홈 실무자는 아이들의 다양한 여러 의견을 경청해야 하고, 가능하면 최종적인 결정을 내리기를 삼가야 한다. 어느 누구도 승자도 아니고 패자도 아닌 타협으로 이루는 문제해결은 그룹홈 아이들 간의 유대를 강화하고 아이들에게 세상을 살아가는 지혜를 가르치는 것이 되기도 한다.

입맛, 생활습관, 흥미, 선택하는 모양에 대한 그룹홈 아이들 각자의 차이를 인정하는 것이 매일매일의 생활에서 몸에 익숙해져야 한다. 예를 들면, 입을 옷은 자기가 선택하고, 단체로 음악감상에 가는 경우에도 여기 동참하지 않고 친구를 만나러 가거나 집에서 자기 방을 정돈하겠다는 것을 허락하는 등이다.

아이의 사생활은 존중되어야 한다. 꼭 불가피한 사정이 있을 때가 아니면 아이들의 가방이나 서랍을 뒤지거나 메일이나 스마트폰의 문자를 검열하는 것은 삼가야 한다. 방 검사는 사고가 일어나서 불가피한 경우나 아니면 사전 양해를 구한 다음에 해야 한다. 그룹홈 실무자의 비밀수색으로 아이들이 자기의 사생활이 침해될 것을 눈치 채면 금지된 불법 소지품을 쉽게 감추거나 빼돌리려 할 것이다.

그룹홈 실무자가 아이들의 개성을 존중하는 문화가 만들어진다면 아이들에게 해로워서 금지하는 일 때문에 자신의 권리를 침해당했다고 대드는 경우는 별로 없을 것이다. 아이들에 따라서는 과도한 흡연이나 눈에 띄는 머리염색 혹은 스키니 바지를 고집한다. 또 아이에 따라서는 자기보다 훨신 나이 많은 아이들하고만 사귀기도 한다. 그런가 하면 열다섯 살밖에 안 된 아이가 이성에 눈떠서 빠져나올 줄을 모른다. 이런 상황에서 강제적으로 아이의 행동을 제지하면 분노와 모멸과 눈가림을 부를 뿐이다. 아마도 이들의 친부모도 이런 반발과 저항을 당했을 것이다.

아이들의 이런 행동이 당장 그들 자신에게 어떤 해를 가져오는 것도 아니고 또한 남에게 해악을 끼치는 것이 아니면, 비지시적인 방법으로 차차 스스로 고치도록 하는 것이 상책이다. 그룹홈 실무자로서는 참기 힘들고 자존심 상하는 일이기는 하지만, 상담, 심리치료, 또래 압력, 격려, 새로 본받을 모델 저서, 새로운 신분 획득이나 자기 직시 등을 통해 서서히 바뀌어 가게 유도할 수 있다. 이러한 것은 아이들의 행동을 무관심하게 방치하는 것이 아니라, 지역사회에 위치해 있고 끊임없이 지역사회와 교류하고 있는 그룹홈의 현실에서 그룹홈 실무자의 성급한 기대를 내려놓고 아이의 관점에서 접근해야 문제의 실타래가 풀릴 수 있을 것이다.

7) 일관성

그룹홈 생활에서 일관성은 아이들에게 안정을 주며, 그룹홈 실무자와 아이와의 사이가 좋아지게 해 준다. 어느 한 개인과의 일관성은 그룹홈 실무자가 아이가 어떻게 하기를 원하는지 분명하게 함으로써 아이가 자신이 어떻게 처신해야 할 것인지 알게 한다. 이래야 할 것인지 저래야 할 것인지 하는 혼선이 없어서 그룹홈 아이로서 불안도 없고, 이것인지 저것인지 그룹홈 실무자를 떠볼 필요도 없다. 그룹홈 아이들 전체에 대한 일관성은 아이들 간의 다툼과 분쟁의 여지를 최소화하고 실무자의 눈에 들으려는 아첨을 미리 차단한다. 세워 놓은 생활계획을 실천하는 데 그룹홈 실무자 사이에도 일관성이 있어야 한다.

그룹홈 실무자가 교대할 때, 아이들은 교대 전의 실무자에게 허락을 받았다거나 혹은 다른 실무자는 허용했는데 왜 허락을 안 해 주느냐며 그룹홈 실무자 사이를 이간시키려 드는 경우도 있다. 그런 경우에는 혼자 판단하지 말고 다른 실무자의 의견을 물어서 대처하는 것이 현명하다. 그렇지 못하면 그룹홈 실무자 간에 오해와 갈등을 초래하기도 하며, 그룹홈 아이를 실망시키고, 그룹홈 아이가 이를 계기로 실무자들 사이를 줄타기 하거나 실무자를 조종하려 들 수도 있다.

끝으로, 그룹홈 실무자의 행동이나 태도, 조언과 충고에도 일관성이 있어야 한다. 말과 행동이 일치하지 않는 실무자의 말은 아이들이 신뢰하지 않으며, 따라서 아이들의 사고와 행동에 도움이 되지 못한다.

그러나 일관성을 지나치게 고집하려 들 때에는 상황에 따른 유연한 대처나 개별적 처우가 어렵기도 하다. 따라서 이럴 경우에는 다른 실무자와 협의하여 일관성이 훼손되지 않도록 하면서 특별한 예외로 할 수 있음을 아이들에게도 사전에 알려준다면 아이들은 고마워할 것이다. 즉, 평일에는 잠자는 시간이 10시이지만 오늘 새로 들어온 친구가 있거나 혹은 아이들이 꼭 보고 싶은 TV 프로그램이 있거나 혹은 평상시에는 야간 간식을 먹지 않으나 특별한 일로 피자 등을 주문해 먹을 수도 있다. 모든 규칙에는 예외가 있을 수 있기 때문에 일관성을 훼손하지 않는 범위 내에서 일관성에 얽매이지 않고 상황에 따른 유연한 대처를 할 수 있어야 한다.

8) 개입의 필요

앞에서는 아동 · 청소년 그룹홈에서 비지시적으로 아이들과 살아가는 과정에 초점을 맞추어 왔다. 이러한 지도가 효과를 거두기 위해서는 그 밑바닥에 구조화된 수칙과 개입이 있어야 한다는 점을 강조하고 싶다. 이런 개입에 어떤 아이들은 자주 저항하지만 그들이 하는 행동에 적당한 한계를 설정하는 것은 치료 면에서도 의미가 있다. 이런 개입은 일반 가정에서도, 학교에서도 일정 부분 정해 놓고 있다.

일본의 정신과 의사이자 가족기능 연구로 유명한 사이토 사토루는 부모의 역할을 크게 세 가지로 구분하였다. ① 자녀를 품에 안아 주는 것(안아 주기, holding), ② 자녀의 행동에 한계를 정해 주는 것(한계 설정하기, limit setting), 그리고 ③ 자식을 떼어 놓는 것(떼어 놓기, detachment)이다. 그중에 한계 설정하기와 떼어 놓기는 때로는 아이에게 좌절을 안겨 주기도 하고 때로는 아이가 이에 대해 심하게 반발할 수도 있기 때문에 일반 부모도 몹시 힘들어하는 부분이기도 하다. 그룹홈에서도 이와 같은 부모의 역할을 제대로 수행하기 위해서는 안아 주기, 한계 설정하기, 떼어 놓기와 같은 역할과 기능이 있어야 한다. 그러나 그룹홈에서의 한계 설정하기는 일반 가정에서 부모가 하는 한계 설정보다 훨씬 신중하게 접근해야 할 정도로 몹시 어려운 점이기도 하다.

남의 권리를 침해하는 불법 행동, 위험 행동, 상습비행에는 분명한 제한과 한계가 설정되어야 한다. 반복되는 귀가시간 위반, 집 안에서의 타인 상습 폭행, 불법 유해물질 반복 복용, 집 안에서 하는 절도나 가해, 집안 행사 협조 거부, 그룹홈 실무자에 대한 행패, 집 밖에서의 범죄 행위 등에 대해서 그룹홈 실무자는 단호히 대처해야 한다.

그러나 아이가 저녁시간에 라면을 먹겠다고 하는 것과 같은 규칙에 어긋나는 바람직하지 않는 요구이지만 실무자가 상황에 따라 허용해 줄 수도 있는 실무자의 재량에 속한 경우에는 몹시 판단하기가 난처하다. 실무자가 일관성을 지키기 위해 아이의 요구를 허용하지 않을 수도 있으며, 이를 예외로 할 수도 있으나 어떤 경우든지 그 이유를 분명하게 설명하여 아이가 납득할 수 있어야 한다. 그룹홈 실무자는 아이의 요구를 허용하지 않음으로써 아이에게 한계를 설정하는 것이 효과적이라고 판단하면 허락하지 않을 수도 있고, 아니면 허락해 주는 것이 효과적이라고 판단하면 허용해 줄 수도 있다. 이렇게 허락해 주거나 혹은 한계 설정하기가 필요한지에 대한 판단은 아이의 상태와 상황 그리고 실무자의 판단에 따라 달라질 수도 있다.

2. 그룹홈에서의 또래관계 및 집단 응집력 구축

그룹홈은 상처받은 아이들의 치료에 매우 효과적인 접근방법이라는 것을 모두가 인정하고 있다. 그 치료효과는 정상화의 원리에 기반한 가정해체된 아이들에게 가정을 서비스해 주는 것에 의한 것이다. 이를 구체적으로 살펴보면, 가정과 같은 환경과 그룹홈 실무자와의 편안하며 친밀한 관계 그리고 또래관계를 통한 건강한 상호작용이다. 이 세 요인이 결합하여 가정해체로 상처받은 아이들을 치료하는 효과를 나타내는 것이다.

여기서는 그룹홈에서의 또래관계를 중심으로 살펴본다. 그룹홈에서 같이 생활하는 아이들과의 관계를 통해 아이들은 서로 동질감을 느끼고, 상호 지지와 격려를 하며, 여럿이 함께 생활하는 공동체 생활을 통하여 소속감과 집단 응집력을 배우며, 타인에 대한 이해와 배려를 배울 수 있다. 따라서 그룹홈에서의 또래관계는 무척 중요하다.

미국의 경우 그룹홈에 입소하는 아이들은 반사회적 행동, 마약이나 약물남용과 같이 즉각적인 치료나 입원이 필요한 아이들과, 위탁가정에 잘 적응할 수 있는 아이들 사이에 있는 상처받은 아이들인 경우가 대다수다. 우리나라에서는 이러한 명확한 구분 없이 일반적으로 가정해체, 학대 등으로 사회적 보호가 필요한 아동 · 청소년이 그룹홈에서 생활하고 있다.

따라서 우리나라에서는 또래관계를 고려하여 입소상담을 하거나 아이들을 배정받기가 현실적으로는 매우 곤란하지만, 향후 그룹홈의 문화, 또래관계에 미치는 영향 등을 고려해서 아이들을 배치하고 보호 · 양육할 수 있는 시스템이 구축되어야 한다.

1) 또래관계

또래집단은 모든 십대의 행동에 지대한 영향력을 발휘한다. 특히 아동 · 청소년 그룹홈과 같은 생활시설에서는 그 영향력이 더욱 지대하다. 또래집단은 긍정적인 영향력을 발휘하기도 하지만 부정적인 환경에서는 그룹홈의 예정된 활동이나 그룹홈의 분위기를 저해하는 역할을 하기도 한다.

사람들은 일반적으로 남이 바라는 바나 남이 자신을 보는 눈에 따라 행동이나 태도를 정하게 되지만, 여럿이 한집에서 생활하는 경우 그리고 청소년인 경우에는 특히 그러한 경향이 강하다. 그룹홈 아이들은 자신의 위치와 역할을 결정하게 된다. 이런 과정에서 그룹홈의 리더가 출현하여 아이들의 생활습관을 바꾸거나 분위기를 지배하여 아이들의 인정을 받기에 이른다. 옷은 어떻게 입고, 말은 어떻게 하고, 행동은 어떤 식으로 한다는 투로 비공식 준거가 은연중 자생적으로 마련되고, 그룹홈의 분위기로 고착된다. 또래집단에서 아이들 각자는 우호적이건 적대적이건 서로 관계를 맺고, 둘씩 혹은 두세 명씩 짝이나 패를 이룬다. 그래서 때로는 일상적인 생활에서 껄끄러운 모양으로 패가 나뉘기도 하는 모습을 보인다.

또래집단 문화가 그룹홈의 생활과 조화를 이루기 위해서는 또래집단이 가지는 비공식 생활준거가 그룹홈의 생활목표와 맞아 떨어져야 한다. 이를 위해 또래집단은 성실한 학교생활, 여가 시의 전체 행사, 일상의 맡은 일에서의 상호 협조 그리고 그룹홈의 생활계획을 진행하려는 노력을 존중해야 한다.

또 그룹홈 실무자의 권위를 당연한 것으로 받아들일 수 있는 분위기와 문화가 형성되어야 한다. 새로 그룹홈에 들어온 아이도 따뜻하게 받아들이고 감싸야 한다. 그룹홈 또래집단의 리더는 실무자나 그룹홈의 생활계획이나 다른 아이의 착한 행동에 대한 보상을 깔보거나 얕보는 일이 없어야 한다.

그룹홈 실무자와 상호 협력적인 또래집단이 있는가 하면, 이와 같은 또래집단과 비공식적으로 대립적인 또래집단이 있을 수 있다. 이러한 또래집단은 성실한 학교생활이나, 그룹홈의 규칙 준수를 우습게 여기며 반치료적인 영향력을 발휘한다. 그룹홈 실무자, 특히 경험이 적은 실무자나 너그럽지 못한 실무자를 떠보거나 흠집 내는 것을 재미로 알며 그룹홈의 규칙을 잘 지키는 것을 어리석은 것쯤으로 치부하는 분위기가 형성되기도 한다. 그래서 새로 들어온 아이, 약한 아이나 외톨이를 곯리기도 하고 힘으로 이들을 위협하거나 억압하기도 한다. 그리고 리더로 보이기 위해 때로는 실무자에게 대들기도 하고, 무례한 행동을 용기로 생각하기도 하고, 때로는 자기 멋대로 행동하면서 힘을 과시하려 하기도 한다. 필자의 경험으로 이러한 또래관계는 남자아이들보다는 여자아이들이 그리고 중학생 시절에 가장 강한 것으로 보인다. 어른들이 보기에는 철없고 우습게 보이는 일이더라도 또래관계에 강한 애착을 가지고 있는 경우에는 어찌 해 볼 도리가 없는 경우가 많다.

민경이는 중3 여자아이이다. 민경이는 학교에서 조퇴, 무단결석 등으로 가끔 말썽을 피웠지만, 그룹홈에서는 친구와 어울리다가 종종 늦는 것 외에는 별다른 문제가 없었다. 그룹홈 실무자와도 관계가 좋았고 다른 아이들과도 사이가 좋았다. 그런데 어느 날 학교를 그만두겠다는 것이다. 친한 친구가 학교를 그만두니까 자기도 학교를 그만두어야겠다고 했다. 그게 그 친구와 의리를 지키는 방법이니까 어쩔 수 없다는 것이다. 우리는 그 미경이를 설득하기 위해 그 친구를 설득하기도 하는 등 갖은 노력을 다하였으나 끝내 아무런 성과도 거둘 수 없었다. 이런 경우 민경이의 부모를 통하여 설득하는 것이 효과적지만, 민경에게는 그런 부모도 없었다.

그리고 이렇게 또래친구에 몰입되어 있는 아이에게 "그 아이와 더 이상 어울리지 말아라."와 같은 부정적인 이야기를 한다고 그 부정적인 또래관계가 정리되는 것은 아니다. 오히려 또래친구에 대한 부정적인 이야기를 하는 어른들에 대해 반감만 생긴다. 아이는 자신의 친한 친구, 자기가 생각하기에 착한 아이인데, 그 아이에 대해 부정적으로 대하는 어른들에 대해 반감을 가지게 된다. 따라서 또래친구에 대한 부정적인 어른들의 태도는 아이를 오히려 위기에 봉착한 또래관계를 유지하고 강화하기 위한 방향으로 아이를 몰아세우는 것이나 다름없다. 그리고 그러한 말을 들을수록 아이들은 위기의식을 느끼게 되고, 그럴수록 더욱 강함 소속감과 일체감을 느끼게 만들어 오히려 역효과를 불러 온다. 따라서 일단 또래관계를 인정하고 염려하는 마음이 전달되도록 매우 신중하게 접근할 필요가 있다.

그룹홈 아이 중 어떤 아이는 완강함, 교활함, 부산함 그리고 규칙 위반을 멋으로 알고 이를 통해 리더로서 자신의 입지를 확고히 하려는 경우도 있다. 이런 공격적인 아이들은 실무자에게 반항하고 실무자의 권위를 깎아내림으로써 자신의 힘을 과시하려 한다.

중3인 미영이는 중2인 소정이라는 여자아이와 또래관계를 형성하여 그룹홈에서 리더 역할을 하고 있었다. 미영이에게는 소정이는 자기를 추종하는 추종 세력이었다. 이 아이들은 레즈비언이냐는 이야기를 들을 정도로 붙어 지내다시피 하였으며, 종종 그룹홈 실무자에게 대들면서 자기의 힘을 과시하곤 하였다. "내가 선생님에게 욕을 한 것은 사과했으니, 선생님 역시 나의 팔을 붙잡은 것은 사과해야 되는 것 아니냐?" 이렇게 사과를 요구하며 노골적으로 실무자의 권위에 도전하였다. 이러한 행동을 통해 자기를 따르는 중2인 소정이에게 자신의 힘을 과시하고, 그룹홈 실무자의 권위를 깎아내려 결국 자신의 주도권을 확고히 하기 위한 행동이었다.

이러한 것을 용납하면 다음 번에는 더욱 거칠게 그룹홈 실무자에게 대항할 것이며, 차츰 자신의 영역을 확대하여 결국에는 그룹홈 실무자의 힘을 압도하려 들 것이다. 이를 방치할 경우 걷잡을 수 없게 되며, 그 부정적 폐해가 매우 막심하다. 이러한 경우 쉽지 않지만 그 또래집단의 분리방안을 강구하고, 아이의 부모나 친척 등의 협력을 받는 등 다양한 자원을 활용하여 빠른 시간 내에 대처해야 한다.

대다수의 아동 · 청소년 그룹홈들은 아이들 사이에 심각한 싸움이 없는 편이나 가끔은 빈번한 무단결석, 비행, 그룹홈 실무자에게 맞서거나 폭력을 행사하거나 거짓말을 일삼는 아이들이 들어와 모두를 힘들게 하는 경우도 있다. 이런 아이들은 그룹홈 실무자를 사퇴로 몰고 가거나 비난하거나 트집을 잡아 신고한다는 협박을 하기도 한다.

집단 구성원의 관계를 이해하고 지도하기 위해서 그룹홈 실무자는 아이들 사이에서 자연적으로 생기는 그들의 집안에서의 위치와 다른 아이와의 관계를 잘 알아야 한다. 이런 일에서는 자연스럽게 떠오르는 리더와 리더의 자리를 노리는 아이, 리더가 되려는 것은 아니나 사나워서 남이 겁먹는 아이, 또 그 추종자를 살피는 일도 포함된다. 여가를 혼자 보내거나 그룹홈 외부의 아이와 보내는 아이도 있다. 이런 아이는 집 밖의 일로 바쁘거나, 게임이나 이성친구에게 빠져 바쁘거나, 나이가 어리거나 많아서 자기 혼자의 일에 바쁘다.

또 성격이 괴팍하거나 아주 이기적이어서 남이 그와 사귀기를 꺼리거나, 시비걸기를 좋아하거나, 아니면 지나치게 예민하거나, 외모가 흉하거나, 몸에 냄새가 많이 나거나, 심한 억압으로 매우 위축되어 있거나, 성격이 유별나서 따돌림을 당하여 홀로 시간을 보내는 아이도 있다. 심리적인 장애에서 비롯되는 남과 어울리지 못하고 홀로 있기를 좋아하는 아이도 있다. 또 때로는 아이들에게 무시당하거나 왕따당하는 아이도 있다. 이런 아이는 체구가 작거나, 미련하거나, 과민하거나, 남의 눈에 들려고 애쓰거나 하는 부류다.

또 쌍둥이처럼 늘 붙어다니는 아이들도 있다. 친형제인 경우도 있지만, 힘 있는 아이가 그렇지 못한 아이를 끌고 다니거나 아니면 자존감이나 대처능력이 매우 약한 아이가 힘 있는 아이를 따라 다니는 경우도 있다. 이런 경우에 아이들 사이에 학대가 발생할 수도 있으며, 그룹홈 실무자에게 함께 반항하여 힘을 과시하는 등 어려움이 발생할 가능성이 높다.

수용시설에서 아이들의 역할유형을 연구한 메이어(Mayer, 1958)는 외톨이와 구석 차지와 희생양과 리더를 들고 있고, 폴스키(Polsky, 1962)는 고집쟁이, 망나니, 얌전이, 산만한 아이, 희생양을 들었다. 리더와 희생양과 외톨이의 유형이 있으나, 그룹홈에서는 아이들이 많지 않기 때문에 이러한 모습들이 표면적으로 나타나지는 않으므로 참고할 필요가 있다.

고2 남학생인 성훈이는 리더십이 무척 강했다. 몸집은 작았으나 눈매가 매서웠고 카리스마가 있었다. 그 아버지 역시 성훈이를 은근히 경계하였다. 그 아버지는 "저 놈은 내가 낳았지만 누구를 닮았는지 모르겠다."라고 할 정도였다. 성훈이는 아버지가 이혼하고 재혼하자 그런 아버지 밑에는 살 수 없다고 그룹홈으로 이불과 옷가지를 짊어지고 온 아이였다. 성훈이는 같은 방에서 생활하는 고1인 약하고 순진한 남자아이를 희생양으로 삼아 종처럼 부렸다. 그리고 성훈이는 자기보다 몸집이 크고 힘이 센 다른 고2 아이를 힘으로 제압하기 어려운 것을 알고 칼을 들고 그 아이를 주눅 들게 하여 제압하였다. 리더에 위협적인 존재가 되는 몸집이 큰 아이는 늘 왕따를 당하였다. 그룹홈 실무자가 아이들 방문을 열고 마치 아무런 일이 없었다는 듯이 태연하게 행동하면 아이들 사이에 억압이 있었다는 것을 짐작할 수 있었다. 아이들 리더였던 성훈이가 그룹홈에서 자립하여 퇴소하게 되자 성훈이와 같은 방에서 생활하던 아이들의 표정이 밝아졌다.

이러한 아이들의 또래관계를 그룹홈 실무자가 본질적으로 변화시키기는 어려우나, 또래관계를 늘 주의 깊게 살펴보고 아이들 사이에서 억압이 발생하지 않도록 유의할 필요가 있다.

이러한 아이들의 위치나 관계는 계속 변한다. 아이들은 나가고 또 들어온다. 아이들의 위치나 관계는 나이를 먹으면서나 또는 치료나 상담 등으로 철이 들면서 계속 변한다. 새 리더가 떠오르면서 옛 리더는 사라진다. 희생양도 새로 들어오는 어린 아이와 자리를 바꾸거나 골탕먹이던 아이가 떠나면서 희생양에서 벗어난다. 제멋대로인 아이도 집 밖의 아르바이트 자리를 얻으면서 외톨이로 바뀐다. 단짝이 떠나면 한동안 새로운 짝을 물색하게 된다. 변해 가는 아이들과의 관계 속에서 그룹홈 실무자는 아이들이 서로 건전한 관계를 맺게 지도하며, 아이들 사이에 치료적인 균형을 유지할 수 있게 노력하여야 한다.

2) 실무자 간의 협력

그룹홈 실무자는 아이들 간의 관계를 전체적으로 파악해서 아이들이 실무자를 조종하여 드는 일이 없게 해야 한다. 그러는 과정에서 그룹홈 실무자 사이에 오고 간 논의 내용이 아이들에게 새어 나가는 일이 없어야 한다. 말이 새면 아이들이 이것을 이간질에 이용할 수도 있다. 또 또래나 패나 리더의 공격 대상이 되어 있는 그룹홈 실무자를 다른 그룹홈 실무자는 감싸고 격려해야 한다.

그룹홈 실무자가 한 뜻이 되어서 운영방침과 규칙을 시행해 갈 때 실무자는 실무자회의 등을 통해 그룹홈 아이의 행동, 행동에 대처한 전말, 그 행동의 영향과 결과를 숨김없이 솔직하게 말하게 된다. 뿐만 아니라 그룹홈 운영자는 그룹홈 실무자들이 그룹홈 아이의 불평에 신경쓰는 일 없이 소신껏 일할 수 있는 문화를 만들어야 한다. 아이들이 떼를 지어 실무자를 비난하고 불평하여도 동료 그룹홈 실무자의 합동 지원이 있으면 이 비난을 이겨 낼 수 있다.

3) 신중한 입소 상담

그룹홈 아이들이 서로 격려하여 생활할 수 있도록 하기 위해서는 아이를 배정받을 때 신중해야 한다. 그러나 현실은 시 · 군 · 구청이나 아동보호기관에서 아이를 의뢰할 경우 아이나 부모와의 충분한 상담을 통하여 그룹홈에서 아이를 받을 수 없는 것이 우리의 현실이다. 아이를 받을 때 신중을 기하다 보면 시청이나 아동보호기관 등에서 그룹홈이 아이를 선별적으로 받는다는 비난을 받을 수도 있다. 그러나 말썽꾸러기 한두 명이 그룹홈의 평화로운 분위기를 망가뜨리거나 혹은 다른 아이들을 생활을 위협하기도 하며, 그룹홈 실무자를 소진에 이르기도 한다. 따라서 외부에서 의뢰해 오면 무조건 받아야 하는 것이 아니라 미국의 그룹홈처럼 아이의 입소 여부에 대한 선택권을 그룹홈이 가질 수 있어야 한다. 대부분의 입소는 그룹홈의 의사를 존중하여 이루어지지만 그렇지 않을 때가 종종 있다. 이는 그룹홈이나 그룹홈 아이들의 생활권을 무시하는 처사다. 가정에 가족 구성원의 충분한 합의가 없이 새로운 식구를 받아들인다는 것 자체가 폭력인 것처럼, 그룹홈에 무조건 아이를 배정하여 받으라고 강요하는 것 자체가 폭력이 될 수 있음을 깨닫지 못하기 때문에 이러한 일들이 자주 발생한다.

그룹홈 실무자에게 반사회적 성향의 아이들을 무조건 그룹홈에서 받으라고 한다면 이 역시 그룹홈에서 생활하고 있는 다른 아이들이나 그룹홈 실무자에게 이루 말로 표현할 수 없는 고통을 안겨 주는 것이며, 다른 아이들의 생활권, 학습권, 자유권 및 표현권을 침해하는 것이 될 수도 있다. 따라서 그룹홈 실무자는 끊임없이 남을 괴롭혀서 집안의 평화를 위협하며 더 이상 그룹홈 실무자의 지도가 불가능하거나 그룹홈 실무자와의 관계가 완전히 파탄 난 경우 최후 수단으로 그런 아이들 퇴소시킬 수 있는 권한이 있어야 한다. 그러나 우리나라에서는 그룹홈 아이에 대한 퇴소 요건 등이 마련되어 있지 않기 때문에 그룹홈 실무자가 모든 심적 부담을 떠안고 있다.

나이도 아동·청소년 그룹홈의 아이들에게 영향을 미친다. 그러나 이 나이가 어떤 영향을 미칠 것인지 미리 예측하기는 곤란하다. 아이들의 나이가 비교적 큰 차이가 나는 그룹홈에서는 나이 많은 아이가 어린 아이를 조종하며 부릴 여지가 있으며, 이것이 전통으로 굳을 가능성도 있다. 그런가 하면 아이들의 나이가 비교적 큰 차이가 나는 똑같은 그룹홈이더라도 나이 많은 아이가 어린아이를 돌보고 책임감을 함양하고 가꾸어 주려는 따뜻한 인정을 보이기도 한다.

4) 집단 응집력 구축

집단상담은 그룹홈 아이들의 관계에 가장 강력한 영향력을 미치는 이른바 도구다. 집단상담을 통해 숙달된 비지시적 지도하에 또래 사이에 생기는 문제해결을 돕는 기풍이 마련되고, 겁 많은 아이도 안전하게 자기 의견을 진술할 기회를 얻게 되고, 집안 일에 적극적인 아이가 자신감과 용기를 한층 더 갖게 된다.

그룹홈 실무자는 아이들끼리 화목하고 서로 돕도록 이끌어야 한다. 그 첫 시도는 친한 사람끼리 한 방을 쓰게 해 주어서 그룹홈이 편하다는 생각을 갖게 하는 일이다. 정을 붙이지 못하고 어렵게 살아가는 아이를 또 다른 외톨이와 짝을 지어 주면 서로 잘 맞는 수도 있다. 잘 어울리지 못하는 아이에게는 그들의 숨은 재질이나 재주, 고운 목소리나 강인한 체력이나 요리 솜씨 등을 발휘할 기회를 마련해 주는 것이 좋다. 외톨이는 남과 만날 기회를 늘리도록 배려할 필요가 있다. 예를 들면, 입원한 그룹홈 아이에게 보낼 위로카드를 작성하도록 하거나, 그룹홈 내 행사 시에 아이들의 의견을 수렴하도록 하거나, 식사메뉴나 상차림에 대한 그룹홈 아이들의 의견을 꼼꼼하게 모아 오는 등의 일을 맡길 수도 있다. 물론 외톨이가 다른 아이처럼 맡겨진 일을 잘 수행하지 못 하더라도, 이러한 일을 자주 하다 보면 서서히 아이가 외톨이 상태에서 벗어나기도 한다.

그리고 서로 화목하게 지내도록 그룹홈 아이들을 상담하는 것이 중요하다. 아이들 끼리 돈을 빌려 주거나 남의 물건을 자기 물건처럼 함부로 쓰는 아이들의 행동을 상담으로 고칠 수도 있다. 체취가 심하거나 구취가 심한 아이는 목욕을 시키고 자주 옷을 빨아 입게 하는 등의 노력을 기울여야 한다.

학교 사회복지사로부터 중2 남자아이인 예찬이를 그룹홈에서 보호할 수 있느냐고 의뢰가 왔다. 예찬이는 아버지의 방임으로 옷도 빨아 입지 못하고 씻지 못하여 냄새가 너무 심하게 난다는 것이다. 학교에서 샤워도 시켜보고 목욕탕에도 보냈지만 냄새가 나는 것을 어쩔 수 없다는 것이다. 이후 시 · 군 · 구청과 아동보호기관을 통해 예찬이가 그룹홈에 입소하였다. 그룹홈에 들어온 첫 날 예찬이를 샤워시키고, 예찬이의 모든 옷을 버리고 옷을 새로 사서 입혀 냄새가 많이 줄었다. 이후 3~4일 지나자 냄새가 없어지고 예찬이의 표정이 밝아졌다는 이야기를 담임 선생님으로부터 들을 수 있었다.

이러한 예는 어느 그룹홈에서나 흔히 발생하는 일이다. 아이의 몸에서 나는 냄새나 악취를 해결하는 것은 아이의 노력이나 학교의 노력으로 해결되지 않는다. 아이의 냄새 문제만 이야기했지만, 사실은 방임으로 인한 결식, 비위생적인 환경, 학습할 수 없는 환경, 또래관계의 단절, 정서적 위축 등 많은 문제가 냄새로 나타난다. 이러한 문제를 해결할 수 있는 곳이 바로 그룹홈이다. 그룹홈의 노력으로 외톨이는 점차 또래와 어울리게 되며, 정상적인 청소년으로 성장할 수 있는 환경이 마련된 것이다.

그룹홈에 들어오는 아이들의 경우에는 처음 한동안은 한집에서 살지만 성도, 이름도, 생김새도, 성격도, 성장과정도 달라 자신이 외톨이라는 생각을 하다가, 마침내 한솥의 밥을 먹는 '우리'라는 인식을 가지게 된다. 그룹홈 아이들끼리 그룹홈에 대한 집단 응집력이 생기면, 이러한 응집력은 치료적 힘을 발휘하게 된다. 이 집단 응집력은 그룹홈 아이에게 집단의 영향력을 증가하고, 서로의 이익을 위한 책임의식을 일깨우고, 그룹홈의 생활효과나 외부의 시선에 대한 관심을 불러일으키게 된다.

적당한 조건하에서는 응집력이 자연적으로 발생한다. 나이 많은 그룹홈 아이가 학교에서 어린 그룹홈 아이를 보호하고, 바깥 사람들에게 그룹홈을 자랑스럽게 말하고, 방문객이 오면 좋은 인상을 가지도록 집안을 꾸미기도 한다. 집단상담에서는 서로 격려하며 열심히 모임을 진행한다. 집단은 스스로의 필요에서 비협조적인 그룹홈 아이에게 압력을 넣고, 부정적인 행실은 그룹홈 실무자에게 알린다.

그러나 모든 그룹홈에서 응집력이 일반적으로 자연 발생하기를 기대해서는 안 된다. 그룹홈 아이들 간에 그리고 그룹홈 실무자와 아이들 간에 튼튼한 유대가 형성되어야 집단 응집력이 발생한다. 어떤 아이들은 그룹홈 아이라는 소속감이나 긍지없이 어쩔 수 없이 잠시 머무르고 있으며 조만간 떠나야 할 곳으로 여기고 이기적으로 행동하거나 헐뜯기도 한다. 특히 청소년쉼터에서 생활하다가 입소한 경우나 여러 시설을 경험했거나 혹은 부모나 친척이 "잠시 여기 있으면 너를 데리러 올 거야."와 같은 현실성 없는 약속을 남발하는 경우에 아이들은 소속감을 가지는 데 방해가 된다.

내 집 음식 같은 상차림, 일주일마다 있는 대청소 등의 협동 일과는 응집력을 키운다. 야유회나 체육대회, 외식이나 생일축하파티, 윷놀이처럼 여럿이 함께 재미있게 할 수 있는 행사를 하는 것도 집단 응집력을 향상시키는 데 도움이 된다.

집안일에 아이들 스스로 책임감을 느낀다면 그룹홈 아이들의 응집력은 증대한다. 이런 책임감은 아동 · 청소년 그룹홈의 내력 소개, 집안 살림이나 이웃 간의 문제를 격의 없이 의론하고 의견을 교환하고, 의사결정에 그룹홈 아이들을 모두 참가시킴으로써 고취시킬 수도 있다.

그룹홈 아이들 스스로 서로 돕는 기회를 마련해야 한다. 그룹홈에 새로 들어온 아이는 자기와 마음 맞는 아이와 한방을 쓰게 해 주어야 한다는 말은 한 적이 있다. 학교성적이 우수한 아이가 성적이 떨어지는 아이를 가르치게 할 수도 있다. 친구가 많은 아이는 외톨이나 구석 차지 아이에게 친구를 소개해 줄 수도 있다. 입원 중인 그룹홈 아이가 있을 때는 병문안도 하고 쾌유를 비는 카드를 보낼 수도 있다.

집단상담에 참가하게 되면 그룹홈 아이들끼리 모여서 서로를 격려하고 친목을 다졌다는 만족감을 맛보게 되고 응집력이 자연스럽게 형성되게 된다.

그룹홈 아이들 간의 응집력을 증진하는 노력의 하나로, 아동 · 청소년 그룹홈에 따라서는 비생산적일 수도 있는 방법을 일부러 사용하기도 한다. 예를 들면, 한 사람의 잘못에 집단처벌을 한다거나 아니면 확증없는 혐의만으로 집단처벌을 한다. 그러나 그룹홈 아이에게 똑같은 점퍼나 바지 혹은 신발을 사 주거나 혹은 영화관에 똑같은 영화를 보게 하는 것은 개별화의 원칙에 위배되며, 아이들에게 낙인화를 가져다 줄 수 있기 때문에 삼가해야 한다. 집단 응집력은 똑같은 외양에서 나오는 것이 아니라 친밀하고 의존적인 관계에서 나온다. 따라서 싫다는 데도 모두를 같은 여가활동 프로그램에 보내게 하는 것은 오히려 원성과 증오를 불러오며 응집력을 훼손시키기도 한다.

그리고 그룹홈 내에서 서로 어울리며 응집력을 구축하는 것도 의미 있지만, 그룹홈 아이들은 바깥과의 외부 정보를 받아들이며 사회 적응력을 향상시켜 나가기 위해서는 바깥과의 소통도 매우 중요하다. 실무자는 아이들이 우물 안 개구리처럼 집안 아이들과만 어울리면서 인정이나 지지를 얻으려는 태도에서 벗어나게 하기 위해 바깥 아이들과 사귀는 것을 적극 권장해야 한다. 학교의 특별활동에 참가시키는 것, 지방자치단체가 주최하는 행사에 참가할 수 있게 주선하는 것, 건전한 이성교제 기회를 마련해 주는 것 등은 추천할 만하다.

5) 그룹홈 내에서 리더의 역할

그룹홈 실무자는 자연스럽게 부상한 또래의 리더를 대하는 두 가지 감정을 가질 수 있다. 이 아이의 지도력을 좋은 방향으로 이끌고 싶지만, 자신과 맞서려 들거나 절대 권력을 행사하려 드는 면에서 위협을 느낀다. 이 리더는 아이들에게나 실무자에게 때로는 이롭게 때로는 위협을 느끼게 한다.

그룹홈 실무자의 이러한 염려는 이해할 만하다. 반항적인 리더는 그룹홈 실무자 등 어른을 나쁘게 말하고, 그룹홈 실무자가 하는 일에 반발하며 이들의 사퇴를 강요하기에 이르기도 한다. 그룹홈 실무자가 리더를 치료적으로 다루게 하려면, 그룹홈 관계자들과 숨김없이 자유롭게 그 리더와 관계되는 문제를 의논할 수 있고, 동료 그룹홈 실무자의 지원을 얻을 수 있게 해야 한다. 함께 근무하면서 이 리더가 하는 구실을 분석하고 이를 토대로 리더가 긍정적인 방향으로 나아가게 이끌 방법을 모색해야 한다.

그룹홈에서 리더인 아이와 사소한 일로 말씨름을 벌이거나, 남 앞에서 핀잔을 주거나 맞서는 것은 현명한 일이 못된다. 이런 대응은 그룹홈 아이들이 리더를 동정하거나 리더에게 박수를 보내거나 응원하는 일을 벌어지게 한다. 실무자는 리더를 체육행사나 집안 행사에서 사회를 보게 하거나, 성적이 떨어지는 아이 지도 등 합당한 일에 참여하게 해서 그룹홈 아이의 인정을 받고 고마움의 대상이 되도록 리더를 이끌어야 한다. 잔심부름 이행 여부 확인, 수집품 운반, 용돈 급여, 규칙 이행 권장 등 그룹홈 실무자의 고유 업무를 리더에게 시키는 일은 삼가야 한다. 그룹홈 실무자가 맡은 일을 리더에게 맡기면 그 아이는 다른 아이들을 혹사할 수도 있다. 그룹홈 실무자의 권위를 리더에게 주면 그룹홈 실무자의 권위를 다시 되찾아오기까지는 많은 진통이 따를 수밖에 없기 때문이다.

말썽을 피우는 리더의 영향력을 제한하려면, 집단토의에서 그룹홈의 아이들이 각자의 의견을 개진하고 의사결정에 참여하게 하는 것이다. 이때 목소리 큰 아이나, 성깔 부리는 아이, 가장 언변 좋은 아이가 발언을 독점하는 일이 없게 조심해야 한다. 그룹홈 실무자가 거들어 주면 발언권이 약한 아이들도 자기에게 관계되는 특별음식을 만들기나 집안 청소나 옷장 정리 등과 같은 사안에서 주도권을 행사할 수 있게 된다.

개인상담이나 집단상담으로 비협조적인 리더가 자기 생활을 반성해서 태도를 바꾸어 집안일에 협조하는 개선을 보이게 할 수도 있다. 자신을 위해서나 그룹홈 아이들을 위해서 자기가 한 역할과 그 결과가 어떤 것인지 일단 알고 나면, 지혜 있고 분별 있는 아이라면 자신의 능력을 자신의 성장과 그룹홈을 위해서 발휘할 노력을 기울이게 될 것이다. 그러나 이런 과정에 도달하기 위해서 그룹홈 실무자는 장기간의 목표를 가지고 인내와 관용을 가지고 리더를 대할 필요가 있다.

제10장 아동 · 청소년의 행동과 그룹홈 실무자의 대처방안

그룹홈 아동 · 청소년이 사춘기에 접어들면 관습이나 기존 권위에 의문을 가지게 되고, 말리는 일을 해 보려 하고, 자신이 받아들이는 가치를 주장하면서 성인이 인정하는 가치를 배척하려 들기도 한다. 그룹홈에서 이런 경향을 더욱 띄는 아이는 대개 정신적으로 불안정하거나 가치관이 제대로 정립되지 않는 아이들이다. 특히 중학생이 사춘기에 접어들어 이러한 반항이 심하기 때문에 흔히 '중2병'이라고도 한다. 이러한 증상은 일시적으로 넘어가는 게 대다수이지만, 그렇지 않은 심각한 경우도 있다.

이런 바람직하지 않은 행동 중에서 가장 단순한 것은 장난, 욕설, 무례, 소소한 규칙 위반이다. 부산을 떨고, 가벼운 욕설에, 잔꾀를 부리고, 다른 아이를 곯리는 것들이다. 이런 나쁜 버릇 역시 아이가 지금까지의 환경에 대한 일종의 적응과정으로 볼 필요가 있다. 따라서 환경에 변화를 주고, 친밀한 관계 형성을 통해 새로운 문화를 형성함으로써 이러한 행동에 변화를 줄 수 있다. 이런 일들은 대부분 누가 저질렀는지 금방 알게 되고, 중증 심리장애에서 오는 것이 아니기 때문에 대처하기가 용이하다.

그러나 주요 규칙을 위반하는 것은 좀 심각하다. 규칙 위반은 다른 아이들이나 이웃 사람에게 해를 끼칠 수 있고, 위법 사항인 경우도 있기 때문이다. 이런 규칙 위반에는 귀가시간 위반, 무단결석, 약물남용, 상습절도, 상습적인 거짓말이나 심한 욕설, 빈번한 가출 그리고 아이들이나 그룹홈 실무자 가해 등이 포함된다.

가장 대처하기 어려운 것은 오래 된 성격이상에서 비롯되는 행동들로 자해나 협박 혹은 정신분열증세 등이다. 이런 아이는 남과 생활하는 데, 또 일상생활의 필요를 충족하는 데에서 이러한 방법을 통하여 자신의 욕구를 관철시킨다. 이러한 행동을 통해 남을 좌우하기가 쉽고, 바라는 것이 이루어지는 것을 보아 오면서 이런 행실이 굳어 버린 것이다. 예를 들면, 큰 소란도 일으키고, 그냥 있지 않겠다고 협박하여 부모나 다른 사람의 기를 꺾기도 한다. 이런 일이 또래 사이에서 통하게 되면 신체나 정신상의 결함을 보상받기도 한다. 오랜 세월 이렇게 살아오면서 이런 생활이 굳어 버리면 이런 행동이 성격특성으로 자리잡힌다.

중학교 2학년인 민호는 거짓말과 훔치는 것이 습관화되어 있었다. 그도 그럴 것이 아버지가 초등학생인 민호를 데리고 다니며 어렸을 때부터 도둑질을 한 것이다. 아버지가 남의 집 개를 훔치거나 남의 집 담을 넘어 들어가 쌀이나 금품을 훔칠 때 민호는 망을 보았던 것이다. 때로는 도둑질에 성공하기도 하고 때로는 쫓기어 흩어져 도망다니다 집으로 되돌아온 적도 많았다는 것이다. 민호가 주로 하는 비행은 집에서나 밖에서나 가리지 않고 아이 돈이나 그룹홈 실무자의 돈을 훔치는 것부터 온갖 거짓말로 돈 타내기, 학교 끝나고 난 뒤 아이들과 어울려 놀기, 가출, 귀가시간 위반, 그룹홈 실무자에게 대들기 등이었다. 특히 민호는 학교에서 CA 활동으로 볼링을 하였는데, 매 회 8,500원을 신발값, 볼링장 요금 등으로 받아가는 것이었다. 한 학기가 다 끝나갈 무렵 우연히 볼링장 요금이 5,500원이라는 것을 필자가 듣고 볼링장에 전화해서 확인해 본 결과 5,500원이라는 것이다. 여기까지는 흔히들 용돈이 필요한 아이가 거짓말을 한 것쯤으로 이해할 수 있는 사안이었다. 그러나 이 사실을 민호에게 이야기했더니 일반 아이들 같으면 그동안 속여 온 것이 미안하여 "죄송합니다."라고 사과하고 "다시는 거짓말하지 말아라." 하고 넘어가는데 그 아이의 반응은 예상했던 것과는 완전히 달랐다. 볼링장에 전화하여 확인해 보았다고 이야기를 했더니 오히려 화를 내면서 "볼링장까지 확인하는 사람이 어디 있느냐? 간섭이 심해서 못 살겠다."면서 짜증을 부리고 만나는 사람마다 "우리 그룹홈은 볼링장 요금까지 확인할 정도로 간섭이 심하다."고 소문을 내고 다녔다. 참으로 어처구니없는 일이었고, 오히려 똥 싼 놈이 화 내는 격이었다. 사실 그룹홈에서 오래 일하다 보면 이런 일을 가끔 당하기도 한다. 또 그 장단에 춤을 추는 어른들도 있었다. 민호는 가출, 비행 등 사고를 칠 때마다 그룹홈 실무자의 관용에 힘 입어 결국 자립하여 나갔지만, 나중에는 그룹홈 실무자를 자기 돈을 떼어 먹었다고 고소까지 한 경우가 있었다. 그룹홈 실무자가 민호가 맡긴 돈을 주고 난 뒤 필자 앞에서 "그 돈을 함부로 쓸까 봐 걱정된다"고 한 말이 아직도 생생한데 돈을 되돌려 주었다는 영수증을 받아 놓지 않았기 때문에 꼼짝없이 당할 수밖에 없는 사건이었다. 만일 민호에게 영수증을 받아 놓거나 민호의 통장으로 무통장입금을 시켜 주었으면 그런 일은 발생하지 않았을 것이다. 설마 나중에 그 민호가 돈을 받지 않았다고 시치미 떼고 고소할 줄은 상상도 못했기 때문이다. 따라서 거짓말을 자주 하거나 습관화된 경우라면 매사에 철저하게 대처할 필요가 있다.

그룹홈에서는 이런 아동·청소년들조차 껴안고 살아야 하기 때문에 그룹홈 실무자에 대한 확실한 지지와 함께 그룹홈 실무자는 매사에 빈틈없이 대처할 수 있는 한 대처능력을 갖추어야 한다. 원가정에서의 잘못된 교육으로 가치관 혼란을 겪은 민호는 특수한 경우이지만, 그룹홈에 들어오는 대다수 아이들 역시 가정해체, 학대 등의 틈바구니에서 가정에서 배우고 익혀야 할 습관과 가치관 형성의 기회가 생략된 경우가 많기 때문에 사안의 심각성은 덜하더라도 이와 유사한 어려움을 가진 아이들이 많다.

성격장애를 반영하는 행동의 보기로는 ① 약한 아이 계속 골리기, ② 어른 권위에 대한 반사적 거부, ③ 지속적인 신체적 위험활동, ④ 잦은 분노 표출, ⑤ 습관적인 거짓말, ⑥ 야하고, 괴이하고, 상식 밖이어서 눈살을 찌푸리게 하는 옷차림이나 행동을 들 수 있다.

중3 여자아이인 수아는 그룹홈에 들어온 지 5년째 되는 아이이다. 외모가 단정하고 총명하게 보이는 아이이다. 그런데 작년에 그룹홈 실무자가 집안 청소를 하다가 방안에 떨어진 쪽지를 발견하고는 깜짝 놀라는 사건이 발생하였다. 그 쪽지에는 여학생이 적었으리라고는 상상할 수도 없는 욕들이 가득 적혀 있었다. 필체나 그 무엇으로 보나 수아가 분명하였지만 수아는 자기는 모른다고 시치미를 완강하게 떼었다. 수아의 체면을 위해서도 수아와 씨름하면서 굳이 밝힐 것까지 없어서 욕을 하지 말자고 다 같이 주의를 주고 끝냈다. 그 이후로도 수아는 자기 맘에 들지 않으면 그룹홈 실무자의 뒤통수에 대고 욕을 한 적이 한두 번이 아니었으나 그럴 때마다 수아와 다투어 보아야 자기는 안 했다고 발뺌할 것이 너무 자명하여 그룹홈 실무자는 화가 치솟아도 속으로 삼켜야 했다.

1년에 한두 번씩 사고를 치고 말썽을 피워 이모를 오시라고 하여 재차 약속을 받고 그룹홈에서 살고 있었다. 그 사이에 수아의 욕설 등으로 그룹홈 실무자가 2명이나 그만두는 사건이 발생하기도 하였다. 수아는 자기보다 한 살 어린 중2 여학생을 거의 수족처럼 부리면서 대장 노릇을 하고 있었다. 따라서 그룹홈 실무자에게 대드는 것이 부하들 앞에서 적진으로 돌격하고 외치는 대장처럼 용감하게 보이고 싶어 했고, 그 중2 아이도 대장 앞에 충성과 용기를 보이기 위해서라도 그룹홈 실무자에게 반항하는 것이었다.

그러던 중 그룹홈 실무자가 빨래하여 놓은 것을 각자가 정리하여 자기 옷장에 넣으라고 하자 수아는 못 들은 체하였고 그룹홈 실무자가 재차 옷을 정리하라고 하자 "왜 나한테 성질내요? 우리 때문에 먹고 사는 것들이." 하면서 차마 들을 수 없는 욕설을 하기 시작하였다. 그룹홈 실무자가 수아의 팔을 잡고 방으로 데리고 가자 수아는 악을 쓰며 그룹홈 실무자의 목, 가슴, 팔을 손톱으로 긁어 상처를 내곤 "나한테 손만 대 봐라! 신고할 거야!"라고 그룹홈 실무자를 협박하는 일이 벌어졌다. 그리고 수아는 그룹홈 실무자가 자기 팔을 잡은 것을 가지고 "아동학대다! 신고할 거야!" 하면서 이모에게 카카오톡으로 문자를 하고 그 이모가 그에 동조하는 사태가 벌어졌다. 물론 나중에 이모가 그룹홈 실무자와 통화하여 수아의 행태를 기록해 놓은 것을 듣고 미안하다고 사과는 하였지만, 아이를 야단치기보다는 오히려 두둔하는 인상을 주었다. 결국 이 사건의 충격으로 그룹홈 실무자가 앓아 쓰러지는 사건이 발생하였다.

이 사례에서 보다시피, 요즘 청소년들은 권리의식이 매우 강하다. 특히 사춘기이며 가정해체 등으로 상처가 많은 아이들과 함께 생활하는 그룹홈에서는 이런 아이들과 함께하는 데 능숙한 대처가 필수적이다. 아이가 옷 정리를 거부했을 때, "네가 요즈음 힘든 일이 많은가 보구나. 그럼 조금 있다 하렴." 하고 말하면서 마찰을 피할 수도 있었고, 수아가 욕설을 하면서 대들 때 타임아웃 기법을 발휘하여 감정의 마찰을 피할 수도 있었고, 수아가 자기가 오히려 학대당했다고 이모에게 문자하기 전에 미리 이모에게 전화하여 그룹홈 실무자의 고충을 이해하고 수아를 타이르도록 이모를 실무자 편으로 끌어들이는 작업에 소홀하였다. 이러한 순간순간 벌어지는 사안에 대하여 대처능력을 향상시키기 위해서는 순간적인 순발력도 필요하지만 아이와 감정적으로 충돌하지 않는 타임아웃 기법과 나-전달법 등 부단한 학습과 자신의 기대와 요구를 내려놓고, 아이들을 긍정적으로 바라보기 등 자기 수

양이 요구된다.

그룹홈은 소년원과 같은 수용시설이 아니기 때문에 강제력을 가지거나 24시간 아이들의 행동을 지켜보면서 개입할 수도 없다. 따라서 그룹홈 실무자는 아이들의 행동을 참아내고, 기다려 주는 등 주로 비지시적인 방법과 친밀한 관계 형성 그리고 장기적인 그룹홈 문화를 통해 변화를 모색하는 방법밖에 없다.

이러한 접근은 더디고 자주 좌절을 겪게 마련이며, 어떤 때에는 회의가 찾아오기도 하며, 이러한 어려움을 이겨내기 위해서는 그 무엇보다도 그룹홈 종사자의 가치관과 헌신성 그리고 인격적 수양이 요구된다. 그리고 그룹홈 실무자 역할의 한계를 인정하고 받아들여야 한다. 즉, 아이의 인생은 자기 스스로 결정하는 것이며, 그 결과는 아이 스스로 책임지는 것이며, 그룹홈 실무자는 이를 돕는 헬퍼(helper)라는 것을 인식해야 한다.

또 이런 인고를 감내하는 그룹홈 실무자의 노력의 결실이 구체적으로 보이지 않는 상황에서, 때로는 아쉬움을 안은 채 아이를 다른 기관으로 이관하거나 아니면 내보내야 하는 일도 있다. 따라서 앞에서 언급한 그룹홈 아이의 퇴소 요건을 명확히 하는 것도 그룹홈 아이들에 대한 개인적 감정에 치우치지 않는 객관적 처우와 그룹홈 실무자의 심적 부담을 완화시키는 데 기여할 것이다. 여기서는 그룹홈 실무자가 적용할 만한 실질적인 지침을 제시하고자 한다.

1. 비지시적 행동관리

1) 장기목표 대 단기목표

그룹홈 실무자의 입장에서 볼 때, 그룹홈 아이의 거스르는 행실에 대처할 단기목표는 그룹홈 아이들이 최소한의 관계를 지키고, 약속을 이행하고, 집안일에 협조하는 생활을 하게 하는 일이다. 이 단기목표는 아동·청소년 그룹홈이 안전하고 안정된 환경을 갖추기 위해서도 매우 중요하다. 이 단기목표에는 그룹홈 실무자의 과도한 기대를 내려놓고, 그 아이가 그룹홈에 적응하기 위한 최소한의 노력만을 포함해야 한다. 이는 그룹홈 실무자와 그룹홈 아이와의 상호 타협의 산물이며, 서로가 이길 수 있는 윈-윈 게임이어야 한다. 편안해야 할 집에서 이러한 윈-윈 게임을 해야 하는 것 자체가 그룹홈 실무자나 아이에게 상당한 인내와 고통이 수반되는 것은 사실이다. 그러나 이러한 게임을 끝낼 수 있는 주도적인 위치에 있는 사람은 아이가 아니라 그룹홈 실무자다. 그룹홈 실무자가 더 큰 힘을 가지고 있고 아이를 보살펴야 할 더 큰 책무를 안고 있기 때문에 그룹홈 실무자의 관용적이고 수용적인 태도는 이러한 상호 긴장을 불러오는 게임을 끝내고 새로운 단계로 관계를 발전시킬 수 있는 밑거름이 될 수 있다. 동시에 그룹홈 실무자는 아이들의 건실한 생활태도, 가치, 인격 성숙이라는 장기목표를 항상 마음속에 품고 있어야 한다.

단기적으로 보아 그룹홈 아이의 행동을 바꾸는 데 효과가 있어 보이는 그룹홈 실무자의 허용적 태도가 긴 안목으로 보아서는 그룹홈 아이의 행동을 나쁜 쪽으로 몰고 갈 수도 있다. 예를 들면, 협박, 분노 분출, 환심용 칭찬이나 선물, 보복성 처벌 등은 그 순간에는 아이들이 시키거나 맡은 일을 제대로 하고, 학교에 제 시간에 가는 등 말을 잘 듣는 효과가 있지만, '세상은 이런 식으로 사는 것이구나.' 하는 잘못된 인식을 이들에게 심어 주게 되기도 한다.

그룹홈 실무자는 단기목표에 맞추어 그룹홈 아이의 거스르는 행동에 대처하면서도 이것이 장기목표 달성과도 부합하게 지도 · 감독해야 한다.

2) 타임아웃 활용하기(반사적 대처 삼가기)

그룹홈 실무자는 그룹홈 아이의 거스르는 행동에 대처할 때, 감정에 사로잡혀서 혹은 반사적으로 대하지 말고 이성적이고 신중하게 일을 처리해야 한다. 물론 말은 쉽지만, 실제로 말처럼 하기는 쉽지 않다. 그룹홈 실무자 역시 자신의 감정을 통제하며 냉철하게 대처해야 하기 때문이다. 특히 그룹홈 실무자는 거의 혼자서 모든 일을 맡아 해결해야 하기 때문에 일에 지치고 일이 마음처럼 진행되지 않는 어려운 상황에서 덤비거나 말썽을 피우는 아이에게 짜증을 내거나 버럭 소리를 지르기 쉽다. 이런 충동을 참는다는 것은 매우 힘든 일이다. 좌절과 분노에서 그룹홈 실무자는 체신을 잃어 가며 그룹홈 아이와 맞서게 되기 쉽다. 이렇게 되면 그룹홈 아이의 별 것 아닌 작은 잘못이 그룹홈 실무자와의 힘 겨루기로 발전하여 돌이킬 수 없는 엄청난 파탄으로 발전하기도 한다.

아이의 거슬리는 행동을 보았을 때는 이를 문제 삼기 전에, 머리를 식히면서 천천히 어떻게 대처할 것인지 생각을 가다듬어야 한다. 그룹홈 실무자는 "네 행동에 나는 몹시 지금 화가 나 있다."와 같이 나-전달법을 활용하거나 혹은 타임아웃을 활용하여 감정적인 충돌을 막고 긴장이 최고조로 이루는 것을 예방하고, 대치 상태를 해소할 필요가 있다. 타임아웃은 활용하는 방법은 대화를 잠시 미루거나, 그 장소와 그 순간에서 빠져나오는 등 상황의 변화를 통해 긴장의 강도를 완화하는 방안이다. 예를 들면, "화가 가라앉은 다음에 얘기하자."고 시간을 두거나 "밖에서 바람 좀 쐬다 오겠다" 등과 같이 그 상황에서 잠시 벗어나는 것이다. 감정적으로 서로 고양되어 있는 상태에서는 문제가 해결되기보다는 악화되기 쉽기 때문에 그 상황에서 빨리 빠져 나오는 것이 현명하다. 아이가 화가 나서 집밖으로 뛰쳐 나간 경우에 달아났다가 돌아온 아이를 그 즉시 심문하고 처벌하는 것은 적합한 처사가 아니다. 오히려 잘 왔다는 표시로 따끈한 음식을 주고, "네가 아무 탈 없이 돌아오니 반갑구나!" 하면서, 그를 미워하지 않는다는 뜻을 충분히 보이면서 모두가 문제를 어떻게 풀어 갈 것인지 여유를 가지고 생각해야 한다.

일이 중대할 때는 그룹홈 실무자는 우선 먼저 동료 실무자와 대처방안을 협의하고 난 다음에 대처해야 한다. 동료 실무자는 제3자로서 냉철하고 중립된 처지에서 당사자가 미처 생각하지 못한 참신한 대처방안을 말해 주기도 한다.

3) 예방(최선의 대처)

예방은 가장 훌륭한 방안이다. 그러나 아이들의 모든 행동을 사전에 예방할 수는 없다. 그러나 아이들의 나쁜 행동을 예방하기 위해서 그룹홈 실무자가 아이의 나쁜 행동을 파악하고 나면 그 예방책을 세울 필요가 있다. 예를 들면, 물건이나 돈을 훔치는 아이의 경우 그룹홈 실무자나 그룹홈 아이들이 훔칠 수 있는 기회를 가급적 주지 않도록 노력해야 한다. 혼자 있는 시간을 줄이기 위해 함께 시장을 보러 나가거나 혹은 잠잘 때 그룹홈 실무자가 돈 관리를 철저히 하는 방식으로 훔칠 수 있는 기회를 최소화하는 것이 훔치고 난 뒤에 이를 바로잡기 위해 노력하는 것보다 훨씬 효과적이다.

홈치고 거짓말하는 데 달인이라고 이야기할 수 있을 정도로 훔치고 거짓말하는 데 뛰어난 아이가 그룹홈에 들어왔다. 상학이는 초등학교 5학년인데 거짓말하는 것도 얼굴표정 하나 달라지지 않고 당황하는 기색이 전혀 없이 앞뒤가 논리적으로 맞을 정도로 머리도 좋고, 운동신경도 좋아 재빠르며, 달리기도 빠른 아이다. 성학이는 혼자서 슈퍼마켓에서 300만 원어치 물건을 훔치거나 남의 집 화장실의 좁은 창문으로 들어가서 물건을 훔치거나 바로 가까이 달라붙은 빌라들의 옥상을 건너뛰면서 온갖 것을 다 훔치는 아이였다. 성학이가 우리 그룹홈에 들어오자마자 초비상이 걸렸다. 여기저기서 돈이 없어지는 사건이 발생하였고, 그래서 잠자기 전에는 바지 주머니를 점검하여 바지에 돈이 있으면 요 밑에 깔고 자곤 하였다. 사우디 왕자들이 침대 밑에 돈을 깔고 잔다는 이야기를 들었어도 내가 그럴 줄은 몰랐다. 그러다 어느 날 깜빡 바지 주머니의 돈을 그대로 두고 잔 날은 여지없이 없어졌다. 돈 냄새를 그렇게 잘 맡으니 정말 귀신이 따로 없을 정도였다. 그리고 성학이가 집에 혼자 있는 시간이면 장롱이니 서랍이니 모두 뒤지는 일이 발생하였고, 따라서 잠깐 밖에 가게에라도 가게 되면 성학이를 반드시 대동하고 다녔다. 성학이가 혼자 집에 있게 되면 그 결과가 너무 뻔했기 때문이었다. 성학이가 가능한 한 혼자 있는 시간을 최소화시키기 위하여 밖에 외출할 때는 함께 데리고 나갔다. 그러던 중 언젠가는 성학이와 함께 가다가 친구와 약속이 있다며 우리와 헤어지게 되었다. 우리는 사실 불안한 마음이 들었지만 어쩔 수 없어 볼 일을 보고 오라고 보내 주었다. 그 사이에 성학이는 우리 몰래 집의 좁은 창문을 열고 들어와서 닥치는 대로 훔쳤다. 그러나 창문을 넘어 TV를 밟고 방안으로 들어왔기 때문에 TV 위에 성학이의 신발자국이 선명하게 찍혀 있었다. 성학이는 물론 자기는 모른다고 완강히 잡아떼었고, 성학이의 신발을 가지고 와서 TV에 찍힌 자국과 대조해 보니 완전히 그 크기와 무늬가 일치하는 것을 함께 확인하였다. 그러나 성학이는 신발자국은 똑같지만 자기는 그러지 않았다고 부인하였다. 이처럼 훔치는 것이나 거짓말이 습관화되어 있는 경우에는 예방이 어렵지만 그럼에도 불구하고 예방은 이러한 절도 등을 감소시키는 효과가 있다.

그러나 대다수의 경우는 그룹홈 실무자가 깜빡 잊고 지갑을 식탁 위에 놓거나 옷에 돈을 넣어 둔 채 거실 의자에 옷을 걸쳐 놓는 것과 같은 그룹홈 실무자의 사소한 실수가 아이들의 호기심을 유발시키는 경우가 많다. 그리고 훔치는 버릇이 있는 아이가 있으면 모든 아이들에게 돈을 그룹홈 실무자에게 맡기는 등 예방을 철저히 하면 이러한 훔치는 습관은 자연스럽게 감소하며 점차 훔치는 버릇이 줄어든다. 따라서 집에서 무엇을 잃어버린 사건이 발생하면 누가 훔쳤을까를 의심하기보다는 예방하지 못하고, 아이를 유혹한 그룹홈 실무자의 잘못을 먼저 되돌아보는 것이 훨씬 효과적이다. 그래야 예방책이 나올 수 있기 때문이다.

그룹홈 아이가 나쁜 버릇을 가지면, 이런 버릇을 가지게 된 상황을 우선 파악하고 난 뒤에 대처방안을 모색해야 한다. 권장할 만한 예방책 몇 가지를 들어 보면 다음과 같다.

- 규칙은 그룹홈 아동 · 청소년의 안전과 복지를 위해서 필요한 최소한의 것이어야 한다. 필요 이상의 구속이 없어야 하며, 꼭 필요한 것만으로 한정해야 한다. 예를 들면, 저녁식사 전에 손을 씻는다는 정도는 괜찮지만 저녁 밥상에 앉을 때는 옷을 단정하게 입어야 한다는 식의 조항은 온당한 규정이라고 말하기 어렵다. 또 귀가시간을 너무 일찍 잡아서, 이웃 아이들은 한창 밖에서 놀고 있는 시간으로 정하고 이를 지키라고 요구하는 것은 좀 지나치다.
  비만아동에게 지나치게 급한 감량을 강요하거나, 좀이 쑤셔서 가만이 앉아 있지를 못하는 아이에게 1시간 정도의 상담시간 동안 얌전히 앉아 있으라는 것 등을 요구하는 것은 반발을 살 것이 뻔하며, 이 같은 일들은 그룹홈 실무자와 아이를 모두 힘들게 하는 요구가 될 것이다. 이러한 최소한의 규칙도 개별적 특성을 감안한 유연한 대처가 요구된다. 그러나 이러한 유연성을 너무 자주 발휘해 주면 규칙의 일관성이 훼손될 수 있기 때문에 이번에 왜 예외로 했는가를 반드시 설명해 주거나 약속을 해 둘 필요가 있다. 따라서 무조건 규칙을 강요하기보다는 당사자인 아이와 서로 의논해서 실행 가능한 개별적 단기 실천목표를 세워 함께 노력하는 것이 좋을 것이다.
- 건설적이고 재미있는 활동은 아이들의 말과 행동을 부드럽게 한다. 그룹홈 실무자는 아이들이 자기가 각별히 흥미를 두는 일에 시간을 충당해서 여가를 게으르게 보내는 일을 줄이도록 격려해야 한다.
- 그룹홈 아이들이 규칙 제정이나 의사결정에 참여하면 규칙 위반이 줄 뿐더러 위반했을 때 사후 처리가 용이하다.
- 그룹홈에서 으레 있는 도난은 사물함에 자물쇠를 달아 주고 귀중품이나 돈을 아무데나 조심성 없이 두지 않도록 하면 상당히 줄어든다.
- 말다툼을 줄이려면, TV 보기, 컴퓨터 사용 그리고 욕실 사용을 말썽 없이 할 수 있는 규칙이나 양해 사항을 그룹홈 아이 모두의 참여하에 정하는 것이 좋

다. 가능하다면 이러한 규칙을 세우지 않고 스스로 알아서 정하도록 하는 것이 좋다. 가구나 기물 배치는 적당한 자리에 놓아서 그룹홈 아이들의 성질을 돋우거나 서로 간의 다툼을 일으키는 일이 없게 해야 한다. 냉방은 더운 날씨에 그룹홈 아이들의 짜증을 달래 준다.

- 그룹홈 실무자는 아이들이 싸울 때 뜯어말리는 요령을 배워 두는 것이 좋다. 싸움은 즉각 말려서 다치거나 치고받기로 진전되지 않게, 또 이웃이나 경찰이 개입하는 사태로 발전되지 않게 해야 한다.
- 그룹홈의 아이들에게 무단결석은 흔한 일이다. 예방책은 무단결석의 원인 제거가 처벌보다 더 효과적이다. 그룹홈 실무자는 학교 선생님들과 좋은 관계를 유지하고 어려운 일이 발생할 때마다 소통할 수 있어야 한다. 그렇지 않으면 아이의 일방적인 이야기만 듣고 그룹홈 실무자를 오해하는 선생님들도 간혹 있기 때문이다. 예를 들면, 아침밥을 잔뜩 먹고 가면서도 군것질을 하는 아이가 선생님에게 아침밥을 못 먹었다고 말하면 학교 선생님은 그룹홈 실무자에 대해 오해할 수 있기 때문이다. 또한 학교 선생님과의 협력적인 관계는 아이의 성장과 발달에 매우 중요하다. 학습능력이 뒤떨어진 아이에게는 특별 수업, 진단 테스트, 특수반 배정, 개인지도 등이 학교생활 개선에 기여한다. 또 학교에서 놀림을 당하는 아이를 위해 학교 선생님의 협력을 받으면 학교 적응력 향상에 도움이 되고, 또 그런 아이들에게는 그룹홈 실무자가 그 아이를 위한 개인상담이나 그룹홈 아이들의 지지가 힘이 되기도 한다. 제도권 학교를 마다하는 아이는 대안학교를 다니거나 아니면 기타 학습을 하게 할 수도 있다. 이런 노력은 학습에 대해 개별적 처우를 통해 아이의 발달을 돕는 것이라 할 수 있다.
- 그룹홈 아이가 잔심부름이나 자기가 맡은 일을 제대로 감당할 수 있게 하려면, 상담을 통해서 아이가 할 일을 기꺼운 마음으로 미리 정하게 하고, 평일은 30분 이상 걸리는 일은 시키지 말고, 토요일이라도 1시간 이상 걸리는 일은 시키지 말아야 한다. 그리고 주말이나 휴일에 단체행사를 많이 하는데 아이들 역시 주말이나 휴일에는 쉬거나 자유시간을 가질 수 있도록 배려해야 한다.
- 도로에서 장난하거나, 교량의 난간을 타거나, 기타 위험한 장난으로 위험을 무릅쓰고 노는 아이들에게는 그룹홈에서 안전한 모험의 기회를 주선해야 한다. 이런 것들로는 주말 캠핑, 스키, 서바이벌 게임, 자전거 타기 등이 있다.

또 체력이 많이 드는 농구나 태권도나 자전거 타기 등이 있으며, 아이들은 이런 것을 통해서 넘쳐나는 체력을 소모하도록 해야 한다.

- 취침시간 이후에 몰래 집을 빠져나가는 아이들이 있다면 아이들의 침실이 그룹홈 실무자보다 안쪽에 배치하는 것도 한 방법이며, 그룹홈 예산이 허용된다면 야간 당직자를 두는 것도 한 방법이다.
- 단체 여행 중에 말썽을 피우는 아이들이 많은 경우에는 인솔자의 수를 늘이거나 성인 자원봉사자를 배치하고, 적당한 시간 간격으로 차를 멈추어 휴식시간을 주고, 차 안에서 할 수 있는 3 · 6 · 9게임과 같이 모든 인원이 참가하는 놀이마당을 벌이거나, 노래말을 나누어 주고 모두가 함께 노래를 부르는 것도 효과적인 예방책이 될 수 있을 것이다.

2. 긍정적 강화

1) 긍정적 강화와 학습모델

말썽을 줄이는 또 다른 대처방법은 아이들이 잘한 일을 칭찬하는 것이다. 그러면 아이들은 말썽 피우는 것보다 착한 일을 하는 것이 낫겠다는 생각을 하게 된다.

그룹홈 실무자에게 다음과 같은 방법들은 아이들의 긍정적 지향을 강화시키는데 도움이 된다. 용돈 증액, 특전 부여, 칭찬해 주기, 선물 주기, 신나는 나들이 등이 있다. 또 신중한 몸가짐, 학교성적 향상, 냉정 유지, 깨끗하고 정돈된 방, 신체기능 향상, 기타 착하고 건실한 행실에 상장을 주는 정기적인 시상식을 갖는 것도 한 방법이다.

각별히 애써 일한 기특한 행동에는 멋진 티셔츠나 인형을 선물로 주는 것도 좋을 것이다. 여기서 조심할 것은 의도적인 저의가 담겨 있어서는 안 된다는 점이다. 또 이런 물건을 줄 때는 그럴 만하다고 그룹홈 아이들도 동의할 수 있어야 한다.

그러나 우리나라 사람들은 칭찬에 매우 인색하다. 특히 그룹홈에 입소한 아이들 역시 칭찬보다는 비난받은 부정적인 경험을 많이 가지고 있다. 따라서 그룹홈 실무자는 의식적으로 칭찬할 거리를 찾아내고, 아이들의 어깨를 두드려 주는 것과 같은 스킨십을 의식적으로 할 필요가 있다. 그리고 집단상담이나 개별상담을 통해서 아이들의 장점 찾기 등을 통해 아이들이 자신감을 가질 수 있도록 서로를 격려하는 그룹홈의 분위기를 만들어 가야 한다.

이러한 그룹홈의 문화를 만들어 가는 가장 중심적이며 주도적인 역할을 수행하는 이가 바로 그룹홈 실무자다. 반두라(Bandura)는 그의 학습이론에서 학습모델과 모델효과를 이야기하였다. 아이들에게 있어서 가장 중요한 학습모델은 그룹홈 실무자다. 그룹홈 실무자는 말과 행동에서 그룹홈 아이에게 모범을 보여야 한다. 그룹홈 아이들에게 그룹홈 실무자는 어머니이자 아버지이고, 선생님이자 어른이다. 그룹홈 실무자는 그룹홈 아이들에게 사회규범의 표본이며 사회를 배울 수 있는 모델이다. 아이들은 그룹홈 실무자의 사소한 말, 행동과 대처방법들을 통해 의식적 · 무의식적으로 배우고 모방하게 된다. 따라서 그룹홈 실무자는 말과 행동에 있어 신중하고 사려 깊게 행동하여야 한다.

반두라의 학습이론 역시 인류학적인 관점과 크게 어긋나지 않는다. 아이들의 모델, 그룹홈의 모델인 그룹홈 실무자를 통해서 그 그룹홈의 문화의 토대가 형성되기 때문이다. 그룹홈 실무자뿐만 아니라 그룹홈 관계자나 혹은 명성 있는 강사나 자원봉사자도 이런 역할을 할 수 있다.

2) 아이의 말썽에 따른 대처방안

그룹홈 실무자는 아이들이 피운 말썽에 대처하면서 그룹홈 아이의 개별적 특성과 상황을 고려해야 한다. 예를 들면, 학교에 가기 싫어서 저지른 무단결석, 공부하기 싫어서 저지른 무단조퇴, 교통비를 잃어버리거나 우산을 잃어버린 경우, 씻기를 싫어하는 것, 옷을 벗어서 함부로 내팽개치는 것, 이부자리를 정돈하지 않는 것, 집에 있는 것을 몰래 혼자서 먹어 치우는 것, 거짓말하는 것, 몰래 PC방 가는 것, 돈을 훔치는 것 등 이루 말할 수 없는 일들 속에서 그룹홈 실무자는 생활하고 있다. 이러한 아이들의 행동에 대해 누가 어떤 상황에서 그렇게 행동하는지가 고려되고 그에 따른 대처방안이 강구되어야 한다. 또 버릇이 되어 버린 무단결석은 첫 무단결석과 동일하게 다룰 수는 없다.

그룹홈에 들어온 지 얼마 안 되는 아이의 규칙 위반은 규칙이나 사정을 몰라서,

일부러, 또래가 시켜서, 기타 사정에서 등일 수 있다. 그룹홈 실무자는 위반한 경위에 따라서 위반자 처벌, 사주자 처벌, 개인상담, 집단상담, 명확한 규칙 설명, 관용적 태도 등 사안에 알맞게 대처해야 하지만, 서로의 친밀하고 의존적인 관계 형성을 위하여 처음에는 가볍게 주의를 주거나 설명이나 약속을 환기하는 정도가 바람직하다.

밤에 오줌을 싸서 자고 난 자리를 정돈하지 못하는 아이는 그룹홈 실무자의 권위를 떠보기 위해서 정돈하지 않는 아이와는 다르게 대처해야 한다. 교통비를 잃어버려서 걸어오느라 귀가시간을 어긴 아이와 게임하느라 늦은 아이, 모처럼 소풍갔다가 되돌아오는 길에 친구랑 놀다가 늦은 경우는 각기 사정이 다르다. 또 말썽을 피운 아이의 나이도 고려에 넣어야 한다. 나쁜 손버릇에 대해서도 장난에서냐, 악의에서냐, 돈이 필요해서였느냐, 아니면 자기로서는 억제할 수 없는 병적 충동에서였느냐에 따라 대처는 각기 달라야 한다.

그룹홈 실무자에게는 전문성이 요구되며, 그런 의미에서도 그룹홈의 아이가 일으키는 말썽을 자신에게 대든다거나 자신을 곯리려는 것으로 해석해서는 안 된다. 자신을 곯리려고 하는 짓으로 해석하는 것은 소위 '한낮' 증후군이다. "너 아니면 나야. 두고 보자 누가 어른인가!" 능숙한 그룹홈 실무자는 이렇듯 '자아의 길'로 내닫지 않고 "지금 이 아이에게 어떻게 대처하는 것이 올바른 방안이지?" 하는 방안을 모색한다.

말썽을 피울 때 "너 사과해. 그렇지 않으면 후회하게 해 주마!" 하는 식으로 대처하는 것은 현명하지 못하다. "잃어버린 돈이 나올 때까지 너는 네 방에서 못 나와!" 하는 것도 비록 아이가 사과하고 돈을 내놓았다 하더라도 아이의 가슴에 남아 있는 모멸과 수치의 응어리를 생각하면 결코 잘했다고 할 수 없다. 한 발 물러서서 말썽쟁이를 인격체로 일단 대접하여 군림이나 굴복 없는 상황에서 아이 스스로가 자신을 되돌아볼 수 있게 하는 것이 바람직하다. 하지만 이 역시 말처럼 쉬운 것은 결코 아니다.

특히 또래가 지켜보는 가운데 아이를 구석으로 몰아세워서 결판을 짓게 하는 것은 피해야 한다. 또래 사이에서 자신의 입지가 궁색하게 몰리면 위기를 의식하게 된다. "한 번 굴복하면 계속 찍힐 것이고 지금까지 누리던 대접은 더는 바라지 못할 것이고, 그럴 바에야 끝까지 맞서는 것이 상책이다."라는 판단에서 그룹홈 실무자의 말에 완강하게 맞서게 되고, 이런 반항이 또래의 눈에는 용기 있는 아이로 보여

'나도 저래야겠다'는 생각을 가지게 한다. 따라서 이런 경우는 다른 아이들과 함께 몰아세워 비난하지 말고, 이 아이만의 행동으로 보고 규칙에 비추어 잘잘못을 따질 뿐, 여러 아이들 앞이니 위엄을 지켜야겠다는 생각이 바닥에 깔려 있어서는 안 된다. 다른 아이들을 굳이 동조자로 만들 필요가 없기 때문이다.

아이와 그룹홈 실무자 사이에 의견 차이가 있을 때는 맞서지 말고 서로 받아들일 수 있는 해결책을 찾아야 한다. 쾌도난마! 한 칼에 일을 시원히 해결했으면 좋겠는데 그러지 못하는 답답한 면이 있기는 하지만, 아이의 욕구도 존중하고 그룹홈 실무자가 바라는 바도 반영되어서 억압이나 굴복 없이 일을 해결하여 개선과 협조로 나아가자는 것이 '입장 차이에 대한 건설적 해결'의 방안이 될 수도 있다.

타협은 일 해결에 관련된 사람들의 고민이나 궁리가 있을 때 비로소 가능하다. 다음과 같은 것이 좋은 예일 것이다.

> 열일곱 살 민지가 집단 나들이에 가지 않겠다고 하였다. 자기보다 나이 어린 애들과 함께 간다는 것이 부끄럽고 취향이나 관심거리도 아이들과 같지 않다는 것으로 보인다. 이럴 때 타협안으로 보조 인솔자의 자격으로 아이들과 함께 가는 것도 한 방법이다. 민지의 나이를 고려해서 민지 하나만을 데리고 정기적으로 나들이해 줄 자원봉사자를 찾아본다 등의 타협안을 생각할 수 있고, 또 비슷한 나이의 이웃 친구와 여행을 보낸다는 안도 생각해 볼 수 있다. 이런 타협이 이루어지면, 볼이 부어서 말을 들으려 하지 않던 사람이 말을 듣게 되고, 그룹홈의 사람들로서는 일 처리나 해결에서 새로운 방법을 터득하게 되며, 사람과 사귀는 한층 능숙한 기량을 몸에 지니게 된다.

3) 그룹홈 실무자와 아동 · 청소년의 관계

아이가 말썽을 일으킬 때, 아이와 사이가 벌어지게 대처해서는 안 된다. "앞으로는 내 앞에 나타나지마!" "더 이상 너와 이야기하고 싶지 않다. 네가 말하는 것은 메주로 콩을 쑨다 해도 믿을 수 없어." "그래 잘났다." 등 치미는 화를 참지 못하고 터뜨리는 것은 아이와의 관계에서 계속 요구되는 신뢰와 수용을 저해한다.

그룹홈 실무자에게 요구되는 것은 사람을 미워하지 않고 아이의 나쁜 습관이나 행동을 스스로 되돌아보게 하는 것이다. 이러한 습관이나 행동을 고치는 데에는 비교적 장기간의 시간과 노력이 요구되며, 무엇보다 그룹홈의 문화를 변화시킬 필요가 있다. 예를 들면, 공부하지 않을 때는 공부하지 않을 때 오는 결과를 설명하고, 아이의 의견을 경청하고 존중할 필요가 있다. 그리고 실무자는 공부에 대한 자신의 기대를 내려놓아야 아이와의 관계가 편안해질 수 있다. 실무자가 할 수 있는 일은 스스로 깨닫도록 도우며, 기회와 환경을 마련해 주는 일임을 잊어서는 안 된다.

그리고 아이가 약속을 자주 어겼을 때에도 나-전달법을 활용하여 그룹홈 실무자가 늦어서 얼마나 걱정했는지, 앞으로 어떻게 했으면 좋겠는지, 그리고 벌을 줄 때는 어떠한 벌이 좋을지 수용적 태도로 임하는 것이 바람직하다.

말썽에 반사적으로 대응하지 않는 방법은 당사자와 얘기할 때 '너-전달법'이 아닌 '나-전달법'으로 얘기를 풀어 나가는 것이다. 이 역시 많은 훈련이 필요하다. "그릇을 닦으라는데 못하겠다니! 너는 못된 아이야!" 하는 대신에 거절당한 사람으로서 자신의 심정을 솔직하게 "자기 할 일을 남에게 떠넘기니 나로서는 당혹스럽다." 하고 피력하는 것이다. 또 귀가시간을 어긴 아이에게는 "늦었구나, 혹시 무슨 일이 생긴 것은 아닌가 하고 몹시 걱정했다."라고 걱정되었던 심정을 그대로 말하는 것이다.

'나-전달법'은 아이를 어디까지나 인격체로 인정하면서도 너의 잘못된 행동은 받아들이지 않는다는 것을 아이에게 알리고 있다. 이렇게 '나-전달법'으로 대하면 때에 따라서는 아이가 자신이 그런 행동을 하는 이유를 말하면서 행동을 어떻게 고치면 좋겠느냐고 나오는 수도 있다.

행동을 고치면서 사이를 더욱 돈독하게 하는 방법으로는 '샌드위치 기법'이 있다. 이 기법은 아이가 한 일에 대해서 먼저 마땅한 꾸중이나 야단을 치고 나서 잘한 점을 인정하는 깃이다. 예를 들면, "네 방을 잘 장식했구나. 그런데 아침에 보니 자고 난 자리를 정돈하지 않았더라. 열심히 꾸민 방이 빛을 잃지 않니?"하는 것이다.

아이가 말썽을 피울 때 사실 행동을 고치는 것도 중요하지만, 이런 기회를 이용하여 그룹홈 실무자와의 관계를 한층 강화시킬 수 있는 계기로 활용하는 것이다. "처벌을 받을 줄 알았는데, 오히려 용서해 주고 나를 믿어 준다." 혹은 "나를 정말 사랑하는구나." 혹은 "정말 나를 염려해 주시는구나." 하는 신뢰관계를 형성할 수 있다면 아이의 그러한 행동은 점차 감소할 것이다.

따라서 행동을 고치려 하지 말고, 행동을 하는 아이를 이해하고, 염려하는 그룹홈 실무자를 아이가 이해하고, 서로 신뢰하는 가족의 문화를 느끼도록 하는 것이 무엇보다 중요하다.

3. 그룹홈과 처벌

그룹홈에서 그룹홈의 문화와 그룹홈 실무자와의 신뢰관계라는 치료적인 환경을 조성하여 아이들의 말썽이나 사고를 점차 줄여나가도록 돕는 것이 그룹홈의 중장기 목표다. 어른들이 작은 습관 하나 고치는 것이 쉽지 않듯이, 아이도 자신들의 행동이나 습관 역시 일종의 환경에 대한 적응방식이기 때문에 환경이 달라졌다고 하여 바로 변화되는 것은 아니다. 치료적인 환경을 통해 애착관계를 증진하는 것만이 근본적인 해결책이 될 수 있기 때문에, 당장의 행동치료요법이나 인지행동치료 등은 그룹홈에서는 썩 권장할 만한 방법이 아니다. 따라서 그룹홈에서는 애착적인 환경을 통해 아이들의 변화를 끌어내며, 때로는 기다려 주고 인내하는 것이 필요하다. 밥을 한두 끼 먹었다고 금방 키가 크는 것이 아닌 것처럼, 아이들이 그룹홈에 왔다고 그전의 행동과 습관과 생각이 하루아침에 달라지는 것은 아니기 때문이다. 따라서 그룹홈에서는 처벌에 앞서서 '아이들을 위해 충분히 기다려 주었는가?' '처벌을 미룰 경우에 다른 심각한 문제가 발생할 가능성이 있는가?'를 신중하게 검토하고 고려하여야 한다.

그룹홈에서는 말썽이나 사고를 치는 아이들에 대해 수용적 태도를 견지하며 비지시적인 지도를 강조하지만, 어쩔 수 없이 벌을 주어야 할 경우도 있다. 아이가 저지른 행동으로 그룹홈 식구들뿐만 아니라 다른 사람에게 미치는 폐해를 스스로 깨닫게 하고, 그룹홈의 다른 아이들에게도 이를 알게 하는 것이 처벌의 목적이다. 처벌에 임해서 명심할 일은, 울분이나 반발이나 불안이나 모멸감을 느끼지 않도록 세심한 배려와 요령을 발휘해야 한다는 점이다. 벌을 받는 사람이 처벌을 충분히 받아들일 수 있어야 하며, 만일 아이가 처벌에 대해 수용하지 않고 반발한다면 오히려 처벌하지 않는 것이 나을 것이다. 그런 경우에 처벌에 의한 효과보다는 처벌로 인한 상처가 클 수 있기 때문이다.

또한 처벌받는 아이가 처벌이 자신에 대한 처벌이 아니라 자신의 잘못된 행동 때문이며, 이러한 처벌이 그룹홈 실무자나 다른 아이들과의 관계에서 오랜 기간 껄끄러운 상처로 남지는 않을 것이라고 받아들일 수 있어야 그 처벌이 효과적이다.

그룹홈 실무자가 다음 기준에 따라서 아이를 처벌하면 벌에 따른 부작용을 최소화하고 효과를 높이는 데 도움이 될 것이다. 말썽에 따른 처벌은 매우 신중하며 사려깊게 행해져야 한다.

1) 벌은 최후수단이다

장기적 안목에서 볼 때, 벌이 효과적일 것이라는 기대는 무망하다. 마치 진통제로 일시적인 고통은 완화시킬 수 있지만 근본적인 병의 치유는 곤란한 것과 마찬가지다. 따라서 다른 대처방법은 없을까 충분히 생각한 후에 처벌은 최후의 수단으로 호소하여야 한다.

2) 처벌 전후에는 반드시 애착이 있어야 한다

앞서 말한 바와 같이, 일본의 정신과 의사인 사이토 사토루(2007b)는 『어머니가 변해야 가족이 행복하다』라는 그의 저서에서 아동양육에서 가장 중요한 것으로 한계 설정하기(limit setting)와 안아 주기(holding)를 들고 있다. 그의 표현에 따르면, 처벌은 일종의 한계 설정하기 가운데 하나다. 따라서 처벌이 반발이나 후유증을 유발하지 않기 위해서는 처벌 전후에 반드시 껴안아 주는 것과 같은 지지와 격려가 필요하다. 어깨를 감싸안아 주거나 등을 토닥거려 주거나 혹은 미워서 이러는 것이 아니라는 것, 조금 더 나아지기를 바란다는 점을 언어적 · 비언어적 표현으로 표현할 필요가 있다. 특히 표정이나 몸짓 같은 비언어적 표현에 유의해야 한다. 말은 미워하는 것이 아니라면서 인상을 쓰고 있거나 화가 나 있거나 짜증내는 표정을 하고 있다면 아이에게 혼동을 일으키거나 언어의 진실성을 약화시킬 수 있기 때문이다.

3) 벌은 가혹하거나 지나치지 않아야 한다

행동을 그대로 두는 것보다는 처벌하는 편이 월등히 아이에게 이롭다는 판단에서 하는 처벌이지만, 결코 가혹하거나 지나쳐서는 안 된다. 말은 쉽지만, 실제로 처벌하는 마당에 이 말을 따른다는 것은 쉬운 일이 아니다. 대단치 않은 꾸중에 아이는 여러 주 동안 토라지고 반발하기도 한다. 그런가 하면 아이에 따라서는 '조심해야지.' 하고 마음에 새기거나, 그룹홈 실무자가 불공평하다고 가볍게 넘기기도 한다. 그룹홈 실무자는 아이마다 반응이 다른 점을 놓쳐서는 안 된다.

그룹홈에서는 결코 체벌을 가하는 일은 없어야 한다. 구타, 급식 유보, 감금 등은 결코 있어서는 안 된다. 아이가 말을 함부로 거칠게 하거나 아이의 팔을 움켜잡는 것도 아이나 아이의 부모, 아동보호기관으로부터 아동학대로 몰릴 수 있다. 요즈음에는 아이들이 오히려 신고한다는 것을 무기로 삼는 경우까지도 있다. 이런 경우 아이의 행동에 대한 반사적 대응을 삼가고, 대신 부모 등과 연락하여 부모의 협조를 받을 수 있다면 큰 도움이 될 것이다.

벌이 아이나 그 부모의 법적인 권리를 침해하는 일이 없어야 한다. 친가 방문, 전화사용, 편지 등은 금해서는 안 된다.

4) 처벌 기간은 단기간이어야 한다

처벌은 단기간으로 끝내야 한다. 그리고 처벌이 끝나고 나서 벌 받은 아이의 마음속에 감정적인 앙금이 남아 있어서는 안 된다. 처벌이 끝나고 난 뒤에 스스로의 각오와 결심을 격려해 주고 지지해 준다면, 비 온 뒤에 땅이 굳어지듯이, 그룹홈에 대한 소속감과 그룹홈 실무자와의 관계가 훨씬 강화될 수 있는 계기로 삼도록 노력해야 한다. 자신의 잘못에도 불구하고 그룹홈 실무자나 그룹홈 아이들이 자기를 여전히 인정해 주고 있고 앞으로 이들의 지지를 계속 받게 될 것이라는 생각을 가지도록 할 필요가 있다. 그러나 처벌이 더 길어지게 되면 아이의 정서적 불안을 지속시키기 때문에 심리적 반발을 불러일으키거나 아이에게 '자기는 그룹홈 실무자의 눈 밖에 났으며 찍혔다.'고 여기게 된다. 그래서 다시 비슷한 말썽을 피웠을 때 처벌을 해도 효과가 점점 줄게 된다.

TV나 스마트폰을 빼앗고, 외부 활동을 금지하고, 내방객을 막고, 외출을 장기간 금지하는 등의 처사는 역효과를 초래할 수 있다. 이런 제한은 우울, 움츠림, 소외감을 심화한다. 그리고 나아가서는 가출로 이어질 수 있다. 그리고 스마트폰을 빼앗는 것은 아이의 반발을 초래할 수 있기 때문에 매우 신중할 필요가 있다. 아이가 왜 스마트폰 사용을 할 경우에 어떠한 문제가 예상되는지 그래서 불가피하게 스마트폰을 사용할 수 없는지 등에 대해 납득할 수 있어야 한다. 그래서 스마트 사용으로 인한 부작용과 아이의 반발이 예상될 경우에는 부모나 친지를 불러 함께 논의하며 그룹홈 실무자가 직접 하기보다는 부모나 친치가 아이를 설득하여 스마트폰을 그룹홈 실무자에게 맡길 수 있도록 협조를 구하는 것도 한 방법이다.

5) 용돈 삭감 혹은 벌금

벌의 한 가지로 용돈을 삭감하거나 벌금을 과하는 것이 더 좋은 경우도 있다. 벌금을 부과하기보다는 용돈을 삭감하는 것이 바람직하며, 벌금을 부과할 잘못이나 벌금의 액수를 그룹홈 아이 모두가 참석한 가운데 미리 정해서, 벌금을 부과할 때 함부로 한다거나 멋대로 한다는 말이 나올 여지를 미리 없게 해야 한다. 용돈 삭감이나 벌금의 액수는 말썽의 정도와 빈도에 따라서, 또 벌금을 낼 사람의 자금력에 따라서 정하는 것이 좋다. 또 아이들이 정의(正義)를 보는 가치관도 고려하여야 한다.

용돈 삭감이나 벌금을 징수하는 데에는 아이들에게 이를 감당할 만한 돈이 있어야 한다는 점이 중요하다. 그렇치 못할 경우 다른 그룹홈 아이에게서 아니면 바깥 사람에게서 돈을 꾸거나, 심할 때는 남의 돈을 훔치거나 가게를 터는 일이 벌어진다. 또 벌금으로 용돈을 몽땅 빼앗기면 아이는 이후의 벌금에 무관심해져서 비행을 계속할 수도 있다.

아이들이 아르바이트나 친가의 배려 등으로 외부에서 돈을 마련할 수 있을 때는 용돈 삭감이나 벌금의 효과에는 한계가 있을 수밖에 없다. 이런 면에서도 아이들이 외부에서 얻는 수입의 일부를 은행에 예금하게 하고 부모가 자녀에게 돈 주는 것을 삼가 달라고 요구해야 한다.

6) 벌로 일 시키기

화장실이나 목욕실 혹은 방안 청소 등을 벌로 과하는 것은 현명한 일이 아니된다. 여러 사람의 이익을 위해서 하는 일이 귀찮은 일로 여겨져서 피하게 되어서는 안 되며, 모든 사람이 누구나 참여할 값진 일로 보여져야 하는 것이다. 벌로 일을 시키는 것은 노동이나 일에 대한 편견을 심어 줄 수 있기 때문에 바람직하지 않다. 또 벌로 공부시키는 것 역시 현명한 처사라 할 수 없다. 남에게 보이기 위해서 하는 공부는 집중력 있는 공부가 될 수도 없을 뿐더러 공부를 더욱 하기 싫은 것으로 간주하게 만들 수도 있기 때문에 어떠한 경우라도 벌로 공부하라는 것은 피해야 한다.

또 어떤 경우에는 반성문 등을 쓰게 하는 경우도 있는데, 이 역시 본인의 의사에 반해서 하는 반성은 아무런 효과가 없다. 학창 시절 반성문을 써 본 사람들은 이것이 아무런 효과가 없다는 것을 잘 알 것이다. 따라서 벌로 적절한 것은 가능하다면 그 아이의 잘못된 행동과 관련성이 있는 것이 바람직하다. 즉, 귀가시간을 자주 어기는 경우 외출을 삼가도록 하거나 혹은 남의 돈을 훔쳤거나 거짓말하는 경우 용돈을 삭감하거나 하는 것처럼 되도록 그 행동과 관련성 있는 벌이 효과적일 것이다.

7) 적당한 벌

어떤 처벌이 아동 · 청소년 그룹홈의 재량으로 가능한가? 그런 것에는 여러 가지가 있다. 다음은 일상적으로 일어나는 잘못이나 말썽의 처벌을 그 정도의 무게에 따라 제시한 것이다.

- 주의
- 한두 시간 제 방에 가서 냉정을 되찾게 하기
- 하루 이틀 간의 게임, 스마트폰 이용 금지 및 TV 시청 금지
- 용돈 삭감이나 벌금
- 소액인 경우 변상
- 하루 이틀 외출 불허
- 이삼일 조기 귀가조치

가해나 절도 등 심한 말썽은 좀 더 엄한 대처가 있어야 한다. 그룹홈 실무자가 아이의 비행 정도가 심하거나 피해 정도가 심한 경우 시 · 군 · 구 관련 기관이나 경찰에 신고하는 등의 조치가 있어야 한다. 때로 사직당국이나 행정기관 등 관련 기관에 아이를 고발하거나 보고하는 것을 그룹홈 실무자는 꺼리기도 한다. 그러나 상해를 입은 아이의 코뼈가 부러진 것을 알게 된다거나, 가출한 아이가 하루 이틀을 넘겨도 돌아오지 않거나, 상해를 당한 아이의 부모가 화가 나서 관련 기관에 호소

하는 등 그룹홈으로서 난처한 일이 벌어지는 경우도 있을 수 있으며, 이런 경우에 사전에 시 · 군 · 구청 등 관계 기관에 보고하지 않았을 때는 그룹홈의 상황이 난처해질 수도 있다.

그러나 가해자의 성격과 사건의 경위 등을 고려할 때 신축성의 여지는 있다. 호기심에서 시험 삼아 담배를 한 대 피우거나, 아이들 간의 다툼으로 가벼운 상해를 입은 경우에는 서로 화해하게 하고 서로 용서할 수 있도록 하는 것이 바람직하다. 아이가 가게에서 물건을 훔쳤을 때 경찰이 알게 하는 것이 아이 버릇 고치기에 오히려 역효과를 가져온다고 판단될 때는 전액 배상 등 가게 주인을 설득해서 고발을 유보하게 하는 것도 좋다. 동료 그룹홈 아이에 상해를 입혔으나 상처가 심하지 않고 싸움을 걸어서 당한 것일 때는 아동 · 청소년 그룹홈 안의 일로 치부하고 내부 처벌과 상담과 재발방지책을 세우는 것으로 끝내는 것이 좋다.

아이의 말썽이 습관적이어서 어쩔 수 없이 퇴소시켜야 하는 경우에도 아동 · 청소년 그룹홈의 시설장이나 대표가 그 아이에게 경고하여 그런 일이 또다시 발생할 경우에는 퇴소시킬 수밖에 없음을 알게 해 주는 것이 치료에 효과가 있다. 이런 경우 그룹홈 대표나 시설장은 아이의 행동을 걱정하면서도 용서가 없을 것이라는 확고한 태도를 보여야 한다. 그동안의 아이의 행동을 되짚고 이에 따라 있게 될 언짢은 일을 언급해야 한다. 퇴소당하는 불행을 당하지 않기 위해서 아이가 어떻게 해야 할 것인지 언급하고 아이가 변화되기를 바라는 마음을 분명하게 전달해야 한다.

때로는 이러한 경고를 문서로 만들어 전달하기도 한다. 이런 경고를 문서로 받는다는 체험은 아이에게는 매우 의미 있는 사건일 것이다. 경고 문서를 받은 아이는 자신의 행동을 진지하게 돌아보게 되고, 좋은 행동을 곰곰히 생각하게 되고, 장래를 생각하게 된다. 이런 경고를 받은 아이가 이에 대한 소감이나 회답 글을 베개 밑에 숨겨놓거나 서랍에 풀칠해서 붙여 놓은 것을 한참 후에 발견하는 수도 있다. 또 이런 글을 손에 들고 자신의 심정이나 욕구나 처지를 솔직하게 밝힐 생각으로 그룹홈 종사자 앞을 서성이게 되는 수도 있다.

4. 그룹홈에서의 규칙과 약속

바람직한 행동을 강화시키기 위하여 사회복지시설이나 교정시설과 같은 생활시설에서는 시설에 적합한 구조화된 행동수정을 위한 규칙 등을 세워 왔다. 이런 제도는 그룹홈 실무자가 일을 당했을 때, 그 상황 판단에 따라 아이가 한 일의 잘 잘못을 가려서 적절히 임의 대처할 여지를 두지 않는다. 이런 경우에 그룹홈 실무자나 그룹홈 아이가 가지고 있는 가치관이나 예절이 규칙이나 운영지침에 따라 이행했으면 상을 받고, 위반했으면 벌을 부과한다. 예를 들면 규칙에는 귀가시간 위반, 무단결석, 침실 정리 불이행에는 벌금이 얼마며, 벌은 무엇이라고 규정하고 있다.

그러나 이러한 규칙의 목적은 아동 · 청소년 그룹홈이 아이에게 바라는 것이 어떤 것인지 알게 하고 상을 주어서 바람직한 행동을 강화하는 데 있지만, 과도한 규제나 규칙은 그룹홈의 개별적 처우를 제약할 수 있기 때문에 규칙은 최소화하는 것이 바람직하다. 그리고 규칙보다는 서로 간의 신뢰관계를 구축하여 그 그룹홈 만의 따뜻한 문화를 만드는 것이 훨씬 중요하다. 따라서 규칙은 필요한 경우만을 최소한으로 하며 그 외는 약속으로 정할 필요가 있다. 이러한 약속이 정해지지 않는 경우에는 처음에는 수용적 자세를 견지하며 다음부터는 이런 경우에 이렇게 하자고 약속을 정하는 것이 바람직할 것이다.

이러한 약속은 그룹홈 아이 모두에게 해당되는 것도 있고, 어느 특정인의 행동을 염두에 두고 한 규칙이나 약속도 있다. 예를 들면, 성질이 급해서 쉽게 발끈 화를 내는 아이에게는 화가 치밀어 오르는 경우 이를 참아 넘기는 훈련을 과제로 부여한다. 화를 내지 않고 지낸 주는 상을, 못 참고 성질을 부렸을 때는 벌을 받는 것으로 미리 당사자와 약속한다. 이러한 인지행동치료 방법이 사안에 따라 그 당시에는 효과가 있을지 몰라도, 장기적으로 보면 서로의 신뢰관계 구축에 도움이 전혀 안 되기도 한다.

그리고 인지행동치료 방법은 조건반사식의 대처방식이기 때문에 비인간적이라는 비판을 받을 수도 있으며, 관용적인 그룹홈 문화를 만들어 나가는 데 방해가 되기도 한다. 따라서 인류학적인 접근방법으로 보았을 때는 이러한 접근방법보다는 바람직스럽지 않는 행동을 억제하고 바람직한 행동을 자연스럽게 권장하는 문화를 만들어 나가려는 노력이 더욱 효과적일 수 있다.

그러나 실제로 아이들과 함께 생활하면서 발생하는 사안은 매우 복잡하고 형태도 다양하다. 따라서 사안별로 규칙을 제정한다는 것은 때로는 무의미할 수도 있다.

- 어느 아동・청소년 그룹홈은 금지사항과 이를 어겼을 경우의 벌칙을 매우 세세하게 정해 놓고 있다. 그런가 하면 어느 그룹홈은 생활에 필수적인 기본적인 몇 가지만을 정해 놓고 있다. 미국의 어느 유명한 병원에서 어느 소녀가 퇴원을 앞두고 고열로 인해 의식을 잃자 의사가 진통제 처방을 금했음에도 간호사가 진통제를 처방하여 숨진 사건이 발생하였다고 한다. 그 후 그 병원에서는 원인을 조사하던 중 의사나 간호사가 지켜야 할 수칙이 너무 많아서 일일이 기억할 수 없을 정도라는 것을 발견하고 수칙을 5~6개로 쉽게 알고 외울 수 있게 간소화하는 작업을 하였다. 그 결과 병원의 내부 감염률이 0%가 되었고, 지금은 미국의 다른 병원에서도 이를 받아들여 활용하고 있다고 한다. 즉, 많은 규칙은 서로를 혼란스럽게 하기 때문에 규칙은 적을수록 좋다.
- 그룹홈 아이의 바람직한 행동을 장려할 목적으로 점수제나 급수제를 채택하고 있는 그룹홈에서는 한 주간의 생활을 0점에서 시작해서 규칙 이행에 따라 점수를 따게 한다. 그런가 하면 일정 점수를 미리 주어 놓고 위반에 따라 점수를 감해 나가는 주간평가제를 실시하는 그룹홈도 있다.

미리 상세히 행동기준을 정해 놓고 아이가 이 기준에 도달하는 진전을 보이면 특전이나 재량권을 더해 주는 '급수(級數)'제도를 채택하는 그룹홈도 있다. 이 그룹홈에서는 잘못된 행동을 한 아동의 급수를 한 단 내린다. 요즈음 학교체벌이 금지되자 중・고등학교에서도 학생들을 통제할 목적으로 대부분의 학교에서 점수제를 채택하고 있다. 그러나 그룹홈에서의 점수제나 급수제는 그룹홈의 가정적 분위기를 훼손할 수 있기 때문에 이러한 접근방식을 채택하지 않는 것이 바람직하다.

찬성론자들은 이러한 행동수정제도 미리 정해진 규칙이나 약속대로 아이들을 이끌게 되기 때문에 그룹홈 실무자의 대처가 즉흥적이거나 임의적이라는 오해를 사는 일이 없게 되고, 일관성이 유지된다고 주장한다. 또한 더 나아가 이러한 규칙으로 말미암은 바람직한 행동은 점차 습관화되어 그룹홈 아이의 성격 형성으로까지 발전한다고 주장한다.

그런가 하면 행동수정제도의 효율성에 대해서 의문을 제기하는 학자도 있다. 그룹홈 실무자는 아이를 대하면서 상황에 따라 상황 판단과 일 감각과 유연성과 융통성을 발휘해야 하는데, 모든 그룹홈 아이와 모든 사태에 대한 대처요령에 대해서 미리 지시를 받아놓고 있을 수 없지 않느냐는 주장이다.

쉴 사이 없이 일어나는 감당하기 벅찬 사안을 대해야 하는 그룹홈 실무자로서 미리 정해진 행동수정을 위한 아동 · 청소년 그룹홈의 세세한 규정에 맞추어서 아이들이 일으키는 말썽을 처리한다는 것은 여간 어려운 일이 아니다. 사과 한 개를 슬쩍 집어가고, TV 채널을 맘대로 돌리고, 밤늦게까지 스마트폰으로 동영상을 감상하고, 화가 나서 문을 쾅하고 닫고, 홧김에 책을 바닥에 내동댕이치고, 그룹홈 아이를 곯리거나 겁주는 것을 보았을 때 일일이 처리 규정을 읽어 가면서 대처할 수는 없는 노릇이다. 좀도둑질, 덤비기, 밤늦게 통화하기, 아이들끼리의 말다툼, 옷을 함부로 벗어 놓기, 양말 내팽개치기, 낮에 잠자기, 깨우는 데에도 늦게 일어나기, 친구와의 장시간 전화, 냉장고 뒤지기, 맛있는 것 훔쳐 먹기, 전기나 수도를 절약하지 않고 함부로 쓰기, 냄새가 날 정도로 잘 씻지 않기, 충동적 절도, 계획적 절도, 어둠이 무서워서 잠자리의 소등을 마다하는 것 등은 규칙에 들어 있지도 않다.

이러한 과도한 규칙은 그룹홈의 정상화 원리와 개별화의 원리에 반하여 아이들과의 친밀감 형성에도 지장을 초래하기 때문에 바람직하지 않다는 것이 필자의 소견이다.

그리고 무엇보다 이러한 인간행동에 대한 행동수정요법은 일부 단기적인 효과도 있지만 인간행동을 투입과 산출, 자극과 반응이라는 기계적 과정을 통해 변화시킬 수 있다는 것을 전제하고 있기 때문에 필자는 이러한 접근방법은 인간의 자율성과 창의성, 존엄성을 훼손할 수 있는 비인간적인 접근방법이라고 생각한다.

또한 장기적인 안목에서 그룹홈 아이들의 성격 형성이나 인격 향상에 도움이 되지 않을 수도 있다는 것이다. 상으로 주는 물건이 탐이 나서 규정을 지키고, 벌을 회피하느라 제도 규정을 따르는 사람이 과연 자기 자신을 다스리고 양심을 키우고 독자적인 사리판단력을 갖추는 등 장차 세상에 나가 사는 데 있어야 할 건실한 인품이나 덕성을 지니게 될 것이냐 하는 점이다.

인류학적인 접근방법에 따르면 이러한 행동수정요법보다 좋은 행동은 서로 권장하고 나쁜 행동은 억제해 나갈 수 있는 문화적인 환경을 만드는 것이 중요하며, 따라서 이러한 환경을 만드는 것은 장기적이며 복합적인 요인들이 서로 작용하며 그중에서도 그룹홈 실무자의 인품과 성격이 그룹홈 아이들에게 매우 큰 영향을 미친다는 점이다.

제11장 아동 · 청소년 그룹홈의 치료적 접근방안

신체적 안전과 정서적 안정을 위한 그룹홈의 문화와 환경 조성으로 아동 · 청소년 그룹홈은 사업목표 중에서 두 기본목표를 달성한 것이 된다. 그룹홈은 가정해체 등으로 상처가 많은 아이들에게 매우 효과적인 치료방법이기 때문이다. 따라서 따뜻하고 친밀하고 서로 신뢰할 수 있는 애착관계 형성이 그 어떤 치료 프로그램보다 중요하다. 이러한 애착관계 형성은 일종의 그룹홈의 분위기, 즉 그룹홈의 문화라 할 수 있다. 우리나라 그룹홈은 그룹홈의 실무 인력 제한, 전문성의 제약, 자원 및 프로그램의 부족, 그룹홈에 대한 열악한 지원 등으로 실질적인 개인 치료 프로그램을 행하는 데 너무 많은 제약이 따른다. 그렇지만 미국 그룹홈에서 이루어지고 있는 치료 프로그램 등을 참조한다면 우리나라 그룹홈 서비스의 질적 향상을 위해서도 유익할 것이다.

그룹홈의 애착관계를 토대로 이 장에서는 세 번째 기본목표인 구조화된 치료적 접근방안 등을 살펴본다. 여기서 사용하는 치료적 접근이라는 말은 아동 · 청소년 그룹홈이 이용할, 전문가가 작성하고 시행하는 심리, 교육, 사회, 건강 등의 방안을 의미한다. 이런 방안은 일반적으로 특정 시기의 특정 장소에서 아동 · 청소년 그룹홈의 특정한 대상을 위하여 수립한다. 그룹홈의 심리장애아동이나 부적응아동에게 제공되는 구조적 방안에는 각 그룹홈의 아이를 위한 치료계획안 개발, 개인상담, 개인정신치료, 집단상담, 집단치료 그리고 부모상담이 포함된다.

이런 심리장애나 부적응으로 어려움을 가지고 있는 아동 · 청소년에게 제공되는 서비스에 관하여 살펴본다. 이런 아동 · 청소년을 돕기 위한 교육, 놀이 및 레크리에이션, 그리고 치유 및 문화 프로그램 등에 관해서는 다음 장에서 다룬다.

1. 개인치료계획

새로 들어온 그룹홈 아이가 바라는 것이 무엇인지 일단 파악하고 나면, 다음 단계는 이 아이를 위해서 그룹홈이 달성할 목표, 제공해야 할 편의, 일상생활에서 그룹홈 실무자가 이 아이를 대하는 요령 등이 담긴 개인치료계획을 마련하는 일이다. 치료계획은 장황하거나 복잡할 것이 없고, 관계되는 사람 모두가 알아두어야 할 필요한 사항이 빠지지 않고 자세히 문서화되어야 한다.

대개 개인치료계획은 아동 · 청소년 그룹홈의 시설장이나 실무자와 의논해서 작성하게 된다. 사실 우리 그룹홈의 현실 속에서 개인치료계획을 세우는 것은 부담을 많이 가지고 있으며, 그룹홈의 인력이 제한된 상황을 고려하여 치밀한 계획이 아니더라도 그 아이와 관련된 핵심사항과 향후 계획 등을 간략하게 정리해 놓을 필요가 있다.

그리고 치료계획을 작성할 때에는 치료가 필요한 아이와 상담하여 그 아이가 주체적으로 참여할 수 있도록 동기를 제공하는 것이 필요하다. 이러한 상담을 통해서 아이는 자기가 해결해야 할 과제가 무엇인지 알게 되고, 그룹홈에서 자기가 수행해야 할 과제를 알게 된다. 또 아이는 치료에 참고할 만한 의견을 제시하기도 한다. 또 치료계획안 작성에 참여하면 아이가 보다 적극적으로 참여할 수 있을 것이다.

개인치료계획에는 적어도 다음 사항이 포함되어야 한다.

- 치료 기간과 경과 검토일
- 그룹홈 아이의 입소일, 나이, 과거 거주지, 아이의 특징, 건강 등 성장배경
- 입소 이유, 이전 거주 장소와 가족관계, 아이 특징, 기타 관련된 사회단체, 기관 등을 간단히 요약한 기록
- 행동이나 정서상의 증후행동이나 심리학적 진단 등 간단한 심리상의 특성 기록
- 원 가족 복귀의 가능성 여부, 학교성적 향상, 심인성 증후 탈피, 아동 · 청소년 그룹홈을 떠난 후의 독립생활 준비 등 장기 목표(이러한 치료계획에는 1개월에서 3개월 앞을 내다보는 단기목표도 담겨야 한다. 예를 들면, 욕을 자주하거나 반항적인 말투, 충동적 행동, 충실한 등교, 귀가시간 준수 등도 포함되어야 한다.)

- 그룹홈 실무자가 아이를 대하는 요령이 담긴 지침(화가 난 아이를 칭찬으로 달래는 요령, 하루 15분간의 개인지도, 아이가 자기 분노를 조절하지 못하고 충동적으로 행동했을 때의 대처 요령), 대인관계가 위축된 아이에게 친구를 사귈 수 있게 돕는 방안, 아르바이트 자리 구해 주는 요령, 아이의 지도력 계발 요령 등
- 아이가 친지나 부모를 방문할 시기와 횟수, 부모상담, 친가족의 적대감이나 무관심이나 과보호나 옹고집이나 기타 반 치료적 자세 대응 요령 등에 대한 대응방안
- 학교, 지역아동센터, 청소년수련관, 아동보호기관, 보건시설, 보호관찰소, 기타 필요한 외부 관계 기관 섭외
- 아이에게 제공할 수 있는 개인 심리치료, 치료교육, 보건시혜 등 구조화 치료 편의

그룹홈 아이에 대한 개인치료계획은 필요에 맞추어 주기적으로 때에 맞게 수정되어야 한다. 주기적 검토에 아이들을 참여하게 하여 그동안 받은 치료 결과, 있었던 문제점, 받은 치료의 효과성과 적절성 등을 묻는 평가표를 아이가 작성해서 제출하게 하는 것이다. 이 평가표는 다음 치료에서 목표를 세우고 제공해야 할 편의를 결정하는 데 기여한다. 치료를 받는 그룹홈 아이가 말로 설명을 못하는 경우에는 그룹홈 나름으로 서식을 마련해서 치료를 받아 온 아이가 원하는 것이 좋았던 점에 대한 설문에 대답하게 하면 좋을 것이다.

그룹홈에 따라서는 그룹홈 실무자와 그룹홈 아이와 단기간의 '약속' 혹은 '계약'을 맺을 필요가 있다. 이 계약으로 전문 상담사나 그룹홈 실무자가 정기적으로 그룹홈 아이와 함께 그동안의 진행을 검토하면서 치료 목표나 제공될 편의를 수정하는 것이다. 예를 들면, 그룹홈 아이가 학교를 빠지지 않고 다닐 것, 집에서 적어도 30분 이상 숙제를 할 것, 그룹홈 실무자의 개인지도를 매일 받을 것 등이다. 이런 약속을 잘 이행한 그룹홈 아이에게는 그 보답으로 농구 연습에 가는 차편을 제공하거나 보너스를 주거나 하는 등으로 아이의 동기를 강화시킨다.

아동 · 청소년 그룹홈에서 이 약속은 구두로 할 수도 있지만, 서류로 작성하여 그룹홈 아이와 그룹홈 실무자가 모두 서명함으로써 약속의 공신력을 높힐 수도 있다. 이를 통해 아이는 약속한 사항을 이행해야겠다는 의지를 강화시키는 데 기여할 수도 있다.

약속 기간이 종료되면 상담가와 그룹홈 실무자와 아이가 모두 참석해서 그동안의 진행을 검토하고 새로운 약속에 대비한다. 아이가 자기 노력으로 가능한 작은 달성 목표를 새롭게 계약해서 실천하며 이것이 거듭되는 중에 장기목표가 실현되게 하는 것이다.

이런 방법은 그룹홈 아이의 개인차를 고려해서 신중히 그리고 신축성 있게 운용되어야 한다. 단순하게 운용되어야 하므로 계약은 겉으로 나타나는 행실의 개선만을 담고 그 밑에 숨어 있는 원인은 도외시해야 한다. 공포증, 충동이나 강박, 야뇨증 등 자기 맘대로 어떻게 되지 않는 것들에 대해서는 아이들이 치료에 응하려 들지 않는다. 달성 목표가 지나쳐서 노력해도 이에 미치지 못할 때 아이가 우울, 불안, 자신감 상실 등으로 계약 이행을 포기하여 가능한 개선을 가로막게 되기도 한다.

2. 개별상담

아이의 개별상담은 아동 · 청소년 그룹홈에서의 일상생활의 모든 면에 영향을 주는 주요 치료도구다. 대부분의 개별상담은 사안이 발생했을 때 상황에 따라 그룹홈 실무자에 의해 이루어진다. 이러한 개별상담은 전문적인 상담이라기보다는 사안에 따른 긴급대처의 기초 상담이다.

그러나 이와 달리 정기적으로 날짜를 정해 아이들을 개별적으로 상담하는 개별상담도 필요하다. 정기적인 개별상담은 그룹홈 아이의 심정, 욕구 그리고 행동원인을 심도 있게 탐색한다. 또 일정 시간을 잡아서 하는 상담이라 아이와 긴밀히 관계되는 문제를 제기하고 장기목표 달성을 위해 조직적으로 진행한다. 아이의 발달정도, 자아인식과 인지능력의 개발, 긍정적인 태도와 가치관, 정서적 불안, 분노조절, 문제해결 능력과 대인관계 능력 그리고 기타 성격 변화를 포함할 수 있다. 아이가 일상에서 일으키는 문제나 소소한 짜증 등은 아이가 안고 있는 해결과제를 암시하고 있다는 점에서 간과되어서는 안 된다.

개별상담은 그룹홈의 모든 아이들에게 정기적으로 적용되어야 한다. 일주일에 한 번이 보통이지만 사람에 따라서 더 자주 하거나 기간을 벌려서 가끔 하기도 한다. 얼마나 자주 하느냐는 각 아이의 요구, 상담 내용에 달려 있다. 그러나 실제 그룹홈에서는 한 달에 한 번도 정기적으로 개별상담을 하기 힘들다. ① 그룹홈의 인력이 1~2명이며 당장 눈앞에 해결해야 할 과제들이 폭포수처럼 쏟아지는 상황 속에서 정기적으로 개별상담 시간을 잡아서 할 수 없으며, ② 그러한 역량을 갖춘 이들이 많지 않으며, ③ 그룹홈을 지원할 수 있는 상담지원 체계도 갖추어져 있지 않는 현실 속에서 개별상담을 정기적으로 해야 한다는 주장은 그 필요성에도 불구하고 현실적 설득력을 가질 수 없다. 이를 위해서는 그룹홈 인력이 확충되고 그룹홈 종사자에 대한 처우가 개선되어 우수한 역량을 갖춘 인력이 그룹홈에서 일할 수 있는 환경이 만들어져야 하며, 또한 동시에 그룹홈 지원센터 같은 지원체계가 세워져야 한다. 그러나 아무리 그룹홈의 현실이 열악하다고 하더라도 개별상담을 통해 아이들의 정서적 안정과 적응을 도울 수 있기 때문에 정서적 불안이나 적응상의 어려움을 겪고 있거나 심리치료를 받고 있는 아이나 새로 그룹홈에 들어온 아이 등에 대해서는 관심을 가지고 개별상담의 기회를 자주 가질 필요가 있다. 이러한 과제가 어느 정도 해결되거나 처음 들어온 아이가 점차 적응하면 일반적으로 상담의 횟수가 줄어든다.

아동·청소년 그룹홈의 공식 업무로 진행되고 있는 활동을 평가하고 계획하기 위해서 그룹홈 실무자가 아이와 상담을 해야 할 때도 있다. 그런 것 중에는 치료계획, 진행 상황 검토, 약속이나 규정 이행 여부 정기 검토, 아이 참석하의 학교성적 통지표 검토, 친가 방문이나 부모의 내방에 따르는 사항 협의, 친가 방문이나 내방 후의 소감 청취 등이 있다.

상담시간은 그룹홈 아이의 필요에 따라 한 번에 30분에서 1시간이다. 장기간 그룹홈에 있어 온 아이일 경우는 한 달에 1~2회, 1회에 약 30분씩 만나서 하는 얘기로 필요한 것을 주고받을 수 있기도 하다.

아동·청소년 그룹홈에 가장 적당한 상담은 비지시적 접근이다. 상담시간은 주로 경청, 자기반성, 그룹홈 아이의 욕구를 표현하게 하는 것 등이며, 집요한 설득이나 나무람이나 가혹한 요구가 아닌, 공동 노력의 시간이다. 미리 정한 화제 하나만이 아닌, 그룹홈 아이의 심정이나 감정, 안고 있는 문제, 고민 등을 말하고 털어놓는 시간이다. 비록 화제가 피상적인 것이라도 상담사인 그룹홈 실무자에 대한 신뢰가 두터워진 후에는 나중에 털어놓게 될 무엇인가 더 심각한 사안의 실마리가 될 수도 있다.

비지시적 상담에서 기록물은 좋은 자료이고 도구일 수 있다. 그룹홈 아이는 자기평가가 아닌 부모나 선생이나 기타 의지할 인물에게 쓴 편지 등을 작성하면서 무엇인가를 얻는다. 상담사와 함께 그룹홈 아이는 이런 기록물을 통해서 자기의 감정이나 과제, 욕구, 불안, 슬픔, 진전된 분야나 개선 계획을 말하고 의논할 수 있다. 중요한 결정을 내려야 할 처지의 그룹홈 아이에게는 여러 가지 가능성을 적은 목록을 작성해서 각 목록의 득실을 따지게 한다. 이 밖의 기록 목록으로는 학교생활을 개선하는 길, 인생목표, 이 목표를 달성하는 데 있어야 할 단계, 친가를 방문할 때 일어날 수 있는 좋은 일이나 나쁜 일 등이 있다. 이런 목록을 작성하면 그룹홈 아이는 자신의 심정이나 생각이 분명해져서 보다 주체적으로 행동할 수 있을 것이다.

그룹홈 실무자는 상담에서 얻은 정보로 그룹홈 아이에게 제공하는 대우나 환경을 어떻게 바꾸어야 할 것인지를 알게 된다. 아이가 다니는 학교를 찾아가서 상담에서 드러난 그룹홈 아이의 문제를 의논할 수도 있다. 상담에서 알게 된 가족문제를 아이의 부모를 만나서 의논할 수도 있다. 또 방을 함께 쓰는 짝을 바꿔 주어야 할 필요, 외부 활동에 필요한 물품 지원, 실시해야 할 성교육의 범위나 심도를 정할 수 있게 된다. 상담은 그룹홈 실무자에게 아이에게 보다 주체적으로 행동할 수 있도록 아이의 의사결정권의 범위를 정하는 데에도 도움이 되고, 그룹홈 아이에게 어떤 칭찬을 어떻게 해 주는 것이 좋은지를 제공해 준다.

그룹홈 아이는 자기가 한 말이 밖으로 새어나가지 않는다는 확신이 들면 솔직하고 거리낌 없이 속 얘기를 하게 된다. 상담 중에 한 얘기를 다른 사람에게 말해야 할 필요가 있을 때는 상담사는 사전에 본인의 양해를 구해야 한다. 비밀은 지켜야 하지만, 그룹홈 아이를 치료하는 데 필요할 때는 충분한 정보를 그룹홈 실무자에게 알릴 수 있다.

3. 집단상담

아동 · 청소년 그룹홈에는 집단상담이 매우 적합하다. 그룹홈에 집단상담에 유능한 사회복지사가 있다면 매우 좋을 것이다. 그룹홈에서 보통 4~7명의 아이들이 생활하기 때문에 집단상담에 적합한 인원이다. 집단상담을 할 경우에 잠시도 집중하지 못할 정도로 앉아 있지 못하거나 말을 못할 정도로 마음에 상처가 깊은 경우가 아니면 집단상담을 통하여 그룹홈의 문화를 만들어 나가는 데 매우 효과적이다. 집단상담은 아이들 스스로 자신의 행동을 되돌아볼 수 있게 하고, 표현력이 부족한 아이들에게 자신의 의견을 자유롭게 말할 기회를 제공할 수 있다. 무엇보다 비슷한 경험과 처지인 아이들이 공감대를 쉽게 형성할 수 있으며, 다른 아이들을 올바른 방향으로 인도하는 데 훌륭한 도구가 될 수 있다. 또한 또래상담을 통해서 아이들 간의 상처를 치유할 수 있고, 서로 든든한 유대를 쌓을 수도 있다.

그럼에도 불구하고, 상당수의 아동·청소년 그룹홈에서는 이러한 집단상담을 실제로 활용하고 있지 못하다. 일상의 가족모임과 이 집단상담의 차이를 모르고 있는 그룹홈도 많다. 또 어떤 그룹홈에서는 그룹홈 실무자가 집단상담을 꺼리기도 한다. 그룹홈 아이가 그룹홈 실무자에 대한 비판을 할 수 있는 기회를 제공하거나 혹은 자기들의 권위에 도전하는 기회를 마련해 주게 될까 봐 염려한다. 이러한 그룹홈 실무자의 태도는 훌륭한 치료 기회를 스스로 놓치는 결과를 가져온다.

집단상담에서 참석자들은 능력 있는 그룹홈 실무자의 비지시적인 지도하에 자신의 삶에서 중요한 일들을 논의하게 된다. 자신의 행동, 태도, 가치나 혹은 그룹홈 내에 있었던 중요한 일들을 집단상담의 주제로 삼을 수 있다. 집단상담을 통하여 아이들 스스로 자신의 행동이나 언어, 태도를 서로 지적해 주어서 깨닫게 하고, 또 남을 보고 자신을 생각하기도 하며, 다른 사람의 의견을 듣기도 하고, 자신의 행동이 초래하는 결과를 깨닫기도 하며, 자신의 삶의 목표를 명확히 하는 데 도움이 되고, 서로의 노력을 인정하고 지지하고 칭찬할 수도 있다. 집단상담은 그 집단 구성원의 지식, 경험, 그리고 조언을 서로 교환할 수 있는 매우 유익한 기회가 될 수 있다.

집단상담의 빈도는 무엇보다도 그룹홈 실무자의 이론적인 지향점과 능력, 그룹홈 아이들의 나이, 입주 기간, 문제의 심각성에 따라 결정된다. 보통 그룹홈에서는 1달에 2~3회의 집단상담이 적당하다. 그러나 싸움이나 사고, 가출, 가정해체 등 긴급사안이 있거나, 이전 상담에서 미해결로 남아 있는 문제를 조속히 해결할 필요가 있을 때에는 그때그때 임시모임을 갖는다. 미국의 어느 아동·청소년 그룹홈에서는 매일 가져야 한다고 주장할 정도로 집단상담에 무게를 두기도 한다. 그러나 우리나라 현실에서 중·고등학생들은 야간자율학습이나 방과후 학습 등으로 함께 식사하거나 일주일에 한두 번 함께 모이기도 힘들어 일주일에 한 차례 이상 집단상담을 하는 것은 실제로 매우 곤란하다.

집단상담의 시간은 진득하게 앉아 있기 어려운 활발한 나이인 아이들이므로 한 시간을 넘기지 않는 것이 보통이다. 그러나 일이 다음으로 넘길 수 없는 성질의 것이거나, 참가자의 통찰을 이끌어 낼 필요가 있거나, 모임이 격해져 이를 식힐 필요가 있을 때는 좀 더 길게 할 수도 있다. 상담이 식사 바로 전이면 아이들은 배고프기 때문에 의논이 제대로 되지 않으며, 모임에서 흥분한 사람은 모임 바로 후의 식사에서 밥맛을 잃을 수도 있으므로 식사 직전의 모임은 피해야 한다.

집단상담은 그룹홈 실무자가 직접 할 수도 있으나 집단상담에 유능한 상담사를 통해 할 수도 있다. 그러나 우리나라 현실에서 그룹홈에 따로 상담사를 두기 어렵기 때문에 그룹홈 실무자가 집단상담 능력을 키우거나 외부 전문 상담사를 초빙할 수밖에 없다. 그러나 이런 외부 사람은 그룹홈과 아이들의 일상생활을 잘 모르기 때문에 효과 면에서 한계가 있을 수밖에 없다. 센터형 그룹홈이라면 집단상담에 유능한 사람을 두어 각 그룹홈마다 돌아가면서 집단상담을 할 수도 있다.

상담에 그룹홈 실무자가 참여한다면 그룹홈 아이에 대한 이들의 풍부한 지식과 관점이 모임에 활기를 불어넣을 것이다. 또 그룹홈 실무자는 상담을 통해서 그룹홈 아이의 심정과 생각을 더 잘 알게 되어 그룹홈 아이를 치료적인 방향으로 이끄는 데 많은 참고가 될 것이다. 그룹홈 실무자는 상담사가 자기들의 위신에 손상을 주지나 않을까 하는 의구심을 가지지 말아야 한다. 집단상담에 참석하는 그룹홈 실무자는 이 상담을 긍정적으로 보고 아이들과 생활하는 데 도움이 되기 때문에 집단상담을 지지하게 된다.

그룹홈 실무자를 상담에 참가시킬 것이냐에 대해서는 두 가지 입장이 있다. 그룹홈 실무자가 참석하면 아이들이 할 말을 안 하게 된다는 것이다. 훈련이 잘못된 그룹홈 실무자는 상담에서 알게 된 일을 통하여 그룹홈 아이를 대놓고 꾸짖거나 벌줄 것이라는 것이다. 또 참가자가 그룹홈 실무자의 처사에 대한 불평을 개진하거나, 그룹홈 실무자가 관계하는 그룹홈의 생활계획의 수정을 요구하게 되면 그룹홈 실무자는 이런 것이 자신에 대한 그룹홈 아이의 공격으로 여기게 되고, 따라서 상담사는 그룹홈 실무자를 달래고, 나온 말의 진위 여부를 가리거나 말한 사람의 태도나 예의 등을 가리는 판결관의 구실을 해야 하는 어려운 처지에 몰리게 된다는 것이다. 이런 이유에서 미국의 아동 · 청소년 그룹홈에서는 집단상담에 그룹홈 실무자의 참석을 금하기도 한다.

이런 찬반양론이 있지만, 외부 상담사에 의해 이루어지는 집단상담에 아동 · 청소년 그룹홈 실무자가 참가하는 것이 보다 타당할 것으로 사료된다. 집단상담에서 그룹홈 실무자를 배제하기에는 그룹홈 아이에게 스며들어 있는 이들의 영향력이 너무도 크기 때문이다. 외부 전문가에 의해 이루어지는 집단상담에서 그룹홈 실무자는 되도록 발언을 자주 하기보다는 신중하며 자신의 주장을 강조하기보다는 객관적인 관점을 가지도록 노력해야 한다. 그리고 자신을 비판하는 그룹홈 아이의 말을 들을 마음의 준비를 갖추어져야 한다. 아이들의 비판을 들을 준비가 되지 않는 사람은 그룹홈에 오래 있을 수 없다. 경청하는 것도 일종의 그룹홈 실무자가 갖추어야 할 능력이며 품성이기 때문이다.

집단상담에는 솔직한 의견 개진에서 마라톤 모임까지 여러 가지가 있다. 그룹홈마다 또는 상황에 따라 다를 것이다.

어느 접근법을 적용하든, 기본 요점은 비지시적 지도다. 상담사는 아이들이 자신과 관계되는 화제에 대해 자신의 생각, 경험, 심정을 털어놓도록, 거리낌 없이 눈치 안 보고 편한 마음으로 말할 수 있도록 그들의 편에 서서 발언을 유도하는 도우미로 애쓰기를 노력해야 한다. 상담사는 자기 표현을 하지 않는 아이를 격려하고, 발언을 독점하거나 압도하는 아이를 제지하여 모든 사람이 잡단상담에 참가할 기회가 있다는 것을 알려야 한다. 또 상담사는 확실한 정보의 제공자로서 참가자들이 모든 결정에서 대안이나 제한이 언제나 있다는 것을 고려에 넣어야 함을 알게 해야 한다.

이와 같은 사항은 집단상담에서 발언자를 관찰하고 참가자의 사이를 살피는 것이 중요한 일이기는 하지만, 그저 곁에서 소극적으로 지켜보기만 하라는 얘기는 아니다. 상담사는 관련된 화제, 어느 특정인의 욕구, 그룹홈에서 일어난 마찰 등을 논의하도록 이끌어야 한다. 상담사는 참가자의 견해의 유사점과 상이점, 공동 관심사, 어느 한 사람의 전체를 압도하려는 자세, 어느 사람의 분노, 사안 해결 노력의 실패 등을 지적해 주어야 한다. 비지시적인 상담에서 나아가야 할 방향이 있기는 하지만, 집단의 준비 자세나 논의의 흐름에 따라 맞추어 나가야 하는 미묘함이 있다.

이상적인 집단상담은 미리 참가자 각자에게 어떤 역할을 맡기거나 아니면 화제나 논제를 미리 정하는 일 없이 자연스럽게 화제가 나오고 논의가 전개되도록 무리 없이 진행하는 것이 가장 좋다. 그러나 상담사에 따라서는 모임 진행이 매끄럽도록 일정 범위에서 사전 포석를 하기도 한다. 모임을 시작한 첫 약 5분간은 참가자의 근래 생활이나 관심사를 얘기하거나 차분히 앉아 있게 한 다음에 일반 논의로 들어간다. 역할 담당, 간단한 분단 토의, 소극적인 참가자를 기록원이나 서기로 지명하는 것 등은 '분위기 잡기'이며, 별명 붙이기 등은 참가자 간의 얼굴 익히기의 한 기법이다.

토론 위주의 집단상담에서는 토론 주제를 상담사가 미리 정하거나 혹은 어느 특정인이 자신의 문제를 토론의 주제로 삼아 주도록 요청할 수도 있고, 사고를 일으킨 어느 특정인을 대상으로 토론 주제를 잡을 수도 있다. 말썽을 일으킨 아동을 토론의 대상으로 삼을 수도 있으며, 이렇게 특정인을 논의의 대상으로 삼는 이유는 그 사람의 행동에 대한 이해를 넓히거나 그와 같은 행동이 다른 사람에게 확대되지 않게하기 위한 것이다. 그런 경우에 토론 당사자가 모임 도중에 미리 나가야 하거나 기타 사정이 있을 때다. 이런 상담을 하게 되는 경우는 매우 조심해서 진행해야 한다. 토론의 도마에 오른 사람이 집단의 매도나 집중공격을 받아서 또래의 따돌림을 받아서 외톨이가 되거나 우울에 빠지거나 무력화되거나 죄책감에 사로잡히거나 가출 및 가정해체하는 일이 없도록 감싸야 한다. 또 토론의 내용이나 토론의 대상이 된 사람에 관한 일이 밖에 흘러나가는 일이 결코 없도록 해야 한다.

집단상담에서 참가자가 무슨 말을 하도록 이끌어 내는 데에는 두 가지 방법이 있다. 하나는 의논할 주제를 모임에서 정하는 방법이고, 또 하나는 각 모임에 앞서서 미리 의제를 지정하는 것이다. 전자에서 참가자는 관심사나 겪은 일을 말하면 된다. 능숙한 상담사는 이를 받아서 그룹홈 아이의 행동을 평가하고 문제가 무엇인지 명료화하고 가치나 태도의 갈등을 파악하고, 이런 상황에서 그룹홈 아이가 서로 건설적으로 행동할 길을 찾게 하여 자연스럽게 치료적인 효과를 올린다.

의제나 화제를 사전에 지정하는 것은 비지시적인 상담에 익숙하지 않은 상담사가 미리 준비할 여유를 준다. 또 모임을 진행하면서 초점을 맞추어야 할 연관 사항이 무엇인지 미리 분명하게 하여 모임의 산만함을 줄일 수 있다. 이와 달리 의제를 미리 정하지 않는 경우 의논에 초점이 없고 무엇인가 또렷한 결말을 본 것이 없을 수도 있다. 그러나 의제를 사전에 준비하면 나름대로의 결과를 얻는 데 도움이 될 것이다.

의제나 토론거리를 미리 정하는 경우는 이 의제가 그룹홈 아이들의 심정이나 정서에 호소하는 바가 있어야 한다. 치아 보건은 집단상담의 의제일 수 있기보다는 집단토의 안건이다. 집단상담의 대상이 되는 것을 예로 들면, 자해, 또래갈등, 이성관계, 분노의 인식과 자제, 또래나 그룹홈 아이와의 교분, 의사표현과 인신공격의 차이, 차별적 대우과 차이의 존중, 개별화와 공동체성, 진로 및 자립계획 준비 등이다.

전문상담가가 아닌 그룹홈 실무자로서는 의제의 사전 지정과 자유 토론을 섞는 것이 좋을 것이다. 비록 의제를 미리 정해 놓은 모임이라도 진행에 따라 자연스럽게 등장한 대목이 참가자에게 중요한 사안일 때는 이에 초점을 맞추어 나가는 것도 무방하다.

각 모임 끝에는 논의로 조성된 긴장을 푸는 여러 가지를 고려하여야 한다. 종료 전 잠깐 동안 토론 중에 나온 정보, 의견, 새로 얻은 것 등을 요약하거나 정리할 필요가 있다. 또 함께하기로 의견이 모아진 것에는 어떤 것이었는지 그룹홈 실무자가 참가자에게 재확인시키기도 한다. 그날의 모임을 평가하고 다음 모임에서 의논할 사항을 제안하게 하는 것도 모임에서 자극된 감정을 가라앉히는 한 가지 방법이다. 모임을 통해서 소득이나 결말을 본 것이 있을 때 참가자들은 만족해한다.

앞서도 밝혔듯이, 미국의 그룹홈에서는 집단상담이 매우 활성화되어 있지만, 우리나라의 현실에서 아동 · 청소년 그룹홈에서 집단상담을 자주 실시하는 그룹홈은 거의 없다. 그룹홈 아이들이 야간자율학습, 방과후 수업, 지역아동센터나 학원 등으로 한 자리에 모이기 어려우며, 집단상담을 유능하게 이끌 수 있는 역량을 갖춘 실무자가 부족하며 외부의 전문상담가를 초청하여 집단상담을 할 정도로 그룹홈의 재정적 여력이 있는 그룹홈이 거의 없기 때문이다. 따라서 아동 · 청소년 그룹홈에서 집단상담이라는 훌륭한 도구가 잘 활용되기 위해서는 그룹홈 실무자에 대한 현재와 같은 최저수준의 지원이 아닌 적절한 수준의 인건비 지원을 통해 자질과 역량을 갖춘 실무자들이 일할 수 있는 환경을 마련하고, 현재 근무하고 있는 그룹홈 실무자들 역시 역량을 개발할 수 있는 교육과 재충전의 기회가 주어져야 한다.

4. 개인심리치료

주거지역에 자리잡은 아동 · 청소년 그룹홈의 경우는 심각한 정신질환자가 있지 않지만, 개인심리치료를 받아야 할 정서장애나 사회부적응이 심한 사람의 경우에는 그룹홈 내에서의 개인상담이나 집단상담을 통해 치유하기 어렵다. 이런 경우는 깊은 무의식 안에 그 뿌리가 있기 때문에 전문가의 집중적인 치료가 있어야 한다.

아동 · 청소년 그룹홈에서 볼 수 있는 개인심리치료가 필요한 정신질환 증후는 경증 망상, 강박, 공포, 정신분열 경향, 우울, 수동적 움추림, 성 장애, 신경쇠약, 깊고 얽힌 분노, 병리적 거짓말, 만성 두통이나 무력증이나 오줌 싸기와 같은 심인성 질환이다.

아주 드물지만 충동적 도둑질, 반사회적 행동, 자해행위, 실무자와 아이에 대한 심한 폭행, 법률위반, 상습적 음주, 약물남용 등의 경우도 있으며, 이러한 증상이 심하여 그룹홈에서 감당하기 어려운 경우에는 관계기관과 상의하여 전원 조치와 함께 별도의 치료대책이 세워져야 한다.

아동 · 청소년 그룹홈에서 가장 많이 받는 개인심리치료는 주의력 결핍 및 과잉행동장애(ADHD)다. 정서적으로 상처가 있거나 방임 등으로 집중력이 부족한 경우 대부분의 아이들은 안정된 그룹홈의 환경에 적응하면서 점차 그 증상이 개선된다. 그리고 이런 아이들이 산만한 것은 어떤 면에서는 당연하다. 그러나 산만하다고 하여 모두가 ADHD는 아니다. 심한 증세가 아님에도 불구하고 자기성찰이나 언어 표현이 서투른 경우일 수도 있고, 적응상의 어려움일 수도 있기 때문에 반드시 전문가의 진단이 필요하다.

개인심리치료에 대한 지나친 기대는 단기간에 많은 효과가 있을 것으로 기대하게 만들고, 심리치료를 대신할 상담이나 집단치료에 대한 신뢰를 감소하게 할 수도 있다. 아이들의 개인심리치료에 대한 태도가 치료를 받아야 할 아이에게 영향을 준다.

미국의 어느 아동 · 청소년 그룹홈에서는 모든 아이들에게 개인심리치료를 받게 하는 경우도 있다. 남이 받는 것을 보고 나도 받아야겠다는 아이들의 요구 때문이라고 한다. 미국 뉴저지주의 여자 아동 · 청소년 그룹홈에서는 남자 아동 · 청소년 그룹홈보다 훨씬 개인심리치료를 많이 받게 하고 있었다. 남자아이들은 개인심리치료를 여자아이보다 받기 꺼린다는 것이다. 미국에서는 그룹홈 아이들에 대한 심리치료가 정부에서 전액 부담하기 때문에 개인심리치료가 남용되고 있다는 주장도 제기되고 있다. 우리나라에서는 정신과적인 치료나 상담이 대부분이 비급여이기 때문에 개인심리치료는 그룹홈에 상당한 부담이 된다.

그룹홈 아이의 심리치료를 위해 신경정신과 의사가 처방해 주는 약은 환자의 고통이나 무력증상을 경감시켜 준다. 그룹홈 아이의 병적 증상이 완화되면 학교에 가서 공부를 해내고, 집에서는 할 일을 해내게 될 수도 있다. 약으로 완화시킬 수 있는 증상은, 우울, 긴장, 무력감 불안, 반복성 두통, 무기력, 과잉 활기, 과대 비만이나 지나친 체중 상실 등이다.

어느 경우나 약을 투여할 때는 정신과 의사의 처방을 받는 것이 필수적이다. 그룹홈 내에 비치된 비상 구급약품은 반드시 그룹홈 실무자의 허락을 받아 사용하도록 할 필요가 있다. 그리고 그룹홈에서는 아이가 일상생활을 약에 의존하게 되는 일이 없도록 조심해야 하며, 신체적 중독이나, 건강이나 인간성에 해로운 부작용, 한 사람에게 처방된 약을 다른 그룹홈 아이와 공용하는 일 등을 각별히 조심해야 한다.

5. 집단치료

집단치료는 정신과적인 어려움으로 치료해야 할 상황이지만 하지만 아주 심하지 않은 장애여서, 유능한 치료사가 환자 여러 사람과 함께 서로 많이 어울리면서 더 큰 자기이해와 자기 각성에 이르게 하는 것이 목표다. 이것이 집단상담과 다른 것은, 자격을 갖춘 심리치료사가 치료를 맡는다는 점과 감정이 솟구치는 상태에서 대화가 진행된다는 점이다. 치료사는 환자가 화내고 대들 것을 각오하고, 환자의 방어나 겉치레를 깨부수고, 억압되어 있는 감정을 불러일으키고, 남과의 관계에서나 자기 처지에서 습관적으로 하는 처신을 캐묻는 등 때로 위험을 무릅쓰는 어려운 작업을 감내한다. 또 하나 다른 점은, 참가자가 마음속에 깊이 감추고 있는 삶의 분야를 집중적으로 다룬다는 점이다. 집단상담처럼, 집단치료는 소규모 생활시설에서 하게 된다. 입소자의 수가 집단치료에 알맞기 때문이다. 참가자는 여기서 치료에 필요한 자료가 될 여러 가지 활동과 경험을 하면서 서로를 관찰하게 된다. 참가자는 한 집에 집단으로 살면서 서로에게 강력한 영향력을 서로 주고 있다. 이런 이유에서 외부기관에 돈을 지불하고 치료를 받는 아동 · 청소년 그룹홈은 자기 그룹홈 아이가 남의 그룹홈 아이와 섞이는 일 없이 자기 그룹홈 아이만으로 잡단을 구성하도록 요청해야 한다.

집단치료는 놀이치료에서 미술치료, 원예치료까지 그 범위가 다양하다. 또 치료이론, 실시과정, 강도도 다양하다. 아동 · 청소년 그룹홈에는 그룹홈 아이의 특성으로 보아 미술치료, 원예치료, 놀이치료 등이 적합할 것이다. 그러나 이러한 집단치료 역시 참가자 사이의 신체접촉, 제멋대로의 심정피력, 마라톤 진행, 말로 하는 공격 등을 통해서 하는 치료의 경우 문제가 될 수도 있기 때문에 유의할 필요가 있다.

6. 부모상담

가정해체 등으로 상처가 많으며, 가정에서 배우고 익혀야 할 습관 등이 적절히 갖추어지지 않은 그룹홈 아이에 대해서는 부모상담이 매우 중요하다. 그러나 부모상담은 부모가 상담을 기피하거나 혹은 아이가 기피하는 경우가 종종 있기 때문에 그룹홈 입소 시 필요한 경우에 부모상담을 할 수 있으며 이에 적극 협력하겠다는 약속을 미리 받아놓으면 도움이 될 것이다.

- 그룹홈 아이의 장애가 무엇에서 오는지 알기 위해서는 그룹홈 아이의 가족관계와 생활실태를 알아야 한다.
- 그룹홈 운영에 부모의 지지를 얻을 필요가 있다. 그렇치 못할 때 부모의 그룹홈에 대한 차가운 시각이 아동의 그룹홈 생활에 좋지 않게 작용한다.
- 아이를 남에게 맡겨 놓은 데서 오는 부모의 죄책감, 분노, 실의 그리고 불안을 씻어 준다.
- 아이가 그룹홈의 생활을 잘 마치고 친가에 돌아갔을 때 부모가 아이를 따뜻하게 맞아들일 능력을 길러 준다.

이와 같은 부모상담의 중요성에도 불구하고 아동 · 청소년 그룹홈 아이들의 친가족상담이 실종되거나 형식적으로 실시되는, 경우가 많다. 아동보호기관이나 아동일시보호소 혹은 시 · 군 · 구청의 관련 직원들도 아이의 부모를 심도 있게 상담할 만한 충분한 역량과 인력을 갖추고 있지 못하다. 또한 부모상담의 중요성보다는 자기에게 맡겨진 아이들을 빨리 그룹홈에 배치하는 데 우선순위를 놓다 보니 부모상담은 소홀하게 다루어진다. 일단 그룹홈 배정이 끝나고 나면 그룹홈 실무자는 사고 수습이나, 그동안의 아이의 소식을 전하기 위해서 부모와 통화하거나 간헐적으로 만나는 것이 고작이다. 그룹홈은 자기 혼자의 힘으로 부모를 상담하는 데에는 많은 어려움이 따른다. 그리고 또 다른 지장이 있다. 부모에 따라서는 그룹홈과의 상담을 의도적으로 기피하는 경우도 있고, 그룹홈에서 너무 먼 곳에 살고 있고, 상담을 받으러 오갈 교통비를 담당할 능력이 없기도 하고, 시간적 여유가 없기도 하다. 또 직장 때문에 상담 시간을 내지 못하기도 하며, 어린아이가 있어서 집을 빠져나오지 못하기도 한다. 혹은 아동에 대해 무관심하여 상담을 기피하기도 한다.

가족관계가 해체되거나 가정파탄이 부모상담을 가로막기도 한다. 아이를 몰라라 하거나 버린 부모는 아이를 책임지려고 하지 않는다. 이혼한 배우자는 그룹홈과 협조하기를 거부하기도 한다. 재혼해서 자녀가 여럿이 있어서 시간을 내지 못하거나 먼 곳으로 떠나 살기도 한다. 그룹홈 아이의 부모는 그들 자신 무거운 심리적 짐을 지고 있다. 이러한 부담감이 상담을 기피하게 하는 요인으로 작용할 수도 있다. 아이의 부모가 정신장애자이거나 지적장애인이거나, 알코올 중독이거나, 우울병자이거나, 기타 정신과적인 지장에 시달리고 있는 경우도 드물지 않다. 또 신체적인 병이 있기도 하고, 실직자일 수도 있고, 수감자이기도 하며, 정신병원에 입원 중이기도 하다.

이러한 경우 친부모와 그룹홈과의 원활한 의사소통이 이루어지기 어려운 경우가 많다. 최근에는 아동보호기관이나 아동일시보호소 혹은 시 · 군 · 구청의 의뢰로 입소하기 때문에 친부모나 가족과의 상담이 생략된 채 아이가 입소하는 경우가 종종 있다. 그러나 이러한 경우 그룹홈과 부모 사이에 많은 어려움이 발생할 수 있다. 그룹홈과 부모와 신뢰할 수 있는 관계를 형성하지 못한다면 그룹홈으로서는 아동 · 청소년의 보호 · 양육에 있어서 필요한 정보와 협력의 기회를 놓치는 것은 가장 중요한 자원을 잃어버리는 것이라 할 수 있다. 그리고 아동 · 청소년의 보호 · 양육 시에 때때로 발생하는 어려움에 대해 자녀에게서 일방적인 이야기만 전해들은 부모는 그룹홈과 그룹홈 실무자에 대해 오해할 수 있고, 이는 아동이나 그룹홈에 원치 않는 결과를 가져오기도 한다.

또한 아동양육과 가족관계 강화, 자립 지도를 위해서도 부모와의 신뢰관계는 매우 중요하며, 입소 전에 이러한 신뢰관계를 구축하지 않으면 부모의 협력을 얻기 어려운 경우가 많기 때문이다.

그리고 이러한 아동 보호 · 지도에 있어서 뿐만 아니라 생계비 사용과 관련하여서도 아동과 부모로부터 사전 동의를 받아야 한다. 현재 아동 · 청소년 그룹홈은 보장시설이 아니기 때문에 부족한 운영비를 후원금과 아이들 각자에게 지급되는 생계비로 충당하도록 아동복지사업안내에서 설명하고 있지만, 이러한 생계비 사용에 관하여 부모나 아동 본인으로부터 동의를 받지 않을 경우 나중에 큰 곤경에 처할 수도 있다.

긴급보호가 불가피한 경우가 아니면 아이가 그룹홈에 입소하기 전에 아동의 의사를 확인하는 상담과 함께 반드시 부모나 가족 혹은 친지와의 상담을 통해 상호간에 신뢰관계를 형성할 수 있도록 해야 한다. 이러한 신뢰관계가 형성되어 있어야 그룹홈 아이의 부모나 친척이 그룹홈 내에서 아동으로부터 일방적인 이야기만을 전해 듣고 그룹홈에 대해 불신하는 것을 예방할 수 있으며, 그룹홈 내에서 아동을 보호 · 양육 · 지도하는 데 부모나 친척들의 도움을 받을 수 있다. 그룹홈과 부모나 친척 사이의 신뢰관계가 형성되어 있다면, 아이의 그룹홈에 대한 신뢰를 높이고 적응하는 데 큰 도움이 될 것이다.

최근에는 부모와 그룹홈 사이에 이러한 신뢰관계가 구축되어 있지 않아 많은 오해와 불필요한 갈등이 유발되어 그룹홈 실무자들이 어려움을 호소하는 일들이 종종 발생하고 있다. 이를 예방하기 위해서도 불가피한 경우가 아니면 반드시 입소 전에 부모와의 상담이 이루어져야 한다.

그리고 그룹홈에 입소 의뢰된 아이의 학교 교사, 아동보호기관, 사회복지기관 등 관계자와 상담을 통해 아동에 대한 다양한 정보를 충분히 파악하는 것은 향후 아동의 보호 · 양육에 있어서 시행착오를 예방하고 개별적 특성에 입각한 서비스를 제공하는 데에도 도움이 될 것이다.

그러나 최근에는 아동 입소가 시 · 군 · 구청이나 아동보호기관 등으로부터 의뢰되기 때문에 이러한 입소 전 상담이 충분히 이루어지기 어려운 측면이 있으며, 그룹홈 내에서도 인력 및 시간상의 문제로 입소 전에 충분한 상담이 제대로 이루어지지 않고 있다.

입소 전 상담이 제대로 이루어져야 아이의 그룹홈 생활, 관심사와 권고에 대한 아이의 반응을 파악하여 아이에 대한 지도 계획을 세울 수 있고, 아이들이 자기집 방문 계획 등을 세울 수 있고, 이후 아이의 진로와 자립 지도에서도 도움을 받을 수 있다.

제12장 학교교육, 레크리에이션, 보건위생

발달과정에 있는 그룹홈 아동 · 청소년에게 학교교육, 레크리에이션 및 보건위생은 그들의 복지와 발달에 직접적인 기여를 할 뿐만 아니라 아동 · 청소년의 자아개념, 서로의 관계, 생활태도에 직접적인 영향을 미친다. 또한 이러한 활동은 아동 · 청소년 그룹홈의 다른 활동과도 상호작용한다. 건강문제가 해결되지 않으면, 예컨대, 심리적인 짐이 무거워져서 또래와의 관계를 제대로 유지하지 못하게 되기도 한다. 비슷한 경우로는 오랜 방임에 의한 학습부진, 학교에서의 부적응 등과 같은 심리적인 부담이 아동 · 청소년 그룹홈에서 아이가 다른 아이에게 폭력을 행사하는 등 바람직하지 않는 행동으로 이어질 수도 있다.

이 장에서는 아동 · 청소년 그룹홈의 학교교육과 레크리에이션을 강화하기 위해 자원봉사자를 활용하는 방안을 함께 살펴본다. 자질과 역량을 갖춘 자원봉사자는 아동 · 청소년 그룹홈을 활기찬 활동의 장으로 바꾸는 데 기여할 수 있을 것이다.

1. 학교교육

아이는 대개 그룹홈으로 오기 전에 학교생활이 부진한 경우가 많다. 낮은 성적, 나쁜 행실, 무단결석, 학업중단 등이 흔한 사례다. 학교에서 생활이 부진한 이유는 크게 심리적인 장애, 신체적 · 문화적 결손, 학습능력의 미개발, 방임의 결과다. 따라서 그룹홈은 그룹홈 아이들이 학교생활에 잘 적응하도록 아이들에게 도움을 제공하여야 한다.

학교 역시 이런 학생이 겉돌거나 따돌림을 당하는 일이 없이 공교육의 품에 안기도록 역할을 해야 한다. 아동 · 청소년이 그룹홈에 들어온 후 아이들의 학습결함을 확인해서 아이의 공부를 지원하고, 의욕을 가지도록 관련된 과정을 이수할 수 있게 주선해 주고, 아이들이 건강한 사회 구성원으로 성장할 수 있도록 하기 위해서는 학교의 역할이 절대적이다. 아이가 다니는 학교에 잘 적응하지 못하면 아이의 성적 향상이나 나쁜 태도 극복에 그룹홈으로서 할 수 있는 일이 별로 없다.

무엇을 어떻게 가르칠 것인지를 결정하는 것은 학교다. 학교는 학생 개개인의 욕구에 대해, 체계적일 수도 비체계적일 수도, 재미있을 수도 지루할 수도, 민감할 수도 무관심일 수도 있으며, 이런 면은 그룹홈으로서는 손 쓸 여지가 없는 것이다. 실제로 아이의 학습부진에 대해 그룹홈 탓으로 돌리기도 하며, 아이의 무단결석과 공부의욕 상실, 더디거나 아예 진전 없는 학업, 학교에서의 비행 등을 이유로 그룹홈이나 그룹홈 실무자에게 책임을 돌리거나 비난하기도 한다.

어느 그룹홈에서 있었던 일이다. 초등학교가 개학하고 한 달쯤 지났을 때 그룹홈 실무자가 학교로부터 항의 전화를 받았다. 초등학교 5학년인 그룹홈 아이가 매일 아침마다 먹을 것을 사가지고 와서 학교 분위기를 망가뜨린다는 것이다. "아무리 내 아이가 아니더라도 한창 성장기에 있는 아이에게 아침밥을 주지 않는 것은 너무 한 것이 아니냐? 그리고 아이가 숙제를 해 오지 않는데 그룹홈에서 아이의 숙제를 봐 주어야 하는 것 아니냐?"는 내용의 항의 전화였다. 새학기라 학교 선생님도 그 아이에 대해 제대로 파악할 시간적 여유가 없었고 그룹홈 실무자 역시 미처 학교 선생님들과 관계를 형성하기 전의 일이다. 그룹홈 실무자는 매일 아침마다 다른 아이들보다 훨씬 밥을 많이 먹고 간 그 아이가 그렇게 말하고 행동하는 것에 대해 한편으로는 화가 나기도 했다. 또 "오늘 학교 숙제가 무엇이냐?"고 실무자가 물으면 아이는 "오늘 숙제 없어요."라고 답변하여 그룹홈 실무자는 숙제가 없는 줄 알았다. 그러다가 학교 선생님으로부터 무관심한 사회복지사 취급을 당하자, 한편으로는 아이의 거짓말에 화가 치솟아 올랐지만 학교 선생님과 사전에 신뢰관계를 형성하지 못한 것이 이 문제의 발단이었음을 깨달았다. 그래서 학교를 방문하기로 하였지만, 그룹홈 실무자의 입장에서는 새로운 고민거리가 생겼다. 학교 방문으로 아이가 거짓말쟁이로 낙인 찍혀 학교생활에 어려움이 발생할 수도 있으며, 또한 자신이 변명하는 것처럼 들릴 수도 있기 때문이었다.

그래서 아이를 비난하거나 낙인화하지 않고 그룹홈의 방침이나 아이의 발달과정과 특성에 대해 학교 선생님과 충분히 대화하여, 더욱 많은 관심을 가질 수 있도록 하기로 마음을 먹었다. 그리고 며칠 뒤 학교 선생님을 찾아가서 상담을 하였고, 오해는 해소되었으며, 학교 선생님과 그룹홈 실무자는 아이의 학교생활에 어려움이 있을 때마다 수시로 통화하는 사이가 되었다.

이런 경우는 특히 새학기나 학교 담임선생님이 아이나 그룹홈에 대해 잘 알지 못할 때 발생하기도 한다. 열심히 애정을 가지고 아이들을 보살피는데 "아이들 밥 좀 잘 먹여라." 혹은 "공부 좀 시켜라." 등의 권고나 조언을 듣게 되면 그룹홈 실무자는 자신의 역할에 회의가 들기도 한다. 때로는 학교 선생님이 아이의 말만 믿고 그룹홈이나 그룹홈 실무자를 비난하는 경우도 가끔 있다. 그러나 대부분 학교 선생님과 그룹홈 실무자가 소통하게 되면 이러한 문제들은 자연스럽게 해결되며, 혹은 학기 초가 지나고 학교 선생님들이 아이들을 파악하게 되면 이러한 오해는 자연스럽게 해소된다.

학교와 학교 선생님 역시 아동의 보호와 발달에 중요한 자원이므로 학교 선생님과 그룹홈 실무자의 소통이 원활하면 아이의 장난이나 거짓말에 어른들이 속거나 서로 오해하는 경우가 적어질 것이다.

이러한 문제가 발생한다는 것은 학교 선생님과 그룹홈 실무자 간의 소통이 더욱 필요하다는 것으로 긍정적으로 받아들일 필요가 있다. 학교는 그룹홈 아이의 교육을 지원할 중요한 자원을 많이 가지고 있다. 학교는 아이의 학습능력을 발달시킬 기회이며 또래관계 등 대인관계 능력과 아이들의 소속감과 응집력을 향상시킬 기회일 뿐만 아니라 인적 · 물적 자원을 많이 보유하고 있다. 학교와의 원활한 소통을 위한 아동 · 청소년 그룹홈의 노력은 아이의 학습능력 개발, 아이의 행동과 발달 지원, 아이들의 학습의욕 고취 및 동기화로 보답받을 수 있다.

그룹홈에서 아이의 원활한 학교생활을 위해 고려해야 할 사항은 다음과 같다. ① 적절한 학교 선택, ② 심리적 부담 완화와 의욕 고취를 위해 학교생활을 통해 다양한 경험을 할 수 있도록 최대한의 지원, ③ 학교에서 하는 행동이나 말투 바로잡기, ④ 학교교육과정을 보충할 수 있도록 해 주기 등이다.

1) 적절한 학교 선택

언뜻 보기에 이 일은 아동 · 청소년 그룹홈으로서 간단한 일로 보인다. 초등학교와 중학교는 의무교육이기 때문에 학교 선택이 별다른 어려움이 없다. 그러나 고등학교는 인문계 고등학교, 전문계 고등학교 혹은 특성화 고등학교 등 어느 학교에 아이를 보내야 할지 고민하게 된다. 물론 이러한 학교 선택 시 실무자는 충분한 정보를 제공하여 아이 스스로 선택할 수 있도록 자기 결정권을 보장하여야 한다.

그룹홈 아이의 진로나 자신의 취미, 학습능력, 부모의 의견 등을 종합하여 학교를 스스로 선택하도록 하여야 한다. 다음은 은행골우리집에서 있었던 일이다.

은행골우리집에 중3 아이 둘이 고등학교 진학을 앞두고 있었다. 중3 아이 둘 다 인문계 고등학교를 가서 체육교사가 되겠다고 한다. 그러나 그룹홈 실무자의 입장에서 보면 정말 너무나도 어처구니가 없었다. 둘 다 중학교 내신이 최하위권이고, 영어나 수학 등은 초등학생 수준이나 다름없는 정도였다. 그렇다고 공부할 의지가 그렇게 강한 것도 아닌 상태에서 인문계 고등학교에 진학하게 된다면 전교 최하위권에 속할 것은 물론이고 학교생활에서 제대로 적응할 것을 기대하기가 어려운 상황이었다. 그러나 아이들의 주장이 워낙 완강하여 다음에 다시 이야기하기로 하고 상담을 마쳤다. 중 · 고등학교 체육교사가 되기 위해서는 사범대학에 가서 공부한 뒤 중 · 고등학교 교사 임용고시를 보아야 하며, 그런 다음 학교발령을 받아야 하며, 발령을 못 받으면 몇 년 동안 기다릴 수도 있다는 것을 알려 주었다. 그리고 인터넷을 통해 알아보고 난 뒤에 다시 이야기하자며 상담을 종결하였다. 그 이후 고2인 형을 불러 이 문제를 아이들과 한 번 토론해 보라고 하였다. 그러나 이 역시도 효과가 없었다. 아이들의 자기 결정권을 존중한다는 명목으로 아이들의 잘못된 선택을 방임할 수도 없고, 그렇다고 아이들의 미래와 관련된 사안을 아이들 스스로의 결정권을 무시하고 결정할 수도 없는 난처한 상황이었다. 그러나 다행인 것은 학교에서 학기 초부터 진로문제를 상담하기 시작하였기 때문에 몇 차례나 연기하며 숙고할 수 있는 시간적 여유를 가질 수 있었다는 점이다. 그 이후 퇴소한 형들을 통한 상담, 다른 상담 선생님 등을 통한 상담, 학교 선생님을 통한 상담 등을 통하여 결국은 아이들 스스로 전문계 고등학교를 선택하여 진학하였다. 전문계 고등학교에 입학하여 한 아이는 전국기능대회에서 금상을 수상하여 대학에 진학하였고, 다른 한 아이는 용접기술을 배워 자립하였다. 지금도 그 아이들을 만나면 그때 인문계 고등학교에 진학하지 않기를 천만 다행이라고 자기들 스스로 이야기하고 있다.

우리나라에서 학생이 학교를 선택할 수 있는 경우는 주로 고등학교나 대학 진학 때다. 특히 그룹홈에서 고등학교 진학과 관련하여 학교를 선택할 경우에는 학교의 학습 환경과 분위 등을 파악해야 한다. 교육과정이 매력이 없고, 지나치게 허용적이거나 지나치게 엄한 학교 분위기, 자신의 소질이나 장래목표와 상관없는 학교 등 아동과 그룹홈의 기대 이하일 수 있다. 또 학생들의 구성에서 말썽 피우는 아이들이나 거리에서 놀기를 좋아하는 아이나 교칙 위반이나 불법 행위자가 차지하는 비율이 높은 학교도 있다.

그룹홈 아이 중에 수업능력이 부족한 아이나 부유한 지역에서는 생활수준 차이로 학교에서 열등감을 가지게 될 수도 있기 때문에 이러한 점들을 고려해야 한다. 그룹홈 아이들에 대한 체육활동이나 피아노 등 악기 강습 등과 같은 학교 밖 활동은 그룹홈에서 감당하기에 지나치게 돈이 많이 들기도 한다. 그러나 학교에서 실시하는 활동인 경우 아이들이 참여할 수 있도록 하며, 그 외의 활동인 경우에는 아이의 요구와 그룹홈의 형편에 따라 달라질 수 있다. 아이의 요구대로 해 주지 못할 경우 그 상황을 알리고 아이가 이해할 수 있도록 할 필요가 있다.

그룹홈에 새로 온 아이가 타 지방에서 왔을 경우는 전학 등의 수속 절차가 필요하다. 주소지가 이전되면 관할 교육청을 통하여 전학 수속절차를 밟으면 되지만, 부모의 학대 등으로 부모의 동의 없이 전학을 시킬 경우에는 아동보호기관이나 관할구청 혹은 학교장의 의견서 등을 첨부하여 교육청 관계자와의 면담을 통해 전학을 하는 일이 발생하기도 한다.

그리고 타 지방에서 사건을 일으켰거나 큰 말썽을 피웠거나 부적응인 학생의 경우에는 대부분의 학교에서 이런 학생들을 기피하는 경향이 있어 그룹홈에서는 더욱 각별한 배려와 노력을 기울여야 하며, 이 아이를 위한 적극적인 상담을 통해 새로운 학교에서의 적응을 도울 수 있도록 해야 한다. 또 교육행정당국이나 학교에서는 이런 학생들을 기피하거나, 또 일단 다니게 되어도 아이가 저지른 소소한 잘못이나 하찮은 일로 정학 · 퇴학 처분을 할 수도 있다. 아동 · 청소년 그룹홈이 해당 지역의 관할 교육청이나 학교들과 친밀하고 우호적인 관계를 유지할 필요가 있는 것도 이러한 이유에서다.

그룹홈과 그룹홈 아동에 대한 사회적 편견은 또 다른 문제를 불러오기도 한다. 아이가 입학하거나 전학하여 새로운 학교에 다닌다고 하더라도 아이가 그룹홈에서 생활하는 것이 알려지면 아이는 학교에서 낙인화의 우려가 있다. 상담교사와 자주 만나거나 혹은 아이가 학교에 출석했는지 알아보기 위해 학교 선생님에게 자주 연락하여 확인하고 기타 다른 학생들과 다른 것들을 요구하게 되는 것도 그룹홈 아이가 낙인화될 수 있다. 이런 점들을 그룹홈 실무자와 학교 관계자가 미리 신중히 배려해 주지 않으면, 아이가 학교에 적응하는 데 지장을 부르는 편견의 희생양이 될 수도 있다.

편견은 교묘하게 나타난다. 선생님은 아동 · 청소년 그룹홈 학생은 성적이 부진하고 행동이 불량할 것으로 편견을 가지고 있는 경우도 있다. 교사에 따라서는 숙제도 덜 내 주고 분단 수업에서 처지는 분단에 배정한다. 똑같은 잘못된 행동도 다른 학생보다 엄하게 벌한다. 대단찮은 교칙 위반에도 쉽게 퇴학처분을 내리거나 집에 가서 '근신'하라고 정학에 처한다. 이렇게 찍히고 나면 가까이 하려는 아이가 없어지고, 이렇게 고립된 그룹홈 아이는 자기를 받아들여 주는 반사회적인 또래집단과 어울리게 된다. 학교의 이같은 편견은 그룹홈 아이가 학교는 싫은 곳, 다닐 곳이 못 되는 곳으로 여기게 되어서 공부하고 착한 학생이 되려는 동기를 잘라 버린다.

그룹홈은 아이가 제대로 공부를 할 수 있게 하려면 무엇을 해야 하는가? 가장 좋은 방법은 공부하는 문화와 공부하기 좋은 환경을 만드는 일이다. 다시 말해서, 그룹홈의 필요를 충족해 줄 만한 수준의 학교 근처에 자리를 잡는 일이다. 이 학교의 학생의 사회경제적 특성이 그룹홈의 아이들에게 우호적이며 지지적인 환경이 될 수 있어야 한다. 즉, 학생 구성이 너무 부유하거나 너무 가난한 집의 아이들이 아니어야 한다.

그룹홈 아이를 전학시키기 전에 그룹홈 시설장이 먼저 학교장이나 교감 등 학교 관계자를 만나볼 필요가 있다. 학교 관계자를 미리 만나서 그룹홈의 운영방침을 학교에 알리면서 학교의 협조를 요청할 수 있다. 무단결석을 막고, 학교생활을 열심히 하도록 돕는 아동 · 청소년 그룹홈의 노력이 상당하다는 것을 알면 학교는 그룹홈 아이를 받아들이면서 갖게 되는 편견 등을 걷어 내는 데 도움이 될 것이다. 또 이 기회에 학교 상담사와 그룹홈의 실무자가 만나서 아이에 대해 함께 고민하는 기회를 마련할 수도 있다.

그룹홈에 따라서는 부적응 학생을 대안학교에 보내기도 한다. 일반 학교에 보내기에는 아이가 너무 별나서 이런 대안학교에 보내야 하기는 하지만 여기에도 단점은 있다. 만나는 아이들이 모두 공부에 흠과 한계가 있는 학생일 수 있다. 또 이 학교에 다니는 아이들이 '문제아'로 낙인 찍혀 있어서 사회의 인식이 좋지 않으며 따라서 졸업 후에 직장을 얻거나 사회로 진출하는 데 지장이 있을 수도 있다. 또 교육비 부담이 크고, 교통편을 제공해야 하는 부담도 있다.

그러나 그룹홈은 지역사회와의 교류와 소통과 정상화된 환경을 통하여 아이들의 사회성을 발달시키는 접근방법이기 때문에 대안학교보다는 지역사회에서 생활하면서 친구를 사귀며 지역사회와 함께 호흡하며 지역사회 내에 학교를 다니는 것이 정상화 원리에 부합한다. 학교 역시 지역사회의 귀중한 자원이기 때문이다. 따라서 대안학교는 그룹홈의 원리에 부합되지 않음을 참고하여 대안학교 선택 시에는 신중을 기할 필요가 있다.

2) 학교 적응력 향상을 위한 그룹홈의 노력

그룹홈 아이가 학교에 들어가고 나면 틀이 짜인 학교생활에 적응하여 성적을 올릴 수 있게 도와주어야 한다. 아이는 친구를 새로 사귀어야 하고 자기 자리를 잡아야 한다. 그룹홈 아이에 따라서는 학교에 꾸준히 다니면서 좋지 못한 행동을 하는 아이들도 있다. 이런 아이일 경우 그룹홈의 노력 없이는 학교에서도 그룹홈에서도 잘 적응하지 못할 위험성이 크다.

그룹홈 아이의 학교생활 적응을 돕는 직접적인 네 가지 방법이 있다. 즉, 동기부여, 학습장비 지원, 무단결석 방지, 개인지도 등이다. 이런 것은 약간의 차이가 있지만 일반 가정도 나 하는 일이년서도 소홀히 하기 쉬운 것들이다.

(1) 학습동기 유발

학교 공부에 적절한 동기가 부족한 그룹홈 아이에게 그룹홈 실무자는 아이의 학교공부에 관심을 가져야 한다. 그룹홈 아이가 자기 학교의 교사, 시험, 과제, 성적 그리고 미해결의 문제를 말하고 싶어 할 때는 시간을 내서 귀담아 경청해야 한다. 그룹홈 실무자는 학교의 '학부모 참여 프로그램'에 가서 그룹홈 아이가 참가하는 연주나 역할이나 기타 활동을 참관해야 한다.

교육에 관한 부정적인 태도나 가치는 상담 때 화제에 올려야 한다. 성적통지표나 기타 학교에서 보내온 소식을 받았을 때는 이것이 건설적인 상담의 화제로 발전될 수도 있다. 집단상담을 통해서 학교에서 한 착한 행동이나 작업을 또래가 칭찬하도록 유도하는 노력을 기울여야 한다. 교육의 가치, 학교 친구 가려 사귀기, 학교생활 개선 방법, 학교의 편견에 대하는 요령, 무단결석이나 기타 나쁜 행실의 원인 규명과 교정, 학교에서 탈락했을 때 오게 되는 일들은 상담의 주요 의제로 삼을 필요가 있다.

학교에서 잘하려는 노력에 대한 의욕을 고취해 주어야 한다. 이에는 칭찬이나 격려, 상품, 기념식에서의 발표 등까지 여러 가지가 가능하다. 그룹홈 실무자는 학교생활에 대한 의욕 고취를 조심성 없이 할 때는 해롭다는 것을 유념해야 한다. 예를 들면, 학교성적이 좋은 학생에게 상을 주면, 열심히 했는데도 기대하는 성과를 올리지 못한 학생에게 상처를 안기게 된다. 또한 학교성적을 올렸다고 상을 주면 그룹홈 아이들 사이를 멀어지게도 하고, 시기와 갈등을 유발할 수도 있다. 상을 못 받는 아이들은 상의 가치를 깎아 내리면서 학교에서 하는 성실한 생활상을 흐리기도 한다.

학습의욕을 고취시키는 데는 사전에 이러한 고취 노력이 그룹홈 아이에게 어떻게 받아들여질 것인지 신중한 고려를 해야 한다. 효과를 거두려면, 상을 못 받는 아이까지도 상이 가치가 있다고 인정할 만큼 모든 그룹홈 아이의 인정이 있어야 한다. 또 그룹홈 아이들이 이 상으로 지금까지 유지해 온 따뜻한 우정이 상하는 일이 없어야 한다. 이를 위해 어느 일정 기간 동안 그룹홈 아이가 학교에서 보인 착한 행동이나 성적 상승, 선한 의지를 고루 인정해서 경중을 따지는 일 없이 상을 주어야 한다. 이렇게 하면, 학업진전이 더딘 아이도 학교 공부에 마음이 없는 아이에게도 아동 · 청소년 그룹홈이 목적으로 하는 동기부여 목적이 달성될 것이다. 학교에 잘 다니는 학생은 그 근면성을 인정해서 상을 주어야 한다. 이런 고양책을 그룹홈 아이 모두가 받아들이게 하려면, 그룹홈 아이 모두가 모여서 상을 받을 만큼 노력하거나 협조한 사람을 서로 지명하거나 추천하게 하는 것이다.

그룹홈에서 상을 주기로 일단 결정되었으면 교육 목적과 부합하는 품목을 상품으로 골라야 한다. 예를 들면, 과학에 능한 학생이면 자석, 확대경이나 실험 세트를 준다. 또 책 읽기를 좋아하는 아이에게는 단편집을 상으로 주고, 체육이 자랑인 아이에게는 운동용품을 준다.

은행골우리집에서는 학교성적 향상에 대해 몇 가지 유형으로 포상을 하곤 한다. 첫째는 개인별 목표치를 세우고 이를 달성하면 상을 주는 방식이다. 아이들의 평소 학습성적을 알고 있던 터라 개인별로 목표치를 세운다. 가령 자기 반에서 30등 하던 아이는 25등을 목표치로 잡고 그 목표를 달성하면 상을 주는 방식이다. 그리고 또 다른 방식으로는 중간고사나 기말고사가 끝나고 나서 아이들이 서로를 추천하는 방식을 택하기도 한다. 누가 가장 열심히 하였나를 물어 가장 열심히 한 두세 명을 포상하는 방식으로 상을 주기도 한다. 그리고 또 다른 방식으로는 우리 모두 열심히 공부하면 시험이 끝난 뒤에 짜장면 파티나 피자 · 치킨 파티를 하자는 방식으로 전체를 포상하는 방식을 가끔 활용하기도 한다.

그러나 무엇보다 중요한 것은 학습 분위기와 문화를 만들려는 의식적인 노력이다. 예를 들면, 시험 기간에는 TV 시청 안 하기, 컴퓨터 게임 안 하기 등을 통해 학습 분위기와 공부하는 문화를 만들도록 노력한다. 그리고 일반 가정의 부모들처럼 시험을 마치고 일찍 귀가한 아이에게 시험을 잘 봤느냐, 내일은 무슨 과목 시험을 보느냐 등 아이의 학습에 대한 관심과 간식 등을 준비해 주는 것은 너무나 당연한 것이다.

한편, 학습에 관심이 없는 아이들도 혹은 아무리 공부를 해도 성적이 오르지 않는 아이들도 그룹홈에서는 행복하게 살 수 있어야 한다. 따라서 학습 분위기를 형성하기 위해 이러한 아이들에게 지나친 심리적 부담이나 압박감 없이 생활할 수 있도록 이들을 배려하여야 한다.

(2) 학습장비 지원

그렇지 않는 경우도 있지만, 그룹홈 아이들은 일반 다른 아이들보다 학교생활을 하는 데 많은 비용이 소요된다. 교복, 체육복이나 가방이나 신발, 우산, 볼펜, 책 등을 자주 잃어버리거나 안경 등의 관리를 제대로 못하는 경우가 종종 있다. 일반적인 아이들처럼 물건에 대한 소중함을 잘 인식하지 못하는 경우도 있고, 주의가 산만하거나 정서적 불안이 그 요인일 수도 있고, 혹은 일종의 시설병으로 내 것이라는 책임감이 약해서 비롯되는 경우도 있다. 이런 경우가 한두 번일 경우에는 그룹홈에서 구입해 주지만 자주 반복되는 경우에는 본인도 책임의 일부를 지도록 할 필요가 있다. 교복처럼 큰 비용이 들어가는 것은 5~10%를 본인의 용돈으로 책임지며, 우산 등과 같은 비교적 적은 비용이 들어가는 것은 30~50%를 본인이 감당하도록 하는 것이다. 이렇게 한다고 하여 아이의 행동이 곧바로 개선되는 것은 아니지만, 우산을 잃어버릴 때마다 새 우산을 사 주면 낡은 우산을 잘 관리하면서 오랫동안 쓰는 아이들이 자신이 불이익을 받거나 불공평한 처사라는 불만은 어느 정도 줄일 수 있다.

그리고 아동·청소년 그룹홈은 그룹홈 아이가 학교에서 공부하는 데 필요한 물건이나 수단을 제공해야 한다. 방과후 특별활동에 참가할 수 있게 교통편을 제공하고, 그룹홈 아이라는 티가 나지 않게 또래와 비슷한 옷을 사 입는 등의 배려가 필요하다. 또 숙제나 독서를 할 수 있게 조용한 시간을 마련해 주어야 한다. 공부하면서 참고해야 할 물건, 예컨대 컴퓨터와 프린터, 사전, 세계지도 등도 마련되어 있어야 한다. 성적이 부진한 학생은 필요하다면 방과후 교실이나 보충수업 혹은 지역아동센터 등에서 부족한 공부를 보충하게 할 수도 있다.

(3) 무단결석 예방

아동·청소년 그룹홈에서는 아이가 학교를 빠지는 일 없이 제대로 다니게 하는 일이 난제 중 하나다. 무단결석은 학생의 생활태도만을 반영하는 것이 아니라 학교의 질도 반영한다. 학생의 태도는 아동·청소년 그룹홈의 치료 노력으로 어느 정도 개선이 가능하지만, 학교의 질은 그룹홈으로서는 어쩌지 못한다. 무단결석을 했을 때 벌을 주고, 주려던 상을 보류하여 아이가 마음에 없으면서도 학교에 가게 할 수는 있다. 그러나 이런 강제력 행사는 학교와 공부에 대한 염증을 일으키게 할 뿐이다. 억지로 학교에 보내려고 하면 아이는 좌절감을 느끼기도 하며, 열심히 다니려는 또래를 훼방 놓는 심술로 풀려고 든다. 아이가 학교를 싫어하는 이유를 성의껏 알아내고, 학교 관계자를 만나서 힘을 모아 아이의 욕구를 달래 주고, 아이의 학교생활을 거드는 편의를 제공하는 등 강제력 행사와 병행해서 아이의 힘을 강화하는 보완책을 강구해야 한다.

무단결석을 줄이는 방법은 매우 다양하므로 아이에 따라 신축성 있게 실질적인 대응을 해야 한다. 아이는 여러 이유 중에서도 특히 다음의 이유로 무단결석을 하기도 한다.

• 또래의 인정을 받거나 아니면 그들 사이에서 누리는 특전을 계속하기 위해서
• 학교에서 배우는 과목 사이의 연관성을 이해 못해서
• 공부 내용을 모르고 또 따라가지 못해서
• 아이들이 곯리는 것을 견디지 못해서
• 시험이나 시간에 하게 되는 암송 등에 대한 과잉 공포
• 약한 시력, 청각장애, 주의력을 분산하는 심인성 질환 등 신체결함
• 지나치게 큰 키나 과비만, 준비실에서의 탈의, 신체검사, 성적부진, 읽기 부진 등에 대한 염려
• 가정 문제, 집 생각, 병석에 있는 친척이나 옛 이웃이나 이성친구를 아무때나 충동 방문하는 해로운 개인적 친분
• 담배나 알코올

영향력 행사를 가로막는 제약 조건하에서도, 아이가 무단결석을 하지 않도록 그룹홈이 노력할 수 있는 단계가 있다. 우선 학교 담임교사에게 아이가 이유 없는 결석을 할 때 즉각 전화로 그룹홈에 알려 달라고 부탁하는 것이다. 그렇지 않으면 아이의 결석이 한동안 지나서 밝혀진다. 이러한 경우 학교 선생님과 학급생들로부터 그룹홈 아이에 대한 잠재해 있는 편견을 야기할 수 있기 때문에 아이가 낙인 찍히지 않도록 조심해야 한다.

그룹홈 아이가 무단결석을 하게 되는 이유를 상담을 통해 탐색해야 한다. 가능하다면, 그룹홈 실무자는 아이와 장차 무단결석을 하지 않기 위해 이행할 사항에 합의하는 것이 좋다. 그룹홈 실무자는 개인지도에 더 힘을 쏟고, 학습계획을 짜기 위해서 학교 관계자를 만난다. 또는 임시 친가 방문, 새 옷이나 가방이나 운동화나 안경 사 주기 등도 그 방법 중 하나가 될 수 있다. 아이 편에서는 매일 그룹홈 친구와 함께 학교에 등교하고, 학교 친구를 벗으로 받아들이기, 친구를 만나느라 결석하지 않고 대신 그룹홈으로 친구를 부르기, 학교의 또래를 화나게 하는 행동이나 옷차림을 시정하기 등을 약속하는 것이다.

집단상담에서는 개인의 삶을 풍부하게 하는 교육의 가치와 인생목표 달성을 위한 노력을 논하도록 격려한다. 적당하다고 판단될 때는 어느 아이의 무단결석을 주제 삼아서 그 원인, 무단결석이 초래하는 결말, 무단결석을 하지 않기 위한 학교

생활 개선안, 이것의 실현을 위해서 그룹홈의 아이들이 모두가 이행할 실천 사항, 본인이 개선에 기울이는 노력을 인정하고 지지를 제공하는 것 등을 논의하는 것이다.

무단결석을 예방하기 위해서는 그룹홈의 실무자는 학교상담사와 늘 교류가 있어야 한다. 학교상담사나 학교 담임교사의 지지와 협조가 있으면 아이의 무단결석을 줄이고 학교 적응력을 향상시키는 데 큰 도움이 될 수 있다. 다음은 필자가 경험한 내용이다.

> 영산이는 인문계 고등학교 1학년이다. 아버지의 폭력과 구타를 견디지 못하고 가출하여 아동보호기관의 의뢰로 그룹홈에 입소하였다. 어머니 역시 남편의 폭력을 피해 가출·가정해체한 상태에서 식당에서 주방일을 도우며 기거하고 있었는데, 어머니는 영산이에 대한 관심과 애정이 있어 어렵게 번 돈으로 영산이에게 값비싼 브랜드 신발이며 옷을 사주었고, 영산이는 이를 당연하게 받아들이는 것 같았다. 때로는 영산이가 어머니에게 자주 화를 내기도 하는 등 어머니가 아이에게 쩔쩔매는 모습을 종종 볼 수 있을 정도로 모자관계가 왜곡되어 있었고, 모자관계의 경계가 모호할 정도였다. 학교에서도 이와 비슷하였다. 선생님들이 학교에서 매를 들 수 없고, 무슨 사건이 발생하면 선생님이 책임져야 한다는 선생님들의 약점을 알고, 영산이는 학교에서 선생님에게 반항하거나 심한 경우에는 협박하는 일까지 서슴치 않았다. 자전거를 훔쳐 타고 다닌 것으로 선생님으로부터 꾸중을 들으면 "내가 하지 않았는데 왜 나에게 뒤집어 씌우느냐?" 학교 창 밖으로 뛰어내리겠다!"며 선생님들을 협박하는 등 학교의 모든 선생님들은 영산이를 어떻게 하면 사고 없이 자퇴시킬 수 있을 것인가만을 고민하는 상황에 까지 이르렀다. 물론 그룹홈에서도 영산이는 젖은 수건 이불에 던져 놓기, 아침에 일어나 화장실 오래 쓰기, 신은 양말 내팽개치기, 뒷정리 안 하기 등 그룹홈에서 일하는 실무자로서도 이러한 행동을 참고 넘어가기 어려운 부분도 있었으나, 상호신뢰관계가 형성되기 전에는 어떠한 꾸지람도 하지 않았다. 그리고 3~4개월이 지나 어느 정도 신뢰관계가 형성되어서야 "젖은 수건은 빨래함에 넣는 것이 좋을 것 같은데 너는 어떻게 생각하니?"라고 말할 정도로 비지시적인 방식으로 접근하였다. 그리고 영산이의 큰 잘못도 "네가 실수했구나." 하고 넘어가고 작은 일이라도 잘한 일은 "대단하구나." 하고 크게 칭찬하는 등 영산이와의 신뢰관계를 더욱 강화하도록 노력하였다. 그 결과, 영산이는 학교와 집 밖에서는 여전히 사고를 치고 경찰

과 검찰에 불려다녀도 집에서는 아무런 말썽도 피우지 않았다. 물론 영산이가 왜 학교와 그룹홈에서 다른 행동을 하였는지 그 요인을 명확하게 밝히기는 어렵다. 그러나 필자는 학교에서도 그룹홈처럼 단 한 명의 선생님이라도 영산이에게 관심과 애정을 가져주었으면 학교에서도 다르게 행동했으리라 확신한다. 학교 선생님들은 영산이가 중학교 때부터 유명한 사고뭉치이고 학교에서도 망나니처럼 구는 모습을 보고 그에 대한 선입견으로 어느 선생님도 그와 가까이 하려 하지 않았기 때문에 영산이가 자기에 대한 선생님들의 기대를 충족시키는 행동을 한 것이 아닐까 하는 생각이 들었다. 편견을 가지지 않는 좋은 선생님을 만난다는 것은 매우 큰 행운이다.

그룹홈 아이의 무단결석만을 문제로 보기보다는 아이의 학교 부적응과 적응력 향상을 위한 노력에 더욱 관심을 기울여야 한다. 무단결석은 단순히 겉으로 드러나는 현상이며 결과이기 때문이다.

그러나 그룹홈에서 그렇게 노력함에도 불구하고 친구관계 등으로 장기 무단결석을 하는 것은 어찌 해 볼 도리가 없는 경우도 있다. 친구관계는 아이에게 미치는 영향력이 절대적이어서 이러한 경우 친구와의 만남이나 교류를 제한하면 할수록 그 친구와의 응집력은 높아진다. 이런 경우는 경고나 퇴소 등이 유일한 대처방법일 수도 있다. 이런 경우에도 갑작스러운 퇴소 조치보다는 아이에게 수차례 주의와 경고를 하고, 그룹홈 실무자 회의와 관계 기관 그리고 부모 등과 협의를 통해 더 이상의 방안이 없으며 다른 아이들에게 심한 부정적인 영향을 미쳐 인내하기 어렵다는 것을 알리고 퇴소 조치를 수용할 수 있는 상황하에서 퇴소 조치가 매우 신중하게 이루어져야 한다.

(4) 개인지도

사교육에 대한 판단과 교육적인 가치를 접어 두고서도 개인지도는 애착의 결여와 학습습관이 형성되지 않아 어려움을 겪고 있는 그룹홈 아이들에게 심리적으로 큰 이득이 있다. 이러한 개별적 처우는 남과 같은 수준의 공부를 따라갈 수 있도록 기회를 제공하는 것이며, 학교에 다닐 의욕을 북돋우며 학습에 흥미를 갖도록 할 수 있다. 성적이 오르면서 자신감이 생기고 자존감이 높아진다. 그리고 자기 공부를 도와주는 또래나 어른과 애착이 형성되기도 한다.

개인지도는 성적이 떨어지는 과목에 국한하기보다는 분석하고 배우고 기억하고 생각을 효과적으로 할 수 있는, 일반적인 학습태도를 아이가 익힐 수 있도록 하는 것이 중요하다. 그룹홈의 아이들은 대부분 올바른 학습태도가 갖추어져 있지 않아 어려움을 겪고 있다. 적절한 학습방법, 분명하고 빠른 필기력, 속도와 이해를 겸한 읽기, 명확하고 어법에 맞는 말씨와 글쓰기, 학교과제 수행 요령, 정기고사 준비와 답안 작성 요령, 반에서 하는 대답하는 방식 등을 개인지도를 통해서 향상시킬 수 있다.

그룹홈 실무자는 개인지도에 임할 기회가 많다. 미리 약속을 했든 안 했든, 그룹홈 아이는 학교 숙제나 학교에서 생긴 문제해결에 어른이 자기들을 도와주기를 원한다. 그러나 그룹홈 실무자는 맡은 일들이 많아 그룹홈 아이들의 각각의 기대에 응하기 쉽지가 않다. 또 그룹홈 실무자는 아이를 개인지도하는 데 요구되는 능력을 갖추지 못하고 있을 수도 있다.

이런 이유로 아동·청소년 그룹홈에서는 개인지도를 담당할 알맞은 사람을 외부 자원봉사자들 중에서 찾는다. 또 교육학이나 심리학이나 청소년 관련 과목을 전공하는 대학생은 조사자료를 구할 목적이나 학점 인정을 얻기 위해서 개인지도에 응하기도 한다.

그룹홈 아이 중에서 학업이 우수한 아이가 뒤처지는 아이를 개인지도하도록 해보는 것도 좋은 방법이다. 배우는 사람은 물론이지만 가르치는 사람도 개인지도를 통해서 얻는 바가 적지 않다. 가르치는 사람은 그룹홈 내에서의 위상, 자존감, 지도력을 발휘할 기회를 얻고, 무엇보다도 배운 것을 다지고 익히는 계기가 된다.

그러나 이렇게 학생이 학생을 가르치게 하는 데에는 한계가 있다. 우선 같은 학생이라 가르치는 기량이 떨어진다. 또 학교에서 일상 경험하고 배운 것을 바탕으로 가르치게 된다. 적당한 보기나 필요한 자극을 즉각 주지 못하며, 학문적 기량을 지니고 있지 못하다. 그러나 어른의 개인지도를 보완하는 이점이 있어서 권장하고 싶다.

필자는 자원봉사 중에서 가장 어려운 분야 중의 하나가 학습지도라고 생각한다. 정기적인 시간을 내야 하고, 가르칠 실력과 의사소통 능력을 가지고 있어야 하며, 아이의 실력에 대한 정확한 진단이 이루어져야 하고, 무엇보다 가장 중요한 아이의 학습의욕이 뒷받침되어야 한다. 이 중 어느 하나라도 결여된다면 노력에 비해 거두는 성과가 미비하여 실망으로 이어질 수 있다. 따라서 필자는 학습지도 자원봉사 활동은 가능하다면 영어에서는 파닉스, 수학에서는 집합과 같이 비교적 명확하게 설정하며, 3개월 정도로 단기간만 하기로 활동 시한을 정하고 시작하는 것이 서로의 부담을 경감시키는 데 도움이 된다고 생각한다. 그리고 3개월 뒤 평가를 통하여 서로가 원하면 3개월을 더 연장할 수도 있다. 이렇게 자원봉사 기간을 설정해 놓지 않으면 자원봉사의 책임감도 약해지며, 끝마치고 싶을 때도 심적 부담 때문에 망설이거나 혹은 연락 없이 학습지도가 중단될 수도 있기 때문이다. 이러한 경험을 몇 번 하게 되면 아이의 참여도도 약해질 수 있기 때문이다.

3) 아이의 학교생활

아동 · 청소년 그룹홈에서는 그룹홈 아이가 학교에서 사고를 치거나 말썽을 피워 학교로부터 연락을 받게되는 경우가 종종 있다. 다른 아이를 때렸거나 다른 아이의 물건을 훔쳤거나 혹은 다른 아이들로부터 맞았거나 하는 일들이 종종 있다. 심하지 않는 경우는 학교 선생님과의 상담을 통하여 해결되지만 때로는 학교 징계위원회에 회부되어 그룹홈 실무자가 징계위원회에 참석하도록 통보를 받기도 한다. 학교에서는 아이의 문제 행동을 정학이나 퇴학처분하겠다고 하는 경우도 있다.

이런 학교의 요청에 대응하자면 세 가지 형태의 말썽이 있다는 것을 알아두는 것이 좋다. 하나는 공부와 관련된 것으로, 교실에서의 주의산만이나 잠자기, 숙제 불이행 그리고 소소한 수업시간 중의 잘못이다. 둘째는 질서와 안전 유지를 위해서 정한 교칙의 위반이다. 이런 말썽으로는 교사의 지시 무시하기, 약한 아이 곯리기, 벽에 한 낙서가 있다. 이런 말썽은 남의 권리를 침해하거나 질서를 문란하게 하지만 법률 위반은 아니다. 세 번째 유형은 명백한 법률 위반 행위다. 교사나 학생 상해, 학우 사물함 털기, 사물이나 공공기물 손괴, 교내외에서 흡연 등이다. 이 유형을 분간하고 나면 아이의 욕구에 대응해서 대응방안을 마련할 수 있다.

어느 경우나 학교측의 불평을 둘러싼 사실을 확인하는 것이 맨 먼저 할 일이다. 필요하다면 그룹홈의 시설장이 학교 관계자와 의논할 수 있다. 학교에서 일어난 말썽의 당사자인 그룹홈 아이의 잘못에 대해서는 개인상담을 받게 한다. 때에 따라서는 이 말썽이 단순한 의사소통의 불충분이나 말의 와전이나 편견의 결과일 수도 있다.

학습과 관련된 말썽일 때 그룹홈 실무자는 말썽을 정확하게 파악해서 말썽이 일게 된 원인을 파악해야 한다. 건강 불량이 말썽의 원인일 수도 있다. 칠판 글씨가 잘 안 보이거나, 선생님의 말씀이 잘 안 들리는 수도 있다. 이럴 때는 앞자리로 옮겨 주거나 시력에 맞는 안경을 사 주거나 보청기를 구해 줌으로써 아이의 학습태도를 고쳐 줄 수도 있다. 공부시간에 자는 것은 아마도 그룹홈에서 잠을 제대로 못 잤을 수 있다. 귀가시간과 소등시각을 앞당기고, 조용한 아이와 한 방을 쓰게 하고, 운동을 덜 하게 하고, 취침시간 전의 조용한 시간을 늘여 주어서 잠을 더 재울 수 있다. 휴식시간의 과다 운동도 수업시간 잠의 원인일 수 있다. 아르바이트가 고되어 잘 수도 있고, 축구에 너무 열심이어서 잠잘 수도 있다.

아동·청소년 그룹홈의 생활이 꽉 짜여 있어서 시간을 내지 못해서 학교 숙제를 못해갈 수도 있다. 이런 경우에는 그룹홈 아이 각자의 개인시간을 늘여서 아이에게 학교 숙제를 하는 충분한 여유를 제공해야 한다. 친가나 기타 대인관계에서 걱정이 생겨 학교 공부가 머리에 들어오지 않을 수도 있다. 이럴 때는 아이의 사정을 잘 꿰뚫어 보는 상담이 요망된다.

학교가 요구하는 것이 아이에게 과다하거나 아니면 교과목이 재미 없어서 말썽을 빚게 되기도 한다. 이럴 때 학교는 진로를 바꿔 주는 배려를 고려해야 한다. 진학반에서 취업반으로 옮겨 줄 수 있다. 학생에 따라서는 실습과정에서 새로운 동기를 발견하는 수도 있다. 학습능력 부진은 개인지도나 특수반으로 옮기거나 기타 치료책으로 시정될 수도 있지만, 때로는 이를 받아들이고 그에 따른 대응방안을 마련할 필요가 있다.

질서파괴나 반사회적 행동에는 반드시 명확한 사실 확인이 중요하다. 이런 행동의 원인이나 이유는 그룹홈 아이에 따라서 각기 다르다. 교사에게 비아냥거리기, 실험시간에 나와서 몰래 담배 피우기, 화장실에서 야동 돌려보기 등은 당찬 아이로 보이려고, 성적부진의 보상으로, 성적 불안 표시로, 아니면 어른의 권위에 도전하느라 그러는 것이다. 상담을 통해 아이가 피우는 말썽의 의도를 파악하고 또 계속 말썽을 피우게 되는 원인을 알아낼 수 있다.

집단상담은 이런 행동에 특히 효과를 보인다. 그룹홈 아이들은 집단상담을 통해서 학교에서 있었던 일을 얘기하게 되고 이를 통해서 그룹홈 실무자가 미처 몰랐던 자기 반 친구의 행동을 파악하기도 한다. 벌을 주는 것이 마땅하다는 결론이 나왔을 때는 그룹홈 아이가 저지른 말썽의 내용을 잘 아는 그룹홈 실무자가 벌을 주되,

아이가 말썽을 피워서 얻은 심리상 또는 물질상의 소득을 상쇄하고도 남는 벌을 가해야 한다.

그리고 심각한 경우는, 엄한 처벌이 요구되는 위법행위다. 상당한 정도로 법이 침해되었을 때는 경찰도 관여해야 한다. 그러나 그룹홈과 협조하는 학교로서는 대단찮은 기물파괴나 싸움이나 소소한 절도 등 비교적 가벼운 말썽은 그룹홈이 이런 일이 다시 일어나지 않도록 조치한다는 조건에서 일을 벌이지 않고 수습하게 되는 것이 보통이다.

불법 행위가 비교적으로 사소하고, 되풀이될 것 같지 않고, 자신에게도 남에게도 신체상의 상해를 끼치지 않으며, 그룹홈의 일과 진행에도 지장이 있을 것 같지 않을 때는 그룹홈 실무자는 그룹홈 아이를 데려와서 집에서 적당한 치유책을 실시할 것을 약속하게 된다. 신축성 있게 판단할 여지를 두어야 하며, 학교에서 담배를 피웠거나, 점심시간에 운동장에서 돈 내기를 했으나 뉘우치는 기색이 역력한 학생을 체벌하거나 낙인 찍는 일은 없어야 한다. 때로는 처벌을 생각했는데 과감하게 용서해 주고 격려해 주는 것이 훨씬 효과적일 수도 있다. 그러나 이러한 처벌 없는 용서도 상황에 따라 아이에 따라 이루어져야 하며, 이러한 것들이 반복되면 효과가 약해지기도 한다. 처벌로는 용돈 삭감이나 벌금이나 외출 제한 등이 있을 수 있으며, 반드시 아이의 동의가 있어야 처벌로서 의미가 있다. 아이가 처벌에 동의하지 않은 상태에서 이루어지는 처벌은 효과가 없으며 반발만을 초래하기 때문에 오히려 그룹홈의 분위기만 살벌하게 한다. 그리고 작든 크든 본인의 잘못에 대해 처벌을 거부하거나 계속해서 불법을 저지르는 경우는 그룹홈 실무자의 권위에 도전 혹은 그룹홈에서의 지도 불능으로 볼 수 있기 때문에 그룹홈과 그룹홈 내 타 아이들을 보호하기 위해서는 그룹홈에서의 퇴소와 타 기관에의 전원 조치를 심각하게 고려해야 한다.

4) 아동 · 청소년 그룹홈의 교육적 환경

모든 가정은 아이의 지식이나 재능을 개발하기 위하여 아이의 학습의욕을 자극해서 학교교육을 보완한다. 보통 아동 · 청소년 그룹홈에서는 역사유적지를 여행하거나, 실내 게임을 하거나, 시사성 사건을 주제로 토론을 벌이기도 한다. 집 안에서 하는 어른의 일을 돕고, 산책이나 장보는 데 따라나서고, 저녁 식탁에서 어른과 얘기를 나누면서, 그룹홈 아이들은 호기심을 일구고 지식욕을 채운다. 또 어떤 부모는 그룹홈 아이를 교회의 주일학교에 보내서 음악이나 미술을 배우게 한다. 또 그룹홈에 책, 잡지, 음반을 비치하여 아이들의 정서적 감수성 개발을 위해 노력하기도 한다. 이렇게 풍부한 교육적인 환경에서 생활하는 아이는 문화적으로 궁핍하고 지적으로 어두운 환경에서 자라는 아이보다 학교생활을 더 잘할 수 있다. 그룹홈 아이들은 그룹홈에 들어오기 전까지 오랜 방임이나 빈곤, 가정 내 학대 등으로 학습능력뿐만 아니라 정서적 불안으로 정서적 감수성과 표현력, 사고력 등의 발달이 뒤처져 있으며 무엇보다 자신감 및 자존감이 결여되어 있는 경우가 많다.

학교에서 성적을 올리는 것은 졸업 후에 사회경제적 성공의 기회를 더 잡을 수 있는 기회를 가진다는 점도 중요하지만, 무엇보다 자신감을 높일 수 있다는 점에서 매우 중요하다. 우리나라와 같은 높은 교육열과 입시 위주의 획일적인 교육환경 속에서 성적처럼 아이들의 자신감을 끌어올릴 수 있는 무기는 없기 때문이다.

따라서 그룹홈도 일반 가정처럼 아이의 학습의욕을 강화시키는 것은 매우 중요한 과제다. 그룹홈은 아이에게 새로운 흥미를 유발하게하여, 말썽을 피우는 데 충당하는 활력을 딴 곳으로 돌려서, 많은 그룹홈 아이들이 경험한 문화적 결손을 되찾고 메꾸게 해 줄 수 있다.

풍부한 환경을 꾸며 주는 일 중 하나는 읽을 거리를 충분히 제공하는 것이다. 그룹홈마다 책과 잡지로 꽉 채워진 책장이 있어야 한다. 가능하다면 고전이나 시, 기타 비소설물에다 가볍게 읽을 수 있는 소설을 약간 곁들이는 것이 좋다. 이렇게 책을 마련하는 데는 뜻 있는 이의 기증을 받거나 헌책방에서 저렴한 값에 구입한다.

그룹홈은 대중적인 신문을 적어도 한 가지 정기구독해야 한다. 또 도서관을 이용하기 쉽게 배려하고, 필요하다면 아동 · 청소년 그룹홈의 차로 도서관에 그룹홈 아이가 가고 올 수 있는 편의를 제공한다. 그룹홈 아이에게는 도서관 이용권을 가지도록 격려한다.

주마다 교육을 주제로 집단토의를 벌이면 그룹홈 아이의 지식이 넓어지고 흥미가 증가한다. 건강전문가나 결혼상담사나 사업가, 체육전문가, 지역 공무원 등 지역인사를 초빙하여 함께 길지 않은 얘기를 나누게 하는 것도 좋은 방법이 될 수 있다. 여행을 많이 한 인사가 그룹홈 아이에게 사진이나 기록영상을 보여 줄 수도 있다.

그룹홈 아이에게 집단토의 의제로 삼을 만한 관심사를 말하라고 권해야 한다. 시사성 사건, 지역 정치, 대통령 선거, 환경과 자연보전 문제, 재정, 신용금융, 돈 관리, 소비자의 권리와 건전 소비의 지혜, 스마트폰과 컴퓨터 중독, 이성교제, 예절과 바른 복장, 바른 부부관계, 자녀양육, 인생관, 직업 선택, 지능 개발 놀이, 영화, 그룹홈 아이 모두가 본 최근의 TV 프로그램 등 토론의 대상이 될 만한 것은 무궁무진하다.

훌륭한 부모처럼, 그룹홈 실무자는 예술, 공예, 기타 특수 분야에 보이는 그룹홈 아이의 재능을 놓치지 말아야 하며, 보는 즉시 이 분야에 애쓰게 격려하고 지원해야 한다. 또 피아노, 그림, 노래 등에 관심을 보이는 그룹홈 아이에게는 배울 수 있게 지원해 주어야 하지만, 현재의 우리 현실에서는 후원금이 많은 몇몇 그룹홈을 제외하고는 매우 어려운 현실이다. 정부에서 지원하는 1개소 당 월 24만 원 정도의 운영비와 생계비, 후원금을 합하여 간신히 그룹홈을 어렵게 운영하고 있는 현실 속에서 이와 같은 이야기는 사치로 들릴 수도 있다. 따라서 정부의 그룹홈에 대한 지원이 조속히 정상화되어야 그룹홈도 아이들의 재능을 발굴하고 개발할 수 있는 기회가 확대될 것이다. 그러나 정부의 지원이 미흡하더라도 그룹홈 실무자는 청소년수련관이나 문화센터 등 지역사회의 자원을 활용하여 아이들이 가진 잠재능력을 개발할 수 있도록 적극적으로 노력해야 할 것이다.

이런 데 수반되는 수강료, 교통비, 재료비, 기구 구입 비용은 그룹홈의 양육비처럼 마땅히 지출해야 할 것으로 여겨야 하며, 정부에서는 그룹홈의 이와 같은 지출을 지원해야 한다. 예술과 공예 활동은 시간과 돈이 들지만, 이로써 아이는 바람직한 일에 정력을 쏟으며 개인으로 성장을 하는 것으로 보답할 수 있을 것이다.

장애인이면서도 세계적인 가수로 성장한 레나 마리아의 이야기가 장애인도 재능만 있으면 자기의 재능을 개발할 수 있는 정상화된 사회인 스웨덴을 보여 준다. 네 손가락 피아니스트 이희아 이야기는 어머니의 헌신적인 노력이 한 아이의 재능을 활짝 피우게 만든 감동적인 이야기다. 그러나 우리나라 그룹홈의 아이들은 피아노를 제대로 칠 줄 아는 아이가 거의 없다. 그룹홈에 대한 무관심과 정부의 빈약한 지원이 우리 아이들의 재능 발현의 기회를 원천적으로 차단하고 있는 것이다. 우리 사회가 레나 마리아와 같은 장애인도 자신의 재능을 꽃피울 수 있는 정상화된 사회가 되도록 노력해야 하지만, 또 한편으로 그룹홈 실무자는 이희아 어머니와 같은 애정과 헌신으로 그룹홈 아이들의 재능을 발굴, 개발하는 노력도 요구된다.

2. 문화활동 및 레크리에이션 활동

레크리에이션은 재미가 있다. 참가자의 흥미와 신바람을 불러일으키며, 아이들의 긴장을 해소시켜 주며, 삶의 의욕을 북돋아 주며, 대인관계 능력과 소속감을 높여 주기도 한다. 레크리에이션은 다만 긴장이완과 재미만 제공하는 것이 아니라 성격 형성과 성장에 기여하기 때문이다. 어른도 마찬가지이지만, 성장기에 있는 아이들은 마음껏 놀아야 건강하다. 그래야 욕구불만이 해소되고 자신감이 형성될 수 있으며, 학업에 대한 집중력이 높아질 수 있다. 특히 그룹홈 아이들은 방임이나 학대, 가정해체 등으로 위축되어 있거나 매우 산만하기 때문에 땀을 흘리며 함께 같이 노는 것은 매우 중요하다. 그래서 레크리에이션은 아동 · 청소년 그룹홈에서 할 수 있는 중요한 치료방법 중 하나다.

아동 · 청소년 그룹홈의 문화활동과 레크리에이션의 목적은 다음과 같다.

- 긴장이완과 재미를 제공하여 그룹홈의 분위기를 쇄신하고 다른 일과를 수월하게 하도록 한다. 레크리에이션 활동은 우울, 불안, 맹종, 소극적인 태도를 줄이는 데 기여한다.
- 비행, 이탈, 자해행위에서 벗어나서 건설적인 활동으로 여가를 보내도록 격려한다.
- 야외로 나가고, 축구, 발야구, 농구, 탁구, 배드민턴, 자전거 타기 등 운동을 하게 되어 아이들의 건강을 증진한다.
- 그룹홈 실무자와 비공식적이고 즐거운 교류를 할 기회를 그룹홈 아이에게 제공한다.
- 함께 어울리는 체험을 통해서 그룹홈 아이들의 단합을 이루게 된다.
- 그룹홈 아이에게 성취감, 연대의식 고양 그리고 지도력 발휘 기회를 제공한다.
- 힘을 겨루고, 이기고 지고, 합심하고, 의사를 발표하고 등 사회 적응력을 향상시키는 데 기여한다.
- 남자와 여자가 안전하고 자연스럽게 친숙해지는 기회를 제공한다.
- 아이의 재능을 발견하고 격려할 수 있는 기회다.
- 수영, 장기, 조류(鳥類) 관찰, 스포츠 관람, 영화 관람, 무용 등 살아가면서 필

요한 여가를 보내는 방법을 습득한다.

- 문화적 지평과 관심을 넓힌다.
- 공부 없는 방학을 건전하게 보낼 수 있게 한다.

이런 목적하에 운용되는 여가 및 레크리에이션 활동은 신중한 고려와 다른 여가활동과의 관련을 염두에 두어야 한다. 그룹홈의 핵심과정으로 운용되는 일인 만큼 여가활동에 드는 비용은 물론 그룹홈에서 지원해야 한다.

어떤 활동을 선택할 것인가는 그룹홈 아이의 구성과 그룹홈 실무자의 관심사와 기량, 아동 · 청소년 그룹홈의 시설, 또 재정 형편, 지역사회의 여건, 계절에 달려 있다. 비록 재정 형편이 어려운 그룹홈에서도 그룹홈 실무자가 지역사회의 자원을 활용하여, 지역의 무료시설이나 행사를 이용하고, 필요한 기구를 기증받고, 어른 자원봉사자의 수고를 빌어서 창의적인 여가활동을 개발할 수 있다. 그러나 이러한 여가활동을 계획하는 데 아이들의 의견을 참고하고 아이들이 주체적으로 참여할 수 있도록 준비과정부터 일정한 역할을 부여하면 아이들의 관심과 참여를 더욱 높일 수 있을 것이다. 그러나 클래식 공연과 같이 문화적 소양을 쌓기에는 필요하지만 아이들의 관심이 별로 없는 프로그램의 참여는 신중할 필요가 있다. 한두 번 정도는 나름대로 의미를 부여할 수 있지만, 이러한 활동이 지속된다면 아이들의 관심과 참여는 갈수록 저조해질 것이며, 문화활동을 또 다른 부담으로 느낄 수 있기 때문이다. 따라서 문화활동은 아이들의 욕구에 기반하여 이루어질 수 있도록 하는 것이 무엇보다 중요하다.

1) 간단한 레크리에이션 활동

그룹홈 아이들이 손쉽게 사용할 수 있는 레크리에이션 장비가 그룹홈에 마련되어 있어야 한다. 그룹홈에 축구공, 배구공, 농구공과 배드민턴 라켓과 배드민턴 공이 있어야 하며, 자전거 등의 운동용품이 마련되어 있으면 그룹홈 아이들은 여러 가지 체육활동이 생각났을 때 바로 할 수 있어서 운동과 친해진다. 그룹홈 아이들이 좋아하는 음반이 고루 비치되어 있거나 컴퓨터 등을 통해 궂은 날에도 아이들은 음악을 들으며 넘치는 활력을 발산할 수 있다. 또 장기, 바둑, 카드로도 그룹홈 아이들이 조용히 머리를 굴리며 시간을 보내게 된다.

2) 스포츠 시설 활용

아동 · 청소년 그룹홈에서는 그룹홈 아이가 지역에 있는 수영장이나 태권도 학원, 스포츠센터, 기타 체력 단련을 위한 각종 스포츠 시설이나 문화시설을 이용할 수 있도록 지원할 수 있어야 하며, 그룹홈의 형편이 어려우면 이용료 면제나 감면, 바우처 제도 등을 활용하여 아이들의 스포츠 활동을 격려하여야 한다. 지역 YMCA, YWCA와 같은 지역사회의 기관을 이용하면 재미를 보는 것 말고도 건전하게 남녀 친구를 사귀게 되어서 사회 적응력을 향상시키는 데에도 도움이 된다. 그러나 우리나라의 입시 현실과 그룹홈의 재정 상황으로 그룹홈 아이들의 일상적인 문화 및 스포츠 활동을 지원하는 데에는 어려움이 따른다.

3) 지역 자원 활용

그룹홈은 아이들이 지역 행사에 동참하도록 격려해야 한다. 지역 합창단이나 교회 성가대, 교회에서 관장하는 무용반, 시나 구에서 주최하는 마라톤이나 경주대회, 지역 볼링팀이나 야구팀 등에 참가하고 싶어 하기도 할 것이다. 신문에 나는 소식이나, 시 · 구의 사회복지과에 문의해서 각 기관에서 하는 행사 소식을 수집하여야 한다.

4) 나들이

나들이는 모든 그룹홈에서 하는 행사다. 야구나 농구, 축구 관람, 영화나 공연 관람 등은 단순한 나들이에 속한다. 문화적인 흥미를 유발하는 데는 박물관, 연극, 연주회, 무용, 사적지 등을 찾는다. 이런 중에도 가장 이로운 것은 체력 소비가 많아서 그룹홈 아이의 확고한 참여 의지가 있어야 하는 분야다. 예를 들면, 낚시, 등산, 보트 타기, 스키 등이다. 이런 운동은 그룹홈 아이에게 여가 및 레크리에이션 방법을 터득하게 하고, 평생 기억에 남은 추억을 지니게 하고, 또 젊은 시절의 모험욕구를 채워 준다.

그러나 나들이는 일주일에 한 번을 넘어서는 안 된다. 더 잦으면 여기에 빠지게 되고, 이런 활동의 고마움을 잊게 되고, 다른 활동에 지장을 준다. 또 그룹홈에서 나들이의 선택은 그룹홈 실무자와 의논해서 어떤 것을 할 것인지 정해야 한다. 이 과정에서 그룹홈 실무자는 자기 의중에 있는 것을 그룹홈 아이에게 어떻게든 시키려는 지나친 권유는 삼가야 하며, 마음이 없어 하는 아이가 오후 내내 박물관 구경을 하는 따분함은 누구나 다 아는 바다.

그룹홈에 따라서는 나들이 선택에서 의견이 늘 갈릴 것이다. 나이의 차이에 따라서 의견이 다르고, 구기종목과 같은 스포츠를 좋아하는 아이들이 절대적으로 많아서 음악회에 가고 싶은 사람은 번번이 못 가는 수도 있을 것이다. 의견이 팽팽해서 하나로 모으기 어려울 때는 각자 좋아하는 것을 하거나 혹은 개인적으로 중요한 일이 있으면 빠질 수 있도록 간혹 허락하는 것도 나쁘지 않을 것이다. 이는 그룹홈의 개별적 처우의 원칙에 부합되는 것이다. 그리고 함께 행동하는 것도 소속감을 높이는 데 때로는 기여하지만, 모두가 무조건 같은 단체 활동에 반드시 참여해야 하는 것은 아니다. 이는 그룹홈의 개별화의 원리에도 위배된다. 그리고 그룹홈 실무자의 수가 적어서 자기 취향에 맞추어 나들이하는 아이들을 인솔하기 힘들 때는 외부 성인 자원봉사자를 훈련해서 인솔을 맡기는 것도 방법이다.

때로는 나들이를 하지 않고 집에 머물기를 원하는 그룹홈 아이도 있다. 그룹홈 실무자로서는 귀찮은 일이지만, 그렇다고 나들이에 가라고 강요하는 것은 현명하지 못한 처사다. 이런 때는 개인상담으로 아이의 속 뜻을 살피면, 숙제를 할 시간을 얻기 위해서나 감기에 걸려서 등 그럴 만한 이유가 있다는 것을 알게 되기도 한다. 그룹홈의 다른 아이와 사이가 껄끄러워서 나들이 내내 신경을 써야 한다거나, 바다에 가서 옷을 벗으면 흉이나 못생긴 모습을 보여야 한다거나, 수영장에 가서 발가벗고 샤워하는 것을 못 견딘다거나 하는 이유가 있기도 한다. 아니면 한 번도 물에 들어가 본 일이 없다거나 한 번도 댄스를 해 본 일이 없다는 것을 실토하기 싫거나, 고소공포증이 있다는 것을 남에게 보이기 싫을 수도 있다. 나이 많은 그룹홈 아이는 어린아이와 함께 여러 사람의 눈길을 받아야 하는 것이 못마땅할 수도 있다. 아니면 나들이와는 상관없는 아동 · 청소년 그룹홈에 대한 불만의 표시일 수도 있다. 이런 것은 야유나 힐책이나 강요보다는 개인상담으로 대처하는 것이 바람직하다.

나들이로 누군가가 겁을 먹게 될 때는 나들이를 하지 않는 것이 좋다. 깊은 물, 뱀, 말, 높은 곳, 대중, 숲에서 길을 잃게 될 것 등에 대한 겁이 유난히 많은 사람이 있다는 것을 그룹홈 실무자는 늘 잊지 않고 있어야 한다.

장기 여행은 시간과 경비가 많이 들 뿐만 아니라, 지루하고, 지치고, 그래서 엉뚱한 짓을 유발하게 할 수 있다. 이렇게 되면 이 엉뚱한 짓이 규칙위반 사항이어서 그룹홈 실무자와 여러 사람을 힘들게 할 수도 있다. 이런 문제를 피하려면, 나들이 여행은 짧은 시일에 끝내야 한다. 어쩔 수 없이 긴 여행을 하는 경우는 이런 문제나 마찰이 최소한이 되도록 미리 준비해 두어야 한다.

일반적으로 나들이 여행의 길이는 참가자의 흥미가 지속되는 시간을 넘어서는 안 된다. 캠핑은 3~4일이 될 수도 있지만, 미술관 참관은 두 시간을 넘기지 않는 것이 좋다.

5) 집단 모험

아이들은 집에서의 일상생활에서 벗어나서 모험을 맛 보고, 새로운 경험을 할 수 있기를 원한다. 집에서 하는 생활로 이런 욕구가 충족되지 않을 때는 그룹홈 아이는 밖에 나가서 남 몰래 위험을 무릅쓰고 이 욕구를 충족하려 한다. 따라서 그룹홈은 모험의 기회를 제공해서 그룹홈 아이들이 자신의 능력의 한계에 도전하게 할 필요가 있으며, 미리 계획하고 준비해서 위험을 최소화하고 치료적인 소득도 얻도록 해야 한다. 이런 모험에는 캠핑, 달밤 등산, 초보자를 위한 암벽 타기, 스키, 배 타기, 근처 대도시 방문 또는 유원지 행락 등이 있다.

이런 공인된 시설이나 놀이를 통해서 모험 욕구를 채우게 되면, 아이들은 해롭고 위태로운 행동을 하게 되는 또래 압력을 덜 받게 된다. 이런 활력 넘치는 활동을 통해서 집 밖의 친구와는 할 수 없는 일을 했다는 자부심이 그룹홈 아이들 간의 관계를 강화시키는 계기가 되기도 한다. 그리고 아이에 따라서는 여기서 자신감을 함양하게 된다. 또 어른을 잔소리꾼으로 인식해 온 아이들이 이런 활동을 통해서 어른에 대한 인식이 달라져서 나들이를 함께한 어른을 믿을 수 있는 사람으로 재인식하고 정을 두게 되기도 한다.

치료 면에서 볼 때, 이런 활력 있는 활동에서 혹 있게 되는 삐거나 멍들거나 타박상을 입는 신체상의 상해를 감수하고도 월등히 얻는 것이 많다는 것을 알 수 있다. 신나고 짜릿한 일을 추구하고, 어른의 간섭 없이 자기만의 힘으로 무엇이건 하고 싶고, 또래의 동경이나 흠모의 대상이 되고 싶은 것이 사춘기 아이들의 심리이기 때문에, 정서적으로 불안한 사춘기 아이들은 때로는 자제를 하지 못하고 엄청난 위험을 저지르게 된다.

6) 집 안에서의 레크리에이션 활동

여가활동은 꼭 여행을 가고 참가비를 지불해야 하는 것이 아니다. 허락된 여건 하에서 집에서 할 수 있는 활동을 준비하고 계획할 수 있다. 집 안에서 그룹홈 아이나 친구를 불러모아서 즐거운 시간을 보낼 수도 있다. 휴일이나 명절에 그룹홈 아이들이 모두 모여 삼겹살 파티를 하거나 노래나 악기 연주, 낭독, 윷놀이, 카드놀이 등을 할 수 있다.

가정에서 화목한 경험을 해 본 적이 별로 없는 아이들에게 집 안에서의 레크리에이션 활동이나 여가활동은 상당한 몫을 한다. 메마르고 각자 혼자만의 울타리를 치고 살게 되는 무거운 분위기의 그룹홈을 따뜻하고 활기 있는 집으로 바꾸어 준다. 사나운 날씨나, 나들이 예정이 취소되었거나, 휴일이라 학교 수업이 없어서 무료하고 답답한 시간을 지루하지 않게 보낼 수 있게 해 준다. 또한 그룹홈 아이들 사이의 결속을 가져온다. 또한 레크리에이션 활동을 통해서 그룹홈 아이들은 자신의 재주를 내보이고, 자기 책임을 수행하면서 사회성을 기를 수 있다. 또 그룹홈 아이가 그룹홈을 떠나서 자기 집의 생활로 돌아갔을 때 가족과 더불어 살아가는 방법도 터득한다. 비지시적이면서 언짢은 얼굴을 하지 않고서, 아이가 자기 시간을 말썽을 일으키는 일이 없으면서, 아이들의 적응력과 응집력을 강화시킬 수도 있다. 집 안에서 하는 여가활동은 다음과 같다.

- 크리스마스, 설, 추석, 기념일을 파티나 적당한 의식으로 축하한다.
- 이야기책을 읽으면서 글에 나오는 인물을 맡아서 연출한다.
- 합창이나 제창을 한다.
- 지역 예술인을 초청하여 그림이나 설치나 기타 표현도 해 본다.
- 3 · 6 · 9 게임이나 끝말 잇기 등의 게임을 한다.
- 윷놀이, 카드놀이, 사다리 타기, 보드게임, 알까기, 장기, 바둑 등을 한다.

아동 · 청소년 그룹홈의 바쁘게 꽉 짜인 일정에 이런 집안 레크리에이션 활동을 끼워 넣기는 쉽지 않다. 평일에 시간을 낼 수 없을 때는 특별한 날을 잡거나 아니면 비가 와서 그룹홈 아이들이 집안에 갇혀서 무료해하거나 지루해하거나 무엇인가 하지 못해서 안달일 때 자연스럽게 실행에 옮기면 좋다.

여타 여가활동처럼, 안 하겠다는 사람을 강제로 하라고 요구해서는 안 된다. 모두가 하고 싶어 하는 것이 어떤 놀이인지 먼저 뜻을 물어서 그룹홈 아이들과 함께 계획을 세워야 한다. 그룹홈 아이가 하고 싶어 하고 하고 나서 자랑이 되는 것이어야 한다. 이런 놀이에 그룹홈 아이의 바깥 친구를 참가하게 하거나 와서 구경하게 하면 그룹홈 아이들은 한결 신이 난다.

7) 학교 특별활동 및 특기적성교육

학교의 특별활동에 참가하면 재미도 있을 뿐만 아니라 새 친구도 사귀고 사회성도 키우게 된다. 그룹홈 아이들은 학교에서의 체육활동, 학교 교향악단 연주, 합창단, 미술부, 기타 특기적성교육 등에 참여 기회가 열려 있으나 이런 활동에 참여하는 아이들은 많지 않다. 자신감이 결여되어 매사에 소극적이고, 그룹홈의 형편상 이러한 활동을 지원하는 데 어려움이 많기 때문이다. 또 그룹홈 아이에 따라서는 심리적인 지장이 있어서 활동에 참가하지 못한다. 교통편 미비, 재정적인 지원 결핍 등으로 활동하고 싶어도 못하는 수도 있다. 일반적으로 학교의 특별활동이 여가활동자원으로 제대로 이용되고 있지 못하다. 학교 특별활동 역시 지역사회의 자원이기 때문에 학교에서도 그룹홈 아이들과 같은 어려운 아이들도 참여할 수 있도록 적극적인 노력이 요구되며, 그룹홈에서도 학교의 특기적성교육이나 특별활동에 보다 적극적인 관심을 가져야 한다.

8) 여름 수련활동

학생이 공부를 하지 않는 여름방학 기간의 여가활동은 특별한 의미를 지닌다. 그룹홈에서는 방학이 시작되면 아이들과의 새로운 전쟁의 시작된다. 그룹홈 실무자에게 방학은 아침 기상부터 방 안 청소, 아침식사가 끝나면 또다시 점심 준비, 저녁 준비, 학습지도, 아이들과의 씨름 등 눈코 뜰 새가 없다. 아이들에 따라서는 게으름, 무기력증, 우울, 말썽이나 신경질, 짜증을 내며 시간을 보내기도 한다. 그런가 하면 또 어떤 아이들은 아침 일찍부터 친구 만나러 나가서 저녁이 되어야 들어오기도 한다.

그러나 한편으로 여름은 그룹홈에서는 야외활동으로, 여행으로, 아르바이트로,

취미활동으로 아이들의 경험을 풍부하게 해 줄 수 있는 기간이기도 하다. 그룹홈 아이들은 집을 떠나서 들로, 산으로, 일하러, 여가 보내러, 친구를 사귀러 가면서 마음이 가볍다.

이런 여름활동에는 돈과 인솔할 그룹홈 실무자가 있어야 한다. 장시간 신경도 많이 써야 하고 돈도 많이 든다. '여름 활동 인솔자'로 자원봉사자가 필요할 수도 있다. 교통비, 시골에서 일주일 숙박할 비용, 강습비, 캠핑 소요 경비 등 그룹홈에서 감내하기 벅찬 것들이다. 관련 기관에서는 여름 여가활동이 중요하다는 것을 충분히 이해하고 그룹홈에 재정적인 지원을 제공해야 할 것이다.

여름 활동 계획 수립에 참고가 될 것은 다음과 같다.

(1) 여름 수련활동 인도자

센터형 그룹홈에서는 여름 동안 휴가교육계획을 세우고 이에 필요한 여름활동 인도자나 청소년수련활동 전문가의 도움을 받을 수 있다. 다함께 여름 휴가를 떠나는 것도 아이들의 응집력을 높이는 데 기여하는 면이 있으나, 그룹홈 실무자에게 여름 휴가 인도를 맡기기에는 너무 과중하기도 하며 청소년수련활동 지도역량도 부족하기 때문에 계획과 추진과정, 여름휴가 진행 과정에 그룹홈 실무자가 전문가의 도움을 받을 수 있다.

청소년수련관이나 지역 내 문화단체 등에서 실시하는 여름 수련회 프로그램에 각자가 희망하는 프로그램에 아이들 스스로 선택하여 갈 수 있도록 지원해 주는 것도 좋은 방안이다. 그룹홈에서 모두 함께 여름 휴가를 계획하면 막대한 비용이 소요되고, 그룹홈 실무자에게 업무 부담이 가중되며, 이러한 방안이 개별화의 원리에도 어긋나기 때문이다.

또한 그룹홈 차원에서 몇 개의 그룹홈이 연합하여 경비를 지원받아 여름활동을 계획할 수는 있으나, 때로는 낙인화의 위험성 등으로 아이들로부터 긍정적인 호응을 못 얻을 수도 있음을 유념해야 한다.

(2) 아르바이트

그룹홈 아이 중에는 긴 여름방학 기간 동안을 아르바이트를 하기를 원하는 아이가 종종 있다. 아르바이트는 아이가 일에 임하는 자세를 배우고, 동료와 어울리는 방법을 배우며 사회 적응력을 향상시키는 데 도움이 된다. 또 아르바이트를 통해서 자기가 장차 해야 할 직업이 어떤 것인지 미리 생각해 볼 수 있는 기회를 제공하고 또 혼자서 살아가는 데 자신감을 가질 수 있는 좋은 기회다. 또한 아르바이트를 통해 게으름, 권태 그리고 짜증내는 일 등이 감소할 수 있다.

그러나 그룹홈의 실무자는 현재의 시점에서 아이에게 아르바이트가 유익한지 면밀히 살펴야 한다. 아르바이트를 이유로 학습을 소홀히 할 수도 있고, 친구와 어울려 놀 수 있는 기회를 많이 가지기 위해서 아르바이트를 원할 수도 있고 혹은 유흥비 등을 마련하기 위하여, 값비싼 옷이나 물품을 사기 위해서일 수도 있다. 아이가 아르바이트를 원하면 아이의 상태와 아르바이트를 하려는 목적 등을 면밀히 검토하여야 한다. 그리고 아르바이트를 허락하기 전에 아르바이트로 벌어들일 돈의 사용 방법과 사용처를 사전에 명확하게 약속을 받아두어 과소비나 돈에 의한 부작용을 최소화할 수 있다.

그리고 아르바이트를 구하는 것도 그룹홈에서 여름 아르바이트 자리를 주선하는 방식도 있으나, 아이에 따라서는 아이 스스로 아르바이트 자리를 구하도록 하는 것도 좋은 방법이다. 일의 종류는 그 지역의 고용 사정, 아이의 나이, 관심사, 심리적인 제약 등에 따라서 선택 폭이 결정된다. 아르바이트 자리는 상근일 수도 비상근일 수도 있다. 물품이나 음식 배달, 식당 서빙, 주유소 주유원, 편의점 판매원, 세차, 학습지도, 애 보기, 사무 보기 등 다양하다. 또 때로는 공공기관의 인턴이나 공원이나 도서관에서 일하기도 한다. 그러나 청소년들이 많이 하는 주유소의 주유 아르바이트는 엄밀히 따지면 위험한 물질을 다루는 위험업소로서 「청소년보호법」 위반이기 때문에 유념해야 한다.

그룹홈 아이가 아르바이트를 구하면 근로계약서를 작성하여 근로시간과 임금 등 근로조건 등을 정하게 되는데, 최저임금과 근로시간 등 근로조건에 대해서는 사전에 충분한 교육과 준비가 요구된다. 그러나 아르바이트를 고용하는 대부분의 고용주는 근로계약서를 작성하지 않고 근로시간과 임금만을 구두로 정하기 때문에 임금체불 및 근로시간 연장, 근로조건 등의 변경에 의한 갈등이 일어나기도 한다. 따라서 가능하다면 근로계약서를 작성하도록 하며, 사정이 여의치 않을 경우 그룹홈 실무자가 아르바이트 현장 방문이나 고용주 면담과 연락 등을 통해 아이를 보호하고 있는 보호자로서의 역할을 충실히 수행하여야 한다.

그리고 그룹홈 아이의 아르바이트 관련 문제가 발생할 경우 노동부 고용종합지원센터나 청소년보호전화인 1388 등을 통하여 도움을 받을 수 있다.

그리고 그룹홈 아이가 일자리를 얻게 되면, 그룹홈 아이는 그룹홈 밖에서 보내는 시간이 많기 때문에 일터에서 벌이는 말썽이나 잘못이 없는지, 또 있으면 어떤 것인지, 또 그룹홈 아이가 일을 어떻게 하고 있는지 늘 주시하고 있어야 한다. 때로는 그룹홈 아이와 일터 상사나 동료 사이의 오해나 갈등을 해결해 주어야 한다. 일의 수칙을 제대로 이해하지 못하고 있을 수도 있고, 불안에 싸여 있을 수도 있고, 일이 지루해서 할 일이 못된다고 여길 수도 있으며, 권위를 거스를 수도 있고, 아이의 대처능력이나 방식이 서투르기 때문에 어려움이 발생할 수도 있다. 이럴 경우는 그룹홈 아이나 상사를 상담하거나 아르바이트 자리를 옮겨 주어서 서로의 감정을 해소할 수 있게 해 주어야 한다.

아르바이트를 하여 생긴 수입은 현명하게 사용하여야 한다. 일정 비율을 저금하거나 그룹홈 실무자에게 맡기는 것으로 사전에 약속하여 헤프게 쓰거나, 다른 아이들에게 빼앗기는 등의 문제가 발생하지 않도록 한다.

(3) 지역 자원 활용

어느 지역에서나 여름에는 시 · 군 · 구청이나 청소년 관련 단체 혹은 문화 · 체육 관련 단체에서 주최하거나 후원하는 여름방학 프로그램이 많이 개최된다. 따라서 그룹홈 실무자는 이러한 정보를 잘 파악하여 그룹홈 아이들에게 제공할 필요가 있다.

- 시 · 군 · 구청, 청소년수련관, 문화센터 등에서 무료로 아니면 일부 부담으로 시행하는 여름캠프
- 사회복지단체, 청소년단체, 문화단체, YMCA, YWCA 등 기타 기관에서 벌이는 캠프, 생태탐방, 역사기행 등
- 축구, 야구장, 볼링장, 영화관, 수영장, 박물관의 무료 또는 할인 입장권
- 지역 교회, 사찰, 종교기관 등에서 재정 지원하는 프로그램이나 야유회 등

(4) 야외 여가활동

여름방학은 겨울방학에 비해 야외활동을 많이 할 수 있는 기회다. 그룹홈 실무자가 야외활동에 관심이 있거나 경험이 축적되어 있으면 더할 나위 없이 좋다. 그렇지 못할 때는 지역사회 인사 중에서 적합한 사람을 초빙하면 좋다. 조류 탐사단이나 휴가 중인 과학교사는 그룹홈 아이들을 데리고 공원 안을 돌면서 학습경험을 제공해 줄 수 있다. 지역의 체육 전문가는 자기 분야를 그룹홈 아이들에게 소개할 수 있고, 숲 해설가나 생태전문가는 캠핑여행의 훌륭한 길벗이 될 수 있다.

여름은 교육적인 경험을 더 한층 확대할 수 있는 기회다. 학기 중에는 힘든 프로그램이나 활동을 여름에는 할 수 있다. 그룹홈 아이가 원하면 때에 따라 5~6주간 과정의 예술 교실, 집중적인 수영 강습, 통기타 교습의 기회로 활용할 수도 있다. 그리고 학기 중에는 공부에 밀려서 못한 제과제빵 교습이나 취업이나 취미 개발을 위한 다양한 활동에 시간을 충분히 투여할 수 있는 기회이기도 하다.

또 그룹홈 아이에 따라서는 여름 동안에 뒤처진 공부를 만회하고 싶기도 할 것이다. 이런 학생을 위해서 영어나 수학 학원과 같은 곳에 보내거나 개인학습 지도 자원봉사자를 배치하거나, 독서실이나 도서관 이용 등의 편의를 제공하거나, 학습 분위기 조성 등 그룹홈의 특별한 관심과 계획이 요구된다.

3. 보건위생

보건위생과 식사는 아동 · 청소년 그룹홈의 주요 계획사업에서 무시할 수 없는 영역이다. 그룹홈에서 생활하는 아동과 실무자를 위한 적절한 보건위생 방안을 마련하고 실시하는 것은 그룹홈의 책임사항이다. 이는 또한 부모와 시 · 군 · 구청의 관련 기관에서도 관심을 가지고 있으며, 따라서 시 · 군 · 구청에서는 보건위생교육을 시행하기도 하고 때로는 위생 점검을 하기도 한다.

보건위생에 문제점을 안고 있는 그룹홈은 아이들의 건강한 발달과 건강에도 영향을 미칠 뿐만 아니라 인간의 1차적 욕구인 신체적 안정감을 저해하여 아이가 적응하는 데 악영향을 미친다. 따라서 그룹홈 방역소독과 식기류 세척, 예방접종 등은 정기적으로 시행하여야 한다. 사회적으로나 심리적으로 적응하는 데 신체건강이 문제시 되는 점은 다음과 같다.

- 비타민이나 미네랄의 부족이나 불균형은 무력증, 우울, 과다 활력, 짜증 등과 연관이 있다. 이런 경우 의사의 처방을 받아 종합비타민을 복용하거나 비타민이 풍부한 음식물을 섭취할 수 있도록 식단을 구성한다.
- 감기 과민, 기타 감염은 학교 출석을 가로막고, 기타 유익한 활동에 지장을 가져온다. 또한 전염성이 강한 경우 공동으로 생활하기 때문에 그 피해가 확산되고 오래 갈 수도 있다. 따라서 인플루엔자나 독감이 유행할 가능성이 있거나 늦가을에는 보건소나 병의원을 통해 단체로 예방접종을 맞는 것도 예방책이 될 수 있다. 그리고 밖에서 집에 돌아왔을 때 손 씻기 등을 생활화하여 감염을 최소화하는 생활습관을 가지도록 한다.
- 인스턴트식품이나 조미료, 식품첨가물이 과다하게 첨가된 음식을 자주 섭취할 경우 비만, 당뇨, 아토피, 알러지 등을 유발 요인이 되기도 한다. 따라서 인스턴트나 패스트푸드 섭취를 줄이고 채소와 균형 잡힌 식사를 위한 그룹홈의 식사 문화를 조성한다.
- 청각, 시각 그리고 언어에 장애가 있으면 학교생활과 남과의 교류에 지장을 가져온다. 시청각, 언어 등의 장애가 있는 경우 의사의 처방을 받아 치료 대책을 마련하고 안경, 보청기 등 필요한 물품을 지원한다.
- 만성두통, 요통, 괴양, 치통 등 기타 고통이 따르는 질병은 학교수업에서 정신을 집중하는 데 지장이 있고, 또래활동에도 지장을 준다. 이러한 경우 병의원의 정확한 진단을 통해 필요한 치료를 받을 수 있도록 한다. 그러나 치과 진료의 경우 몇몇 간단한 치료 외에는 대부분이 비급여 항목이기 때문에 그룹홈으로서는 상당한 부담이 되며, 이런 경우 시간이 다소 소요되지만 공익재단으로부터의 지원, 후원자 연결을 통해 부족한 치료비를 지원받을 수 있도록 노력해야 한다.
- 비위생적인 조리나 주방환경, 비위생적인 식재료, 음식 보관상의 결함 등으로 식중독이 야기되었을 경우 그룹홈에서 생활하는 사람들의 건강에 대한 위협뿐만 아니라 그룹홈에 대한 신뢰도 추락, 그룹홈 운영에도 막대한 지장을 줄 수도 있다. 따라서 정기적인 소독, 방역 등 위생관리를 철저히 하며, 유통 기한이 지난 음식에 대한 과감한 폐기 등이 이루어져야 한다. 특히 푸드뱅크 등

을 통해 이러한 음식을 제공받을 때 유통 기한이 하루나 이틀 남은 식품들을 대량으로 받기도 한다. 사실 냉동식품의 경우 보관 상태가 좋으면 유통기한이 하루 이틀 지났다고 음식이 바로 부패되는 것은 아니어서 쓰레기로 버리기가 아까운 것도 사실이다. 그러나 음식이 변하지 않았다 하더라도 요즈음의 아이들은 어른들보다 유통기한에 더욱 민감하며, 사회적으로도 유통기한이 지난 음식으로 음식을 조리해 주는 일은 그룹홈의 신뢰에 치명적인 손상을 가져올 수도 있다. 따라서 아무런 이상이 없는 식품이라도 유통기한이 지난 음식은 과감하게 폐기해야 한다.

- 신체 부위의 불구나 결함은 개인의 자아상에도, 남의 눈에도, 불리하게 보인다. 비만, 피부병, 흉칙한 점이나 흉터, 못생긴 이, 냄새 등은 남에게 보이기 부끄럽고 남이 혐오하고 왕따당하는 요인이 되기도 한다. 따라서 또래에서 떨어져서 혼자 있기도 하며, 담대한 척 위험한 짓을 서슴치 않거나 아니면 자신을 스스로 해치는 일을 하게 되기도 한다.

1) 그룹홈과 식사

식사는 단순히 필요한 영양분과 칼로리를 섭취하는 기회가 아니라 온 가족이 모여서 긴장을 풀고 기쁘게 하루의 일과를 나누며 소속감과 응집력을 다지는 기회다. 따라서 식사 시에는 서로를 배려하며 존중할 수 있는 문화를 가꾸어 나가는 좋은 기회로 삼을 필요가 있다. 식사를 전후하여 서로의 기분을 상하게 하는 행동은 자제하는 것이 바람직하다. 모든 구성원이 식탁에 둘러앉을 때까지 기다리거나 어른이 먼저 숟가락을 들고 나면 식사하는 등의 식사 예절을 지키도록 하며, 인원이 많거나 어린아이가 있을 때에는 불편하지 않으며 골고루 균형 잡힌 식사를 하도록 반찬을 나누어 덜어 놓을 수도 있다. 그리고 우리나라 음식의 특성상 찌개류 같은 것은 덜어 먹을 수 있도록 그릇을 준비하거나 반찬 등에 침이 섞이지 않도록 필요한 반찬을 자기 그릇에 덜어서 먹을 수 있도록 하는 것도 위생적인 방법이다. 식사는 신체적 발달에도 중요하지만, 정서적 안정에도 매우 중요하다. 따라서 시험 성적과 같은 부담스럽고 무거운 이야기보다는 아이들의 기분을 풀어 줄 수 있는 가벼운 농담이나 칭찬 등이 식사시간에 이루어진다면 훨씬 즐거운 식사시간이 될 것이다.

그리고 그룹홈에 생활하는 아이들이 제대로 성장 · 발달할 수 있도록 영양을 공급하는 것은 그룹홈의 중요한 임무이기도 하다. 그룹홈에 들어오는 아이들이 대부분 가정해체, 가정 내 학대나 방임 등으로 영양가 있으며 균형 잡힌 식사를 할 기회가 많지 않았기 때문에 신체적 · 정서적 발달이 부진한 경우가 많고 학습능력이 뒤떨어져 있는 경우가 많다. 따라서 그룹홈 아이들이 또래 아이들처럼 정상적으로 성장하도록 하기 위해서는 영양가 있고 균형 잡힌 충분한 식사가 제공되어야 한다. 그러나 현재와 같은 적은 운영비로는 이를 감당하기에 매우 부족하다. 따라서 정부와 지방자치단체는 사회적 보호가 필요한 아이들이 먹을 것만큼은 충분히 먹을 수 있도록 해야 하며, 이는 「헌법」에 규정된 생존권과 행복추구권을 보장하는 기본 임무에 속한다.

식사와 관련하여 골고루 균형 잡힌 식단을 구성하는 것에 대해 그룹홈으로서는 경제적으로도 상당한 부담을 느끼지만, 영양사나 조리사가 없는 그룹홈은 상당히 어려운 부분이기도 하다. 일주일 혹은 한 달간의 식단표를 작성하는 것도 번거롭지만, 이 식단표대로 식사를 준비하기 위해서는 식단표에 맞는 식자재를 구매해야 하며, 이러한 식자재 구매도 2인이 교대로 근무하는 그룹홈에서는 인력이 없기 때문에 상당한 부담을 느낄 수밖에 없다. 따라서 보건복지부나 시 · 도 혹은 시 · 군 · 구청에서 경기도 성남시처럼 취사원을 파트타임이라도 지원해 주거나 혹은 그룹홈 자체에서라도 파트타임으로 식사 준비, 청소, 세탁 등을 도울 수 있는 사람을 채용하는 것도 적극적으로 검토할 필요가 있다.

(1) 그룹홈과 인스턴트 식품

우리 사회에서 인스턴트 식품으로부터 자유로울 수 있는 사람은 거의 없다. 특히 연령이 낮은 아이일수록 인스턴트 식품에 많이 노출되어 있을 가능성이 높다. 그룹홈 아이들 역시 가정해체, 방임, 학대 등으로 인스턴트 식품과 고염도, 고당도 음식에 길들여져 있을 가능성이 매우 높다. 따라서 그룹홈 아이들이 많이 겪는 아토피성 피부염이나 위장계통의 질환은 이러한 환경적 요인과 매우 깊은 관련이 있다.

컵라면 등 인스턴트 식품은 영양소의 균형보다는 일시적인 허기의 해소를 위해 소금을 많이 넣거나 과도한 지방이 음식에 들어 있는 경우가 많아 비만이나 성인병을 유발하기도 한다. 또한 이 음식들에 함유된 지방과 인공적으로 첨가된 화학물질 등에는 발암물질 등이 포함되어 있어 사회적 문제가 되기도 하며, 또한 우리 몸에 꼭 필요한 비타민, 미네랄 등이 거의 없다. 그래서 정크푸드(junk food), 쓰레기 음식이라고 불리기도 한다.

요즘 유치원생 10명 중 1명이 빈혈에 시달리고 있다고 한다. 어린아이들이 인스턴트 식품을 즐겨 먹으면서 철분 성분이 다량 함유된 녹황색 야채의 섭취를 기피하는 데다 첨가된 인공조미료 등이 철분 흡수를 막아 빈혈을 부추기기 때문이다. 철분이 부족한 아이는 쉽게 흥분하며 집중력이 떨어지고 운동 및 지능 발달이 나쁠 수밖에 없다고 한다.

그룹홈 아이들은 안정된 가정환경에서 어머니가 만들어 주는 슬로우 푸드를 대할 기회가 적었거나 아예 박탈당한 아이들이다. 따라서 그룹홈에서는 인스턴트 음식을 최소화하고 정성껏 준비한 슬로우 푸드 음식을 제공하는 것이 일반 가정과 유사한 서비스 제공을 목표로 하는 정상화 원리에도 부합될 것이다. 패스트푸드나 인스턴트 식품의 섭취를 줄이도록 노력하며, 동시에 조미료나 소금이나 설탕 사용을 점차적으로 줄여 그룹홈의 고유한 식사 문화를 만들어 갈 필요가 있다.

(2) 그룹홈 아이들을 위한 응급처치

그룹홈 실무자들은 간단한 응급처치요령 등을 숙지하고 있어야 한다. 다음은 필자가 들은 어느 어린이집 이야기다.

> 대략 40여 명의 어린이가 있는 국공립어린이집에서 어린이들이 소란스럽게 점심식사를 하고 있었다. 어린이집 선생님들은 식탁 차리기, 음식 나누기, 음식 흘리는 아이들 뒷정리 등으로 그야말로 정신이 없는데, 어떤 아이가 '켁 켁' 거리면서 숨을 제대로 못 쉬었다. 그날 밥은 완두콩을 넣은 밥이었는데, 순식간에 벌어진 일이라 어린이집 선생님들 아무도 그 당시에는 완두콩이 목에 걸린 줄은 몰랐던 것이다. 119로 전화하고 구급차가 도착하여 병원에 이송하였을 때는 이미 아이는 식물인간이 되어 버린 상태로 2~3년을 중환자실에서 의식없이 생활하고 있으며, 그 치료비와 함께 그 이후 부모로부터 민사상의 소송으로 상당한 소송비용, 위자료 등 수억을 배상하게 되었다는 이야기를 들었다. 이때 어린이집 교사 중에 아이가 질식한 상태라는 것을 파악하고, 목에 무엇이 걸려 숨을 잘 못 쉰다는 것을 알아차리고 뒤에서 아이의 가슴을 껴안아 목에 걸린 것을 토해 내도록 하는 응

급처치를 시행했더라면 아이를 살릴 수 있었고, 엄청난 비용을 부담하지 않고 일종의 해프닝으로 끝날 수도 있었던 사건이었다.

그룹홈 실무자는 간단한 심폐소생술이나 간단한 응급처치 요령 등을 숙지할 필요가 있다. 그룹홈에서 아이들이 체하거나 소화불량, 두통 등으로 어려움을 겪을 수도 있다. 이런 경우에 대비하여 상비 구급약품을 그룹홈에 비치해 두어야 하지만 이런 것으로는 해결이 안 될 때도 있다. 병의원이 가까운 경우에는 병의원에 가서 치료받으면 되지만, 공휴일이나 야간이나 혹은 병의원이 멀리 떨어진 경우에는 손 따 주기와 같은 간단한 침 놓기나 지압 등도 유용하게 쓰일 수 있다.

2) 그룹홈과 질병

(1) 그룹홈과 상해보험

사회복지사업안내지침에 따르면, 생활시설에서 생활하는 아동에 대해서는 모두가 상해보험 가입이 의무화되어 있다. 따라서 모든 그룹홈이 상해보험에 가입하고는 있지만, 대부분 보장성이 낮은 보험에 가입하고 있다. 그룹홈의 형편으로 매월 한 아이당 4~5만 원 이상이 되는 보장성 보험에 가입하는 것은 형편상 어렵기 때문이다. 그러나 만일의 사태를 대비하여 보장성이 높은 상해보험에 가입하길 권유한다. 그리고 학교에서 상해사고가 발생할 경우에는 학교 역시도 학생들을 위해 상해보험에 가입하고 있기 때문에 학교 관계자와 협의할 필요가 있다. 그리고 만일의 사태를 대비하여 부모의 소득재산 기준 때문에 그룹홈 아이가 수급권자 책정에서 탈락한다 하더라도 의료급여 수급권자로 책정될 수 있도록 시 · 군 · 구청에 요청하여 생계급여를 못받더라도 의료급여 수급권자로 책정될 수 있도록 노력할 필요가 있다. 보험과 관련하여 드물게 부모가 아이를 위해 보험에 가입할 수도 있기 때문에 확인할 필요가 있다.

그리고 그룹홈에서 상해사고가 발생했을 때 아이 부모와 그룹홈 사이에 책임소재에 대한 다툼이 있을 수 있다. 이러한 분쟁을 예방하기 위해서는 입소 시에 상해사고에 대해 양측이 협조하여 최대한의 노력을 하지만 배상에 대해서는 그룹홈의 명백한 잘못이 있을 경우에 한한다는 식의 동의서를 받는 것도 좋다.

치료가 필요한 아이들의 질병에는 아이의 부모나 보호자와 사전에 충분한 상의와 함께 보호자의 동의가 이루어져야 한다. 물론 법정 후견인으로 그룹홈 대표나 시설장이 지정되어 있을 수도 있으나 대부분의 그룹홈에서는 아이들을 돌보고는 있지만 법적으로 아이의 보호자는 부모인 경우가 많다. 그렇지 않을 경우 예상하지 못한 많은 문제가 발생할 수 있다. 그리고 그룹홈 실무자는 아이의 치료에 소요되는 비용을 어떻게 마련할 것인가 등과 관련하여 그룹홈 아이의 보호자와 상의하고, 보호자가 부담 능력이 없을 경우에는 혹은 힐링핸즈와 같은 공익재단이나 시 · 군 · 구청이나 병원의 사회사업실 등을 통하여 지원받을 수 있는 방안 등을 강구해야 한다. 또 병원에 입원할 경우 간병을 누가, 어떻게 할 것인가 등 사전 준비가 있어야 한다. 또 그룹홈 실무자는 응급, 질병 예방, 건강문제에 대한 인식, 사고가 발생했을 때의 대처 등에 관한 지식과 훈련을 쌓아야 한다.

(2) 질병 예방

질병 예방은 아동 · 청소년 그룹홈이 담당해야 할 중요한 기능이다. 신체검사와 치아검사는 모든 아이가 적어도 1년에 한 번씩 받아야 한다. 시력 · 청력 검사도 마찬가지다.

일상생활에서 영양이 고른 식사를 제때에 제공하는 것도 하나의 질병 예방 사업이다. 절식할 사람에 대한 배려나 쉽게 배가 고픈 아이들에게 간식을 주어서 편식이나 나쁜 식습관에 빠지는 일이 없게 해야 한다. 의료 비용이나 치아 치료 비용은 급여 항목은 별 부담이 없지만 치과 치료는 대부분이 비급여 항목이기 때문에 상당한 부담이 따른다. 따라서 지역사회에서 치과의원을 그룹홈 후원기관으로 개발하는 것도 좋은 방안이다.

그룹홈 아이들은 대부분 의료급여 대상이기 때문에 1, 2차 의료기관을 이용한 후 의뢰서를 받아 대학병원 등 3차 의료기관을 이용할 수 있다. 이러한 3차 의료기관을 이용할 경우에 선택 진료비가 포함되기 때문에 의료 비용이 매우 높아질 수 있다.

개인병원이나 큰 병원, 보건기관을 이용할 때 그룹홈 아이가 의사를 선택하여 진찰이나 치료를 받게 할 수 있다. 또 이런 의료기관에서 불구나 결함을 치료받아 부끄러워하는 마음의 부담을 덜게 해 줄 수도 있다.

그리고 중고등학생이 감기로 동네 병의원을 이용할 경우는 굳이 그룹홈 실무자가 의료기관에 동행할 필요가 없으나, 초등학생처럼 어리거나 혹은 심한 질환이거나 처음 병원에 가는 경우에는 반드시 그룹홈 실무자가 아이와 함께 동행하여야 한다. 특히 어린 아이들은 질병이 걸렸을 때 누군가에게 의지하고 싶기 때문에 이런 경우에 그룹홈 실무자가 동행하면 아이와의 친밀감을 더욱 강화시킬 수 있는 계기가 될 것이다. 그러나 비교적 가벼운 질환이며, 아이가 스스로 대처능력이 있을 정도로 큰 아이라면 혼자서 병원에 가게 하여 대처능력을 길러 주는 것도 유익할 것이다.

병원에 갈 때는 가능하다면 그룹홈 아이를 이해하고 친절하게 대해 주는 의사를 찾아가야 한다. 병원에 다녀 보지 못한 그룹홈 아이일 때는 병이나 치료에 대한 자기 멋대로의 추측이나 억측을 하는 수가 많다. 그룹홈 아이에 따라서는 산부인과 진단이나, 혈압 측정, 주사, 치과 치료나 외과 수술을 겁내기도 한다. 그룹홈에서 가기로 한 병원의 의사나 치과의사는 아이에 대한 이해가 많고, 관대하며 참을성이 있고, 동정적이어서 환자인 그룹홈 아이의 말을 귀담아들어 주고 어떻게 치료할 것인지 자세히 설명해 주어서 그룹홈 아이의 불안을 씻어 주는 사람이어야 한다.

보건교육은 그룹홈의 일과의 모든 면에 반영되어 있어야 한다. 그룹홈 아이들은 적절한 영양에 대한 지식이 없어서 사탕, 기름진 튀김, 설탕이 진한 음료를 기회가 있을 때마다 먹는다. 그리고 제대로 이를 닦지도 않는다. 운동 부족도 문제이고, 특히 겨울철에 심하다. 체온계나 가습기가 있다는 것도, 의사의 처방 없이 누구나 살 수 있는 약이 있다는 것도, 감기처럼 흔한 병의 증상이나 치료법도 모르는 아이들도 많다. 그룹홈은 아이들에게 건강과 의약품에 관한 관련 지식을 제공해서 이런 틈을 메워야 한다.

건강관리는 집단토의의 좋은 의제다. 특히 위생, 영양, 담배 등은 좋은 화제다. 자격이 있는 그룹홈 실무자나 아니면 의사나 간호사 등 외부 인사를 초빙하여 얘기를 나누는 것도 좋을 것이다. 지역에 따라서는 보건소, 정신보건센터, 알코올 중독 상담소, 기타 지역의 관련 기관에서 강사를 초빙하거나 시청각 자료를 빌릴 수 있을 것이다.

3) 그룹홈과 건강한 성

(1) 그룹홈과 성 발달 지원

일반적인 십대 청소년처럼 그룹홈에서도 십대 청소년은 이성에 대한 관심이 매우 높다. 이들의 이성교제는 정상적이며, 이런 욕구를 차단하려는 것은 비현실적이고 비생산적이다. 오히려 아이들은 이성교제를 통하여 이성에 대한 이해와 함께 사회 적응력을 향상시킬 수 있다. 따라서 그룹홈에서는 아이가 이성교제를 할 경우 적절한 관심을 표현해 주고 이러한 이성교제가 건강한 방향으로 이루어지도록 도울 필요가 있다. 아이가 원한다면 그룹홈으로 이성친구를 초대하거나, 데이트 비용의 일부를 지원해 주거나, 귀가시간을 다소 늦추어 줄 수도 있다. 그룹홈은 아이들이 성이라는 자신의 자연현상과 이에 대한 현실적이고 긍정적인 관점을 가지도록, 이끌어야 한다.

그러나 이성교제에 대해 아이가 지나치게 몰입하여 정상적인 생활이나 학업에 지장을 초래하거나 건강하지 못한 이성교제를 할 경우에는 그룹홈의 염려를 명확하게 아이에게 전달하며 때에 따라서는 제동을 걸어야 한다. 그룹홈에 입소하는 아이 중에 오랜 방임 등으로 성에 매우 심하게 노출된 경우도 있다. 필자의 경험이다.

> 지연이는 중3 여학생이다. 지연이가 남자 친구들을 만나는 것을 아이들은 알고 있었지만, 그룹홈 실무자는 뒤늦게 아이들을 통해서 전해 들었다. 지연이의 이성교제 이야기는 같은 그룹홈 아이들에게 마치 무용담이나 영웅담처럼 받아들여지고 있었다. 지연이는 밤늦게 귀가하거나 혹은 밤에 몰래 나가기도 하였다. 지연이가 집에 들어올 때는 치마에 낙엽이나 풀이 묻어 있는 것을 보고 그룹홈 실무자가 물으니 지연이는 친구 좀 만나고 온 것이 무슨 잘못이냐는 식으로 방어적인 자세를 보였다. 지연이의 돈 씀슴이가 헤픈 것을 확인한 그룹홈 실무자가 다른 아이들에게 물으니 지연이가 원조교제를 하고 있다는 것을 뒤늦게 파악하게 되었다. 이에 대해 그룹홈 실무자는 원조교제는 위법이며 원조교제를 중단하지 않을 경우 신고할 수밖에 없다고 경고하였다. 그러나 지연이는 자기뿐만 아니라 집안에 있는 다른 아이들까지도 원조교제에 데리고 나가려고 하였고, 결국은 이것이 드러나 다른 아이들을 보호하기 위해서 지연이의 부모와 상의한 끝에 그룹홈에서 퇴

소시켰다.

아이들이 어려서부터 성에 노출되고 탐닉하게 되면 그룹홈으로서는 감당하기 어렵다. 어렸을 때의 성에 대한 노출은 때로는 성 중독을 초래하여 아이들에게 정서장애와 부적응을 초래하기도 하며, 적극적인 치료방안을 마련할 필요가 있다. 그러나 아이가 대부분 거부하기 때문에 실제로는 매우 어려운 과제이기도 하다.

(2) 그룹홈과 성교육

성교육은 모든 아동·청소년 그룹홈에서 실시되어야 한다. 성적인 욕구 충족에 활발한 아이들이 출산, 생리, 건강 손상, 남녀 간의 관계로 빚어지는 정서 등에 오히려 무지한 경우가 많다. 이들이 가지고 있는 성지식은 전해 오는 얘기, 자기들만의 과장된 얘기, 야동이나 TV에서 본 것, 친가에서 있었던 언짢은 성 관련 사건, 그리고 별난 이성친구와 가진 피상적 성 모험 등이다. 성은 어떤 구조로 어떻게 이루어지고 출산은 어떤 것인지 사실대로 알리는 것이 성이 더러운 것, 부도덕한 것, 부끄러운 것이라는 아이들의 미숙한 생각을 깨는 데 도움이 된다.

집단상담과 집단토의에서 그룹홈 실무자는 아이들에게 성관계는 자연본능의 표출일 뿐만 아니라, 서로 아끼는 사이인 두 사람이 체험하게 되는 정감이라는 것을 알려 주어야 한다. 또 성의 상대는 서로 책임을 질 줄 알아야 함을 특히 강조하는 것을 잊어서는 안 된다. 그룹홈 실무자는 이성에 대한 뒤틀린 시각, 자위나 월경이나 몽정, 나이 들면서 일어나는 생체기능 변화에 대해 아이들이 긍정적으로 받아들이며 이해할 수 있도록 해야 한다.

4) 그룹홈 실무자의 보건교육과 훈련

아동·청소년 그룹홈 시설장이나 대표는 일상생활에서의 그룹홈 실무자와 아이들이 기본 보건지식을 쌓도록 지원해야 한다. 토의 안건이 될 사항은 다음과 같다.

- 비상 구급약품(응급 약품함이 가까이 준비되어 있을 것)
- 사고 발생 시 할 일(소방서, 구급실, 의사, 아동·청소년 그룹홈 대표자, 실무자, 기

타 사고 발생 시 연락할 곳의 전화번호표 부착)
- 식품의 위생 처리와 그릇 닦기
- 알러지, 감기, 독감, 피부병, 위염 등 흔한 증세에 대처하는 요령. 특히 직간접의 신체 접촉으로 옮을 수 있는 질병
- 의사의 처방이 필요하지 않은 약, 아스피린이나 항히스타민계 감기약, 소화제, 소독약 등의 사용에 대한 그룹홈의 방침
- 방역 및 소독, 모기 구제 방식
- 자주 제기되는 보건에 관한 질문
- 흡연과 알코올에 대처하는 요령

4. 자원봉사자

내실 있는 교육, 레크리에이션 및 보건을 실시한다는 것은 소규모 아동 · 청소년 그룹홈으로서는 제약이 따르는 것이 사실이다. 그룹홈 실무자로는 뜻은 있지만 이 모든 일을 하기에는 이에 충당할 시간이 없을 것이다. 또 이런 활동에 요구되는 소양이나 조예도 없다. 그룹홈 실무자가 모두 캠핑, 체육, 예술, 치료, 보건의 달인일 수는 없다. 따라서 이런 방면의 훈련을 쌓은 지역의 자원봉사자를 활용하는 것은 당연하다.

그러나 실제로 자원봉사자를 활용하기가 말처럼 쉬운 것은 아니다. 자원봉사자의 인력이 많지 않고 그룹홈이나 자신들의 기대가 현실과 동떨어져 있어서 아동 · 청소년 그룹홈에 적응하기가 어렵다는 것이 그룹홈 실무자들의 주장이다. 또 봉사해 주었으면 하는 밤이나 토요일의 시간대에 자원봉사자가 와 주지 못하는 것도 흠이다. 또 약속을 제대로 지키지 못하거나, 와 주어도 잠깐 해 주고 바삐 간다. 자원봉사자를 아동 · 청소년 그룹홈에 맞게 교육하거나 훈련하자면 그룹홈 실무자는 시간을 너무 많이 빼앗긴다. 이런 이유로 그룹홈으로서는 봉사자가 제 역할을 할 수 있게 훈련과 교육을 하는 노고가 아깝다는 것이다.

이런 여러 가지 문제점이 있음에도 불구하고 자원봉사자의 공헌은 무시 못할 점이 있어서 활용을 고려해 볼 만하다. 자원봉사자가 와 주면, 그룹홈 실무자는 정규

일에서 풀려나서 쉬기도 하고, 그룹홈 아이들과 비공식적인 교분을 가질 수도 있고, 자기의 재충전에 투자할 수도 있다. 또 자원봉사자 덕분에 생활안전과 업무 감리를 개선할 수 있다. 자원봉사자가 와 주면 그룹홈의 교육과 레크리에이션을 더 풍부하게 해 준다.

지역사회에서 사람을 데려온다는 것은 바깥 세상과의 교류를 증진하는 셈이 된다. 또 그룹홈 실무자에 결원이 생겼을 때 충원 대상이 되기도 한다. 또 정부나 관계 기관에서나 기대할 수 있는 커다란 지원이나 조력을 자원봉사자가 제공하기도 한다. 결국 공짜로 일해 주는 사람을 모시는 어려움이나 단점을 감내하고도 모실 만한 역할을 자원봉사자들이 하는 것이다. 자원봉사자의 공헌에 대한 더 자세한 것은 맥크로스키 등(McCroskey et al., 1983)을 참조하기 바란다.

아동 · 청소년 그룹홈에서 자원봉사를 할 의향이 있는 사람 중에는 아동양육에 경험이 있는 사람도 있고, 여러 면에서 그룹홈이 요구하는 기량이 있는 사람도 있다. 또 일을 도울 착한 마음씨를 지닌 사람도 있다. 그룹홈에는 이들에게 맡길 수 있는 일들이 꽤 많다. 일에 따라서는 이들이 그룹홈 아이 각각과 아니면 집단으로 가까이 자주 만나야 한다. 그런가 하면 별로 만날 필요가 없거나 이니면 통 만나지 않아도 되는 일도 있다. 또 예술이나 공예 등 각별한 재질을 요구하는 일이 있는가 하면, 별 다른 재질이나 기술 없이 그룹홈 아이를 잠깐 만나면 끝나는 일도 있다. 교양이 있고 정서적으로 원숙하며 자원봉사자로 일하겠다는 뜻만 확고한 사람이면 그룹홈의 일을 덜어 줄 수 있다.

다음은 자원봉사자에게 부탁할 수 있는 그룹홈의 일과다.

- 읽기, 말하기, 문법, 수학, 기타 과목 개인지도
- 예술, 공예, 체육, 자연 관찰 지도
- 캠핑 여행, 등산, 박물관 견학 등의 인솔과 지도
- 외출 시 그룹홈 아이의 욕구에 따라 여러 집단으로 편성할 때 임시 인솔
- 장 보러 가는 그룹홈 아이들 인솔
- 그룹홈 아이들의 형/오빠나 누나/언니 노릇
- 학교 특별활동, 병원에 가는 아이를 차로 데려다주기
- 그룹홈 실무자가 회의나 수련으로 늦을 경우 비운 자리 대신하기
- 초청 강사나 임시 강사로 강연

- 법률 관계 업무나 회계 업무 담당
- 페인트 칠, 정원 정리, 가구나 차 수리 등 시설 유지 업무 담당
- 타이핑이나 회보 편집, PPT, 동영상 제작
- 소식지 제작, 행사 준비, 안내,입법기관에 아동 · 청소년 그룹홈의 의견 반영 등 섭외 업무 담당
- 기부금 모집, 수익사업 기획, 복권 발행, 연례 잔치 준비 등 자금 조달

자원봉사자를 모을 때 이것을 대중매체에 광고하는 것은 현명하지 못하다. 광고를 보고 자질이 없는 사람이 올 수도 있기 때문이다. 그룹홈 실무자들이 민간단체나 학교나 예술단체나 전문가단체를 통해서 아동 · 청소년 그룹홈이 원하는 일을 할 만한 자질이 있는 사람을 발굴하여 훈련을 시키는 것이 좋다.

일단 아동 · 청소년 그룹홈에 와서 도와주겠다고 뜻을 밝힌 사람은 그룹홈에서 면접을 통해서 여러 가지를 알아보아야 한다. 직장과 가정에서의 지위, 건강, 숨은 재주, 말썽꾸러기를 겪어 본 경험 유무, 와서 일을 봐 줄 수 있는 요일과 기간 등을 꼭 물어보아야 한다. 그룹홈에 자원봉사하는 동기, 말썽쟁이 아이들을 보는 시각, 그룹홈에서 할 일의 성격과 결과에 대한 기대를 포함하여 그룹홈의 아이와 생활하게 될 자원봉사자의 태도와 확신이 어떤 것인지 알아보아야 한다.

그룹홈 실무자는 자원봉사자가 사람을 대하는 데 여유가 있는가 아닌가, 성미가 유한가, 유머감각이 있는가, 사리판단이 정확한가, 일의 방향을 제대로 잡는가, 그룹홈 아이들의 본보기가 될 만한가 등과 인품을 살펴야 한다. 이러한 사항은 적어도 두 사람이 이상이 살펴야 한다.

이러한 면접을 통과한 자원봉사자에게는 아동 · 청소년 그룹홈의 사람들, 활동 상황, 분위기 등이 마음에 드는지 판단할 수 있게 그룹홈을 설명해 주어야 한다. 또 자원봉사자가 할 일이 무엇인지 설명해 주고, 시설을 안내하고, 실무자와 아이들과 얘기를 나누고, 밥도 함께 먹으며 일을 맡을 것인지 스스로 판단할 수 있게 해야 한다. 이 사전 준비 기간에 그룹홈에서는 자원봉사자에게 그룹홈 아이들과 만나서 어울리는 기회를 제공해야 한다.

자원봉사자를 모집할 경우에는 나이, 성, 자질 등과 역할을 고려해야 한다. 이런 배려를 하면 그룹홈 아이들은 자원봉사자들 중의 적어도 한 사람과 각별한 친분을 가지게 된다. 여성과 남성 자원봉사자가 고루 있으면 그룹홈 아이는 이들을 통해

서 이성을 자연스럽고 현실적으로 생각하는 안목을 가지게 된다.

자원봉사자가 활동을 시작하기 전에 충분한 오리엔테이션을 가질 필요가 있다. 자원봉사자의 선한 마음을 이용하려 하는 아이들이 때로 있기 때문이다. 그리고 자원봉사자는 자신의 시각으로 아이들을 대하고 판단하고 행동할 수 있기 때문에 사전에 충분한 교육이 있어야 한다. 또한 그룹홈의 이해하기 어려운 상황이나 아이들로부터 납득하기 어려운 이야기를 듣게 되면 오해할 수도 있기 때문에 이를 방치하면 자원봉사자의 의욕을 꺾거나 그룹홈에 대한 신뢰에 금이 갈 수도 있다. 자원봉사자 역시 끊임없는 교육을 통해 그룹홈과 아이들에 대한 이해의 폭을 넓혀 나갈 필요가 있기 때문에 자원봉사자와의 소통과 교육은 매우 중요하다. 다음은 필자가 경험한 일로, 그룹홈 실무자 간에 자원봉사자와 원활한 의사소통이 이루어지지 않아서 결국은 서로에게 아픈 상처만을 남긴 사례다.

자원봉사자는 결혼한 회사원이었는데 아이들에 대한 지극한 관심을 가지고 있었으며 한 달에 1~2회 아이들의 학습지도를 맡아 자원봉사를 하였다. 그리고 학습지도가 끝나면 아이들과 간식을 사 먹거나 쇼핑을 하며 매우 친밀해졌다. 고2인 현아는 아동양육시설에서 지내다가 아버지가 데리고 나왔다가 또다시 방임하여 그룹홈에 들어온 아이였다. 현아는 외모는 순진하고 티없이 맑게 보이지만 실은 그룹홈에서 자원개발의 명수로 소문난 아이였다. 선생님들끼리 농담으로 "우리도 그 아이를 본받아야 해."라고 할 정도였다. 현아는 남들에게 측은하게 보여 동정심을 유발하여 자기가 갖고 싶은 것을 끝내 얻어 내는 재주를 지니고 있었다. 자원봉사자와 같이 길을 가다가 현아는 옷가게 앞에서 떠나지 않고 옷 앞에 서 있으면서 "우리는 언제 한 번 저런 옷을 입어 볼까? 우리 그룹홈에서는 옷을 사 주지 않아요."라고 하면서 자원봉사자가 옷을 사 줄 수밖에 없는 상황을 만들었다. 그리고 자원봉사자에게 "선생님 집에 놀러 가고 싶어요. 선생님 집은 어떻게 생겼는지 궁금해요. 우리는 일반 가정에는 거의 가 본 적이 없어요. 우리 한 번 데리고 가면 안 돼요?"라는 식으로 집에 데리고 갈 것을 조르는 등 자원봉사자의 선한 마음을 자신의 욕구충족을 위한 자원개발의 도구로 활용하였다. 그룹홈 실무자는 자원봉사자에게 "현아의 말을 곧이 곧대로 믿으시면 안 됩니다. 현아가 무엇을 사 달라고 해도 절대 사 주지 마시고 그럴 때에는 반드시 저희에게 연락을 주십시오."라고 당부하였다. 그러나 자원봉사자는 오히려 현아는 그런 아이가 아니라며 그룹홈 실무자의 요구대로 하지 않았다. 나중에 현아가 집에 다녀간 뒤 물건이 분실된 것을 알고 자원봉사자는 그제서야 그룹홈 실무자의 당부를 떠올렸다고 하였다. 한번은 그룹홈 실무자가 현아에게만 용돈을 주면 다른 아이들이 상처받을 수 있으니 모든 아이들에게 적은 금액이라도 공평하게 주는 것이 어떻겠냐고 제안하였다. 추석 즈음에 그 자원봉사자가 그룹홈으로 전화를 하여 현아에게 용돈을 주고 싶으니 현아를 자기 집 근처로 보내 달라고 하였다. 자원봉사자는 심부름을 온 현아에게 아이들 용돈을 넣은 7만 원이 든 밀봉한 봉투를 건넸다. 그런데 현아에게서 그 봉투를 받은 그룹홈 실무자가 보니 봉투 안에는 3만 원뿐이었다. 자원봉사자가 7만 원을 보내겠다고 하였던 터라 확인해 보았더니, 현아가 중간에서 4만 원을 빼돌린 것이었다. 그런데 현아는 오히려 자원봉사자가 3만 원만 주었다며 자원봉사자의 탓으로 돌렸으며, 그 자원봉사자는 결국 상처를 받고 자원봉사를 그만두었다.

자원봉사자가 그룹홈의 특성을 이해하고 제대로 활동하도록 하기 위해서는 그룹홈 실무자의 부단한 노력이 필요하다. 자원봉사자를 교육하고, 훈련하고, 조언하고, 사기를 돋우어서 오랫도안 봉사를 할 수 있도록 해야 한다. 그룹홈의 역사와 문화, 설립 목적을 말해 주고, 그룹홈 실무자가 어떤 사람들인지, 그룹홈의 분위기, 그룹홈 관련 규칙 등을 설명해 주어야 한다. 또 의사소통의 통로와 방안에 대해서도 얘기해 주어야 한다. 자원봉사자가 맡아야 할 소임과 책임을 상세히 설명해 주어야 하고, 또 담당해야 할 아이의 인적사항이나 특성에 관해 적절한 설명을 해 주어야 한다. 또 특이한 행동을 하거나 말썽을 피우는 아이들을 대하는 방법도 알려 주어야 한다.

그룹홈 실무자가 소진을 겪듯이, 자원봉사자도 어떤 때는 허탈해하거나 자신의 봉사에 회의를 가지기도 한다. 그룹홈 아이들은 당장 놀랄 만한 변화를 보이는 일이 드물고, 벅찬 감격이나 기쁨을 안겨 주는 일도 없으며, 자원봉사자가 처음에 기대했던 보람을 느끼는 결과도 그다지 자주 일어나지 않는다.

이런 상황에서 아동 · 청소년 그룹홈은 자원봉사자에게 그저 감사의 마음과 송구함을 가질 뿐이다. 감사하는 마음을 표시하는 한 방법은 이들의 시간을 효율적으로 사용하는 일이다. 꼭 필요한 인원만을 훈련해서 일을 맡겨야 하며, 공연히 많은 봉사자들을 받아들여서 위인설관식으로 없어도 될 일을 만들어서 맡기는 일이 있어서는 안 된다. 그룹홈 아이가 봉사자와 약속한 시간을 어기거나 늦는 일이 없도록 해야 하며, 아이가 개인지도를 받을 사항을 미리 준비하게 해야 한다. 사회복지사나 그룹홈 실무자는 자원봉사자와 대화하면서 격려하고, 하는 일에서 어려움이 무엇인지 알아보고 의논 상대가 되어 주어야 한다. 자원봉사자에게 따뜻한 커피나 시원한 음료를 대접하고, 감사장을 해마다 증정하고, 그룹홈 실무자 회의에서나 기타 기회에 자원봉사자의 수고를 알리는 등으로 고마움을 표시해야 한다. 그룹홈 아이도 설이나 성탄절에 작은 선물이나 연하장을 보내는 것 등으로 봉사자에 대한 감사를 표시하도록 그룹홈 실무자가 권하고 격려해야 한다.

제13장 아동 · 청소년과의 상호작용에 영향을 미치는 기술

부모나 그룹홈의 실무자, 교사, 상담가, 아기 돌보는 이는 모두 아이들의 행동에 영향을 미치기 위하여 시간과 정력을 쏟고 있다. 그러나 이러한 노력들이 무리 없이 부드럽게 진행되지 않을 때가 많다. 아이들을 온종일 돌보는 실무자가 책임감 때문에 힘들어하거나 아니면 지쳤을 때가 바로 그런 때라고 할 수 있다. 그리고 어른은 아이들의 행동에 어떤 식으로 대처해야 할지 난감할 때도 있다. 흥분했을 때에는 "어떻게 하란 말이야!"라는 짜증이 나기도 한다. 그러한 순간에 실무자는 명령, 위협 혹은 자포자기나 신체적 속박과 같은 방법들을 사용하고 싶은 유혹을 받는다. 이러한 것들이 평상시에는 효과적인 방법이 될 수도 있으나, 위기의 순간에는 거의 효과가 없다. 이러한 방법들이 한 번 사용되면 그 순간에만 특별히 적용되지 않고 또다시 사용되는 경향이 있다.

아이들을 돌보면서 어려운 상황에 부딪칠 때 유능한 목수가 여러 가지 방안 가운데에서 어떤 결정을 하는가를 생각해 보자. 숙련된 목수는 특히 정밀한 작업이 요구될 때 망치나 스크류드라이버와 같은 도구를 쓰지 않는다. 노련한 목수는 그 작업에 따라서 맞는 연장을 선택한다. 이러한 사실은 아이들을 보호하는 데에서도 마찬가지다.

다음에 소개하는 40가지 기술들은 어른의 가르침이 아이들에게 행동에 영향을 미치기 위해 아이들을 도와줄 수 있는 방법들이며, 그러한 가르침을 결국 아이들이 스스로 터득하게 하기 위한 것이다.[1] 실무자를 위해 개발된 이러한 기술들은 대다수가 잘 설명되어 있으며, 짧은 문장으로 많은 의미를 함축하고 있다. 실무자는 이를 활용하여 40가지 기술 이상으로 확대할 수도 있으며, 자신의 기술을 추가할 수도 있다. 그러나 이러한 기술들을 확대하거나 다양화하면 아이를 돌보는 데 더 심한 긴장을 주거나 당황할 수도 있다.

1. 상호작용에 도움이 되는 40가지 기술

■ 계획된 무시(못 본 체하기)

아이들의 행동이 위험 수위를 넘어서지 않는 행동이라면 아이들의 행동을 의도적으로 못 본 체함으로써 아이들에게 긴장감을 완화시킬 기회를 준다. 아이들이 자기가 하고 싶은 행동을 함으로써 다음에는 좀 더 올바른 행동을 할 수 있을 것이다. 이를 위해서는 사전에 간섭하거나 개입하지 않을 행동에 대한 계획적인 고려가 필요하다.

■ 의도된 무시

계획된 무시나 의도된 무시 역시 아이들과 실무자 사이의 '무언의 이해'라는 점에서는 동일하지만, 의도된 무시는 실무자가 멀리서 지켜보고 있다는 것을 아이들이 알고 있다는 점에서 차이가 있다. 아이들은 실수할 기회를 가질 수 있어야 하며, 아이들은 이러한 실수를 통하여 자신의 행동을 성찰하는 데 도움을 받는다.

■ 사인 보내기

몸짓이나 표정, 손 동작, 발 동작과 같은 제스처 등을 통해 아이들의 현재 행동에 대해 실무자가 알고 있다는 것을 보여 줄 필요가 있다. 실무자는 아이들에게 강요하지 않으면서 아이들에게 어떤 행동을 해서는 안 되는 것인지 아이들 스스로 깨닫게 해 주는 데 이러한 사인 보내기를 활용할 수 있다.

---

1) 영향을 미치는 기법이란 용어와 개념은 레들과 와인먼(Redl & Wineman)이 개발한 기법들에 포함되어 있다.

■ 근접성

유사시에 아이들의 행동에 곧 바로 개입할 수 있도록 아이들이 보이고 아이들의 목소리가 들리고 아이들에게 바로 가까이 갈 수 있도록 준비한다. 아이들이 자신이 어른의 보호하에 있음을 느끼고 효과적으로 행동하거나 혹은 적어도 부적절한 행동을 삼가도록 하기 위해서 실무자는 늘 아이들과 근접성을 확보해야 한다.

■ 접촉성

앞에서 말한 근접성보다 한 걸음 진전된 것으로서 보다 신체적 접촉이 가능할 정도를 말한다. 아이들의 행동을 통제하거나 아이들이 바람직한 행동을 할 때 바로 격려하는 사인을 보낼 수 있을 정도로 실무자는 접촉성을 유지하여야 한다.

■ 특별한 관심

아이들이 관심을 가지고 있는 것에 대해 실무자가 특별한 관심을 가지고 함께 참여하거나 대화를 나눔으로써 아이들 문제에 자연스럽게 실무자가 개입할 수 있다.

■ 유머

유머는 아이들의 긴장을 풀어 주어 아이들이 적절한 행동이나 표현을 하는 데 도움이 된다. 실무자가 아이들의 긴장을 감소시킬 필요가 있을 때 유머는 큰 도움이 되며, 아이들도 유머를 사용할 수 있다. 냉소나 비아냥은 순간적으로 아이들을 웃길 수는 있지만, 이는 유머가 아님을 명심해야 한다.

■ 애정 전달

실무자는 "나는 너의 기분이나 행동에 상관없이 너와 함께 있어."라는 것을 아이들이 느낄 수 있도록 특별한 지지나 애정을 보여 주어야 한다. 이러한 방법은 아이들이 몹시 화가 나 있거나 걱정하고 있을 때 사용할 수 있다. 실무자가 아이들의 화내는 행동을 눈감아 주고 아이들의 기분을 알아 줄 때 아이들의 행동은 차분해질 수 있다.

■ 도와주기

실무자는 아이들이 스스로 해 내야 하고 해 낼 수 있는 일들을 초기에 도와줄 필요가 있다. 그 일이 겉보기에는 아이에게는 너무 힘들게 보이지만 아이들이 그 일을 해 낼 수 있다고 판단될 때 이러한 방법은 효과적이다. 이럴 때 아이들과 함께하는 것은 아이들이 느낄 수 있는 공허함과 고독감과 무기력을 극복하는 데 도움이 되며, 아이들이 그 일을 완수할 수 있도록 해 준다.

■ 명료화

실무자는 아이들이 처한 상황에 대해 아이들이 이해할 수 있도록 자세히 설명해 주거나 명확하게 설명해 주어야 한다. 아이들은 자신의 이해와 경험의 한계 내에서 이러한 구체적인 설명을 통해 자신이 처한 상황에 대한 이해를 할 수 있다.

■ 해석

실무자는 중요한 점들과 이러한 것이 아이들에게 무엇을 의미하는지 충분히 설명할 필요가 있다. 명료화가 아이들의 이해의 한도 내에서 상황에 대한 구체적 설명이라면, 해석은 아이들의 인식 변화에 따른 아이들의 행동변화를 위한 노력이라 할 수 있다.

■ 기억

실무자의 안내나 자신의 상황에 대한 이해를 기억할 수 있도록 반복하는 것을 말한다. 자신의 상황에 대한 이해를 기억하는 것만으로도 기대 달성이 충분할 경우에 활용할 수 있는 방법이다.

■ 명시적 허락

아이의 정상적인 발달을 위해 필요한 행동에 대해 사전에 자유롭게 허락되어 있거나 이해되고 있음을 반복해서 강조하는 것을 말한다. 아이들이 불안해하거나 두려워하지 않고 자유롭게 자신이 하고 싶은 것을 할 수 있도록 도와줄 필요가 있을 때 사용할 수 있는 방법이다.

■ 함께 참여하기

활동에 아이들과 함께 참여하는 것을 말한다. 아이들의 활동에 함께 참여하는 것은 아이들의 활동을 지지하는 데 도움이 되고, 아이들과 함께함으로써 아이들은 성취감을 느낄 수 있다.

■ 직접적 호소

아이들에게 직접적으로 호소하고 실무자 자신의 인격적 권위에 의존하게 하는 것으로서 호소는 행동보다도 설득력을 가질 때가 많다. 아이와 실무자 사이에 긴밀한 상호관계가 형성되어 있고 아이들이 실무자를 닮고 싶어 할 때 효과적이다.

■ 재구조화

아이들의 행동을 바람직한 방향으로 영향을 미치기 위하여 공간과 시간과 물리적 상황을 재배치하는 것을 말한다. 여러 가지 복합적인 요인으로 상황이 복잡해질 때 상황을 재구조화하여 변화를 주면 차이가 명확해지고 상호작용 과정이나 그 결과를 예측할 수 있도록 하는 데 도움이 된다.

■ 재조직화

집단이나 하위 집단의 구성을 변화시키는 것을 말한다. 재조직화는 상호관계에 변화를 가져옴으로써 아이들의 행동에 긍정적 영향을 미치거나 바람직하지 않는 행동을 예방할 필요가 있을 때 사용될 수 있다.

■ 설비의 변화

어떤 특별한 환경을 만듦으로써 아이들의 행동에 영향을 줄 수 있다. 가구나 공간이나 설비 등을 적절히 활용하면 아이들의 행동에 변화를 줄 수 있다(예: 여닫이문을 미닫이문으로 바꾸거나 아이들을 유혹하는 공구나 기계장치의 제거 등).

■ 규칙에의 호소

아이들이 규칙이나 약속을 기억하게 한다. 아이들이 규칙을 지킬 수 있을 뿐만 아니라 규칙을 알고 있고 이해하고 있을 때 활용할 수 있다.

■ 규칙의 변화

상황에 따라 규칙을 바꾸거나 규칙의 예외를 만들 필요가 있을 때 활용한다. 규칙을 어기는 것이 아이들의 생활을 훨씬 풍부하게 할 수 있을 때 규칙을 바꾸거나 예외를 만들 필요가 있다. 한마디로 규칙은 아이들의 활동을 확대할 수 있어야 한다.

■ 권위에의 호소

아이들의 질문이나 관심이나 아이들이 일으킨 문제들에 대해 실무자가 보다 상급 권위(예: 관장이나 어른)에 의존하여 중재하는 것을 말한다. 실무자의 권위가 손상되지 않고 '어른의 권위'를 활용하여 바람직한 결과를 얻어낼 수 있을 때 이러한 방법이 사용될 수 있다. 이러한 기술은 아이들이 제기하는 사안이 실무자의 재량권을 벗어난 경우에 활용할 수 있다.

■ 지성에의 호소

아이들이 문제를 이성적이며 합리적으로 생각할 수 있도록 한다. 아이들의 자신의 행동을 합리적인 방식으로 사고할 수 있으며, 자기통제력이 있는 경우에 사용할 수 있다.

■ 상담

아이가 현재 상황 혹은 예상되는 상황에 적응하거나 그 상황에 능숙하게 대처할 수 있도록 하기 위한 목적으로 아이가 느끼는 상황 전반에 대해 토론하는 것을 말한다. 아이가 어른과 함께 자신의 개인적 감정과 행동과 상황에 대한 이해를 토론하고자 할 때 활용할 수 있는 방법이다.

■ 상기시키기

아이의 어떤 특정 행동이나 그 결과가 바람직하지 않다는 것을 거듭 지적하는 것을 말한다. 아이의 분노나 불안이 심할 때 양심을 일깨우거나 혹은 자신의 행동의 결과에 대해 깨닫게 하고자 할 때 활용할 수 있다.

■ 꾸짖기

아이의 행동이나 아이의 게으름을 꾸짖을 때를 말한다. 아이가 자신의 행동이나 그 결과를 알고 있으며 다르게 행동할 수 있는 능력을 가지고 있을 때 유익한 방법이다. 아이의 양식에 호소한다는 점에서 상기시키기와 유사하며, 아이가 다르게 행동하기를 원하고 있으며, 그럴 능력을 가지고 있고, 꾸짖는 사람을 어느 정도 만족시킬 능력이 있는 경우에 활용할 수 있는 방법이다.

■ 분노 강화

아이가 자신의 행동의 결과와 그 영향을 깨닫게 하기 위할 때 적절하다. 상기시키기, 꾸짖기와 마찬가지로 아이가 자신의 행동을 깨달을 능력이 있고 깨달을 필요가 있을 때 적절한 방법이다.

■ 개인적 호소

어른이 요구하는 것이 아이에게 개인적 의미를 지닐 때 실무자와 아이 사이의 개인적 관계에 호소하는 것을 말한다. 바람직한 영향은 아이들과 관계 있는 어른을 통해 이루어진다는 것을 기억할 필요가 있다. 바람직한 방향으로의 행동 변화는 인간관계의 유지나 향상을 통해 큰 어려움 없이 이루어질 수 있다.

■ 자존심에의 호소

아이의 명예와 자존심에 호소하는 방법을 말한다. 아이가 공평함에 대한 균형된 감각을 가지고 있고 효과적으로 그 기능을 발휘하고 있을 때 사용할 수 있는 방법이다.

■ 집단 목표에의 호소

아이가 집단과 일체감을 가지고 있을 때 호소하는 방법이다. 아이가 자신이 속한 집단과 일체감을 가지고 있으며 소속욕구가 지속되고 있을 때 집단 목표에 호소하는 것은 바람직한 변화를 달성하는 수단이 될 수 있다.

■ 집단적 압력에의 호소

집단의 내부 문제로서 특별한 상황에 대처하기 위해 집단에게 호소하는 방법이다. 이러한 집단적 압력이 효과적으로 사용되기 위해서는 두 가지 전제가 충족되어야 한다. 첫 번째 전제 조건으로 집단 목표에의 호소처럼 각 개인들이 집단에 대한 일체감을 가지고 있어야 한다. 두 번째로는 집단적 압력이 공평하며 자기들에게 도움이 되기 위해서라는 것을 느끼기 위해서는 각 개인들의 집단 내 위치가 안정적이며 확실해야 한다는 것이다. 이럴 때 집단적 압력은 긍정적 집단관계의 유지나 강화에 도움이 된다.

■ 명시적인 허락

아이의 행동을 명확하게 허락해 주는 것을 말한다. 명시적인 허락이나 찬성은 아이들의 행동을 바람직한 방향으로 유도하거나 혹은 도전이나 반항할 필요가 없게 만든다. 허용한다는 것은 어른에게 도전하거나 혹은 대항하거나 공격적인 자세를 취할 필요가 없게 만든다.

■ 명시적 금지

실무자가 자신의 권위를 가지고 허용되는 것과 허용되지 않는 것을 명확하게 선언하는 것을 말한다. 어떤 유형의 행동은 용납될 수 없는 행동인가를 명확하게 선언하는 것이 지금까지 이야기한 영향을 미치는 기술들에 반하는 것은 아니다.

■ 행동에 대한 교육

아이가 어떤 행동을 수행할 수 있도록 방법을 보여 주는 것이다. 아이가 어떠한 행동을 수행하는 방법을 배우고자 할 때나 만일 아이가 이러한 기술을 능숙하게 사용하기를 원할 때 이러한 방법이 도움이 된다.

■ 자기 스스로 하기

아이가 해야 하고 또 자기 스스로 할 수 있을 때 자기가 스스로 하도록 한다. 자기 스스로를 위하여 어떤 행동을 해야 할 때 스스로 하게 하는 것은 이후에 그런 행동을 하거나 그와 유사한 경우에 아이에게 도움이 된다.

■ 약속

바람직한 행동이나 승낙의 결과에 대해 보상을 약속하는 것이다. 바람직한 행동을 했다는 이유가 아니라 그렇게 하려고 노력했다는 것이 중요하다. 보상을 약속하는 것은 지금 현재에도 유용한 수단이지만 미래에는 이와 같은 보상이 불필요하며 바람직한 행동 그 자체가 보상이라는 것을 의미한다.

■ 보상

어떠한 유형의 행동을 수행했을 때 이에 따른 보상을 지급한다. 어떠한 행위의 달성 그 자체가 아니라 이를 수행하려고 하는 노력을 강조하고자 할 때 이러한 보상의 방법을 활용할 수 있다.

■ 격리

어떠한 아이를 현재의 동료관계나 특정 활동이나 특정 행사로부터 격리시키는 것을 말한다. 현재의 상황이 아이에게 도움이 되지 않거나 혹은 자기가 수용할 수준이 아니라면 아이를 특정 활동이나 아이들과의 관계로부터 격리시킬 필요가 있다. 현재의 상황이나 아이들과의 관계를 단절한다는 점을 주의해야 한다. 실무자로부터의 고립이나 격리가 아니라는 것을 명심해야 한다. 대부분의 경우 이러한 격리는 실무자와 보다 지속적인 접촉을 필요로 한다.

■ 신체적 제약

아이가 자신의 행동을 스스로 통제할 수 없을 때 아이의 활동을 통제하기 위한 것이다. 사춘기 아이들이 자신이나 다른 사람들에게 신체적 위해를 가하거나 위험한 상황으로부터 아이를 보호할 필요가 있을 때에 국한된다. 이러한 신체적 제약이 신체적 처벌과 혼동되어서는 안 된다. 신체적 제약은 위험한 긴급상황에서만 이루어져야 한다.

■ 건져 내기

아이가 점점 복잡한 상황에 말려드는 것을 방지하기 위하여 아이를 그 상황 속에서 건져 내는 것을 말한다. 아이는 자기 행동에 따른 결과를 인식하지 못하고 실무자가 예측하기에 더 심각한 문제가 예상되며 격리와 같은 방법으로 그 상황을 타개할 수 있다고 판단될 때 활용할 수 있는 방법이다.

■ 위협

바람직스럽지 않는 행동에 대한 일종의 보복이나 처벌이다. 아이가 자신의 행동에 따른 결과를 생각하게 하여 자신의 행동을 통제할 수 있다면 바람직하지 않은 결과에 대해 생각하도록 하는 것이 현명할 것이다. 위협이란 것은 위협이 실제로 행해지거나 행해질 수 있다는 암시를 포함하고 있다. 많은 경우에 위협은 실제로 행해질 수 있다는 암시를 포함하고 있으나 필요한 경우에는 실제 행할 수 있다는 것을 말한다.

2. 요 약

연구자들에 의해 이미 제시된, 상호작용에 도움이 되는 40가지 기술들은 실무자가 아이들의 문제에 개입하는 데 개입기술들을 확대할 수 있도록 하기 위해 소개하였다. 개입기술들을 상황에 따라 쉽게 활용하는 것은 전문적인 보호에서 필수적이며 즉각적인 대처가 필요한 아이들과의 상호작용에서도 필수적이다. 자원봉사 활동과 전문적 개입의 가장 큰 차이는 실무자가 자신의 행동이나 사고방식을 포기하고 아이들의 문제에 개입할 개인적 역량이 갖추어져 있느냐는 점이다. 레들과 와인만은 수십 년 전에 효과적이며 치료적인 실무자는 어떤 특별한 상황에 필요한 실천적 전략을 위해 아이들을 대하는 자신의 방식을 바꿀 수 있는 사람이라고 지적하였다(Redl & Wineman, 1957, pp. 48-59).

이 내용은 실무자에게 많은 시사점을 던져 줄 것이다. 그리고 이 책을 읽는 실무자는 이미 알려지거나 실천되고 있는 기술들을 보다 명확하게 하거나 구체화할 수도 있을 것이다. 그리고 이 내용들을 잘 읽거나 곰곰이 생각하면 다른 기술들도 얻을 수 있을 것이다. 그러기 위해서는 중간 단계가 요구된다. 새로운 기술들은 수많은 반복 연습과 실천을 통해 보완되어야 한다. 그때 이러한 기술들은 실무자의 실천기술로 채택될 수 있으며, 실무자의 실천적 개입기술로 활용될 수 있을 것이다. 이러한 기술들을 능숙하게 활용하기 위해서 관심 있는 사람들의 노력과 분발을 기대한다. 이러한 기술들을 풍부하게 가지고 있는 사람이 아이들에게 효과적인 영향을 미칠 기회를 더 많이 가질 수 있기 때문이다.

제14장 아동 · 청소년의 퇴소와 자립

1. 아동 · 청소년의 퇴소

1) 퇴소 요건

아동 · 청소년 그룹홈이 목적한 바가 달성되면 그 즉시 아동 · 청소년이 그룹홈을 떠나는 데 지장이 없도록 대책을 마련해야 한다. 아이를 그룹홈에서 퇴소시키는 것은 입소와는 비교할 수 없을 정도로 여러 가지 어려움이 많다. 아이의 의사와 부모의 의사, 아이의 능력과 부모의 상황, 아이의 퇴소나 자립 이후의 상황과 준비 정도, 아이와 그룹홈 관계자와의 관계 정립 등 수많은 어려움이 많다. 그러나 이에 대한 지침이나 가이드는 거의 없는 편이다.

현재 「아동복지법」에는 만 18세에 도달하면 아이들을 시설에서 자립시키도록 규정하고 있다. 단지 대학에 재학 중이거나 직업훈련 기간 동안에는 예외로 하고 있고, 퇴소시킬 수 없는 특별한 사유가 있으면 시 · 군 · 구청의 허락을 받아 보호할 수 있도록 하고 있다. 그러나 퇴소 요건에 대해서는 아무런 규정이 없어 그룹홈마다 아이를 퇴소시키는 데 큰 어려움을 겪고 있다.

그러나 18세 이전이라도 퇴소하는 경우에 대한 아무런 규정이 없기 때문에 이에 대한 규정이 시급히 마련될 필요가 있다. 이에 대한 필자의 견해는 다음과 같다.

• 부 또는 모의 출감, 퇴원 등으로 가족, 친척 등과 함께 생활할 수 있는 경우

- 가족 또는 본인이 퇴소를 원하는 경우
- 퇴소 조치를 당하는 경우

퇴소 조치를 당하는 경우에는 일반적인 기준이 없으나 다음과 같은 경우는 퇴소 조치를 고려할 수 있을 것이다.

- 그룹홈 실무자에게 도전하거나 반항하여 실무자의 지도가 더 이상 어려운 경우
- 그룹홈 내의 심한 폭행 등으로 다른 아동 · 청소년을 보호해야 할 경우
- 비행, 빈번한 가출, 가정해체 등으로 그룹홈의 정상적 운영이 불가능한 경우
- 3개월 이상의 장기간 가출, 연락두절로 정상적인 그룹홈 생활이 불가능한 경우
- 범죄로 인한 구속 등으로 사법적인 조치를 받은 경우
- 기타 반사회적 행위나 사회적 관습에 심하게 반하는 행위로 그룹홈의 존립을 위태롭게 할 경우

그러나 이러한 경우에도 반드시 아동에게 사전에 주의를 주거나 약속 등을 통해 사전 통보하여, 아동 본인과 가족이 퇴소를 받아들일 수 있도록 하여야 한다.

그리고 사회복지법인 은행골우리집에서는 18세 이상의 대학에 진학 중이거나 직업훈련을 하는 이들에게 정서적 자립을 통해 실질적으로 자립을 본인 스스로 준비할 수 있도록 돕고 있다. 자립 요건을 살펴보면 다음과 같다.

- 만 18세 이상으로 취업한 경우
- 만 18세 이상 대학 진학 중이면서 자립 조건(주거, 취업)이 갖추어진 경우
- 만 18세 이상이면서 대학 진학 중이나 자립 의지와 자립 능력을 갖춘 경우

그룹홈 입소 아동 · 청소년의 퇴소 및 자립과 관련하여 2007년부터 자립지원금이 지급되고 아동발달지원계좌사업(CDA)이 실시되고 아동자립지원센터가 설립되어 아동 · 청소년의 자립지원을 위한 사회적 노력이 확대되고 있는 것은 그나마 다행이다.

그룹홈 퇴소 아동 · 청소년을 위한 대학등록금 감면, 주공 임대사업 등을 통해 그룹홈 퇴소자가 사회적 최빈곤층으로 전락하지 않을 수 있는 교육 · 주거 · 생계

지원 등의 대책 마련이 시급하다.

그리고 그룹홈에서는 퇴소와 관련한 많은 어려움을 겪고 있다. 그중 몇 가지를 들어 보면, 아이의 사회적 · 심리적 문제가 깨끗하게 해결되기 전에, 아니면 부모가 마음을 가다듬고 아이를 다시 받아들일 준비가 미처 되어 있지 않으면서 아이를 아동 · 청소년 그룹홈에서 데려간다. 또 자립할 나이(대개 18세)가 되어 떠밀려 자립하게 되지만 아이들은 독립생활에 적응할 어떤 교육이나 훈련을 받지 못한 채 사회로 내몰리는 경우도 있다.

언제 그룹홈 생활을 끝내야 하는 것인지에 대해서 충분하고 만족할 만한 답이 나와 있지 않다. 다만 얼마를 있을 수 있으며, 그룹홈을 나가야 할 이유는 무엇이며, 그룹홈을 나가서 어디로 갈 것인지에 대해서 단편적인 자료가 있을 뿐이다. 그룹홈을 떠나서 1, 2년 혹은 5년 후에 그들이 어디에 있으며, 잘 적응하고 있는지에 대해서는 알려진 바가 거의 없다. 현행 법률과 아이의 상황에 의해서 자립을 시키면서 아이가 자립할 준비가 되었는지에 대한 충분한 검토가 되어야 하며, 이를 위해 자립 2~3년 전부터 치밀하게 준비해야 할 것이다.

2) 퇴소의 유형

아이들이 아동 · 청소년 그룹홈을 떠날 수 있는 형편이나 조건에 맞추어서 퇴소 및 자립방안이 결정되어야 한다. 퇴소는 크게 두 가지 유형으로 나뉜다. 그룹홈에서 바라는 수준의 생활 진전을 보여서 친부모나 양부모에게 가게 되거나, 위탁가정처럼 아동 · 청소년 그룹홈보다 더 자유로운 가정으로 가거나, 성인으로서 혼자 독립하는 발전적인 방향의 퇴소다. 이와 반대로, 입주 시 기대했던 바에 못 미치는 생활을 함으로써 맞이하는 퇴출, 이관, 체포 구금, 정신병원 입원, 도주 등과 같은 퇴소다.

미국에서는 이를 '밝은 퇴소'와 '어두운 퇴소'로 구분하기도 하나, 필자는 '명예로운 퇴소'와 '불명예스러운 퇴소'라는 표현으로 쓰고자 한다. 그러나 미국이나 우리나라에서도 그 비율이 전국 규모로 어떤 수치인지 조사된 바가 없다. 미국에서는 장애아나 부적응아를 맡고 있는 아동 · 청소년 그룹홈에서는 불명예로운 퇴소의 비율이 상대적으로 높은 편이며, 미국 오하이오 주의 아동 · 청소년 그룹홈 3개소에서는 퇴소의 1/3이 불명예로운 퇴소로 밝혀진 바 있다. 우리나라 그룹홈에서의 불명예스러운 퇴소와 명예로운 퇴소에 대한 연구는 거의 연구된 적이 없으나, 미국보다는 월등히 적을 것으로 사료된다. 우리나라 그룹홈은 미국 그룹홈에 비해 아동의 입소 요건이 엄격하며 비교적 시 · 군 · 구청이나 사회복지기관의 의뢰로 입소하며 입소 아동 대부분이 가정해체된 경우에 해당되기 때문이다.

(1) 명예로운 퇴소

① 친가 합류

가장 바람직한 퇴소는 친가 합류일 것이다. 물론 이것은 사회적인 시각에서 볼 때 가장 바람직한 유형이다. 그러나 친가에 보내는 것이 반드시 부모와 아이를 위해서 옳은 해결방안은 아니다. 아이는 그룹홈을 떠날 준비가 되어 있어도 부모가 아이를 받아들일 준비가 되어 있지 못한 경우가 있다. 방임, 알코올 중독, 학대, 근친상간 등의 사유로 그룹홈에 와 있던 아이는 친가로 되돌아갔을 때 다시 이런 위험에 처할 가능성이 높다. 아이를 학대했거나 버린 친부모는 아이를 받지 않으려 하고, 부모 중 한쪽이 재혼을 하였을 수도 있고, 새 배우자가 아이가 되돌아오는 것을 꺼릴 수도 있다.

친부모 가정에서 아이 합류를 위해서 노력하겠다고 나설 때도 문제는 있다. 부모가 질병, 실직, 가난으로 아이를 제대로 돌보지 못할 수도 있다. 장기 출장, 장시간 근무 등으로 부부가 모두 집을 비울 수밖에 없는 형편이라 아이를 제대로 돌보지 못할 수도 있다. 부모에게 경비부담 능력이 있어도 그 지역에 상담, 심리치료, 부모훈련 등를 제공할 기관이 없을 수도 있다.

부모가 겁나거나 미워서, 부모와 가치 기준이 다르거나 생활습관이 달라서, 아니면 혼자 독립하고 싶어서 등의 이유로 아이가 친가에 가기를 꺼리는 경우도 있다. 또 경우에 따라서는 친가로 가면 그 고장이나 학교의 나쁜 친구와 다시 어울리게 되기도 한다. 따라서 친가로 되돌아가는 것이 꼭 최상의 해결책은 아니다. 따라서 친가 합류 때에는 모든 관계자의 준비가 마련된 후에 퇴소해야 하며, 퇴소 후에도 친가와 아이를 튼튼하게 해 줄 지원이 요청된다.

② 친척집 합류

친가로 가지 못할 경우는 친척과 사는 것이 차선책일 것이다. 편한 마음으로 함께 정을 나누며 살 수 있는 숙부, 고모, 이모 아니면 할머니가 아이를 받아들여 줄 수도 있다. 이런 경우는 가정위탁 중 친인척위탁에 해당된다. 이런 경우에는 시 · 군 · 구청 등과 협의하여 가정위탁으로 선정하여 지원을 받을 수 있다.

이런 합류가 흔치는 않지만 아이에게는 매우 좋은 일이다. 친척이 아이를 돌보아 주는 것은 미풍양속이고, 대가족제의 긍정적인 면, 소중한 우리의 자산이다. 그렇기는 하지만 친척인 아이를 맡는다는 것은 친척이나 아이에게도 상당한 어려움이 따르는 일이다. 뜻이 있어서 맡는 친척이지만 고단한 신세에 있는 아이를 받으면서 비현실적인 기대를 할 수도 있다. 아이가 미운 짓을 할 때 이에 적절히 대처하지 못할 수도 있다. 온갖 어려움을 무릅쓰고 아이를 맡아서 바른 사람으로 키우겠다는 단단한 결심이었다가 헌신하지 못하고 괜히 맡았다는 후회를 하기에 이르면, 아이는 친척집에 있을 수도 나갈 수도 없는 딱한 처지에 빠지게 된다.

아이를 친척에게 인계하기 전에 친척을 개인상담해야 한다. 필요하다면 아이를 맡기고 나서도 친척과 아이를 지원해 주는 일을 게을리하지 말아야 한다.

③ 위탁가정 합류

그룹홈보다 규제가 덜하고 수용시설 냄새가 덜한 위탁가정에서 아이는 친가와 합류하거나 독립할 때까지 준비과정으로 살게 된다. 위탁에는 친인척 위탁과 대리위탁의 방안이 있다. 대리위탁은 명확한 자격심사를 통해 이루어지기 때문에 비교적 부작용이 적지만, 친인척 위탁의 경우에는 아이의 생계비 등 경제적 이유로 아이를 위탁하는 경우가 있어 아동학대나 방임의 위험성이 있으며, 또 할머니가 아이를 보호 · 양육하다가 할머니가 몸이 불편하거나 질병이 심해져 아이가 할머니를 돌봐야 하는 경우도 있어 정기적인 점검이 필수적이다. 우리나라에서는 그룹홈에서 위탁가정으로 가는 경우는 많지 않다.

그룹홈을 떠나는 아이를 위탁가정으로 보내는 데는 여러 가지 제약이 있다. 이 제약 중의 가장 두드러진 것은 아마도 나이다. 위탁가정에서는 말 없이 얌전히 잘 있으며, 어른의 뜻을 잘 따르는 열 살 미만의 아이들을 받고 싶어 한다. 그런데 아동 · 청소년 그룹홈을 나오는 아이들은 대개 자기 고집을 세우는 10대들이기 때문이며 친인척 위탁의 경우도 대가족제의 해체 등으로 아이를 맡아 양육하려는 가정이 거의 없다.

그리고 위탁가정의 사람들은 아동보호, 양육의 전문가들이 아니기 때문에 상처가 많거나 적응상의 어려움을 겪고 있는 경우에는 큰 어려움에 봉착할 수 있다.

위탁가정에 대한 정부 보조의 불충분, 위탁가정에 대한 사회의 인식 결여, 부적절한 훈련과 감독, 사회적 편견, 기타 요인에서 위탁가정이 많지 않은 것도 어려움이다.

④ 입양

가정해체된 아이들을 시설보호보다는 탈시설화되고 정상적 가정과 유사한 안정된 가정으로 보내야 한다는 점이 강조되고 있지만, 그룹홈에서 입양되는 경우는 거의 없다. 일단은 그룹홈 아동들이 나이가 있어 입양을 기피하고 친부모와 강인한 끈으로 이어져 있으며, 아이에 대한 친권 문제가 있기 때문이다.

(2) 불명예스러운 퇴소

불명예스러운 퇴소에 뒤따르는 복잡하고 감내하기 어려운 마음의 부담과 견주면, 명예로운 퇴소에 따르는 문제는 별 것이 아니다. 갑작스러운 이탈, 축출, 규제가 더 심한 곳으로의 이관은 모든 아동 · 청소년 그룹홈이 미리 예견하고 있어야 할 사항이다.

① 가출 · 가정해체

아동 · 청소년 그룹홈을 허락없이 떠나 되돌아오지 않는 경우다. 이런 경우에는 가장 먼저 아이의 보호자와 연락한 후 경찰서에 가출 · 가정해체 신고를 하고 곧바로 시 · 군 · 구청에 연락하여 아이가 가출 · 가정해체했음을 보고한다. 이러한 무단 가출 · 가정해체의 경우에도 밖에 좋아서 가출 · 가정해체한 유형과 그룹홈이 싫어서 가출 · 가정해체한 유형으로 구분할 수도 있다. 그리고 스스로 되돌아올 힘이 없는 아이들은 그룹홈에서 친구, 친척 등과 연락하여 찾아서 데리고 온다. 그러나 친구관계나 이성교제 혹은 밖에서의 놀이 때문에 가출한 아이의 경우 찾으러 돌아다닐수록 더 멀리 가출 · 가정해체하기 때문에 이러한 아이의 경우 스스로 지쳐서 들어오도록 하는 것이 오히려 효과적일 수도 있다. 그리고 이러한 무단 가출 · 가정해체에 대해서는 규정이 없으나 3개월 이상 되돌아오지 않는 경우 시 · 군 · 구청과 상의하여 퇴소로 처리한다.

그리고 아이의 가출 · 가정해체가 처음 한두 번일 때는 대부분의 그룹홈에서는 주의를 주고 다시 받아들이는 경우가 대부분이다. 그러나 가출 · 가정해체가 상습적일 때는 다시 받아들일지의 여부를 결정해야 한다. 아이의 나이, 가출 · 가정해체의 이유, 가출 · 가정해체 기간 등을 고려해서 결정해야 하지만, 일단은 보호자와의 면담, 아이와의 상담을 통해서 아이가 달라질 것을 약속하는 경우에는 아이를 수용하는 것이 바람직하다.

그리고 일단 아이를 다시 받아들였으면, 가출 · 가정해체 요인을 확실하게 파악해서 아이가 다시는 가출 · 가정해체하는 일이 없도록 노력해야 한다. 즉, 그룹홈 실무자는 사건을 분석하고 나서 아이의 가출 · 가정해체하고 싶어하는 마음을 달래서 점차 가출 · 가정해체 의욕을 줄이는 노력을 기울여야 한다. 이런 노력으로는 귀가시간 늦추어 주기, 룸메이트 교체, 또래관계 개선을 위한 상담, 외식 및 간식 제공, 야외활동 증대, 학교성적 개선 지원 등이 있다. 그러나 이러한 배려가 가출 · 가정해체한 아이에게 자기의 요구에 그룹홈이 굴복한 것이라는 느낌을 주어서는 안 된다.

그리고 가출 · 가정해체한 아이가 다른 아이에게 미치는 악영향이 예상되거나 가출 · 가정해체 시 비행이 심하거나 혹은 반성하는 기색이 전혀 없어 다시 가출 · 가정해체할 위험성이 높은 경우 친부모 및 시 · 군 · 구청과 협의하여 퇴소시킬 수도 있다.

② 친부모에 의한 아이 이관

아동학대 중에서 몇몇 경우를 제외하면 대부분의 아이들은 친부모와 합의하에 그룹홈에 입소하게 된다. 따라서 아동 · 청소년 그룹홈으로서는 친부모가 양육을 원할 경우 친부모나 친척의 뜻을 거스르면서까지 아이를 계속 보호 · 양육하기는 어렵다. 이런 경우에는 상당수의 아이들이 자신과 친부모의 심리적 · 사회적 문제가 치유 해결되기 전에 그룹홈에서 나오게 된다.

이렇게 아이를 데려가는 이유로는 친부모나 친척의 이사, 친부모의 재혼, 아동 · 청소년 그룹홈에 대한 불만, 아이의 불평, 싸움이나 도난 등 아이에게 일어난 마땅찮은 사건, 그룹홈 실무자나 그룹홈 아이들 사이에서 벌어진 일에 의한 것이다.

상황에 따라서는 그룹홈은 친부모의 학대나 방임의 희생인 아이를 자기의 뜻대로 데리고 가는 부모의 처사가 부당하지만 이를 제지할 마땅한 수단이 없는 경우가 대부분이다. 아동의 학대나 방임으로 친부모 등이 사법적인 심판을 받지 않는 경우에는 어쩔 수 없다. 이러한 경우를 대비하여 아동 입소 시 아동의 퇴소는 상호 합의하에 한다는 부모의 동의서가 때로는 효력을 발휘할 때도 있지만, 막무가내인 사람 앞에서는 이 역시 무용지물일 수도 있다. 그러나 일단 친부모와 그룹홈의 신뢰 관계가 깨진 경우에는 아이의 퇴소를 받아들이며 아이가 다시 학대나 방임을 당할 경우에 대비한 전화번호나 행동요령을 가르쳐 주는 것이 필요하다. 다음은 필자가 경험한 일이다.

한창 추운 겨울이었는데 지인으로부터 연락이 왔다. 아버지와 의붓어머니, 중2 여자아이와 초등학교 6학년인 남자아이가 있을 곳이 없다는 것이다. 우리는 두 아이를 입소시키고 어른들은 근처 가까운 곳에 있는 비닐하우스에 살도록 편의를 제공하였다. 그런데 아버지가 딸에 대한 관심이 유난하였다. 시장갈 때에도 손을 잡고 가기도 하고, 딸을 본다고 일주일에 두세 번씩 방문하여 딸과 손을 잡기도 하고 두세 시간씩 딸을 밖으로 데리고 나가기도 하였다. 우리는 딸과 아버지의 관계를 의심하여 중2 여자아이에게 밖에 나가서 무엇을 했는지 등등 아버지와 딸의 관계가 정상적인 관계가 아닌 것 같아 몇 차례 물었으나 딸은 끝내 아무것도 아니라고 시치미를 떼었다. 그러던 중 아버지의 잦은 방문이 다른 아이에게 미치는 영향도 있으니 방문은 일주일에 한 번으로 하자고 방문을 제한하자, 그 아버지는 자기와 딸의 관계를 우리가 알아차린 것이 아닌가 하는 불안 때문인지 더욱 자주 방문하였으며, 문을 열어 주지 않을 경우에는 큰 돌멩이를 들어 던지기도 하는 등 행패를 부렸다. 그러던 끝에 아버지가 지방으로 갈 계획이라면서 아이를 데리고 가겠다는 것이었다. 그러나 그를 막을 다른 방법이 없었다. 우리는 여자아이에게 지금이라도 사실대로 이야기하면 아버지와 함께 가지 않도록 할 수 있지만 아무 말도 하지 않으면 더 이상 너희 아버지를 막을 방도가 없다고 아이를 설득하였으나, 아이는 끝내 아무 말도 하지 않았다. 우리는 그 아이에게 만일 아버지랑 살다가 무슨 어려운 일이 발생하면 우리에게 연락할 수 있도록 우리 전화번호를 외우고, 이것도 기억하기 어려우면 1388이나 1391로 연락하라고 타이르고 보낼 수밖에 없었다. 3개월 뒤에 그 아이가 연락해 와서 그동안 있었던 아버지에 의한 성폭행 사실을 털어놓았고, 우리는 그 사실을 성폭력상담기관에게 알렸다. 그 아버지는 사법적 처벌을 받았고, 아이들은 아버지의 굴레에서 벗어나게 되었다.

이러한 사례는 극히 예외적이지만, 친부모에 의한 학대 등이 의심될 경우에 아동

스스로 대처할 수 있도록 알려 주는 것은 매우 중요하다.

그리고 일반적으로 그룹홈 아이가 사고나 말썽을 피울 때 퇴소시키기보다는 대부분의 그룹홈에서 아이와 씨름하면서 아이가 제대로 성장하도록 돕고 있다. 그럴 때 친부모를 알리거나 친부모의 협조를 이끌어 내는 것이 훨씬 효과적일 때가 많다. 그리고 아이의 가출 · 가정해체 등 비행이 개선되거나 생활습관이 나아졌거나 학업성적이 향상되었을 때에도 친부모에게 알려 지지해 주도록 할 필요가 있다. 그룹홈의 입장에서 아동의 친부모는 아이에게 가장 큰 영향력을 미칠 수 있는 가장 큰 자원이기 때문에 아동의 양육과 보호를 위해 부모의 협력이 매우 중요하다. 이렇게 그룹홈에서 친부모와 적극적으로 아이의 일을 의논하여 신뢰관계를 형성하면 친부모나 친척은 아동 · 청소년 그룹홈의 일을 훼방을 놓는 것이 아니라 적극적인 협력자가 될 수 있다.

③ 강제 퇴소

그룹홈 실무자나 아동을 폭행하거나, 자해하거나, 다른 아이를 위협하거나, 아동 · 청소년 그룹홈의 질서를 무너뜨리거나, 법률 위반 행위를 하거나, 심각한 심리장애를 보이거나, 그룹홈 실무자의 지도가 더 이상 불가능한 경우에는 강제퇴소가 불가피하다. 이런 경우는 그룹홈과 그룹홈 실무자의 능력의 한계를 뛰어넘는 것이다. 그룹홈 실무자에 대한 권위 위협, 잦은 싸움, 그룹홈 실무자 가해, 계속되는 도둑질, 성폭행 등을 저지르는 그룹홈 아이를 강제 퇴소시키는 것은 타당한 대처다.

이를 강제로 퇴소시킨다는 것은 그룹홈으로서는 괴로운 일이다. 때로 그룹홈 실무자는 죄를 지었다는 심정에 빠지기도 한다. 그룹홈 아이들도 똑같이 언짢은 심정에 빠진다. 때로는 자기들의 능력에 한계가 있어서 말 잘 듣는 아이만 맡으려 든다고 오해를 받기도 한다.

강제 퇴소는 친부모나 친척들과 상의하며 시 · 군 · 구청에 보고하는 등 관련된 여러 사람의 이해하에 이루어져야 하지만, 확고한 의지가 요구된다. 특별히 다루기 어려운 아이라 즉각 퇴출할 필요가 있는 경우, 아동 · 청소년 그룹홈은 여러 행정상의 어려움을 겪어야 할 것이다. 문 밖으로 쫓아내서 가라고 하면 끝나는 단순한 일이 아니기 때문이다. 이럴 경우 그룹홈 실무자는 아이가 갈 곳을 물색하고 시 · 군 · 구청에 타 기관 등으로의 이관을 요청해야 한다. 이럴 경우 대개 시 · 군 · 구청이나 관련 기관은 사안을 살피고 따지고 받아 줄 곳을 물색하느라 시일을 끈다. 이러는 사이 아이는 화내고 불안해하며 더 큰 말썽을 피워 그룹홈의 분위기를 흐려 놓기도 한다. 그러나 현재로는 이에 대한 마땅한 방법이 없다. 따라서 최대한 감정적 충돌을 억제하도록 타임아웃 기법 등을 활용하고, 아이와의 관계를 잘 정립하여 감정의 응어리가 남지 않도록 아이의 상처를 달래 주며, 아이가 퇴소 후에도 잘 생활할 수 있도록 도와야 한다.

2. 아동 · 청소년의 자립

1) 아동자립지원제도

아동 · 청소년 그룹홈에서 가장 많은 부분을 차지하는 것이 자립이다. 현재 아동복지시설에서 5년 이상 생활하는 경우 자립지원금이 주어지는데, 이는 지방이양사업이라 시 · 도에 따라 다르다. 서울시 · 인천시 · 경기도는 500만 원이며 강원도는 200만 원으로 지역에 따라 차이가 있다. 지역에 따라 자립지원금에 차이가 있는 것은 일종의 차별이 될 수 있기 때문에 아동자립지원금은 지방이양사업이 아닌 국가포괄보조사업이 되어야 한다. 아동자립지원금은 자립아동의 주거비나 대학등록금 등으로 사용되도록 용도를 정하고 있으나, 실제로는 월세 보증금 정도도 못 미쳐 실질적인 자립지원이 되기 위해서는 상향 조정이 필요하다.

그리고 퇴소 아동의 자립을 위하여 아동디딤씨앗통장이라는 아동발달지원계좌(Children's Development Account) 사업이 실시되고 있어 아동의 자립을 위한 큰 도움이 되고 있다. 아동이 아동양육시설이나 그룹홈 혹은 위탁가정에서 생활한 지 3개월째부터 매월 1~3만 원 한도에서 적립하면 같은 액수를 보건복지부가 매칭펀드 방식으로 적립해 주는 제도로, 아동의 자립에 큰 도움이 되고 있다.

그리고 보건복지부 인력개발원 내에 아동자립지원단이 설립되어 아동의 자립을 위한 진로지도 등을 하고 있으나, 아직은 자립하는 아동을 위한 실질적인 지원으로는 미흡하다. 그리고 보건복지부나 한국토지주택공사 혹은 지방자치단체 등지에서 시설 퇴소 아동을 위한 임대주택 등이 지원되고 있으나, 시기, 지역 등이 맞지 않아 실제로 이러한 지원을 받는 경우는 매우 드물다.

그리고 각 시 · 도별로 퇴소 아동을 위한 자립지원관이 있지만, 대개는 아동양육시설에서 운영하고 있으며, 지역도 달라서 그룹홈 아이들에게는 거의 아무런 도움이 되지 못하고 있다. 따라서 실질적인 아동의 자립 지원을 위해서는 북한이탈주민을 지원하는 것처럼 아동이 소형 전세주택이라도 얻을 수 있도록 자립 지원금을 대폭 상향시켜 현실화해야 한다.

2) 아동 · 청소년 자립 시기

18세가 되면, 대학에 재학 중이거나 직업훈련을 제외하고는 대부분이 자립하게 된다. 아동이 18세가 넘어선 경우 대학에 재학 중일 때에는 아동의 자립 시기를 언제로 정할 것인지는 아동의 자립의지와 역량 그리고 상황에 따라 다를 수 있다. 대학에 재학 중이더라도 군대에서 제대한 후 1학기가 지나서 하는 경우도 있고, 군에 입대하면서 자립할 수도 있고, 군에서 제대하자마자 자립하는 경우도 있으며, 어떤 경우에는 대학 졸업 때까지도 그룹홈에서 생활하는 경우도 있다. 친척집이나 친구집에서 살 수 있는 경우, 아파트나 방을 세내어 살 수 있거나, 학교의 기숙사에 들어가는 경우에는 졸업 이전에라도 자립시킬 수 있다.

독립생활로의 이행은 쉽지 않다. 일터를 구하고, 살 곳을 잡는 것은 아이들이 혼자 해결하기에는 벅찬 일이다. 직업 선택, 직업훈련 이수, 직장 적응 등에 관해서 상담을 받아야 한다. 혼자서 살아가기 위해서는 식사 준비, 청소 등 집안일과 돈 관리, 건설적인 여가 사용, 건강관리 등을 할 줄 알아야 한다. 때로는 자활능력이 갖추어질 때까지 재정적인 지원이 있어야 하기도 한다.

독립생활을 준비하는 자립하는 아이들을 위해서 필요한 지원을 다 해 줄 수 없는 것이 아동 · 청소년 그룹홈의 실정이다. 그리고 일단 그룹홈에서 자립한 아이들을 도울 수 있는 법적 근거가 전혀 없다. 따라서 자립할 아이가 있으면 그룹홈 예산을 편성할 때 자립아동지원금으로 미리 예산을 책정해 놓을 필요가 있다. 그리고 아동이 18세가 되어 직장에 취업하여 자립하였는데 실직하였거나 일을 그만둔 경우에 도울 수 있는 방안이 거의 없어 안타까운 일이 종종 발생하기도 한다.

3) 자립을 위한 이행방안

나이가 차서 아동 · 청소년 그룹홈에서 나와서 독립생활을 해야 하는 아이에게 독립은 매우 어려운 일이다. 그룹홈에서 퇴소하여 독립생활에 성공하는 경우도 있지만, 그룹홈을 나가서도 도움의 손을 벌리거나, 자신을 해치는 생활로 되돌아가거나, 미처 모르던 성인 생활의 일을 감당하지 못하고 독립에 실패하기도 한다. 대부분의 아이들은 독립생활로 들어서면서 살 집 구하기, 집 유지, 직장 유지, 돈 관리, 건설적인 이성친구 사귀기, 건설적인 여가생활 등에서 어려움을 겪는다.

그래서 아동 · 청소년 그룹홈 '졸업생'에게 세상을 살아가는 능력을 증진해 주는 이행 조치가 필요하다는 인식이 점차 증대하고 있다. 각 시 · 도에 자립 지원관이 설치되어 있는 것처럼, 자립 예정인 그룹홈 아이들을 위해 그룹홈 근처에서 아이 서너 명을 근처 아파트에 보내서 독립생활을 실습시킨다. 여기서 생활을 자기들이 책임지면서 학교도 제대로 다니고, 직장도 물색하고, 여가도 건실하게 보내며, 기타 독립생활에 있어야 할 것을 어른의 참견 없이 해 내는 것이다.

아동복지시설의 퇴소자처럼 아동 · 청소년 그룹홈 퇴소자를 위한 이러한 이행방안이 마련된다면, 아이들의 자립능력을 강화시켜 사회 적응을 한층 수월하게 해 줄 것으로 기대된다.

제15장 아동 · 청소년 그룹홈과 종사자

1. 아동 · 청소년 그룹홈 운영자의 가치와 철학

1) 그룹홈 운영자의 가치

사회복지 분야에서 연구가 미흡한 분야 중 하나가 가치와 철학 분야가 아닐까 한다. 가치와 철학은 전 학문에 걸쳐 있는 포괄적인 부분으로 사회복지 분야에서 가치 연구의 특수성을 규명하기가 곤란하고 또 계량화가 어렵다는 연구방법상의 난점 등과도 관련이 있는 것으로 보인다.

그러나 사회복지 분야에서 사회복지의 목적, 이론 및 지식, 기술, 실천 등은 사회복지의 가치와 철학에 기초하기 때문에 사회복지의 가치와 철학에 대한 연구와 정립이 필요하다. 특히 사회사업은 사람에 의한 휴먼서비스라는 특성이 있기 때문에 서비스를 제공하는 사람과 기관의 가치에 의하여 그 서비스가 전적으로 달라질 수 있기 때문에 사회사업 종사자의 올바른 가치관 정립을 위한 노력은 부단히 이루어져야 할 것이다.

특히 한 인간에게 가치관 정립이라는 것은 학습보다는 실제로 부단한 자기 혁신과 단련의 과정을 통해서 가능하지만, 여기서는 그룹홈 종사자로서의 아동의 권리와 자신의 역할에 대한 인식을 통하여 아동의 권리보장의 확대와 그룹홈 서비스의 질을 향상시키는 데 도움이 되고자 한다.

여기서는 아동의 권리와 관련하여 사회적 기본권에 대해 간략히 살펴보고, 사회사업가가 유념해야 할 사회사업적 가치, 그리고 이를 그룹홈에 어떻게 적용할 것인가를 필자가 주장하는 사회사업적 원리로 살펴보고자 한다. 또 그룹홈 종사자의 소진에 영향을 미치는 요인과 이를 극복하기 위한 방안과 이와 관련한 정책적 과제들을 제시한다.

2) 그룹홈 종사자의 역할

그룹홈 종사자는 아동 · 청소년을 보호 · 양육하는 그룹홈 서비스를 제공하는 가장 중심적인 역할을 담당한다. 상처받은 아동 · 청소년을 보호하고 양육하며, 아동 · 청소년의 성장과 발달을 위하여 상담하고 지원하는 역할을 한다.

그룹홈 종사자는 보호 · 양육 이외에도 아동 · 청소년의 사회화를 도우며, 특별한 경우에는 치료적인 역할을 담당하는 등 일반 가정에서의 부모 이상의 역할을 담당한다. 즉, 종사자는 부모의 역할과는 다르지만 부모와 같은 역할을 수행하고 있다. 이러한 종사자의 활동은 직접적인 보호활동과 간접적인 보호활동으로 구분할 수 있다.[1)]

직접적인 보호활동에는 아동 · 청소년을 상담하거나 위기개입 활동을 하거나 지도하거나 가족상담을 하는 등 아동 · 청소년의 변화와 성장을 위한 다양한 활동이 포함된다. 간접적인 보호활동에는 공간과 시설의 관리와 운영, 식사시간, 휴식, 규칙 등과 같은 일상적 활동 계획수립이 포함된다. 간접적인 보호활동은 학교 교사 상담이나 지역사회와의 관계 수립 활동과 아동 · 청소년에 대한 기록 및 보고서 작성 등 매우 광범위한 활동을 요구한다.

그룹홈 종사자는 아동 · 청소년을 돌보면서 이러한 방대하고 다양한 업무를 해결해 내야 하기 때문에 늘 긴장할 수밖에 없다. 그래서 미국에서 그룹홈 종사자의 이직률이 높은 것은 놀랄 일이 아니다.

마이어(Maier)는 그의 저서[2)]에서 그룹홈 종사자의 역할에 관하여 다음과 같이 말하고 있다.

---

1) Maier, H. W. (1987). *Developmental Group Care of Children and Youth: Concepts and Practice*, pp. 187–189.

2) 같은 책, p. 13.

그룹홈에서 종사자는 보호와 애착형성에 가장 중심적인 인물이며, 공동생활의 가장 중요한 모델이며, 동시에 어른과 사회의 표본의 역할을 담당하고 있다. 즉, 종사자는 인간관계를 형성하고, 규범을 세우고, 외부 세계와의 연결고리 역할을 담당하고 있다.

그런 점에서 종사자의 가치와 철학은 아동과 청소년의 보호, 양육하는 데 그대로 반영될 수밖에 없으며, 보호와 양육의 질을 결정하는 결정적 요소 가운데 하나라 할 수 있다.

3) 그룹홈의 사회사업적 가치

미국사회사업가협회(NASW)는 사회사업의 목적을 개인, 집단 및 지역사회의 사회적 기능을 회복 · 향상시키고 이러한 목적 달성에 유리하도록 사회적 제도들을 변화시키는 것이라고 설정하고 있다. 즉, 사회복지사는 인간의 기능을 강화시키고, 인간의 욕구에 반응할 수 있도록 사회제도의 효율성을 촉진시키는 역할을 담당하는 것으로 역할을 설명하고 있다. 그리고 이러한 사회사업에서의 기본 가치로 인간의 존엄성과 사회정의를 들고 있다.

인간의 존엄성과 가치는 모든 인간은 기본적인 인권을 가지고 있으며, 음식, 피난처, 신체적 건강, 정신적 건강을 위한 기본적인 욕구를 추구할 권리가 있다는 점이다. 우리나라 「헌법」 제9조에는 모든 인간은 행복을 추구할 권리가 있으며, 제24조에는 인간다운 생활을 할 권리가 있다고 밝히고 있다. 사회복지 역시 이러한 인간의 존엄성과 가치를 보장하기 위한 것이며, 그 실천과정에서도 인간의 존엄성과 가치가 실현되도록 해야 한다.

사회사업에서의 기본 가치인 사회정의는 사회적 자원이 어떻게 배분되느냐라는 관점에서 모든 사회 구성원의 기본권이 보장되고, 자원과 기회에 대한 접근이 이루어지고 있으며, 의무와 혜택이 균형과 조화를 이루어지도록 해야 한다는 것이다.

인간의 존엄성과 사회정의는 그룹홈 운영에서도 마찬가지로 존중되고 실현되어야 기본 가치라 할 수 있다. 미국사회사업교육학회(CSWE)는 이러한 기본 가치에 근거하여 전문가의 가치를 다음과 같이 들고 있다.

- 사회사업가의 전문성은 인간의 존엄성과 가치에 근거, 상호작용, 수용성, 신뢰성, 정직성, 책임성에 의해 강화되어야 한다.
- 사회사업가는 클라이언트의 자기결정권을 존중하고, 협력관계를 구축해야 한다.
- 사회사업가는 클라이언트를 강화시키는 데 기여해야 한다.
- 사회사업가는 사회제도의 발전에 기여해야 한다.
- 사회사업가는 개인의 특성에 대해 존중해야 한다.
- 사회사업가는 자신의 윤리적 행동, 전문성, 새로운 지식과 기술의 습득을 위해 노력해야 한다.

이러한 사회사업의 핵심적 가치들을 사회복지 실천현장에 구체화시키기 위하여 실천지침[3)]을 제정하였다.

2. 아동 · 청소년 그룹홈 종사자의 소진 예방

1) 아동 · 청소년 그룹홈 종사자의 근무환경

2005년 그룹홈 실태조사에 따르면, 일반적인 현황으로 그룹홈 운영은 대부분 도시에 분포하고 있고, 단독주택이며, 종교 신자에 의해 이루어지고 있음을 알 수 있다. 그룹홈은 1990년대부터 비약적으로 증가하기 시작하였으며, 최근 10년 동안 현재 조사된 그룹홈의 과반수가 설치되었다. 시설장들의 평균 현 근무지 근무 연수는 6년 6개월이며, 평균 연봉은 2,000만 원 이하다. 종사자의 경우, 편차가 크긴 했지만, 평균 2년 1개월을 근무하고 있었으며, 월 평균 75만 원의 임금을 받는 것으로 나타났다.

---

3) ① 자신의 과제를 보다 효율적으로 해결하도록 개인과 집단을 역량강화, ② 개인과 사회문제 예방을 위한 사회 · 경제 정책의 발전, ③ 통합적인 접근, ④ 자원의 연계, ⑤ 네트워크의 개발, ⑥ 제도의 변화와 발전, ⑦ 사회정의와 평등의 증대, ⑧ 사회사업 지식의 발전에 기여, ⑨ 정보의 공유, ⑩ 의사소통의 효율성 증대.

그룹홈에 대한 업무 만족도는 비교적 높은 편이나 급여와 근무시간은 매우 열악한 것으로 나타났으며, 2000년의 실태조사와 비교하더라도 근무 여건은 거의 개선되지 않는 것으로 나타났다. 그럼에도 불구하고, 높은 업무 만족도를 보이고 있는 것은 종교적 소명감과 성취감에 따른 것으로 보이며, 이러한 종교적 헌신성만으로는 그룹홈의 확대와 질 높은 서비스 제공에는 한계가 있을 수밖에 없어 그룹홈 근무조건의 시급한 개선이 필요하다.

특히 그룹홈 시설장들의 임금이 75만 원, 종사자들의 임금이 84만 원으로 그룹홈 시설장들의 임금이 종사자들보다 낮은 것은 종사자들을 채용하는 데 필요한 최소한의 사회적 임금수준을 고려할 수밖에 없는 현실을 말해 주고 있으며, 시설장들의 임금수준은 일반 사회적 기준에 비해 얼마나 열악한지를 역설해 주고 있는 지표라 할 수 있다.

그룹홈 종사자를 소진에 이르게 하는 또 하나의 요인은 장시간의 근무시간이다. 장시간 근무는 2000년 실태조사 당시에 비해 거의 개선되지 않은 것으로 나타났다. 그룹홈 시설장과 종사자의 근무시간은 1일 16시간 이상 근무도 62%를 차지하여 우리나라의 어느 직종보다 최장시간 근무를 하고 있다라고 볼 수 있다.

이에 따라 시설장들 중에 육체적으로 힘들다고 응답한 비율이 2000년 64.9%에 비해 2005년에는 79.5%로 크게 높아졌으며, 정신적으로 힘들다고 응답한 경우도 2000년 62.5%에 비해 77.1%로 크게 상승하였으며, 이는 종사자의 경우도 유사하다. 이렇게 육체적 · 정신적으로 힘들다고 한 비율이 크게 상승한 것은 그룹홈 종사자들이 소진의 위험성에 크게 노출되어 있다는 것을 보여 준다.

그룹홈 시설장과 종사자 모두 업무 여건 및 처우는 매우 열악한 상황임을 알 수 있다. 대부분이 모든 시간을 관련 업무에 투여하고 있으며, 휴일 없이 근무하는 것으로 나타났다. 또한 이들은 전반적으로 업무에 대해 만족하고 있었지만, 보수체계는 개선되어야 할 가장 시급한 문제라고 제시하였다. 아무리 현재의 근무에 대한 만족이 높다고 하더라도 이러한 잠재적인 불만이 표출되면 결국 근무의 질적 저하와 함께 그룹홈을 운영하는 데 많은 어려움이 있을 수 있다. 따라서 이러한 문제들을 순차적으로 개선할 수 있는 정책적인 접근과 인식의 전환이 필요하다.

그룹홈 시설장들에게 가장 시급히 해결해야 할 과제가 무엇인가를 묻는 질문에 2000년에는 61.5%가 전문지식의 습득, 보수체계의 개선이 10.3%였으나, 2005년도에는 보수체계의 개선이 45.3%, 전문적인 지식의 습득이 18.7%로 서로 다르게 나타나고 있다. 이는 대다수 시설장들이 사회복지사 자격증을 가져서 전문적인 지식 습득의 욕구가 낮아진 반면, 타 부분과 비교하여 급여 수준이 지나치게 열악함을 시급히 해결해야 할 과제로 인식하고 있음을 보여 주는 것이다. 이는 그룹홈 종사자들에게서 거의 유사하게 나타나고 있다.

전체적으로 그룹홈 운영자들이 보았을 때 가장 시급한 문제를 우선순위로 정해보면, 가장 시급히 해결해야 할 과제로 정부로부터의 재정지원을 꼽았고, 다음으로 그룹홈 운영자금 마련을 꼽았다. 즉, 그룹홈 운영에 대한 재정지원은 가장 시급하고 중요한 문제인 것으로 나타났다. 또한 종사자들의 처우개선을 3번째 순위로 꼽았다. 따라서 그룹홈 운영자 및 종사자는 보수체계의 개선과 운영에 대한 재정지원은 가장 우선의 문제로 인식하고 있는 것으로 나타났다. 이에 대한 전반적인 급여 체계의 향상과 근로여건의 개선이 심각히 고려되어야 한다. 근로 유지를 하기 위해서는 정책적인 지원을 통해, 과도한 업무에서 오는 소진과 스트레스에 대한 휴식권 보장, 적당한 보상체계에 대한 제도적인 체계가 마련되어야 할 것이다.

2) 아동 · 청소년 그룹홈 종사자의 소진

(1) 소진의 개념

소진이란 장기간 스트레스가 누적되어 형성되는 신체적 · 심리적 · 정신적 고갈 상태로, 소진은 특히 직업과 관련하여 나타나며, 일반적으로 사람들과의 관계 속에서 지속적 · 반복적 정서적 압박을 받은 결과 발생한다.

- 실무자의 소진은 서비스의 질 저하, 관계 약화, 업무능률의 저하를 가져온다.
- 실무자의 소진은 실무자의 근로의욕 저하, 이직, 질병을 초래한다.

소진은 갑자기 나타나는 극적인 현상이 아니라 점진적인 과정으로, 실무자가 경험하는 소진의 과정은 열성 단계, 침체 단계, 좌절 단계, 무관심 단계 등 4단계로 살펴볼 수 있다.

(2) 소진 현상

① 열성 단계

실무자가 일에 대해 희망과 열정으로 많은 기대를 가지고 많은 시간과 정력을 투자하는 단계로, 그룹홈을 처음 시작하거나 그룹홈 실무를 처음 맡은 실무자들에게 주로 나타난다. 초기에 보이는 이러한 열성은 그룹홈에 활력을 불어넣어 주기도 하지만 그룹홈 아이들과 잦은 마찰의 요인을 제공하기도 한다. 또 처음 열정이 클수록 이에 따른 실망과 좌절도 클 수 있다는 점을 유의해야 한다. 이 단계에서 그룹홈 실무자는 그룹홈과 아이들의 문화를 존중한다는 자세를 보임으로써 반발이나 마찰을 줄이도록 노력해야 한다.

② 침체 단계

근무는 하되 업무가 다른 모든 것을 대체할 만큼 흥미 있는 것으로 느껴지지 않는 단계로, 보수, 근무 환경 등과 개인의 욕구 충족이 더욱 중요하게 여겨진다. 침체 단계는 의욕을 가지고 그룹홈 실무를 시작하였으나 아이들과의 마찰, 변화의 속도가 느리거나 보이지 않을 때 혹은 그룹홈 내에서 자신이 충분히 존중받고 있지 못하다고 느끼거나 자신의 역할에 대한 의미를 찾기 어려울 때 발생하기도 한다. 혹은 열악한 조건에서 장시간 근무로 지쳐 있거나 타성에 젖어 있을 때에도 이러한 침체 단계에 접어들기도 한다. 침체기에는 휴식과 재충전만으로도 침체기를 극복할 수 있다.

③ 좌절 단계

실무자가 자신의 직무수행 능력과 일의 가치에 대해 의문을 가지며, 업무 환경 내의 제약들이나 자신의 노력에 비해 성과가 적다고 불평하게 되는 단계로, 스스로 자신의 역할의 의미를 찾을 수 있도록 주위의 지지와 격려가 필요하다. 단계에서는 단순한 휴식이나 재충전으로 극복되기는 다소 어려움이 있으며, 실무자는 자신을 성찰하고, 자신을 한 단계 발전시킬 수 있는 도약의 계기로 삼을 수도 있다.

④ 무관심 단계

실무자가 좌절로부터 자신을 방어하기 위해 냉담해지며, 정신적 · 신체적 기권 상태에서 아동 · 청소년에게 무관심해지거나 아예 이직을 하게 되는 경우다. 설령 그룹홈에서 근무하더라도 다른 더 좋은 직업을 알아보기 위한 목적이나 아니면 아동 · 청소년의 보호 · 양육에는 별 관심이 없이 생계유지 차원에서 하는 경우도 있다.

3) 소진의 주요 원인

소진의 주요 요인으로는 실무자 요인, 클라이언트 요인, 조직 요인, 행정기관 요인 등 많은 요인이 있다. 최근에는 실무자의 소진과 이직 요인도 실무자의 가치관 변화에 따른 실무자 요인과 그룹홈의 열악한 근무조건과 정부의 지원 미흡에 따른 소진이 증가하는 추세인 것으로 보이며, 이는 그룹홈 서비스의 질 자체를 위협할 정도로 심각한 문제이며, 앞으로 더욱 심각해질 것으로 예상되어 시급히 대책이 마련되어야 한다.

(1) 실무자 요인

소진에 주요한 영향을 미치는 실무자 요인으로는 실무자의 가치관, 실무자의 수용성 부족, 실무자의 높은 기대, 실무자의 신체적 · 심리적 건강 상태 등을 들 수 있다.

① 실무자의 가치관 요인

인간의 존엄성과 가치를 제대로 인식하지 못하는 경우 아동 · 청소년의 행위를 보고 실망하게 된다. 그리고 아동 · 청소년 스스로 자신의 선택과 판단을 존중하지 못할 때 자신의 판단과 다르거나 그 결과가 기대치에 못 미칠 때 실망할 수 있다. 아동 · 청소년의 바람직하지 못한 행동이 거듭될 때 이 역시 환경에 대한 청소년의 적응방식이며 학습된 사회적 산물임을 실무자가 제대로 인식하지 못할 때 낙인화와 실망을 하게 된다. 따라서 실무자는 아동 · 청소년의 발달과정에 대한 이해와 함께 자신의 가치관을 점검하며, 변화에 대한 조급한 기대를 내려놓을 필요가 있다.

② 실무자의 수용성 요인

가출 및 가정해체 아동 · 청소년을 대상으로 서비스를 제공하는 실무자는 복합적이고 즉각적인 서비스 욕구에 큰 저항 없이 받아들일 수 있어야 한다.

아동 · 청소년의 요구와 상황, 관계 형성, 위기개입과 개입과정의 역동성, 자원과 네트워크의 부족 등을 원만히 수용할 수 있는 수준의 인내심을 가져야 한다.

③ 실무자의 높은 기대

가출 및 가정해체 아동 · 청소년의 과제는 복합적이며 만성화된 경우가 많아 단기간의 집중적인 개입을 통해 얻는 결과에 대하여 실무자가 지나치게 높은 기대를 갖는다면 소진되기 쉽다. 실무자의 기대와 달리 오히려 아동 · 청소년의 문제가 다시 반복되거나 더욱 심각해지는 결과를 경험하게 된다면, 그룹홈 실무자는 많은 어려움을 겪을 수 있다. 특히 아동 · 청소년으로부터 비난을 받거나 직간접적인 폭행을 경험하게 된다면 실무자는 심각한 좌절을 경험할 수 있다. 따라서 아동 · 청소년 그룹홈 실무자는 아동 · 청소년에 대한 과도한 기대를 낮추며, 이들을 굴복시키려 하기보다는 상호 윈-윈하는 수용적인 자세를 가져야 한다.

④ 실무자의 신체적 · 심리적 · 영적 건강상태 요인

가출 및 가정해체 아동 · 청소년에게 서비스를 제공하는 활동은 상당히 에너지 집약적이기 때문에 신체적 · 심리적으로 허약하거나 질병이 있는 실무자에게는 감당하기 어려울 수 있다. 장시간 근무, 야간 근무를 요하는 경우, 사적인 시간을 확보하거나 가족과의 생활을 영위하는 데 제약이 되며, 이로부터 야기되는 갈등이 업무에 대한 부담으로 이어질 수 있다.

(2) 클라이언트 요인

① 실무자의 부담감

가출 및 가정해체 아동 · 청소년의 복합적이며 해결하기 어려운 심각한 문제에 대해 실무자는 지나친 책임감과 부담감을 안고 있는 경우 소진 증상을 보일 수 있다.

② 클라이언트의 비우호적 태도

- 아동 · 청소년의 대부분은 실무자의 접근에 대해 경계적이고 적대적이거나 무관심하고 회피적일 수 있다.
- 아동 · 청소년과 신뢰관계를 형성하는 과정은 지난한 노력의 과정이며, 이때 실무자는 소진을 경험할 수 있다.

③ 만성화된 클라이언트의 과제

가출 및 가정해체 아동 · 청소년의 만성화된 문제의 심각성으로 인해 실무자의 노력에 비해 아동 · 청소년의 변화는 매우 미미할 수 있다. 문제행동이 반복되고 아동 · 청소년이 서비스를 중도에 임의적으로 중단해 버릴 때 실무자는 자신의 능력이 부족하다고 느끼거나 일에 의미가 없는 것처럼 느낄 수 있다.

④ 복합적인 클라이언트의 가족문제

가출 및 가정해체 아동 · 청소년의 가정은 갈등이 심하거나 해체된 경우가 많고, 아동 · 청소년에 대해 학대 또는 방임이 이루어졌던 경우가 많아 가족의 협력을 받기가 어렵고, 때로는 가족으로부터 협박 등의 위험에 실무자가 노출되기도 하는 등 소진의 위험이 될 수 있다. 가족이 아동 · 청소년과 관련한 서비스를 전면적으로 거부하거나 혹은 아동 · 청소년에 대한 양육을 완전히 포기하는 경우 실무자는 분노와 무기력 등의 스트레스를 겪는다.

⑤ 자원과 네트워크의 부족

가출 및 가정해체 아동 · 청소년을 위한 서비스와 자원의 부족, 네트워크의 불충분, 청소년과 관련된 학교나 사법기관, 의료기관 등의 비협조, 사회적으로 가출 및 가정해체 아동 · 청소년에 대한 왜곡된 인식은 실무자의 스트레스를 가중시키는 요인으로 작용하기도 한다.

(3) 조직 요인

가출 및 가정해체 아동 · 청소년 그룹홈은 소규모이기 때문에 상담, 행정서류, 의식주 제공, 생활 지도 관리 등 다중적인 역할을 수행해야 하는 것은 실무자의 스트레스를 가중시킨다. 그리고 가출 및 가정해체 아동 · 청소년 보호시설의 재정적인 보상, 근무시간 등의 근무여건은 매우 열악하여 실무자의 소진을 가중시키는 요인으로 작용하고 있다.

① 과중한 업무 및 다중적인 역할

복합적인 문제를 지니고 있는 가출 및 가정해체 아동 · 청소년을 대상으로 서비스를 제공할 때 업무의 부담이 과중될 위험은 매우 크다. 실무자의 고유 업무 외에 아동 · 청소년의 생활을 위한 감독, 지도, 의식주 제공하기 위한 가사활동 등 다중적인 역할을 수행해야 하기 때문에 자신의 역할과 전문성에 대한 갈등을 일으키며, 이것이 소진의 한 요인으로 작용하기도 한다. 또한 근무시간이 24시간으로 연장되거나 근무시간의 경계가 명백히 분리되지 않아 업무의 부담을 더욱 가중할 수 있다. 그룹홈에 따라서는 공공기관에서 요구하는 과다한 행정적 서류나 계획서 작성 등에 의한 업무 부담은 실무자의 업무를 더욱 가중시킨다.

② 적절한 보상체계의 미흡

아동 · 청소년 그룹홈의 업무는 업무의 강도가 높은 데 비해 적절한 보상체계를 마련하지 못하고 있어 실무자 소진의 한 요인으로 작용하고 있다. 아동 · 청소년의 변화가 실무자에게 보상이 될 수는 있지만, 이것은 단기간에 두드러지게 나타나는 것이 아니므로 조직적인 보상체계와 재정적인 보상체계 마련이 중요하다.

③ 업무의 불확실성

아동 · 청소년 그룹홈은 소규모이기 때문에 유연하고 융통성 있게 운영될 수 있는 이점이 있다. 그러나 이러한 특성은 기관의 규칙 또는 정책이 지나치게 유동적으로 변화하거나 소수의 의견에 의해 좌우될 위험으로 작용할 수 있으며, 이것이 소진의 원인이 될 수 있다. 조직의 지침을 예측할 수 없고 기관장 또는 관리자의 판단에 의존하여 결정이 이루어질 때 실무자는 스트레스를 경험하게 된다.

④ 지역 네트워크 등 조직 요인

아동 · 청소년 그룹홈은 원활한 아동 · 청소년 보호 업무와 아동 · 청소년 보호에 대한 제도적 방안 마련과 연대를 위해 다양한 지역 네트워크 활동에 참여하고 있다. 이러한 지역 네트워크 관련 활동은 업무 부담을 가중시키거나 혹은 의사결정 과정이나 네트워크 조직 내부의 문제 등으로 스트레스를 받을 수 있으며, 네트워크 조직이 개별 보호시설에 대한 필요한 지원을 적절하게 제공하지 못할 때 개별 보호시설에서는 실망을 하게 된다.

⑤ 행정기관 요인

청소년의 가출 · 가정해체는 복합적인 요인을 안고 있기 때문에 학교, 교육청, 동사무소, 경찰서, 지방자치단체 등 다양한 행정기관의 지원과 도움을 필요로 할 때가 많다. 그러나 이러한 기관의 가출 · 가정해체 청소년에 대한 무관심과 관료적 태도는 실무자의 스트레스를 가중시키는 요인으로 작용하고 있다.

〈표 15-1〉 아동 · 청소년 그룹홈 실무자의 소진 요인

차원	소진 요인
실무자 요인	• 변화에 대한 유연한 적응력 부재 • 아동 · 청소년의 변화에 대한 비현실적인 기대 • 신체적 허약, 질병 • 사적 문제: 가족, 자녀 등과의 문제
아동 · 청소년 요인	• 아동 · 청소년의 복합적이고 심각한 문제와 욕구 • 비자발적 · 경계적 · 적대적인 아동 · 청소년의 태도 • 아동 · 청소년의 만성적인 문제 • 아동 · 청소년의 서비스 중도 탈락 • 비협조적인 가족의 태도 • 지역사회 자원 확보의 어려움
조직 요인	• 과중한 업무 부담: 업무의 강도, 사례 수, 근무시간, 서류 작업 등 • 역할 모호, 역할 갈등 • 적절한 보상 체계의 부재: 재정적 보상, 대안적 보상 • 잦은 조직 변화, 비합리적 의사결정 구조 • 자율적 업무 상황이 확보되지 않음 • 동료 및 상사와의 갈등
네트워크 요인	• 네트워크 업무의 과중한 부담 • 네트워크 내부의 갈등 • 네트워크가 회원 권익을 적절히 옹호하지 못한 경우
행정기관 요인	• 행정기관의 무관심과 비협조 • 행정기관의 고압적이거나 관료적 자세 • 행정기관의 과다하거나 형식적인 서류 제출 요구

4) 소진에 대한 슈퍼비전

슈퍼바이저나 기관장 혹은 기관 상사 및 동료(이하 슈퍼바이저)는 실무자가 경험하는 스트레스를 발견하고 소진의 이유를 이해하여 슈퍼바이지가 받는 긴장을 예방하거나 완화시킬 수 있는 방법으로 대처할 수 있게 도와야 할 책임이 있다.

아동 · 청소년 그룹홈의 슈퍼바이저는 특히 서비스를 제공하는 대상 아동 · 청소년의 독특함과 그로 인한 업무의 특성을 민감하게 앎으로써 소진의 가능성을 최소

화하고 소진의 증상이 나타날 때 적절하게 대처할 수 있어야 한다. 이때 지지, 교육 · 훈련, 합리적인 조직구조, 보상 등은 슈퍼비전의 중요한 방법으로 제시된다.

(1) 지지의 제공

슈퍼바이저는 실무자에게 지지를 제공함으로써 불안을 감소시키고 죄책감을 완화시켜 주며, 자아존중감을 증대시켜 주고, 업무 상황에서 요구하는 사회복지사의 적응력을 향상시키고, 궁극적으로 사회복지사가 적절한 업무 수행을 하기 위해 필요한 정신적 에너지를 북돋는다.

- 실무자의 확대되는 긴장을 예방한다.
- 스트레스의 근원으로부터 실무자를 분리시킨다.
- 스트레스 요인으로부터 충격을 감소시킨다.
- 실무자가 스트레스에 적응하도록 돕는다.

(2) 교육 및 훈련

슈퍼바이저는 실무자를 가출 및 가정해체 아동 · 청소년의 주요한 특성과 이들에게 서비스를 제공하는 과정에서 발생할 수 있는 다양한 상황에 대해 초기에 충분히 교육하고 이에 준비되도록 훈련시켜야 한다. 가출 및 가정해체 아동 · 청소년의 경우 문제의 복잡하고 심각한 양상에 압도되지 않도록 하며, 지나친 책임감과 비현실적인 기대를 갖지 않고 개입할 수 있도록 준비시켜야 한다.

아동 · 청소년과의 관계에서 발생하는 문제 외에 가족, 학교 및 지역사회 등이 보이는 태도와 행동 양태에 대해서도 실무자가 예상하여 대처할 수 있도록 교육하여야 한다.

이러한 교육 및 훈련에는 실무자가 각 상황에 대처할 수 있는 구체적인 기술 습득이 반드시 포함되어야 한다. 구체적인 사례관리 기법, 상담기법, 자원활용 방법, 행정적 처리 기술 등을 포함한다.

(3) 조직 구조의 조정

실무자가 지나치게 과중한 업무를 부담하고 있거나 역할과 관련하여 어려움을 호소할 때 슈퍼바이저는 이에 적절하게 실제적인 조치를 취할 필요가 있다. 가출 및 가정해체 아동 · 청소년 그룹홈에서 많은 실무자들은 장시간 근무, 과도한 업무와 다중적인 역할을 요구받고 있으며, 이로 말미암아 역할수행에 어려움을 겪고 있다.

슈퍼바이저는 이러한 경우 관리자 또는 직원들과의 토의를 통하여 대안을 모색하는 데 노력을 기울여야 한다. 그러나 실질적으로 종사자가 증원되지 않는 한 이러한 업무부담을 완화시키는 데에는 한계가 있을 수밖에 없다.

(4) 보상체계의 마련

실무자의 활동에 대한 적절한 보상의 부재는 소진으로 이끌 수 있는 요인이 된다. 다른 한편, 적절한 보상이 마련된다면 사회복지사의 소진은 상당히 예방될 수 있는 가능성을 가진다.

그룹홈과 같은 아동 · 청소년 보호시설에서는 재정적인 상황이 넉넉하지 않은 경우가 많으며, 따라서 실무자에 대한 재정적 보상도 충분하지 않은 것이 일반적이다. 그러므로 재정적인 보상 이외의 대안적인 보상을 발견하고 활용하는 방안이 마련되어야 한다.

〈표 15-2〉 로트먼의 이득 형태[4)]

이득 유형	이득 형태	이득 내용
도구적 이득	물질적 이득	자금을 얻는 것, 필요한 정보 또는 권위를 보증하는 것
	기대적 이득	물질적 획득을 위한 부분적 성취로서 약속이나 언질을 주는 것
표현적 이득	대인적 이득	새로운 친구를 사귀는 것, 즐거운 사회적 경험을 갖는 것
	상징적 이득	근무의욕 고취를 위한 표창 등 자긍심을 강화시키는 것

그러므로 슈퍼바이저는 재정적 보상 외에 업무와 관련된 정보, 교육 등을 활발히 제공하거나, 필요한 권위를 부여하거나, 보상이 기대되도록 하는 구조를 마련하

4) 김향초, 김광수, 김지혜, 김선오(2002). 가출청소년 보호시설 매뉴얼 개발.

거나, 각종 회의, 모임 등의 기회를 통해 조직 내외에서의 사람들과의 흡족한 대인 관계를 통해 보상을 받도록 한다.

〈표 15-3〉 실무자의 업무 경감 방안

유형	방법	기대 효과
업무 내실화	실무자가 업무에 충실하도록 부수적인 업무를 경감시켜 준다.	실무자가 자신의 업무에 좀 더 의미를 찾을 수 있다.
업무의 다양화	업무와 관련된 업무의 다양성을 증대시켜 준다.	기계적인 일상에서 탈피하여 창의적으로 업무에 임할 수 있도록 한다.
업무 교체	실무자가 일시적으로 다른 일을 하도록 하는 업무를 교체시켜 준다.	실무자에게 재충전의 기회를 제공한다.

그러나 이러한 보상체계나 종사자 소진예방 대책 역시 우리나라 그룹홈의 상황에서 볼 때 갖는 한계가 자명하다. 그룹홈 종사자에 대한 처우에서 급여는 사회복지 생활시설 중 가장 열악한 수준이며, 호봉제가 적용되지 않고 있으며, 장시간 근무, 제수당의 미지급 등으로 자질과 헌신성을 갖춘 그룹홈 종사자 확보가 갈수록 어려워지고 있다. 사실 그룹홈 종사자에 대한 이러한 처우는 「근로기준법」에도 위반되기 때문에 정부와 지방자치단체 차원의 조속한 대책 마련이 요구된다.

아동 · 청소년 그룹홈 종사자의 소진을 예방하고 그룹홈 서비스의 정상화를 위해서는 무엇보다 그룹홈에 대한 정부의 정상적인 지원이 이루어져야 한다. 그룹홈에 대한 정부 지원의 정상화가 이루어져야 그룹홈 서비스의 정상화가 이루어질 수 있기 때문이다.

참고문헌

김광수, 김재환, 나형규(2003). 그룹홈의 이해와 실천. 서울: 전국아동청소년그룹홈협의회.

김광수(2006). 2000-2005 그룹홈실태비교연구. 서울: 한국아동청소년그룹홈협의회.

김항초, 김광수, 김선옥, 김지혜(2002). 가출청소년 보호시설 매뉴얼 개발. 국무총리청소년 보호위원회.

박태영(1995). 사회복지시설과 지역사회. 서울: 백산출판사.

보건복지부(2012). 사회복지시설관리안내.

보건복지부(2013). 2013년 아동복지사업 안내.

사이토 사토루(2007a). 아버지가 변해야 가족이 행복하다(송진섭 역). 서울: 종문화사.

사이토 사토루(2007b). 어머니가 변해야 가족이 행복하다(송진섭 역). 서울: 종문화사.

이상순(1997). 요보호아동을 위한 그룹홈. 서울: 한국사법행정학회.

이용교(2000). 아동, 청소년 그룹홈의 의의와 역할. 아동·청소년 그룹홈활성화를 위한 공청회 자료집.

이태수, 노혜련, 함철호, 이용교, 김광수(2001). 우리나라 아동보호의 실태 및 보호양식의 개발에 관한 연구. 꽃동네현도사회복지대학교 사회복지연구소.

이태수, 함철호, 이용교(1990). 소규모 아동복지시설 연구. 서울: 인간과 복지.

한겨레신문(2013.05.17.). 씨월드 범고래는 왜 조련사를 죽였을까?

허병섭(1987). 스스로 말하게 하라. 서울: 학이시습, 커뮤니케이션북스.

Ainsworth, F., & Fulcher, L. C. (Eds.). (1981). *Group Care for Children: Concept and Issues*. London: Tavistock; New York: Methuen.

Ainsworth, M. D. (1972). Attachment and Dependency: A Comparison. In Geriwitz, J. S.(Ed.), *Attachment and Dependency*. Washington, DC: Winston.

Ainsworth, M. D. (1974). Mother–Infant Interactions and the Development of Competencies. In K. J. Connoly & J. Brunner (Eds.), *Growth of Competence*. New York: Acadenic Press.

Ainsworth, M. D., & Blehar, M. C. (1978). *Patterns of attachment*. Hillsdale, NJ: Erlbaum.

Ainsworth, M. D., Bell, B. M., & Stayton, D. (1974). Infant Mother Attachment and Social Development: Socialization as a Product of Reciprocal Responsiveness to Signals. In M. P. Richard (Ed.), *The Integration of the Child into a Social World*. Cambridge, England: Cambridge University Press.

Allen, D. M. (Ed.). (1937). *Training for Residential Work*. London, England: Central Council for Education and Training in Social Work.

Allerhand, E., Weber, R. E., & Haug, M. (1966). *Adaptation and Adaptability: Bellefaire Follow–up study*. New York: Child Welfare League of America.

Anthony, N. M. (1991). *Interpersonal Group Life in Residential Care: A Competence – Centered, Ecologicl Perspective. Knowledge Utilization*.

Bakker, C., & Bakker–Rabdau, M. K. (1973). *No Trespassing: Explorations in Human Territoriality*. San Francisco, CA: Chandler and Sharp.

Balcerzak, E. A. (1989). *Group Care of Children*. CWLA: Washington, DC.

Bale, T. (1979). Saying Gook–bye in Residential Treatment. *Child Welfare, 58*(9).

Bandura, A. (1977). Self–Efficacy: Toward a Unifying Theory of Behavioral Change. *Psychological Review*.

Bank–Mikkelsen, N. E. (1976). *The Principle of Normalization*.

Bardwick, J. M. (1974). Evolution and Parenting. *Journal of social Issues*.

Barker, R. G. (1968). *Ecological Psychology*. Palo Alto, CA: Stanford University Press.

Barzelton, T. (1977). Effects of Maternal Expectations on Early Infant Behavior. In S. Cohen & T. J. Comoskey (Eds.), *Child Development*. Itasco, IL: F. E. Peacock.

Beker, J. (1972). *Critical Incidents in Chid Care*. New York: Behavioural Publications.

Beker, J. (1975). Development of Professional Identity for the Child Care Worker. *Child*

Welfare.

Beker, J. (1979). Training and Professional Development in Child Care. In J. K. Whittaker (Ed.), *Caring for Troubled Children: Residential Treatment in a Community Context.* San Francisco, CA: Jossey-Bass.

Beker, J., & Eisikovitz, Z. (Eds.) (1991). *Knowledge Utilization in Residential Child and Youth Care Practice.* Child Welfarefare League of America (CWLA).

Beker, J., & Maier, H. W. (1981). Emerging Issues in Child and Youth Care Education: A Platform for Planning. *Child care Quarterly.* Washington, DC.

Bertcher, H. (1973). The Child Care Worker as a Role Model. *Child Care Quarterly.*

Bertolino, B., & Thomson, K. (1999). *The Residential Youth Care Worker in Action.* New York: The Haworth Mental Health Press.

Bowlby, J. (1969). *Attachment and Loss*, Vols. I and II. London: Hogarth Press.

Brazelton, T. B. (1981). *On Becoming a Family.* New York: Dela Corte Press.

Bronfenbrenner, U. (1970). *Two Worlds of Childhood.* New York: Russell Sage Foundation.

Bronfenbrenner, U. (1979). *The Ecology of Human Development.* Cambridge, MA: Harvard University Press.

Bronfenbrenner, U., & Weiss, H. B. (1983). Beyond Policies without People: An Ecological Perspective on Child and Family Policy.

Browning, M., & Stover, O. (1971). *Behavior Modification in Child Treatment.* Chicago, IL: Aldine-Atherton.

Burmeister, E. (1960). *The Professional Houseparent.* New York: Columbia University Press.

Capelle, R. G. (1979). *Changing Human Systems.* Toronto, Canada: International Human Systems Institute.

Chess, S., & Hassibi, M. (1978). *Principles and Practice of child Psychiatry.* New York: Plenum Press.

Child Abuse and Neglect in Residential Institutions (1978). *Selected Readings on Prevention, Investigation, and Correction.* Washington, DC: National Center on Child Abuse and Neglect, Department of Health, Education and Welfare.

Clough, R. (1982). *Residential Work.* London: Macmillan Press.

Conte, J. (1978). *The Use of Time Out Procedures in Group Care Facilities for Children: A*

Literature Review and Cautionary Note. Seattle, WA: School of Social Work, University of Washington. (Manuscript for publication.)

Datan, N., & Ginsberg, L.(Eds.). (1975). *Life-Span Development: Psychological-Normal Life Crises*. New York: Academic Press.

Davis, A.(1981). *The Residential Solution*. London: Tavistock.

Denholm, C. J. (1988). *2000 and Beyond: Future Career Directions for Child and Youth Care Professionals*.

Denholm, C. J., Pence A., & Ferguson, R, V. (1983). *The Scope of Professional Child Care in British Columbia*. Victoria, BC: School Child Care, University of British Columbia.

Dennison, G. (1970). *The Lives of Children*. New York: Random House.

Durkin, R. P. (1990). Competence, relevancs, and empowerment; A Case for restructuring of children's program. *Child & Youth Services*.

Durkin, R. P., & Durkin, A. B. (1975). Evaluating Residential Treatment Programs for Disturbed Children. In M. Guttentag & E. L. Struening (Eds.), *Handbook of Evaluation Research*, Vol. II. Beverly Hills, CA: Sage Publications.

Egan, G. (1975). *The Skilled Helper*. Monterey, CA: Brooks/Cole.

Eisikovitz, Z., & Beker, J. (1983). Beyond Professionalism: The Child and Youth Care Worker as Craftsman. *Child Care Quarterly*.

Elkind, D., & Weiner, I. B. (1978). *Development of a Child*. New York: John Wiley.

Emlen, A. (1977). *If You Care About Children, Then Care About Parents*. Nashville, TN: Address to the Tennessee Association for Young Children (November).

Escalona, S. K. (1968). *The Roots of Individuality in Infancy*. Chicago, IL: Aldine.

Forbes, D. (1978). Recent Research on Children's Social Cognition: A Brief Review. In W. Damon (Ed.), *Social Cognition*. San Francisco, CA: Jossey-Bass.

Freedman, J. L. (1975). *Crowding and Behavior*. New York: Viking Press.

Fulcher, L. C., & Ainsworth, F. (Eds.). (1985). *Group Care Practice with Children*. London: Tavistock: New York: Menhattan.

Furth, H. G. (1980). *The World of Grown-ups: Children's Conception of Society*. New York: Elsevier.

Garbarino, J. (Ed.). (1982). *Children and Families in the Social Environment*. Chicago, IL:

Aldine.

Garbarino, J., & Stocking, S. H. (1980). *Protecting Children from Abuse and Neglect.* San francisco, CA: Jossey-Bass.

Givens, D. (1978). Social Expressivity During the First Year of Life. *Sign Language Studies.*

Goldsmith, J. M. (1976). Residential Treatment Today: The Paradox of New Premises. *American Journal of Orthopsychiatry.*

Goodall, J. (2008). 희망의 이웃(박순영 역). 서울: 궁리출판.

Green, J. W. (Ed.). (1982). *Cultural Awareness in the Human Services.* Englewood Cliffs, NJ: Prentice-Hall.

Guttmann, E. (1991). *Child and Youth Care Forum, 22*(3).

Hall, E. T. (1969). *The Hidden Dimension.* New York: Anchor Books.

Hammond, J. W. (1973). Child Care Workers as Helpers to Parents. *Child Care Quarterly.*

Hanson, R. (1981). Institutional Abuse of Children and Youth. *Child & Youth Services.*

Haring, B. (1975). *Salary Study-1975-CWLA.* New York: Child Welfare League of America.

Hersh, S. P., & Levin, K. (1978). How Love Begins between Parent and Child. *Children Today.*

Horejsi, C. (1979). Applications of the Normalization Principle in the Human Services: Implications for Social Work Education. *Journal of Education for Social Work.*

Inbar, M. (1976). *The Vulnerable Age Phenomenon.* New York: Russell Sage Foundation.

Jerome, B., & Zvi, E. (Ed.). (1991). *Knowledge Utilization.* Washington, DC: Child Welfare Legue of America.

Jones, F. R., Garrison, K. C., & Morgan, R. F. (1985). *The Psychology of Human Development.* New York: Harper and Row.

Juliet, B. (1975). *Daily Experience in Residential Life.* London and Boston: Routledge & Kegan Paul.

Kadushin, A., & Martin, J. A. (1988) *Child Welfare Services.* New York: Macmillian Publishing Co.

Kagan, J. (1974). Family Experience and the Child's Development. *American Psychologist.*

Kagan, J. (1978). *The Growth of the Child.* New York: Norton.

Keith-Lucas, A., & Sanford, C. W. (1977). *Group Child Care as a Family Service.* NC.: The University of North Carolina Press.

Keniston, K. (1968). *Young Radicals: Notes on Committed Youth.* New York: Harcourt and Brace.

Kessen, W. (Ed.). (1975). *Childhood in China.* New Heaven: Yale University Press.

Kobak, D. (1979). Teaching Children to Care. *Children Today.*

Koocher, G. (1976). *Rights and the Mental Health Profession.* New York: John Wiley.

Kuhn, T. S. (1970). *The Structure of Scientific Revolutions.* Chicago IL: The University of Chicago Press.

Letulle, L. J. (1979). Family Therapy in Residential Treatment of children. *Social Work.*

Lewis, D. K. (1979). *Work with Children.* Beverly Hills, CA: Sage Publications.

Lewis, M., & Rosenblum, L. A. (Eds.). (1974). *The Effects of the Infant on its Caregiver.* New York: John Wiley.

Litwak, E., & Szelenyi, I. (1969). Primary Group Structures and their Functions: Kin, Neighbors, and Friends. *American Sociological Review.*

Maas, H. S. (1980). The Child's Responsibility to Society. In D. S. Freeman. (Ed.), *Perspectives on Family Therapy.* Vancouver, Canada: Butterworth.

Maccoby, E. E., & Masters, J. C. (1970). Attachment and Dependency. In P. H. Mussen (Ed.), *Carmichaels Manual of Child Psychiatry*, Vol. II. New York: John Wiley.

Magnus, R. A. (1974). Parent Involvement in Residential Treatment Program. *Children.*

Maier, H. W. (1963). Child Care as a Method of Social Work. *Training for Child Care Staff.* New York: Child Welfare League of America Publications.

Maier, H. W. (1965). The Social Group Work Method and Residential Treatment. In H. W. Maier (Ed.), *Group Work as Part of Residential Treatment.* New York: National Association of Social Workers.

Maier, H. W. (1971a). The Child Care Worker. In R. Morris (Ed.), *Encylopedia of Social Work.* New York: National Association of Social Workers.

Maier, H. W. (1971b). A Sidewards Look at Change. *Social Service Review.*

Maier, H. W. (1975). Learning to Learn and Living to Live in Residential Treatment. *Child Welfare.*

Maier, H. W. (1976). Human Functioning as an Interpersonal Whole: The Dimensions of

Affect, Behavior and Cognition. *Teaching for Competence in the Delivery of Direct Services*. New York: Council on Social Work Education.

Maier, H. W. (1977). Child Welfare: Child Care Workers. In J. B. Turner. (Ed.), *Encyclopedia of Social Work*. Washington, DC: National Association of Social Workers.

Maier, H. W. (1978). *Three Theories of Child Development* (3rd revised ed.). New York: Harper and Row.

Maier, H. W. (1979). The Core of Care. *Child Care Quarterly*.

Maier, H. W. (1981). Essential Components in Care and Treatment Environments for Children and Youth. In F. Ainsworth & L. C. Fulcher (Eds.), *Group Care for Children: Concepts and Issues*. New York: Methuen, London: Tavistock.

Maier, H. W. (1982a). The Space We Create Controls Us. *Residential Group Care and Treatment*.

Maier, H. W. (1982b). To be Attached and Free:The Challenge of Child Development. *Child Welfare*.

Maier, H. W. (1984). A Simple but Powerful Concept Poses a Challenge for the Teaching and Learning of Social Work Practice. *Social Work Education*.

Maier, H. W. (1985a). Personal Care Within an Organizational Service Content. In Fulcher, L. & Ainsworth, F. (Eds.), *Group Care Practice with Children*. New York: Methwen.

Maier, H. W. (1985b). Teaching and Training as a Facet of Supervision of Care Staff. *Journal of Child Care*.

Maier, H. W. (1986a). Human Development: Psychological Basis. In A. Minahan (Ed.), *Encyclopedia of Social Work* (18th ed.). New York: National Association of Social Workers.

Maier, H. W. (1986b). Personal to Societal Perspective: How Children and Youth Conceive their World beyond the Residential Settings. In Y. Kashti & M. Arieli (Eds.), *Residential Settings and the Community: Congruence and Conflict*. London: Freund Publishing House.

Maier, H. W. (1986c). Developmental Foundations of Child and Youth Care Work.

Maier, H. W. (1986d). *Dependence and Independence Development throughout the*

Human Life Span: Implications for the Helping Professions. Seattle, WA: University of Washington.

Maier, H. W. (1986e). *Are there Vulnerable Age Phases of Transition?* Seattle. WA: University of Washington. (Manuscript in preparation.)

Maier, H. W. (1987). *Developmental Group Care of Children and Youth: Concepts and Practice.* New York, London: The Haworth Press.

Mattingly, M. A. (1977). Sources and Burn-out in Professional Child Care Work. *Child Care Quarterly.*

Mayer, M. F. (1958). *A Guide for Child Care Workers.* New York: Child Welfare League of America.

Mayer, M. F. (1960). The Parental Figures in Residential Treatment. *Social Services Review.*

McDonald, D. J. (1978). Children and Young Persons in New Zealand Society. In P. G. Koopman-Boyden (Ed.), *Families in New Zealand Society.* Wellington, New Zealand: Methuen Publishers.

Mehrabian, A. (1976). *Public Places and Private Spaces.* New York: Basic Books.

Miley, K. K., O'Melia, M. W., & Dubois, B. L. (2008). *Generalist Social Work Practice: An Empowering Approach* (6th ed.). Boston, London: Prentice Hall.

Monane, J. H.(1967). *A Sociology of Human Systems.* New York: Appleton Century Crofts.

Mordock, J. B. (1979). Evaluation in Residential Treatment: The Conceptual Dilemmas. *Child Welfare.*

NASW. (1999). 사회복지대백과사전(이문국 역). 서울: 나눔의 집.

Pines, A., & Maslach, C. (1980). Combating Staff Burnout in a Day Care Center: A Case Study. *Child Care Quarterly.*

Plank, E. (1973). Play Activities. *Working within Hospitals* (revised ed.). Cleveland, OH: Case-Western Reserve University Press.

Polansky, N. R., Ammons, P. W., & Weathersby, B. I (1983). Is there an American Standard of Child Care? *Social Work.*

Polsky, H. W. (1962). *Cottage Six.* New York: Russell Sage Foundation.

Portnoy, S. M., Biller, H. B., & Davids, A. (1972). The Influence of the Child Care Worker in Residential Treatment. *American Journal of Orthopsychiatry.*

Powell, D. (1978). The Interpersonal Relationship between Parents and Caregivers in Day Care Settings. *American Journal of Orthopsychiatry*.

Proshansky, H. M., Ittelson, W. H., & Rivlin, L. G. (Eds.). (1970). *Environmental Psychology: Man and his Physical Setting*. New York: Holt, Rinehart & Winston.

Redl, F., & Wineman, D. (1957). *The Aggressive Child*. New York: Basic Books.

Reiter, S., & Bryen, D. N. (1991). Promoting Social Competency: Implications of Work with Mentally Retarded Children and Adults in Residential Settings. *Knowledge Utilization*.

Rivka, A. E.(1997). *The Anthropology of Child and Youth Care Work*. New York, London: The Haworth Press, Inc.

Robinson, H. B., Robinson, N. M., & Wolins, M. (1976). *Early Child Care in the United States of America*. New York: Gordon and Breach.

Rodriguez, D. T., & Hignett, W. F. (1981). Infant Day Care: How Very Young Children Adapt. *Children Today*.

Rubenstein, J., & Howes, C. (1979). Caregivers and Infant Behavior in Day Care and in Homes. *Developmental Psychology*.

Rubin, S. (1972). Children as Victims of Institutionalization. *Child Welfare*.

Rutter, M. (1979). Review: Maternal Deprivation, 1972−1978: New Findings, New Concepts, New Approaches. *Child Development, 50*(2), 283−305.

Sable, P. (1979). Differentiating between Attachment and Dependency in Theory and Practice. *Social Case Work*.

Savicki, V (1993). *Child and Youth Care Forum, 22*(6).

Schaefer. C. E., & Swanson. A. J. (1988). *Children in Residential Care−Critical Issues in Treatment*. New York: Van Nostrand Reinhold Company.

Schaffer, H. R., & Emerson, P. E. (1964). The Development of Social Attachments in Infancy. *Monographs of the Society for Research in Child Development*.

Seaburg, B. A. (1971). Arrangements of Physical Space in Social Work Settings. *Social Work*.

Segal, J., & Yahraes, H. (1978). *A Child's Journey*. New York: McGraw−Hill.

Shostack, A. L. (1987). *Group Homes for Teenagers*. New York: Human Sciences Press.

Smart, M. S., & Smart, R. C. (1977). *Children: Development and Relationships*. New

York: Macmillan.

Sommer, R. (1969). Personal Space: *The Behavioral Basis of Design.* Englewood Cliffs, NJ: Prentice-Hall.

Spergel, I. A. (1971). Street Gang Work. In R. Morris (Ed.), *Encyclopedia of Social Work.* New York: National Association of Social Workers.

Spindler, G. D.(1975). *Cultural Transmission models.*

Sroufe, L. A. (1978). Attachment and the Roots of Compertence. *Human Nature.*

Sroufe, L. A., & Waters, E. (1977). Attachment as an Organizational Construct. *Child Development.*

Stea, D. (1970). Space, Territory and Human Movements. In H. M. Proshansky, W. H. Ittelson & L. G. Rivlin (Eds.), *Environmental Psychology: Man and his Physical Setting.* New York: Holt, Rinehart & Winston.

Taylor, D. A., & Alpert, S. W. (1973). *Continuity and Support following Residential Treatment.* New York: Child Welfare League of America.

Thomas, A., & Chess, S., & Birch, H. G. (1968). *Temperament and Behavior Disorders in Children.* New York: New York University Press.

Trieschman, A. E., Whittaker, J. K., & Brendtro, L. K. (1969). *The Other 23 Hours.* Chicago, IL: Aldine.

Turiell, E. (1978). Social Regulations and Domains of Social Concepts. In W. Damon (Ed.), *Social Cognition.* San Francisco, CA: Jossey-Bass.

VanderVen, K., Mattingly, M. A., & Morris, M. G. (1982). Principles and Guidelines for Child Care Personnel Preparation Programs. *Child Care Quarterly.*

Vygotsky, L. (1978). *Mind in Society.* Cambridge, MA: Harvard University Press.

Waters, E. (1978). The Reliability and Stability of Individual Differences in Infant-Mother Attachment. *Child Development.*

Watzlawick, P., Weakland, J. W., & Fisch, R. (1974). *Change.* New York: Norton.

Wax, D. E. (1977). Human Ecological Perspectives within a Residential Treatment Setting for Children. *Child Care Quarterly.*

Whittaker, J. K. (1979). *Caring for Troubled Children.* San Francisco, CA: Jossey-Bass.

Whittaker, J. K., & Garbarino, J. (Eds.). (1983). *Social Support Networks: Informal Helping in the Human Services.* New York: Aldine.

Whittaker, J. K., & Trieschman, E. (Eds.). (1972). *Children Away from Home*. Chicago, IL: Aldine–Atherton.

Winnicott, D. W. (1965). *The Family and Individual Development*. London: Tavistock Publications.

Wolf, M., & Proshansky, H. (1974). The Physical Settings as a Factor in Group Function and Process. In A. Jacobs & W. W. Spradlin (Eds.), *The Group as an Agent of Change*. New York: Behavioral Publications.

Wolins, M., & Wozner, Y. (1982). *Revitalizing Residential Settings*. San Francisco, CA: Jossey–Bass.

찾아보기

저자 소개

■ **김광수**

- 한신대학교 대학원 사회복지학과 졸업
- 한국아동청소년그룹홈협의회 초대 회장 역임
- 한국종교계사회복지협의회 회장 역임
- 한신대학교 사회복지실천대학원, 을지대학교, 한영신학대학교 등에서 강의
- 2003년 청소년보호위원회 주최 제6회 청소년보호대상 시상(개인 부문)
- 2013년 사회복지증진 공로로 '국민포장' 수상
- 현) 성남시사회복지협의회 회장
  사회복지법인 은행골우리집 상임이사

(연구 및 논문)

우리나라 아동보호 실태 및 보호양식의 개발(2001)
가출청소년 조기발견 방안 및 보호시스템 구축방안(2002)
가출청소년 보호시설 매뉴얼연구(2004)
그룹홈의 이해와 실천(2005)
2001-2005, 아동그룹홈실태 비교연구(2006)
2012 성남시 독거노인 실태조사(2013)

아동 · 청소년 그룹홈의 이해

2013년 10월 1일 1판 1쇄 인쇄
2013년 10월 10일 1판 1쇄 발행

지은이 • 김광수
펴낸이 • 김진환
펴낸곳 • (주) 학지사
121-837 서울특별시 마포구 서교동 352-29 마인드월드빌딩 5층
대표전화 • 02)330-5114 팩스 • 02)324-2345
등록번호 • 제313-2006-000265호

홈페이지 • http://www.hakjisa.co.kr
커뮤니티 • http://cafe.naver.com/hakjisa

ISBN 978-89-997-0221-1 93330

정가 17,000원

이 도서의 국립중앙도서관 출판시도서목록(CIP)은 서지정보유통지원시스템 홈페이지(http://seoji.nl.go.kr)와 국가자료공동목록시스템(http://www.nl.go.kr/kolisnet)에서 이용하실 수 있습니다.
(CIP제어번호: CIP20130175525)